KB029304

대통령 박정희

미국 비밀해제 자료로 본

대통령 박정희

2015년 6월 5일 초판1쇄 발행
2018년 1월 10일 초판2쇄 발행

지은이 | 송승종
펴낸이 | 이찬규
펴낸곳 | 북코리아
등록번호 | 제03-01240호
주소 | 462-807 경기도 성남시 중원구 사기막골로 45번길 14
우림2차 A동 1007호
전화 | 02-704-7840
팩스 | 02-704-7848
이메일 | sunhaksa@korea.com
홈페이지 | www.북코리아.kr
ISBN | 978-89-6324-426-6 93340

값 27,000원

- 5·16에서 유신헌법까지 -

미국 비밀해제 자료로 본

대통령 박정희

송승종 지음

북코리아

책머리에

이 책의 목적은 '미국의 관점과 시각에서, 그리고 미국의 국가이익이라는 측면에서 바라본 박정희 대통령에 대한 평가'가 어떠했는지를 규명해 보는 것이다. 이러한 질문에 가장 적절한 해답은 비밀해제(declassified)되어 국무부 사이트에 공개된 미국의 과거 외교문서들[1]로부터 찾아볼 수 있을 것이다. 상기 비밀해제 문서들은 자료의 보고(寶庫)로서 미국의 주한 미국대사관, 유엔군사령부·주한미군사령부, 태평양사령부, 국무부, 국방부, 합참, 백악관, NSC, 그리고 대통령에 이르기까지 대(對)한반도 외교정책과 대외원조의 최전선에서 한국을 상대하던 당사자들이 작성 및 보고·하달·전달했던 각종 보고서, 전문, 메모, 대화록, 회담록 등을 중심으로 구성되어 있다.

미국 정부가 공개한 한국 관련 비밀해제 문서들이 작성된 시점은 1961년부터 1972년까지로, 시대적으로는 5·16혁명으로부터 유신헌법 선포까지의 기간이다. 상기 자료들 가운데서 일부 중요한 부분들은 그동안 한국어로 번역되어 간헐적으로 언론, 연구논문, 저서 등에 소개되어 있기는 하다. 그러나 대부분이 일반인들의 흥미와 관심을 끌

1 https://history.state.gov/historicaldocuments.

만한 소재들을 중심으로 선별적으로 발췌된 내용들이어서, 한국과 관련된 기간인 1961~1972년 전체에 대해 총체적인 맥락을 포괄적으로 이해하기는 쉽지 않았다.

아마도 대한민국 현대사에서 1961년부터 1972년까지의 기간은 건국 이래 가장 드라마틱한 사건들이 연속적으로 발생한 시기로 평가될 수 있을 것이다. 그 기간 동안 5·16혁명, 한국군의 월남 파병, 북한 무장공비의 청와대 기습, 미국 푸에블로호 납치, 닉슨 행정부의 주한미군 부분감축 등 굵직굵직한 사건들이 발생했다. 박정희 장군 중심의 5·16혁명 주도세력은 하마터면 당시 유엔사령관 겸 주한미군사령관이던 매그루더와 주한 미국대사관의 반(反)혁명 움직임으로 인해 초반에 궤멸될 수도 있었던 절체절명의 위기를 겪었다. 박정희 대통령이 주도한 한국군의 월남 파병은 대담하게도 "세계 자유의 보장을 위해서는 어떠한 대가도 지불하고, 어떠한 부담도 떠맡을 것"이라고 공언한 케네디 행정부의 세계전략에 부응하면서 시작되었다. 북한 게릴라들에 의한 청와대 기습은 거의 동시에 발생한 푸에블로호 납치의 여파로 인한 미국의 종용으로 대북 보복을 자제해야만 했던 박정희 정부에 쓰라린 상처를 안겨주었다. 미국의 월남전 철수와 닉슨독트린 선언 이후에 추진된 주한미군의 부분철수는 한·미 간 첨예한 갈등을 유발함과 동시에, 박정희 대통령이 '자주국방'에 박차를 가하는 결정적 계기가 되었다. 이처럼 1961년부터 1972년까지의 기간 동안 미국 비밀해제 문서에 기록된 내용을 관통하는 핵심 키워드는 '박정희 대통령'이다. 이런 면에서, 이 책은 미국 외교문서를 기반으로 '박정희 대통령'에 관한 한 편의 '다큐멘터리'로 보아도 좋을 것이다.

아마도 박정희 대통령은 건국 이래 역대 대통령들 가운데 통치기간 중의 공과(功過)를 둘러싸고 가장 논란이 많았던 인물 중 하나일 것이다. 그의 업적에 관한 평가는 광범위한 스펙트럼 선상(線上)에서 좌우 양쪽의 극단을 넘나들고 있으며, 그에 대한 평가는 여전히 현재진행형이다. 박정희 대통령의 평가는 주로 한국인들에 의한 증언, 기록, 분석, 연구 등에 기초하여 이루어진 것들이 대부분이다. 그런데 박정희 장군이 1961년 5·16혁명으로 권력의 전면에 모습을 드러낼 당시만 해도, 한국전쟁이 종결된 지 불과 10년도 채 지나지 않은 시점이었으므로, 한국 사회의 정치, 경제, 군사, 안보 등 거의 모든 면에서 미국의 원조와 지원은 실로 절대적인 비중을 차지하고 있었다. 말하자면 당시 한국 사회 전반에 행사되던 미국의 영향력은 지금 시점에서 상상하기 어려울 정도로 막강했다. 이처럼 절대적인 비중의 영향력을 행사하던 미국 관리들이 남긴 문헌들은 역사적 사료로서의 가치가 높다고 생각한다. 따라서 비밀해제된 미국 외교문서에 남아 있는 박정희 대통령과 관련된 기록은 '상실된 연결고리(missing link)'이자 '문헌적 공백(literature gap)'으로 남아 있던 미국의 관점과 시각을 보완해 줌으로써, 박정희 대통령에 대한 연구와 역사적 평가를 위한 노력이 한 차원 격상되는 데 기여할 수 있을 것으로 확신한다.

상기에 언급된 기간에 해당되는 한국 관련 분량은 PDF 파일로 2,061쪽에 해당한다. 필자의 의도는 이처럼 방대한 분량의 자료를 단순히 번역하는 것이 아니라, 역사적 기록들이 오늘의 시점에서도 생생하게 느껴질 수 있도록 생명력을 불어넣고자 하는 것이다. 따라서 먼저 박정희 대통령과 직접 관련된 기록들 중에서 중요하다고 판단되는 부분을 선별적으로 발췌하여 그 내용을 요약 및 정리하고, 다음으로 개별 문서 내용들의 단속적(斷續的, discrete)이고 독립적인 맥락으로 인해 상호 연관성이 없는 문서들의 모음(collection)으로 격하되지 않도록 각각의 문서들을 당시에 발생한 주요 사건들의 배경 속에 투영시켜 보았다.

필자의 의도는 비밀해제 문서를 중심으로 필자가 스스로 박정희 대통령의 역사적 평가를 주도하는 데 있지 않다. 다만 먼지를 뒤집어 쓴 채 방치되어 있던 역사자료들을 집대성하여 해묵은 때를 벗겨내고, 우선순위와 중요도를 고려하여 자료들을 선별하고 요약·정리하여, 당시의 시대 상황 속에서 재구성해 봄으로써, 독자들로 하여금 박정희 대통령이라는 인물을 미국 관료들이 어떻게 평가했는지 좀 더 명확하고 실감나게 이해하도록 돕고자 하는 것이다. 이 과정에서 중요하다고 판단되는 부분의 선별은 집필 목적 및 시간과 공간의 제약으로 인해 전적으로 필자의 기준에 따라 이루어졌다. 이러한 선별작업은 독자적이고 자발적인 판단에 의한 것으로서, 이로 인한 모든 결과는 오로지 필자의 책임으로 귀결될 것이다.

이 책은 독자들의 편의를 위해 **'2색 인쇄'** 방식을 채택했다. **검은색은 비밀해제 문서를 약간 변형하거나 수정하여 정리한 내용**들이고, 파란색은 독자들의 이해를 돕기 위해 각각의 문서들이 작성된 시점을 중심으로 전후 맥락과 배경, 또는 보충설명을 곁들여 필자가 주관적으로 기술한 내용들이다. 아울러, 이 책은 제1장부터 제7장에 이르기까지 장·절을 중심으로 구성되어 있는데, 각각의 장·절은 미국 비밀해제 문서의 작성순서와 궤를 같이하여, 가급적 시간적 흐름에 따라 자연스럽게 이해될 수 있도록 기술했다. 하지만 순차적 기술에서 일부 예외가 불가피한 부분도 있었음을 첨언한다.

또한 이 책의 목적은 '박정희 대통령'이라는 특정한 개인을 그가 실제로 달성한 업적과 성과 이상으로 과장 및 찬양하거나, 또는 반대로 폄훼 및 비하하는 데 있지 않다. 사실상 상기와 같이 양 극단에 해당하는 주관적 평가는 이 책의 소재가 미국인들이 남긴 외교문서라는 점을 고려해 볼 때 애당초 가능한 일이 아니다. 그럼에도 불구하고 반세기 전에 작성되어 '죽어 있는' 역사적 기록에 불과한 비밀해제 문서에 '생명'을 불어넣기 위해서는 약간의 상상력이 필요하다. 특히 무미건조하고 간결하며 정제된 문장들로 구성된 외교문서들을 글자 그대로 읽어서는 십중팔구 아무런 '맛'도 느끼지 못할 수 있다.

한 가지 사례로서, 미국을 방문한 박정희 장군은 국가재건최고회의 의장 자격으로 1961년 11월 케네디 대통령과 정상회담을 가졌다. 당시 한국은 1인당 GNP가 100달러도 되지 않아 캄보디아나 나이지리아보다도 못한 세계 최빈국 중 하나였다. 한편 케네디는 비록 박정희 의장과 같은 1917년생이지만 전 세계 경제생산의 약 35%를 차지하는 초강대국 미국의 대통령이었다. 선출직 대통령의 신분도 아닌 박정희 의장이 미국의 원조와 자원을 확보하는 데 사활을 걸었던 정상회담에 난생 처음으로 임하면서 얼마나 긴장했을지 짐작이 가고도 남는다. 아마도 상당한 정신적 부담과 압박, 그리고 심리적 위축까지 느꼈을 것이다. 그런데 케네디와 대면한 정상회담에서 박정희 의장은 뜻밖에도 미국의 국산품 애용정책(Buy America) 때문에 한국의 수출이 지장을 받고 있다면서, 이에 대한 "유감(regret)"을 표명했다.

필자의 관점에서는, 대수롭지 않게 여겨질 수 있는 이 장면의 이면에 실로 중요한 함의가 담겨 있다고 본다. 세계 최빈국의 대표(아직 대통령이 아니고 '국가재건최고회의 의장'임)가 세계 최강국 대통령에게, 상대방의 도움과 지원을 얻는 것에 사활을 걸고 있는 정상회담 석상에서 '유감'이라는 발언을 대놓고 한다는 것은 이해하기 어려운 파격적 행동이다. 어쩌면 직설적인 항의처럼 들릴 수 있는 이와 같은 언사는 외교적 관례나 예양의 관점에서도 어울리지 않는다. '유감'이라는 다소 거친 표현보다 '재고해 달라'라는 발언이 더 나았을지도 모른다. 그러나 모르긴 해도 '유감' 발언은 의도적인 것처럼 보인다. 당시 박정희 의장의 호연지기나 배짱 같은 것이 느껴지는 대목이다. '꿈보다 해몽'이라고 해설이 다소 장황하게 들릴 수도 있지만, 약소국의 대표가 도움과 지원을 요청하기 위해 강대국의 대통령과 처음으로 정상회담을 하는 자리에서 어떤 이유에서건 '유감'이라는 어휘를 입에 올리기는 결코 쉬운 일이 아닐 것이다.

끝으로, 비가 오나 눈이 오나, 날이 맑을 때나 흐릴 때나, 변함없이 내 곁을 지키며 격려와 기도와 위안으로 늘 새로운 생명력과 활력을 되찾게 해주는 나의 반려자 박미정 여사, 자랑스러운 두 딸 은경이와 우경이, 그리고 이 책의 완성도를 높이기 위해 조언을 아끼지 않은 나의 친구 김한경 박사, 그리고 원고 교정에서부터 출판에 이르기까지 정성을 기울여 주신 북코리아 출판사 이찬규 사장님께 감사의 마음을 전한다.

차례

서론

제1장 5 · 16혁명과 박정희 대통령의 등장

제3장 월남 파병과 한국군의 현대화

제4장 북한의 대남 도발과 청와대 기습사건

제5장 푸에블로호 관련, 미국의 대응

제6장 미국의 EC-121 정찰기 격추사건

제7장 닉슨 행정부의 주한미군 감축

약어

ABM	Anti-Ballastic Missile, 탄도탄요격미사일
AID	Agency for International Development, 국제개발기구
ASPAC	Asia and Pacific Council, 아 · 태 각료회의
CIA	Central Intelligence Agency, 중앙정보부
CINCPAC	Commander-in-Chief, Pacific, 태평양사령관
CINCUNC	Commander-in-Chief, United Nations Command, 유엔사령관
DMZ	Demilitarized Zone, 비무장지대
FRUS	Foreign Relations of the United States
FY	Fiscal Year, 회계연도
ICBM	Inter-continental Ballastic Missile, 대륙간탄도탄
IDKTF	Ad Hoc Inter-Departmental Korea Task Force, 임시부서간 한국특임단
IKTF	Interagency Korean Task Force, 부처간 한국특임단
JCS	Joint Chiefs of Staff, 합참
KATUSA	Korean Augmentation to the United States Army, 미8군 한국군지원단
KTF	Korean Task Force, 한국 특임단
MAC	Military Armistice Commissions, 군사정전위원회
MAP	Military Assistance Program, 군사원조프르개름
NATO	North Atlantic Treaty Organization, 북대서양조약기구
ND	Not Declassified, 비밀해제불가
NNSC	Neutral Nations Supervisory Commission, 중립국감시위원회
NSC	National Security Council, 국가안보회의
PPC	Policy Planning Council, 정책기획위원회
SCNR	Supreme Council for National Reconstruction, 국가재건최고회의
SEATO	The Southeast Asia Treaty Organization, 동남아시아조약기구
SNIE	Special national Intelligence Estimate, 특별국가정보판단서
SOFA	Status of Forces Agreement, 주둔국지위협정
UNC	United Nations Command, 유엔사령부
USIA	United States Information Afency, 미국 해외공보처
USOM	US Operations Mission to Korea, 주한미군 원조사절단
WSAG	Washington Special Actions Group, 워싱턴특별행동그룹

인명

골드버그	Philip Goldberg, 주유엔 미국대사
그로미코	Andrei Gromyko, 주미 소련대사
그린	Marshall Gree, 국무부 차관보
그린	Marshall Green, 주한 미국부(副)대사
니체	Paul Nitze, 국방차관보, 훗날 국방부 부장관
덜레스	John Foster Dulles, 국무장관
데커	George Decker, 주한미군사 참모장
도브리닌	Anatoly Dobrynin, 주미 소련대사
러스크	Dean Rusk, 국무장관
레어드	Melvin R. Laird, 국방장관(닉슨)
렘니처	Lyman L. Lemnitzer, 합참의장
로스토	Walter Rowtow, 대통령 특별보좌관
로저스	William Rogers, 국무장관(닉슨)
리처스든	Elliot Richardson, 국무차관(닉슨)
링컨	George A. Lincoln, 비상대비실 실장(닉슨)
말리크	Yakov Malik, 주유엔 소련대사
매그루더	Carter B. Magruder, 주한미군사령관 겸 유엔사령관
매카너기	Walter Pl McConaughy, 주한 미국대사
맥나마라	Robert McNamara, 국방장관
멜로이	Guy S. Meloy, 주한미군사령관 겸 유엔사령관
무어러	Thomas H. Moorer, 해군작전사령관, 훗날 합참의장(대리)
밴스	Cyrus Vance, 국방차관, 대통령 특사
버거	Samuel Berger, 주한 미국대사, 후에 국무부 부차관보
번디	McGeorge Bundy, 백악관 안보보좌관
본스틸	Charles H. Bonesteel, 주한미군사령관 겸 유엔사령관
볼	George W. Ball, 존슨행정부 국무차관
볼렌	Charles Bohlen, 국무부 정무담당 부차관
볼스	Chester Bowlers, 국무부 차관
브라운	Winthrop N. Brown, 주한 미국대사, 그 후 국무부 부차관보
비치	Beach, 유엔사령관
샤프	Ulysses S. G. Sharp, 주한미군사령관 겸 유엔사령관

스나이더	Richard Sneider, NSC 직원
스테드만	Richard Steadman, 직책 미상
스티클리	Ralph Douglas Steakley, 합참 정찰담당 부국장
아이젠하워	Dwight David Eisenhower, 前 연합군최고사령관, 훗날 대통령
애그뉴	Agnew, 부통령
와른케	Paul Warnke, 국방차관보
웨스트모어랜드	William Westmoreland, 주월미군사령관
젠킨스	Alfred Jenkins, NSC 직원
존슨	Alexis Johnson, 국무부 부차관
존슨	Robert H. Johnson, NSC 직원
체 게바라	Che Guevara, 아르헨티나 공산주의 혁명가
카첸바흐	Nicholas Katzenback, 국무차관
코머	Robert W. Komer, NSC 직원
코시긴	Alexi Koshigin, 소련 수상
크리스티안	George Christian, 백악관 공보담당
클리포드	Clark Clifford, 국방장관
키신저	Henry Kissinger, 백악관 안보담당 보좌관
테일러	Maxwell Tayler, 대통령 특별보좌관
톰슨	James Thomson, NSC 직원
톰슨	Llewellyn. E. Thompson, 주소련 미국대사
티우	Nguyen Van Thieu, 월남 대통령
패커드	David Packard, 국방부 부장관(닉슨)
포레스털	Michael V. Forrestal, NSC 직원
포터	William J. Porter 주한 미국대사
하우즈	Hamilton Howze, 주한미군사령관 겸 유엔사령관
험프리	Hubert Horatio Humphrey, 부통령
헤이그	Alexander Haig, NSC 직원
헬름스	Richard M. Helms, CIA 국장
홀트	Harold Holter, 호주수상(1966년 실종, 익사로 추정)
휠러	Earle G. Wheeler, 합참의장

서론

1. 이 책의 하이라이트

2. 각 장의 줄거리

제1장: 5 · 16혁명과 박정희 대통령의 등장

5 · 16혁명이 발생하기 전부터, 미국 정부는 사회적 위기사태에 대한 통제력을 상실한 장면(張勉) 정권의 무능력과 리더십의 실종, 집권당 내부의 분열과 협조된 노력의 부족, 기근으로 고통받는 민생 현장조차 돌보지 않는 지도층 인사들의 무관심과 근시안적 태도 등에서 비롯되는 경보음이 반복적으로 울리고 있다는 사실을 감지하고 있었다. 미국은 이러한 비상사태에 제대로 대처하지 못할 경우, 한국에서 자국의 입지가 심각한 위협에 처할 것을 우려했다. 또한 5 · 16 대격변이 발발하기 직전인 4월 중순경부터 미 정보당국은 박정희 장군의 주도 하에 군대 내 불만세력이 쿠데타를 모의하고 있다는 점을 구체적으로 파악하고 있었다.

5 · 16혁명[1]이 발생한 직후 미국에 제일 먼저 이 소식을 보고한 사람은 유엔사령관 겸 주한미군사령관이던 매그루더(Carter B. Magruder)이

1 이 글에서는 '5월 16일'에 발생한 사건을 일단 '혁명'으로 표현하되, 미국 비밀해제 문서가 '5월 16일'의 사건 초기에는 이를 '쿠데타(coup)', 그리고 이를 주도한 집단을 '반군세력(insurgency)'으로 지칭하는가 하면, 일정 시간이 경과된 후에는 '혁명(revolution)'이라고 부르는 등의 변화를 보임에 따라, 문서상에 기록된 표현을 그때그때 한국어로 번역하여 표기하기로 한다. 이 글의 목적은 '5 · 16'이 '혁명'이냐 혹은 '군사반란'이냐의 여부를 따지거나 혹은 사건의 성격을 정의하는 데 있지 않다. '5월 16일'에 벌어진 사건을 둘러싼 논란이 여전히 사회 일각에서 진행되고 있음을 고려하여, 이 글은 상기 논쟁과 관련된 어떠한 주장과도 아무런 관련이나 연계가 없음을 분명히 밝혀두고자 한다.

다. 그는 본국 정부와는 일언반구 상의나 승인도 없이 주한 미국대사관과 협조하여 자신의 독단적 판단으로 유엔사령부 명의의 '반(反)혁명 성명'을 발표하는 기민성을 발휘했다. 정작 사전에 조율도 없이 유엔사령부 및 주한 미국대사관이 발표한 두 건의 성명발표로 당황한 것은 백악관이었다. 이 두 건의 성명을 케네디 대통령도 지지하는지의 여부에 대한 기자들의 질문에 아무도 답변할 수 없었기 때문이다. 결국 합참의장 렘니처(Lyman L. Lemnitzer)는 매그루더의 처신이 비록 한국에 대한 내정간섭은 아니지만, 거의 그것과 진배없이 '과도(over)'한 조치임을 지적하면서 한국 방위라는 본연의 임무에 충실하라고 경고했다.

미국 비밀해제 문서에 나타난 당시 한국 지도층의 모습은 흡사 '담장 위(on the fence)'로 올라간 사람들의 형국이었다. "Sit on the fence"란 영어 표현은 섣불리 어느 한쪽에 편드는 위험부담보다는 일단 '사태를 관망'하면서 형세가 어디로 흘러가는지를 예의주시하다가 나중에 유리한 쪽에 편승하는 기회주의적 행동을 의미한다. 윤보선 대통령과 정부 고위인사들, 장도영 육군총장을 비롯한 군부 지도부 등은 쿠데타를 진압하지도 않고, 그렇다고 해서 편을 들지도 않는 전형적인 관망세를 유지했다. 결국 미 국무부는 상황이 너무도 가변적이고 유동적이어서, 5월 16일을 기점으로 발생한 지각변동의 현상을 무엇이라고 규정해야 할지 모르겠다는 반응을 보였다.

사태해결의 열쇠를 쥐고 있던 장본인인 장면 총리는 5월 16일 이후 종적을 감추었다. 매그루더 사령관은 총리가 나타나면 총리의 명령으로 이한림 1군 사령관을 움직여 쿠데타군을 제압하기 위해 1군 예하 4개 사단에 경계태세를 발령하는 등 만반의 준비를 갖추고 있었건만, 장면 총리는 끝내 모습을 보이지 않았다. 매그루더는 작전통제권을 발동하여 쿠데타를 진압하는 방안도 궁리해 보았으나, 이것이 자신의 권한을 넘어설 수도 있다고 판단하여 스스로 포기하고 말았다. 장면 정부가 '회복 불가능'한 수준으로 붕괴된 상태임을 간파한 국무부는 노골적 군부독재의 출현을 방지하기 위한 차선의 방책으로서, 매그루더와 대사관 측에 쿠데타 지도부와 협조하여 새로운 범국민적 정부의 출현을 위해 노력하라는 훈령을 하달했고, 이로써 혁명 주도세력은 반혁명 세력에 의해 분쇄될지도 모르는 위기에서 벗어날 수 있게 되었다. 5월 말이 되었을 무렵, 마침내 미국 정부는 「특별국가정보판단서」에서 5 · 16혁명이 성공했음을 '기정 사실(fait accompli)'로 인정했다.

5 · 16혁명으로 유엔사령관이 보유한 한국군에 대한 작전통제권이 첨예한 사안으로 부각되었다. 혁명세력은 해병 1사단, 30사단, 31사단, 33사단 등의 부대를 동원함으로써 한국군에 대한 유엔사령관의 작전통제권을 부분적으로 훼손시켰는데, 이에 대한 유엔사령관의 항의에 따라 거사 1주일 후 이들 부대를 원대 복귀시키는 조치를 취했다. 그 후 1964년 한 · 일 수교 협상에 반대하는 학생시위가 격화되자 한국 정부는 유엔사령관의 양해 하에 6사단과 28사단에 대한 작전통제권을 한시적으로 행사했다. 미 국방부는 한국에서 제2의 군사 쿠데타가 발생할 수 있다는 판단에 따라, 한국군을 작전통제권으로부터 해제시키는 결정과 관련된 세부적인 지침을 하달했다.

그러나 혁명이 발생한 지 1개월이 지난 1961년 6월 중순까지 아직도 주한미군사령부 참모장(George Decker) 같은 인물은 대통령 주관으로 열리는 백악관 국가안보회의(NSC)에서 젊은 한국군 장교들 중심의 혁명 주도세력에 공공연한 반감을 표출했다. 그러나 이에 대해 케네디 대통령은 "(한국에서) 권력을 장악한 세력을 상대하는 것 외의 대안이 없다."라고 언급했다. 케네디의 이러한 발언을 기점으로 5 · 16혁명과 그 주도세력에 대한 미국의 태도가 급선회했다. 혁명 발생 2개월에 접어들 무렵, 미국대사관은 "혁명이 제2단계에 진입했다"라고 국무부에 보고하더니, 그로부터 다시 3개월이 지난 시점에는 5·16을 "진정한 위로부터의 혁명(a genuine revolution from the top)"으로 규정하면서 혁명이 '안정화 단계'에 접어들었다고 평가했다. 그러나 군사정부(military junta)는 혁명 1년이 지난 1962년 초반부터 야당에 대한 정치적 탄압, 김종필이 연루된 것으로 의심되는 사상 최대의 금융 스캔들 등으로 위기국면에 빠져들 조짐을 보였다.

1964년 7월 주한 미국대사로 부임한 브라운(Winthrop N. Brown)은 재직 2년차가 될 무렵인 1966년 8월, 한국이 오랜 역사적 고립의 굴레를 벗어나 "은둔의 왕국(the hermit kingdom)"에서 탈피하여 국제무대로 도약하는 모습을 자세하게 서술한 서한을 국무부에 발송했다. 브라운의 서신 속에는 엄청난 에너지와 활력 속에서 눈부신 속도로 변신과 발전을 거듭하는 한국 사회의 역동적인 모습이 한 편의 서사시같이 생생하고 감동적으로 묘사되어 있다. 아울러 브라운은 1967년 대통령 선거 전날에 발송한 전문(電文)에서 윤보선 후보와 박정희 후보의 대결을 "구세대와 신세대의 충돌이자 세대 간 갈등"으로 표현했다.

제1장의 하이라이트는 박정희 의장과 케네디 대통령, 그리고 박정희 대통령과 존슨 대통령 간의 정상회담이다. 먼저 박정희 대통령은 케네디 대통령과의 회담에서 한국군의 월남 파병 의사를 천명하고, 미국의 국산품 애용정책에 대한 유감을 표명함으로써 기선을 제압했다. 회담에서 한국이 경제력, 산업생산력, 발전량 등에서 북한보다 '열세'에 있다고 언급한 대목은 북한에 뒤처지고 있는 남·북 간 체제경쟁의 전세를 뒤집기 위해 경제발전을 절체절명의 과제로 인식하고 있던 박 대통령의 위기의식을 보여 주는 듯하다. 다음으로 박정희-존슨 정

상회담(1차)에서, 존슨 대통령은 상대방을 다소 가볍게 여기는 과오를 범한 것으로 보인다. 그는 각종 원조 및 지원 보따리를 내보이며 회담 시간 내내 "한국군 1개 사단 월남 파병"에 대한 명시적 약속을 받아 내기 위해 압박했지만, 박 대통령은 끝내 시원한 답변을 내놓지 않아 속을 태웠다.

제2장: 케네디 · 존슨 행정부의 한국군 및 주한미군 감축계획

5 · 16군사혁명 직후부터 미국 정부는 최빈국인 한국이 경제규모에 어울리지 않게 60만 군대를 유지하는 것에 문제를 제기했다. 사실상 한국의 국방비를 거의 전부 떠맡다시피 했던 미국은 1962~1966년 기간 동안 매년 3억 달러 이상을 지출해야 할 형편이었다. 백악관은 한국이 공산침략을 규탄한 유엔결의안, 유엔군사령부, 핵무기를 보유한 주한미군 2개 사단, 한국군 19개 사단 등으로 전 세계 어느 지역에 못지않은 막강한 억지력을 갖추고 있는 것으로 판단했다. 1961년 8월, 국무부는 1962~1967 회계연도 기간 동안 매년 5만 명씩, 총 25만 명을 줄여 한국군을 60만 명에서 35만 명으로 축소시키는 방안을 검토해 보도록 주한 미국대사에게 임무를 부여했다. 이에 대해, 미 합참은 현재 한국에 배치된 미군 · 한국군의 규모는 동북아 안보를 담보하기 위해 반드시 필요한 "최소 규모"라는 확고한 입장을 표명했다.

1962년 4월, 이번에는 맥나마라(Robert McNamara) 국방장관 주도로 한국군 규모의 감축 가능성을 검토했다. 검토 결과, 유사시 핵무기 사용이 보장된다는 전제 하에, 북한군 단독남침을 억제할 정도의 군사력만을 한국에 배치한다면, 이론상 상당한 규모의 한국군 감축이 가능하지만, 정치적 · 경제적 측면에서 "득보다 실이 더 클 수 있다."라는 결론에 이르렀다. 캐리 그룹(Cary Group)도 "정치적 반발이 크지 않다면 한국군 6개 사단 감축도 가능"하다고 보았지만, 중공군 개입이 예상되는 상황에서 핵무기가 확실히 사용될 수 있다는 보장이 없는 한 한국군 감축은 곤란하다는 결론을 내렸다. 한편, 백악관 NSC 직원인 테일러도 한국군 60만 명의 유지가 불가피하다는 견해를 지지했다.

그런데 1962년 9월 말, 케네디 대통령은 한국군 · 주한미군 임무를 북한군 단독공격의 억제 · 격퇴로 한정할 수 있다고 발언하여 파장을 일으켰다. 그러나 백악관은 NSC 직원인 코머(Komer)가 "미국이 한반도에서 군사적으로 과잉보험을 들고 있다."라는 견해를 피력한 것 이상으로 후속조치는 취하지 않았다. 이듬해 5월에도 NSC 직원이 한국군 7개 사단을 감축시키고, 한국의 경제개발에 더 많이 투자해야 할 필요성을 제기했지만, 이러한 제안 역시 구체적인 정책으로 발전되지는 않았다. 한편, 1962년 8월 말, 펜타곤은 주한미군 1개 사단을 오키나와로 재배치하여 주한미군의 '군사적 유연성(military flexibility)'을 제고시키는 방안을 검토했다. 그러나 합참은 1개 사단의 철수가 한국의 방위공약을 '수용 불가능한 수준(unacceptable level)'으로 약화시키고, 한국군에 대한 작전통제권도 약화시킬 우려가 있다며 부정적 입장을 보였다.

케네디 암살 후 대통령에 취임한 닉슨(Richard Nixon)은 1964년 5월, 국무장관 · 국방장관 및 국제개발처(AID: Agency for International Agency) 국장 등 3인에게 주한미군 2개 사단의 재배치와 관련하여 대통령이 선택할 수 있는 대안을 제시하도록 지시했다. 이에 대해 국방부는 주한미군 1개 사단의 재배치에 찬성했지만, 국무부는 미국의 능력(capabilities)이 아니라 의도(intentions)에 대한 동맹국들의 오해가 발생할 것을 우려했다. 이와는 별도로, 1964년 3월 중순, 미 육군성은 주한미군사령관에게 미8군 인가병력 5만 1천 명에서 9천 명을 감소시킬 것이라는 지침을 하달했다. 이는 미8군 편제표상 인원이 6만 9,453명에서 단기체류자(transient)를 포함하여 4만 8,700명으로 상한선이 설정됨을 의미한다. 그러나 주한 미국대사관과 유엔사령부는 때마침 한·일 수교 협상의 국회비준 및 한국군 월남 파병을 추진하기 위해 정치적 노력이 요구되는 시점에, 주한미군의 규모를 줄이는 것은 한국 정부에 중대한 타격이 될 것이라며 우려를 나타냈다. 샤프(Ulysses S. G. Sharp) 유엔사령관 겸 주한미군사령관은 한국이 월남 파병을 위해 적극 노력하고 있는 만큼, 중공이 아시아에서 더 큰 행동의 자유를 누리지 못하도록, 한국의 전략적 가치를 저해할 가능성이 있는 어떤 조치도 취해서는 안된다고 역설했다. 그럼에도 불구하고, 존슨 행정부는 1969년 6월 대(對)한반도 정책 재검토를 통해, 1971년까지 주월한국군 2개 사단 복귀, 1973년 주한미군 중에서 7사단 철수, 1975년 한국군 현대화 작업 완료를 골자로 하는 중장기 로드맵을 수립했다.

제3장: 월남 파병과 한국군 현대화

1964년 9월부터 시작된 한국군의 월남 파병은 빠른 속도로 진행되었다. 처음에는 태권도 교관 및 군 의료진을 포함한 140명 규모의 부대가 파견되었고, 2차로 이듬해 3월 공병·수송부대로 편성된 '비둘기 부대' 2천 명, 3차로 1965년 8월에 국회의결을 얻어 10~11월 사이에 '맹호부대'와 '청룡부대', 마지막으로 1966년 3월 말 국회의 결정에 따라 '백마부대'가 10월에 파견되었다.

한마디로 월남 파병은 베트남전쟁 특수(特需)를 발판으로 한국 경제를 도약시키기 위한 박정희 대통령의 노림수였다. 어떤 면에서 이 노림수는 한편으로는 경제규모에 어울리지 않게 규모가 큰 60만 군대를 유지 및 현대화시키는 동시에, 다른 한편으로는 국가의 자력생존을 위해 경제발전을 이룩해야 하는, '두 마리의 토끼'를 동시에 잡기 위한 회심의 카드였던 셈이다. 베트남 특수는 일본이 한국전에서 누렸던 전쟁특수를 벤치마킹한 것인데, 그 무렵 일본의 '요시다 시게루(吉田茂)'라는 자(수상)는 한국전쟁을 "신이 내린 축복"이라며 경박하게 노골적으로 떠들고 다녔다.

한국전쟁 후 1956~1962년 기간 중 미국의 한국에 대한 원조는 연평균 5억 달러에 달했으나, 1964년 8월 소위 '통킹만(灣) 사건' 이후 월남전이 본격화되어 전비가 급증한 데 반비례하여 1964년에는 원조액이 1억 2,500만 달러로 급감했다. 1964년 초 미국이 한국군의 월남 파병을 요청했을 당시, 국내 실업률은 사상 최고치를 기록하고 있었다. 월남 파병 초기에는 정치적 · 안보적 동기에서 공산주의 침략의 응징이라는 순수한 대의명분이 강조되었으나, 3차 파병부터는 경제적 동기에서 월남 파병의 반대급부에 대한 박정희 정부의 요구목록이 가시적으로 모습을 드러내기 시작했다. 1966년 초에 한 · 미 간 체결된 소위 '브라운 각서'는 한국이 제시한 대미(對美) 청구목록을 '정부 대(對) 정부 간' 약속의 형태로 구체화시킨 공식 문서이다. 결론적으로, 박정희 대통령의 노림수는 성공을 거두었다. 1964년 월남 파병 초기에는 1인당 GNP가 100달러에도 미치지 못했으나, 파병이 종료된 1973년에는 400달러 이상으로 급증함으로써, 1970년대 초반부터 IMF 위기가 닥친 1997년까지 30여 년에 걸친 고속 경제성장으로 '한강의 기적'

을 이룩하는 기폭제가 되었다.[2]

버거(Samuel D. Berger) 주한 미국대사가 1965년 6월에 국무부에 보고한 기록에 의하면, 흥미롭게도 그는 박 대통령이 사단급 전투부대를 파견할 수 있다고 자신감을 보인 것에 대해, 그의 '안이한 낙관론'에 동의할 수 없다면서 회의적인 입장을 내보였다. 그럼에도 불구하고 버거 대사는 한국이 월남에 사단급 부대를 파병하게 될 경우, "현대사에서 기념비적 사건"으로 기록됨과 아울러, 한·미관계가 새로운 차원으로 발전하는 계기가 될 것이라고 그 의미를 평가했다. 한국에 MAP(Military Assistance Program, 군사원조 프로그램) 이관유예 혜택을 부여하자는 버거 대사의 제의를 단칼에 거절한 USOM(the US Operations Mission to Korea, 주한미군 원조사절단)의 반응도 관전 포인트이다. 이는 다시 말해서, 적어도 월남 파병 초기에는 미국이 한국군의 전투부대 파병과 경제적 반대급부의 연계에 부정적 인식을 갖고 있었음을 반증한다.

1966년 초반부터 미국이 한국군 전투부대 파병의 확보에 '최우선적 중요성'을 부여한 이래 상황이 급변했다. 그러나 월남 파병과 관련된 한국의 의지와 동향을 탐색하기 위해 한국을 방문한 험프리(Humphrey) 부통령이 임무를 마치고 돌아가 존슨 대통령에게 보고한 귀국보고서에는 한국 측의 요구사항을, 한국군의 낡은 무기 및 장비의 수리부속품 공급, 영외조달 구매 정도로만 언급했고, 한국 정부의 파병동기에도 '경제적 요구'는 아예 포함시키지 않았다. 사정이 이렇다 보니, 1966년 1월 초 한국 정부가 제시한 각종 요구사항의 목록에 미국은 어이가 없다 못해 불쾌하다는 반응을 보였다. 사실, 이때 우리가

---

2 이 내용은 FRUS에 수록된 내용이 아니라, 필자가 월남전에 대한 독자들의 이해를 증진시킬 목적으로 여러 자료들을 취합하여 정리한 것으로, '비밀해제 문서'와 무관한 것임을 밝혀둔다.

내민 목록 속에는 파월장병에 대한 급여 및 처우 외에도, 오늘날 한국군 현대화의 초석을 형성하게 된 핵심적 사항들, 예컨대 구축함, 곡사포, 장갑차량, 공격용 수송함, 대(對)침투 항공기 등이 포함되어 있었다. 상기 사항을 포함하여, 한국이 요구했던 갖가지 요구목록들이 일괄적으로 망라된 외교문서가 1966년 1월에 한·미 간 체결된 「브라운 각서」이다.

사실 1967년 이후 비밀해제 문서에 월남 파병을 놓고 한·미 간 줄다리기를 벌이는 장면은 이러한 협상이 실제 한국군의 추가파병으로 연결되지 못했다는 점에서 큰 의미를 둘 필요가 없다. 그렇지만 이 무렵 한·미 양국은 파병을 둘러싼 경제적 측면에서의 이해득실을 따지는 데 한 치의 양보도 없이 치열한 두뇌싸움을 벌였다. 미국은 무리할 정도로 추가파병을 요구하면서도, 한편으로는 경제적 실리가 아닌 '개화된 국가이익'의 관점에서 미국의 요청에 동조해 주도록 은근히 압박하고, 다른 한편으로는 한국 측에 '알아서 처음부터 많은 것을 약속하기보다는 일단 최소치만 제시한 다음, 한국 측의 반응과 파병규모를 보아가면서 흥정을 통해 최종가격을 결정'하려는 비즈니스 상거래 방식을 선택하는 양면전술을 구사함으로써, 한국에 치러야 할 반대급부의 대가를 최소화시키기 위해 치밀한 대한(對韓) 협상전략을 수립했다.

이런 배경에서 포터(William J. Porter) 대사의 유명한 '알라딘 램프(Alladin's Lamp)' 비유와 '수확체감(diminishing returns)의 법칙' 논란이 등장한 것이다. '알라딘 램프' 발언에는 한국이 월남 파병으로 미국과 '특수관계'가 형성된 것으로 판단하여, 미국이 당면한 국내적·국제적 문제점을 전혀 인식하지 못하고 둔감한 상태에서, 5만 명의 파월 한국군을 자신들의 꿈을 실현시키기 위한 '도깨비 방망이'로 간주한다는 불만이 담겨 있다. '수확체감의 법칙'도 한국이 파병규모에 비례하여 요구사항을 증가시킬 것이지만, 미국 입장에서는 추가되는 단위 파병부대의 한계효용이 체감하는 경제원칙을 고려하여, 구태여 한국에 요구하는 만큼 많은 반대급부를 줄 필요가 없다는 계산을 반영한 것이다.

제3장에서의 백미는 1967년 말 호주 캔버라에서 열린 한·미정상회담에서 존슨 대통령이 회담 도중에 '욱하는' 모습을 연출한 장면일 것이다. 한국군의 월남 추가파병에 대한 기대와 욕구가 어찌나 간절했던지, 존슨은 한국 측이 자신의 초조한 심정을 아는지 모르는지, 재차 한국군의 파병시점에 대한 확답을 받을 요량으로 던진 '확인성' 질문에 국방장관이 태평하게 답변한 대목에서 그만 '폭발'하고 말았다. 이처럼 존슨 대통령이 정상회담에서 자제력을 상실한 듯한 모습을 보인 것은 미국이 그만큼 한국군의 파병이 절실했기 때문이다. 비록 성사되지는 못했지만, 1968년 이후에도 미국 정부는 민간인(전역장병) 5천 명, 전투병 6천 명 등 총 1만 1천 명으로 구성된 한국군 1개 경(輕)사단의 파병을 꾸준히 요청했고, 한국군도 파병규모를 최대 9만 7천 명으로 증가시키려는 계획을 갖고 있었다.

존슨 행정부 말기에 대통령 지시로 대(對)한반도 정책 재검토가 이루어졌다. 검토의 배경 및 목적은 ① 북한 도발의 급증으로 한국의 인내력이 한계에 직면하여 남·북 간 무력충돌 가능성이 증가되는 상황에서, ② 빠른 경제성장에 힘입어 한국·한국군의 자립능력이 갈수록 제고되고, ③ 주한미군 2개 사단이 한·미상호방위조약으로 인해 '붙박이'로 고정되어 타 지역에 운용될 수 없음을 고려하여, ④ 현재의 군사태세가 방위공약을 준수하기 위한 최선의 방책인지의 여부를 점검하자는 것이다. 여기서 중요한 고려사항은 과연 "주한미군 감축·철수 이후에 한국전이 발발할 경우, 감축·철수된 미군의 재투입이 정치적으로 가능한 것인가?"에 관한 것이다. 결국, 이러한 정책 재검토의 핵심은 "어떻게 하면 미국이 한·미상호방위조약을 준수하면서도, 남·북 간 전쟁이 발발할 시 개입해야 되는 부담을 최소화할 것인가?"에 집약된다.

제4장: 북한의 대남 도발과 청와대 기습사건

1961년 7월 6일 북한은 소련과 '조·소 우호협력 및 상호원조 조약'을 체결한 데 이어, 그로부터 5일 후인 7월 11일 중공과도 동맹조약을 체결함으로써, 북한-소련-중공으로 연결되는 소위 '북방3각 협력체제'를 구축했다. 당시 북한의 GNP는 한국의 1.7배 수준이었다. 이듬해 12월에는 전군의 현대화, 전군의 간부화, 전인민의 무장화, 전국의 요새화라는 소위 '4대 군사노선'을 발표했다. 이어서 1965년 4월, 김일성은 남조선 혁명역량, 북조선 혁명역량, 국제 혁명역량 등 '3대 혁명역량 강화'를 선언한바, 이는 혁명역량의 강화가 주한미군 철수를 강요하고, 나아가 대남 적화통일을 앞당길 수 있다는 판단에 따른 것이다.

한국군의 월남 파병이 한창 본격적으로 추진되던 1966년 11월경부터 북한의 대남 도발이 본격화될 조짐을 보였다. 북한의 도발은 1964년 32건, 1965년 42건, 1966년 37건에서 1967년에는 286건으로 급격하게 증가했다. 1967년 6월 새로 부임한 포터 주한 미국대사의 판단에 의하면, 북한은 한국 정부를 타도하기 위한 '체제전복 전쟁'을 대대적으로 벌이고 있으며, 이를 위해 약 1만 명의 북한 특수부대 요원이 집중적으로 양성되고 있었다. 박정희 대통령은 당초 경찰병력을 2배로 늘려 대(對)침투작전 임무를 전담시키려던 계획을 수정하여, 후방지역 8개 사단에 대침투작전 임무를 수행할 1개 대대씩을 증편하고, 이들 8개 대대에 대해서는 한국군이 직접 작전통제권을 행사하도록 조치했다.

1968년 1월 21일 청와대 기습(소위 '1 · 21사태'), 그리고 48시간도 지나지 않아 미국 첩보수집선인 푸에블로호(USS Pueblo)가 83명의 승무원과 함께 북한에 납치되는 전대미문의 사건이 잇따라 발생했다. 이런 사태에 대해 주한 유엔군사령부는 김일성이 아르헨티나의 공산주의 혁명가인 체 게바라(Che Guevara)가 주창한 '많은 베트남(Many Vietnams)' 노선을 추종한 결과라고 분석했다. 즉, 김일성은 체 게바라가 주장한 대로 미국이 베트남 이외의 다른 전쟁을 동시에 지원할 수 없다는 허점을 노려, 마음 놓고 대남 도발을 자행할 수 있는 것으로 오판하고 있다는 것이다. 유엔사는 북한의 의도를 한 · 미 양국의 관심을 월남으로부터 한반도로 전환, 한국의 경제성장 추세 교란, 남한 내 혁명 분위기 조성 등으로 파악했다.

청와대 기습과 푸에블로호 사건 발생 직후부터 사건의 해법을 둘러싸고 한 · 미 양국 간에 첨예한 갈등이 빚어졌다. 무엇보다 박정희 대통령은 미국이 북한으로부터 사과와 배상을 받기보다는 동맹국인 한국의 대북(對北) 보복을 더 우려하는 데 대해 격렬하게 반발했다. 그러나 정작 대북 보복에 미온적이라는 한국 정부의 불만에 분기탱천(憤氣撑天)한 것은 미국 정부였다. 미국은 한국 국민을 까다롭고 고집 센 '극동의 아일랜드인'으로 부르며, 지난 17년간 6만 3천 명의 미국인이 희생되고 60억 달러 이상의 막대한 예산을 지원해 준 은혜를 망각한 채, 한국이 미국에 의구심을 품고 있다는 사실에 서운함을 감추지 않았다.

청와대 기습 및 푸에블로호 납치사건에 대한 미국의 해법은 '분리론'이라는 것이었다. 즉, 푸에블로호 함정의 반환과 승무원 석방은 당장에 해결되어야 할 단기적 문제로서, 유일한 해법은 북한·소련과의 접촉을 통한 '비밀협상'뿐인 반면, 청와대 기습으로 상징되는 북한의 대남 도발은 비밀협상이나 판문점 회담에서 해결될 수 없는 장기적 문제로서, 한국군의 대비태세를 가시적으로 강화시킴으로써만 해결될 수 있다는 것이다. 따라서 푸에블로호 납치사건을 해결하기 위해서는 북한과의 직접·비밀·비공개 협상을 추진하되, 북한의 대남 도발 문제에 대해서는 3,200만 달러에 달하는 대침투 장비, 구축함 2척, 8인치 자주포, UH-1H 공격 헬기, 추가적인 1억 달러의 군사원조 등으로 해결하려는 전략을 세웠다.

그러나 박정희 대통령에게, 미국이 주장하는 청와대 기습사건과 푸에블로호 납치사건의 '분리론'은 이해할 수 없는 것이었다. 북한 공산주의자들을 다룸에 있어 박 대통령의 입장은 분명했다. 평화적 해결을 위해 아무리 노력해도 소용이 없을 것이므로, 경험에 비추어 볼 때 북한의 어떠한 도발에도 상응하는 응징이 따른다는 점을 가르치지 않으면 안 되며, 청와대 기습과 푸에블로호 납치는 무수한 북한의 정전협정 위반에 한·미가 제대로 대처하지 못한 결과이므로 단호한 응징에 대한 결의만이 북한의 '습관적 도발'을 바로잡는 수단임을 기억해야 한다는 것이었다.

미국의 자제 요청과 압력에도 불구하고, 한국군의 일방적 대북 보복을 주장하는 목소리가 비등(沸騰)하는 기미를 보이자, 본스틸(Charles H. Bonesteel) 유엔사령관 등의 미국 인사는 이러한 한국 내 분위기를 가리켜 "난잡한 감상주의"로 혹평하며 불편한 심기를 토로했다. 아울러 본스틸 사령관은 대북 응징에 대한 집념을 버리지 않는 박정희 대통령의 태도를 "비이성적 행동", "정신나간 행동"이라고 했다. 그리고 일방적 대북 보복에 대한 박 대통령의 명령을 두려워하는 한국군 수뇌부를 "겁먹은 모습" 등으로 표현함으로써, 언행의 적절성에 관해 문제의 소지를 남겼다.

청와대 기습 및 푸에블로호 납치의 해법을 둘러싸고 한·미 간 갈등이 갈수록 심각한 양상으로 번지자, 미국 정부는 사이러스 밴스(Cyrus Vance) 국방차관을 존슨 대통령 특사로 임명하여 사태의 진화에 나섰다. 다급하게 '소방수(消防手)'로 투입된 밴스 특사에게 부여된 여러 임무 중에서 가장 중요한 것은 박정희 대통령을 회유하여 한국군의 일방적 대북 보복을 단념·포기시킬 것, 한국군이 미국과의 사전 협조·승인 없이 일방적으로 군사보복을 감행하지 못하도록, 한국군이 유엔사령관의 작전통제권에 '절대적으로 복종'해야 함을 강조할 것 등 두 가지였다. 아울러 밴스 특사에게는 만일 한국이 미국에 대한 불만의 표시로 '주월한국군 철수'에 대한 가능성을 언급하면, '주한미군 철수'를 불사(不辭)하겠다고 응수하라는 지침이 주어졌다.

그러나 박 대통령은 유엔사 작전통제권을 인정하면서도, 그 운용방식 또는 '게임의 법칙'에 이의를 제기했다. 즉 '긴급추적의 원칙'을 적용하여, 북한이 한국 영토 내로 침투하거나 도발을 자행할 경우, DMZ를 넘어서도 침략자를 응징할 수 있도록 한국 정부의 한국군에 대한 작전통제권 행사가 허용되어야 한다는 것이었다. 밴스 특사의 방한을 앞두고 박정희 대통령도 자신의 입장을 분명히 했는데, 그 내용은 다음과 같다. 청와대 기습은 푸에블로호 사건과 별도로 가까운 장래에 군정위에 회부, 북한 도발에 항의하고, 북한이 도발행위를 시인·사과하고 재발방지를 약속하도록 압박하며, 북한이 이를 거부할 경우 즉각적인 보복조치 단행 등이 그것이다.

밴스 특사가 임무를 마친 후 미국으로 돌아가 존슨 대통령에게 귀국 보고를 한 내용의 요지는 다음과 같다. "박정희 대통령은 대북 보복공격의 자제를 강요하는 미국에 분노하고 있다. 한국은 F-4 전투기, 대(對)침투부대 예산, 공군 활주로, 원조 확대 등 약 5~10억 달러 어치의 지원을 요구한다. 북한이 최근 600회의 대남 도발을 자행했으나, 한국군도 11회에 걸쳐 DMZ를 넘어 북한 지역에 대한 보복공격을 실시했다. 한국은 북한이 재차 심각한 도발을 벌일 경우, 미국이 '자동적'으로 응징・보복에 참여할 것을 요구했으나 거부했다. 한국에는 '비둘기파(온건파)'나 '매파(강경파)'는 없고, '호랑이파(일방적 대북 보복 요구)' 뿐이다."

제5장: 푸에블로호 관련, 미국의 대응

1968년 1월 23일 푸에블로호 사건이 발생한 직후, 미국은 소련과의 막후 대화채널에 전적으로 의존하는 모습을 보였다. 당시 미국은 쿠바 미사일 위기사태 당시에 가동되었던 비밀창구인 '스칼리-포민(Scali-Fomin)' 방식을 구상했으나, 실제로 이런 아이디어가 가동되었는지의 여부는 불확실하다. 미국은 톰슨(Thomson) 주소(駐蘇) 미국대사에게 그로미코(Gromyko) 소련 외무상을 만나 푸에블로호 함정과 승무원의 즉각 송환을 위해 북한에 압력을 행사해 주도록 요구했다. 닉슨 대통령이 코시긴(Kosygin) 수상에게 이 사건과 관하여 친서를 발송한 데 대해, 소련 측은 푸에블로호가 북한 영해를 침범했다고 주장하는 한편, 어떠한 경우에도 "사태를 악화"시키지 말 것을 경고하면서도, 상황의 조기해결이 "양국의 이익에 부합된다."라고 협력의사를 밝혔다. 이처럼 사건 초기에 소련과의 외교채널에 의존한 점, 소련이 북한에 대한 군사적 압박이나 군사행동의 자제를 요청한 점, 83명의 승무원이 인질로 잡혀 있던 점, 월남전이 한창 진행 중인 상황 등을 고려해 볼 때, 미국이 푸에블로호에 사건의 해결을 위해 선택할 수 있는 대안은 대단히 제한적이었다.

푸에블로호 사건을 해결하기 위해 1월 24~26일, NSC를 포함하여 총 8회의 주요 회의가 소집되었다. 이 회의에서는 푸에블로호를 납치한 북한의 의도, 유엔에 사안을 회부하는 방안, 납치될 당시의 상황, 소련이 북한의 납치계획을 사전에 인지했는지의 여부, 대통령이 예비군을 소집할 수 있는 권한을 의회에 요청, 한국 해역에 엔터프라이즈 항모, 그리고 푸에블로호를 대체할 배너(USS Banner)호의 투입, 한국의 공군력 보완을 위한 미국 항공기 추가배치, 미국이 택할 수 있는 다양한 군사적 조치, 푸에블로호가 '실수'로 북한 해역에 들어갔을 가능성 등이 논의되었다. 특히 푸에블로호가 과오를 범했을 가능성과 관련해서는, 이 함정이 최첨단 항해장비를 장착하고 있고, 북한 해안으로부터 13마일 이내로 접근하지 않도록 지침을 받았음에도 불구하고, 납치 당시 함정의 정확한 위치에 대한 불확실성과 '대단히 중요한 내용의 통신감청을 위해 영해 부근에 접근했을 가능성' 등이 문제점으로 거론되었다.

북한은 처음부터 인질로 잡힌 푸에블로호 승무원들을 앞세워, 미국을 압박하여 이들이 '전쟁포로'임을 인정하고, 미・북 간 접촉을 '정부 대 정부 간 협상'으로 격상시키며, 이로써 북한을 '사실상의 국가로 인정'하고, 적반하장으로 미국의 사과와 재발방지를 요구하는 등, 다양한 목적을 실현시키는 카드로 활용했다. 미국은 중립국감시위원회를 통해 북한과 접촉하는 사실을 한국에 알려 주지 않는 등, 한국이 미 · 북 간 직접 접촉에 크게 반발하게 될 것을 우려했다.

미 · 북 간 푸에블로호 함정과 승무원 석방을 위한 회담에서 미국이 택할 수 있는 대안은 거의 없었다. 1968년 연말이 다가올 무렵, 뜻밖에도 미국은 장기간의 교착상태를 타개할 수 있는 절호의 기회를 맞이했다. 존슨 행정부가 활동시한의 종료를 앞두고 북한에게 미국의 제안을 받아들이거나, 아니면 협상결렬을 선언하고 새로 출범하는 차기 미국 행정부와 처음부터 협상을 다시 시작하거나 양자택일을 하라고 '최후통첩'을 날릴 수 있는 입장에 놓이게 된 것이다. 우여곡절 끝에, 1968년 크리스마스를 앞두고 극적으로 미 · 북 간 협상이 타결됨에 따라, 82명의 생존자들과 1명의 시신이 판문점을 경유하여 미국으로 인도되었다.

사실 푸에블로호 사건 발생 초기부터 미국은 외교적 노력이 소기의 성과를 거두지 못할 것에 대비하여, 북한에 대한 고강도 군사적 응징 방안을 검토했다. 그중 가장 두드러진 것은 1968년 5월 14일부로 합참이 수립한 '대북 공격계획'인데, 이 계획에는 미 전술공군, 한국 공군, B-52 폭격기 등으로 북한 공군력을 무력화시키는 방안, 북한을 핵무기로 공격하는 '프리덤 드롭(Freedom Drop)' 계획 등이 광범위하게 논의되었다. 그 밖에도, 북한 상공에 고고도 정찰기인 '옥스카트(Oxcart)'를 투입하여 사진정찰, 배너호를 푸에블로호가 납치된 장소에 투입, 원산항에 기뢰 부설, 북한 선박 나포, 북한 내 표적에 대한 선별적 공습, DMZ 일대의 북한군 기습, 대북 경제제재 등 다양한 방책들이 검토되었으나, 실제로 선택 가능한 대안이라고는 북한 상공의 공중 정찰, 배너호를 푸에블로호가 나포된 지점에 투입하는 것 등에 불과했다.

제6장: 미국의 EC-121 정찰기 격추사건

북한군 미그기는 1969년 4월 14일 새벽 4시 47분, 동해상에서 북한 지역 인근을 비행 중이던 EC-121 정찰기에 미사일을 발사하여 격추시켰다. 또 한 차례의 북한 도발로 기체와 함께 31명의 승무원 전원이 몰사했다. 이 사건의 동기에 대해 CIA는 북한처럼 소국이라도 마음만 먹으면 미국과 같은 '강대한 제국주의자'들을 굴복시킬 수 있다는 의지를 선전하려는 김일성의 과시욕이라고 분석했다. 사건의 원인에 대해 미국은 북한의 도발이 미국으로부터 당할 수 있는 군사적 보복의 위험보다 도발로 얻을 수 있는 이득이 더 크다고 판단한 결과라고 보았다. 기고만장한 북한의 만행에 대해 대통령 군사보좌관인 헤이그(Alexander Hague)는 키신저(Henry Kissinger) 안보보좌관에게 푸에블로호 사건과는 달리 이번 사건에서는 미국의 '무대응(inaction)'을 합리화시킬 수 있는 근거가 부족함을 적시하면서 '잠수함 매복공격(submarine ambush tactic)' 같은 보복조치를 촉구했다.

새로 대통령에 당선된 닉슨의 주재로 4월 16일 개최된 NSC의 분위기는 불가사의할 정도로 차분하고 평범한 내용으로 일관했다. 회의 초반에 휠러(Earle G. Wheeler) 합참의장은 북한 상공에 무인기(drone) 투입, 전투기 엄호 하에 정찰비행, 무력시위, 북한 영공을 벗어난 북한 전투기 격추, DMZ 인근의 북한군 표적 공격 등의 군사적 대안을 제시했다. 그러나 휠러의 발언 이후로 대북 보복을 위한 군사행동에 대해서는 일언반구도 언급되지 않았다. 그저 EC-121 정찰기가 격추 당시에 보였던 비행패턴, 미사일에 얻어맞고 수직으로 뚝 떨어지는 모습의 묘사, 보복을 요구하는 한국 정부에 대한 불안감 표출 등, 그야말로 EC-

121 격추사건이 마치 남의 나라에서 벌어진 것 같은 착각을 불러일으킬 정도로 차분함과 무기력한 모습을 보였다.

새로 출범한 닉슨 행정부가 이처럼 기이한 모습을 보인 데는 이유가 있었다. 무엇보다 푸에블로호 사건 때보다, 미국 국민과 의회의 보복 요구가 적었고, 협상을 통한 월남전 종결을 추진하려던 미국의 입장에서 강력한 군사적 보복으로 월맹을 긴장시켜 파리평화회담이 좌초될 가능성이 우려되었으며, 쿠바 미사일 위기와는 달리 미국의 사활적 이익이 걸려 있지 않다는 판단이 작용한 결과였다. 레어드 국방장관도 이러한 분위기를 반영한듯, "현 시점에서 군사적 대안을 택하지 않는 것이 더 낫다."라고 결론을 내렸는데, 그 이유는 "북한의 징벌을 위해 수행되는 공중공격의 위험은 이를 통해 얻을 수 있는 잠재적 이득을 훨씬 더 초과"한다고 판단했기 때문이다. 이로써 북한의 김일성은 청와대 기습, 푸에블로호 납치, EC-121 격추 등 연달은 군사도발을 자행했음에도 불구하고, 한국과 미국으로부터 아무런 보복도 당하지 않는 '행운'을 누릴 수 있었다.

제7장: 닉슨 행정부의 주한미군 감축

닉슨 행정부는 출범 직후인 3월부터 대통령의 지시에 따라 '한국에서의 우발사태 계획'을 수립하는 작업에 착수했다. 이 계획은 북한이 전면도발 또는 부분도발을 감행할 경우, 미국이 선택할 수 있는 대안을 모색하는 데 목적이 있었다. EC-121 격추사건으로 잠시 공백기간이 있었으나, 곧바로 '임시부서간 한국특임단(IDKTF: Ad Hoc Inter-

Departmental Korea Task Force)'이 약 1개월간의 연구결과를 보고했다. 보고서의 핵심은 예상되는 우발사태의 유형별로, 미국의 목표 및 선호되는 행동방책을 도출하는 것이었다. 비슷한 시기에 '부처 간 한국특임단(IKTF: Interagency Korean Task Force)'이 작성한 「한국 프로그램 메모(Korean Program Memorandum)」라는 제목의 보고서가 제출되었다. 이 보고서의 골자는 아시아 국가들의 자립을 요구하는 관점에서, 한국에 제공되는 다양한 원조 프로그램을 비용 측면에서 재검토할 필요가 있다는 것이었다.

1969년 7월 25일 소위 '닉슨독트린'이 선언되고, 그로부터 불과 1주일 후인 8월 2일 박정희-닉슨 간 한·미정상회담이 샌프란시스코에서 열렸다. 정상회담 석상에서 닉슨은 한국 측의 요구가 없었음에도 불구하고, 자신의 입으로 "미국 내 여론이 전 세계적으로 미군의 축소를 요구하고 있으나, 김일성에게 경고하기 위해 주한미군 감축을 추진하지는 않을 것"이라고 약속했다. 박정희 대통령은 한국이 닉슨 독트린에서 예외로 인정받을 수 있게 된 데 대해 커다란 안도를 느꼈을 것이다. 그런데 한·미정상회담 직후인 1969년 8월 14일, 닉슨 대통령 주관으로 개최된 NSC에서 주한미군 철수문제가 본격적으로 논의되었다. 회의 석상에서 닉슨은 "박정희 대통령에게 주한미군과 관련하여 어떤 약속도 하지 말도록" 입단속을 시키면서, 주한미군 감축이 추진되는 상황을 한국에 철저히 비밀로 할 것을 지시했다. 어째서 닉슨 대통령이 박정희 대통령에게 "주한미군 철수계획이 없다."라고 안심시킨 다음, NSC에서 "박정희 대통령에게 주한미군과 관련하여 어떤 약속도 하지 말라."라고 지시했는지 이해가 가지 않는다. 이런 맥락에서 보면 닉슨이 박정희 대통령의 '뒤통수를 치거나', '골탕 먹이기로 작정'한 것 같다는 의심이 들 정도이다. 그렇지 않고서야 미국 대통령이 불과 1개월도 되지 않는 사이에, 왜 동맹국의 대통령에게 '한 입으로 두 말을 하는 행위', 즉 '고의적인 거짓말'을 했는지 설명이 되지 않는다.

아무튼 이날 NSC 회의에서 레어드 국방장관은 한국군이 미국 해·공군 및 군수지원을 받으면 북한군의 공격을 막을 수 있는 능력을 갖고 있다고 평가하면서, 현 수준의 주한미군을 유지할 경우 매년 10억 달러가 소요되며, 주한미군을 미 본토로 철수시킬 경우에는 매년 2억 2,500만 달러의 예산 절감이 가능하다고 보고했다. 레어드 국방장관은 닉슨의 의중에 부합되게 주한미군 철수를 주도적으로 추진한 장본인이었다.

1969년 11월 말, 닉슨은 키신저에게 "이제는 주한미군을 감축할 시간"이라고 지시했다. 이 무렵 미국은 한국의 GNP가 1964년 이후 11%의 '경이적' 비율로 증가함에 따라 한국에 대한 지원 프로그램이 지속적으로 감소되는 추세에 주목하고 있었다. 한편 주한미군 감축 규모를 둘러싸고 합참과 KTF(Korea Task Force, 한국특임단) 간에 이견이 발생했다. 합참은 한국군 12~14개 사단으로 북한의 공격을 저지할 수 있다는 KTF의 판단에 동의하지 않았다. 합참은 미군 철수의 '타이밍'도 문제이지만, 한반도에서 억제력과 안정을 유지하기 위한 '최소한의 군사태세'를 미군 1과 1/3개 사단 및 현대화된 한국군 18개 사단, 그리고 한국 공군·해군력의 보강이라고 역설했다.

이듬해 3월 4일 닉슨 대통령이 주관한 또 한 차례의 NSC에서 주한미군의 부분감축이 '기정사실'로 굳어졌다. 헬름스 CIA 국장은 조만간 북한이 전면남침을 감행할 가능성이 없으며, 소련·중공도 북한을 지원할 가능성이 거의 없다고 판단했다. 키신저는 주한미군 2개 사단 중 1개 사단의 감축이 가능하다고 보았으며, 국무부는 한술 더 떠서 '2만 명'을 줄일 수 있다고 주장했다. 3월 20일, 키신저 안보보좌관은 국방 · 국무장관, CIA 국장, 합참의장, 백악관 예산국장 등에게 FY[3] 1971년까지 2만 명의 주한미군을 철수시키겠다는 대통령의 결심을 전달하면서, 이를 위해 관련자들에게 박정희 대통령과 철수 시기 및 조건을 협의해 보도록 지시했다.

포터 주한 미국대사로부터 주한미군 2만 명 감축계획을 통보받은 박정희 대통령은 망연자실했다. 그는 친필로 장문의 편지를 써서 황망히 닉슨에게 보내며, "한국군의 현대화가 완료되기 전에 주한미군 감축을 발표할 경우 심각한 정치적 후폭풍이 초래될 것"이라고 경고했다. 이에 대해 닉슨 대통령은 의회의 승인을 받아야 하는 사항임을 전제로 하면서도, "FY 1971~1975년 기간 중 한국군 현대화에 대폭적으로 증액된 군사지원을 제공할 것"임을 약속했다. 이처럼 미지근한 답변에 박정희 대통령은 물러서지 않았다. 이미 닉슨이 자신을 '배신'했다고 판단한 박 대통령은 한국군 현대화와 군사원조 증액이라는 가시적인 성과가 손에 잡히기 전에는 주한미군 철수를 "승인하거나 동의"하지 않을 것임을 강조했다. 메시지를 전하러 온 포터 대사도 물러서지 않았다. 그는 미군 철수에 관해 한국 정부와 '협의'를 할 의무는 있으나, '승인 · 동의'를 받아야 하는 사항이 아니라고 맞섰다. 주한미군 철수에 대해 한국 정부가 '비토권'을 행사할 수 없다는 주장이었다.

박정희 대통령은 재차 친서를 보내, "대침투 · 게릴라 부대 개선요구" 및 "한국군 개발목표 계획"을 "5개년(1971~1975) 현대화 종합계획"으로 통합시켜, 이 프로그램에 대한 미국의 지원과 아울러, 한반도에 남침이 재발할 경우 미 지상군의 증원과 파견을 포함하여 미국이 확고하고 단호한 결의를 표명하도록 요구했다. 닉슨 대통령은 답신에서

---

3 Fiscal Year, 회계연도.

한국 측이 제시한 '프로그램과 한국군 현대화'에 필요한 군사지원 증가라는 '보상조치'를 취하겠다고 약속했다. 1970년 8월 4일 주한미군 2만 명 감축을 통보하러 온 포터 대사와 마이클리스(John H. Michaelis) 유엔사령관에게 박정희 대통령은 주한미군 감축의 전제조건으로서, "한국에 절대로 전쟁이 벌어지지 않을 것이라는 확약"이 있어야 함을 강조하고, 이에 대한 합의가 이루어진다면 굳이 미군 감축에 반대하지 않을 것이라고 말했다. 아울러 박 대통령은 주한미군 감축이 세계 다른 지역에 투입하기 위한 목적이 아니고, 국내 정치적 판단에서 비롯된 것이라는 점, 동맹국을 무시한 채 모든 것을 미국이 일방적으로 결정한 점, NATO 같은 곳에서의 군사력은 감축하지 않고 주한미군만 줄이는 점 등을 문제점으로 일일이 지적했다.

이에 대해 키신저는 닉슨 대통령에게 FY 1971~1975년 기간 중 보조금, MAP, 잉여 장비 · 물자 등의 형태로 15억 달러를 한국군 현대화 프로그램에 집행하도록 승인해 줄 것을 건의했다. 이로써 1971년 2월 5일 한 · 미 양국은 주한미군 2만 명 감축을 공동성명을 통해 공식적으로 발표했다. 그 이후에도 미국 정부는 끊임없이 주한미군 감축 가능성을 모색했다. 예컨대 레어드(Melvin Laird) 국방장관은 1971년 7월, 한국 방문을 마친 후 닉슨 대통령에게 제출한 귀국보고에서 FY 1973년을 시작으로 한국군 현대화 프로그램이 성과를 보일 경우에는 "최소한 1만 4천 명의 지상군 감축"이 가능하다고 기술했다. 마지막으로, 1972년 유신선포 직후 하비브(Philip Habib) 주한 미국대사는 국무부에 발송한 전문에서 "내부적으로 FY 1975~1976년 사이에 주한미군 지상군을 완전히 철수하는 방안"을 검토해 볼 것을 제의했다. 이 전문을 발견한 NSC 직원(Richard Kennedy)은 키신저에게 보고한 메모에서 하비브의 보고 내용을 가리켜 "기절초풍할 일"이라고 평가하면서, 주한미군 중 지상군 완전철수에 관한 발언이 외부로 유출될 경우 재앙이 닥칠 것이 예견되므로, 하비브에게 반론의 메시지를 보내야 한다고 건의했다. 이에 대해 키신저는 이니셜 서명으로 승인했다. 이로써 한국은 하마터면 주한미군 지상군 전체가 철수될지도 모르는 위기를 넘기게 되었다.

3. 박정희 대통령과 한국군

한·미관계에서 박정희 대통령의 기회와 위기

미국 정부가 공개한 비밀해제 자료에 의하면, 1961~1972년 당시 박정희 대통령은 크게 보아 세 차례에 걸쳐 중대한 기회와 위기를 맞이했던 것으로 보인다. 먼저 박 대통령은 '성공적'이라고 평가되는 케네디 대통령과의 1961년 11월 정상회담 이래, 주로 존슨 행정부 기간에 해당되는 1964년부터 1972년까지 최대 약 5만 명에 이르는 한국군을 월남에 파병했다. 분명 박정희 대통령 입장에서 월남 파병은 경제개발과 한국군 전력증강을 동시에 이룩하기 위한 '부국강병'의 기초를 마련해 준 기회요인이었을 것이다. 반면, 북한 게릴라의 청와대 기습과 푸에블로호 납치사건, 그리고 닉슨 행정부의 주한미군 부분철수는 불의의 순간에 박 대통령에게 닥친 위기요인이 아닐 수 없었다. 박정희 대통령이 한국군에 남긴 최대의 유산은 아마도 이러한 기회요인을 제대로 포착하는 동시에 위기요인을 기회로 반전시킴으로써, 미국과의 힘겨운 협상과 줄다리기를 거치면서 군 현대화의 비약적인 발전을 이룩했다는 점일 것이다.

박 대통령의 기회: 월남 파병

박정희 의장은 케네디 대통령과의 정상회담을 위해 방미했을 때, 러스크 국무장관과의 양자회담에서 자신이 직면한 최대의 도전과제를 "공산주의 위협에 대비하기 위해 60만 군대를 유지하는 동시에 경제개발을 이룩하는 것"이라고 정의했다. 동시에 "한국은 미국이 짊어지고 있는 부담을 떠맡기 위해 가능한 모든 노력을 다하고 있다."라고 강조했다. 케네디 대통령과의 회담에서도 "미국이 짊어지고 있는 무거운 부담을 잘 인식하고 있으며, 자유세계의 국가들이 저마다 최선을 다하여 스스로 미국의 부담을 감소시키기 위해 노력해야 함"을 역설했다. 말하자면, 당시 박정희 의장이 미국에 요구한 것은 자주국방과 경제건설을 동시에 추진하여, 자국의 역량을 증진시킴으로써 미국의 부담을 경감시킬 수 있도록 한국을 지원해 달라는 것이었다.

미국의 비밀해제 자료에서 확인할 수 있는 한 가지 분명한 사실은 박 대통령을 비롯한 한국 정부가 월남 파병을 한국군 현대화의 초석을 놓을 수 있는 호기로 간주했다는 점이다. 1966년 1월 파병의 대가로 미국 측에 전·사상자 보상금을 포함하여 국방비 보조, 원조자금 증액, 역외조달 구매, 대침투장비 지원, 구축함, 곡사포, 장갑차량, 수송함, 대침투 정찰기 등 '기다란 목록'을 요구했다. 당초 미국은 '한국의 과도한 요구'에 어찌나 놀랐던지 턱도 없다는 반응을 보였으나, 파병규모의 증가와 비례하여 한국군에 지원한 목록도 증가했다. 파병을 계기로 구식 M-1 소총이 M-16으로 교체되었고, 오늘날 방산수출 규모가 연간 1조 원을 돌파하기에 이르러 '효자종목'으로 평가받는 방위산업의 기초도 이때 마련되었다. 파병이 한창이던 1968년부터 1972년까지는 군사원조액이 약 23억 달러에 육박했고, M-16 소총 외에도, 구축함 2척, 방위산업 기술 이전, 파월부대에 대한 최신무기 지급, 3개 후방사단을 정규 사단으로 업그레이드, 17개 보병사단 및 1개 해병사단의 장비·무기 현대화 등, 그야말로 한국군의 현대화와 방위산업의 든든한 초석이 놓였다.

박 대통령의 첫 번째 위기:
청와대 기습과 푸에블로호 납치사건

박정희 대통령이 한·미관계에서 맞이한 첫 번째 위기는 청와대 기습사건과 푸에블로호 사건이다. 박 대통령은 북한으로부터 사과와 배상을 받을 생각은 하지 않고, 한국군이 북한에 보복하는 것을 더 두려워하는 미국의 태도에 절망했다. 미국은 끈질기게 북한에 대한 응징을 주장하는 박 대통령을 '정신나간 사람'으로 취급하기에 이르렀다. 대북 보복을 한사코 가로막는 미국에게 한국이 분노한 나머지 '주월한국군 철수'를 주장하자, 미국도 '주한미군 철수'로 맞대응하여 극한 대립 양상이 연출되었다. 이런 와중에도 박정희 대통령은 한국에 '심리적 부담'을 안고 있는 미국을 상대로 F-4 전투기, 대침투부대 예산, 공군 활주로, 원조규모 대폭 확대 등의 실리를 얻어 내는 데 성공함으로써, 월남 파병에 이어 한국군 현대화와 대침투 작전능력의 향상에 두 번째 기여를 했다.

박 대통령의 두 번째 위기:
닉슨 행정부의 주한미군 부분철수

박정희 대통령의 입장에서 닉슨 행정부에 의한 주한미군 부분철수는 '마른 하늘의 날벼락' 같은 비보(悲報)였다. 박 대통령은 1969년 8월 초 한·미정상회담에서 닉슨 대통령이 "김일성에게 경고하기 위해서라도 주한미군을 감축하지 않겠다."라고 약속한 것을 철석같이 믿었다. 하지만 그로부터 불과 1년 뒤에 날아온 "2만 명의 미군 감축" 통보에 또다시 절망했다. 박정희 대통령의 입장에서 미국 측의 일방적인 미군 감축 선언은 '배신행위'나 다름없었다.

이러한 미국의 태도에 대해 박 대통령은 양면전략을 구사했다. 한편으로는 한국 정부의 승인이나 협조가 없이는 주한미군을 줄일 수 없다고 압박하는 동시에, 다른 한편으로는 한국군 현대화가 완료되기 전에 주한미군 철수를 발표할 경우에는 심각한 정치적 부작용이 발생할 것임을 경고했다. 물론 미국은 미군 철수에 한국 정부의 '동의'가 필요하지 않다고 응수했지만, 사전에 충분히 '협의'하지 않은 것만큼은 부인할 수 없었다. 한국 정부는 주한미군 부분철수가 불가피하다는 점을 인정하면서도, 이러한 조치가 시행에 옮겨지기 전에 한국군 현대화를 위해 미국의 지원을 끌어 내는 데 총력을 기울였다. 박 대통령은 "대침투·게릴라 부대 개선요구"와 "한국군 개발목표 계획"을 통합한 "5개년 현대화 계획"을 수립하고 미국의 지원을 요구한 결과, 닉슨 행정부는 FY 1971~1975년 기간 중 보조금, MAP, 잉여장비 · 물자 등의 형태로 15억 달러를 지원하기로 결정했다. 이는 박 대통령이 한국군 현대화를 새로운 차원으로 끌어올린 세 번째 기여로 기록될 수 있을 것이다.

4. 미래지향적이고 건강한 한 · 미관계를 위한 교훈

청와대 기습과 푸에블로호 사건의 교훈

북한에 의한 천안함 폭침이나 연평도 포격사건이 발생했을 때, 그 밖의 크고 작은 북한의 도발이 자행되었을 때, 그리고 바로 지금 이 순간에도, 앞뒤 맥락을 빼고 다음과 같은 구절을 각각의 경우에 대입시키면 신기하게도 한마디도 틀린 것이 없다는 사실을 발견할 수 있다.

> "공산주의자를 대하는 데, 평화적 해결을 위한 '무한정의 노력(indefinite effort)'은 우리(한 · 미)가 아닌 그들에게만 이익이 될 것입니다. 한국의 경험으로 볼 때, 공산주의자들에게는 어떠한 도발행위도 상응하는 징벌을 피할 수 없다는 교훈을 가르쳐야 합니다. 만일 우리가 과거에 정전협정을 위반할 때마다 북한의 위반을 응징했더라면, 우리는 이러한 위반행위들로 인해 벌어지는 상황을 예방할 수 있었을 것입니다.

다시 말해서, 오늘날 직면한 상황은 우리가 북한의 협정 위반에 효과적으로 대처하지 못한 결과로 인한 것으로 생각됩니다. 따라서 우리는 그들이 도발에는 반드시 응징이 따른다는 점을 인식하도록 우리의 단호한 입장과 결의를 보여 주어야 합니다. 우리는 오로지 이 방법만이 북한의 습관적인 도발(habitual aggressiveness)을 바로잡는 수단이라는 점을 기억해야 할 것입니다."[4]

상기 내용은 1·21사태의 충격에서 벗어나지 못하고 복수의 칼날을 갈고 있던 박정희 대통령을 위로하기 위해 존슨 대통령이 친서를 보낸 데 대하여, 그리고 한국군의 월남 파병에 대한 보상으로 무기·장비를 지원해 준 데 대하여 존슨 대통령에게 사의(謝意)를 표명하면서 박 대통령이 보낸 서한의 일부이다. 어째서 그로부터 50년 가까운 세월이 지난 오늘날에도 이런 경고의 목소리가 마치 어제오늘에 나온 것처럼 새삼스럽게 들리는 것일까? 아마도 그것은 지난 50년 동안 북한의 도발에 제대로 교훈을 가르쳐 주지 못한 시행착오의 대가가 그만큼 무겁게 느껴지기 때문일 것이다.

"한·미 양국은 적과 전 세계를 대상으로, 북한이 보복의 두려움 없이 한국에 도발하도록 허용하지 않을 것임을 분명히 밝혀야 한다. 한·미 양국은 만일 침투가 계속되면, '침략의 근원을 타격함으로써(by striking at root source of NK aggression)' 북한을 징벌할 것임을 선언해야 한다. 그는 북한 게릴라 훈련캠프가 적절한 타격목표이며, 설령 이 훈련소들을 없애

4 155. Letter From President Pak to President Johnson, February 5, 1968, *FRUS 2*.

버리더라도, 전면전쟁은 고사하고 국지전쟁도 일어나지 않을 것이다."[5]

상기 발언은 1961년 초 청와대 습격 및 푸에블로호 납치사건 직후, 박정희 대통령이 한사코 한국군의 대북 보복공격을 금지하도록 압력을 행사하기 위해 자신을 찾아온 포터 주한 미국대사와 본스틸 사령관에게 '피를 토하는 심정'으로 북한의 도발을 응징해야 하는 당위성을 역설한 내용이다. 오늘날 북한에 경고하기 위해 언급되고 있는 '도발원점 타격'은 이미 54년 전 박정희 대통령이 구상했던 개념이다.

지금 돌이켜보면, 1 · 21 청와대 기습사건은 기고만장하고 교만이 하늘을 찌르던 김일성과 그 일당에게 뼈아픈 보복의 충격과 고통을 충분하게 안겨줄 수 있었던 천재일우의 기회였다. 그러나 월남전의 수렁에 깊숙이 빠져 있던 미국으로서 83명의 푸에블로호 승무원들이 인질로 사로잡혀 있는 마당에, 거의 '필사적으로' 한국군에 의한 일방적 보복공격을 가로막아야 할 충분한 이유가 있었다. 그 결과, 김일성의 야만적이고 노골적인 도발에 올바른 교훈을 가르쳐 주지 못하고 천재일우의 기회를 놓친 선례는 지금도 여전히 우리의 역사적 부담과 숙제로 남아 있다.

한 · 미 간 신뢰의 문제

동맹의 기본 바탕은 신뢰다. 신뢰가 뒷받침되지 못한 동맹관계는 상상하기도 어렵다. 그러나 1961~1972년 당시 한 · 미관계는 과도

---

5 174. Telegram From the Embassy in Korea to the Department of State (Secret), "Subject: ROKG Plans for Vance Visit," February 10, 1968, *FRUS 2*.

한 비대칭성으로 인해, 시종일관 미국이 '갑'의 입장에서 거의 모든 사안들을 주도하려 했던 것이 사실이다. 이런 가운데 양국의 신뢰는 중대한 역사적 시점에서 여러 차례에 걸쳐 심각한 위기를 경험했다. 가장 대표적인 사례가 미 행정부의 주한미군 감축과 관련된 정책이다. 1961~1972년 기간 중, 케네디 · 존슨 · 닉슨 행정부는 주한미군의 일부분 또는 지상군 전체의 감축 · 철수 · 재배치 가능성을 끊임없이 검토하면서도, 동맹정신에 입각하여 한국 정부와 변변하게 '협의'를 한 적은 단 한 차례도 없었다. 매번 미국은 전략적 판단 또는 예산절감의 필요성에 따라 일방적으로 연구 · 검토를 추진했고, 닉슨 행정부 당시에는 그 결과를 일방적으로 '통보'했다. 이는 향후 미래지향적이고 건강한 한 · 미 동맹관계 발전을 위해서는 다시는 되풀이되지 말아야 할 부정적이고 그늘진 유산이다.

특히 닉슨 대통령이 샌프란시스코 정상회담에서 박정희 대통령에게 "주한미군 철수계획이 없다."라고 약속하고 나서, 불과 1년도 지나지 않아 "박정희 대통령에게 주한미군과 관련하여 어떤 약속도 하지 말 것"을 엄명하고, 2만 명의 미군 철수를 일방적으로 통보한 것은, 그럴 수밖에 없었던 정당한 사유나 합리적 근거도 발견할 수 없다. 이는 참으로 이해할 수 없는 무책임한 행동이 아닐 수 없다. 지킬 계획이나 의지도 없으면서 한국의 국가안위와 직결된 중대한 약속을 남발한 뒤, 손바닥처럼 이를 뒤집은 태도에는 워터게이트 사건으로 불명예스럽게 퇴진한 닉슨 대통령 개인의 저급하고 졸렬한 인간성이 투영되어 있는 듯하다. 더구나 과연 동맹국 대통령과 동맹국 국민들에게 극심한 충격과 고통을 주면서까지 2만 명의 주한미군 감축을 '비밀 군사작전처럼 기습적으로' 추진하지 않을 수 없었던 절박한 필요성이 있었는지는 참으로 의문이 아닐 수 없다. 정확한 원인을 알 수는 없으나, 아무리 보아도 2만 명의 주한미군 감축은 박정희 대통령에게 타격을 주려는 닉슨 대통령의 '개인적 보복(personal vendetta)'이라는 인상을 지울 수 없다. 그러지 않고는 닉슨의 위선적 행동을 제대로 설명할 방법이 없다. 여기서 지적하려는 것은 2만 명의 미군 감축 자체가 아니다. 동맹국 대통령을 '기만'하는 방식으로 정책이 추진되었다는 데 문제가 있다는 것이다. 따라서 이처럼 납득하기 어려운 닉슨의 표리부동한 언행은 한・미 동맹관계의 역사에서 수치스럽고, 다시는 절대로 되풀이되지 말아야 할 '최대의 오점'을 남긴 것으로 평가되어야 마땅할 것이다.

주한미군 문제뿐만이 아니다. 푸에블로호 사건에서 미국이 북한과 접촉하기 위해 중감위 회원국들의 협조를 구한 사실, 소련과의 막후 채널, 북한에 대한 군사적 보복계획 검토 등 여러 사례에서 미국은 동맹국인 한국의 눈과 귀를 가리고, 사실을 은폐하기에 급급했다. 제7장을 보면, 포터 대사와 마이클리스 유엔사령관이 박정희 대통령에게 주한미군의 부분철수를 일방적으로 통보하러 간 자리에서, 박 대통령으로부터 미국의 태도와 관련하여 통렬하게 비난받는 장면이 묘사되어 있다. 한참 동안 박 대통령으로부터 호되게 당하던 포터 대사는 이렇게 대꾸했다. "모든 것을 요약하면 신뢰(confidence)의 문제입니다." 그렇다. 그때 신뢰가 깨지고 난 다음, 이것을 다시 회복하기가 얼마나 어려웠던가? 이것은 비단 지나간 옛날 옛적의 이야기가 아니다. 지금 이 순간에도 얼마든지 제기될 수 있는 성질의 문제이기도 하다.

신뢰는 상호존중과 이해와 투명성에서 비롯된다. 예컨대, 주한미군 철수나 감축은 미국의 전략적 판단에 따라, 미국의 필요에 의해 이루어질 사안이다. 한・미상호방위조약에 한반도에 유지되어야 할 미군의 규모가 명시되어 있지도 않다. 말하자면 한국은 미국과 사전에 '협의'할 권리가 있는지 몰라도, 미국의 결정을 승인하거나 비토권을 행사할 수는 없다. 그렇다고 하더라도, 이것이 미국이 한국의 눈과 귀를 가리고, 일방적으로 중대한 결정을 모두 내린 다음에, 한국에 '협의하는 시늉'만 하는 태도를 정당화시켜 주지는 못한다. 이것은 진정한 동맹정신이 아니다. 한·미관계가 과거보다 양자관계의 대칭성 면에서 상당히 개선되었다고는 하지만 아직 '균형적' 상태에 이르기는 요원한 것도 사실이다. 아마도 한·미 간 '균형동맹'이라는 것은 앞으로도 실현되기 어려울 것이다. 그러나 미국은 여전히 세계 초강대국이며, 한·미 동맹관계는 우리에게 사활적 중요성을 갖는다. 한·미관계는 미래를 향한 포괄적·전략적 동맹으로 성장하고 있으며, 자유민주주의와 인권, 시장경제의 가치를 공유하고, 나아가 군사·외교·안보·경제·사회·문화를 포괄하는 호혜적 협력을 지향하고 있다.[6] 이 모든 미래지향적 동맹관계는 '신뢰'에 기초해야 한다. 이를 위해서는 과거의 잘못된 행동을 인정하고, 이를 개선하기 위한 공동의 노력이 선행되어야 한다. 이런 면에서 1961~1972년 기간의 한·미관계는 오늘날과 미래의 양국 관계를 위해 귀중한 반면교사가 되어야 할 것이다. 우아하게 탱고 춤을 추기 위해서는 두 사람의 스텝이 맞아야 하지 않을까?

6 2014년 『국방백서』, p. 106.

제1장
5·16혁명과 박정희 대통령의 등장

1. 혁명 전야

반복되는 경보음

1961년 3월 초, 국제협력청(International Cooperation Administration)이 백악관 안보담당 부(副)보좌관인 월터 로스토(Walter Rostow)에게 보낸 전문(電文, telegram)[1]에는, 한국 사회의 주요 제도 속에 뿌리 깊고 광범위하게 존재하는 직권남용 및 부정부패, 미완성의 4·19혁명 1주년을 즈음하여 위험할 정도의 상황 악화가 예견됨에도 불구하고, 사태에 대한 통제력을 상실한 정부의 무능, 주한미군 원조사절단(USOM: US Operations Mission)의 우유부단과 리더십 부족 등, 세 가지 상황이 적시되어 있었다. 만일 미국이 이 세 가지 상황에 제대로 조치하지 못한다면, 한국에서의 미국의 입지가 송두리째 위협받을 수 있다는 경고음을 울리는 것이 그 목적이었다.

그뿐이 아니다. 이와 유사한 맥락에서 백악관 안보보좌관실 직원이 로스토에게 보고한 메모[2]에 의하면, 당시 한국이 직면한 근본적 문제들이 이렇게 적시되어 있다. "변변한 자원이나 기술도 없는 빈국, 거

---

1 '국제협력청'은 '마셜 플랜'의 집행을 위해 국제협력법(Economic Cooperation Act)에 의거하여 1948년에 발족되었으며, 국무부와 상무부의 통제를 받는 대외원조담당 기구이다. 202. Report by Hugh D. Farley of the International Cooperation Administration to the President's Deputy Special Assistant for National Security Affairs (Walter Rostow), March 6, 1961, *Foreign Relations of the United States, 1961–1963, Vol. XXII, Northeast Asia* (이하, *FRUS 1*). FRUS 1 중에서 한국과 관련된 부분은 'Document 201-330'이다.

2 메모는 'Memorandum'의 줄임말이다.

대한 군대를 유지해야 하는 감당하기 어려운 부담, 경험 없는 민주정부에 만연한 부패, 점증하는 민족주의, 그리고 자신들을 동등하게 대하지 않고 통일에 무관심한 것으로 보이는 미국에 대한 불만" 등.[3] 한국에서 들려오는 이런저런 경고음을 귀담아 듣고 있던 로스토는 "모든 사람들"이 한반도 상황이 좋지 않다고 판단하고 있음에 유념하면서, 케네디 대통령에게 미국의 대(對)한반도 정책을 새로운 시각에서 검토할 필요가 있다고 보고했다.[4]

이 무렵 CIA, 국무부, 국방부, 육·해·공군, 합참 정보기관 합동으로 「특별국가정보판단서(SNIE: Special National Intelligence Estimate)」가 작성되었다. 당시 SNIE의 작성 목적은 향후 1개월 내에 중대한 위기사태가 발생할 것인지의 여부를 판단하는 것이었다. SNIE는 4·19혁명 1주기를 전후로, 혁명 같은 폭발적 시위사태가 벌어지지 않을 것이라는 결론을 도출하면서도, 당시 장면(張勉) 내각의 문제점을 다음과 같이 심층적으로 분석했다.[5]

집권 7개월에 들어선 장면 정권은 당권 장악을 둘러싼 내부 권력투쟁이 지속되고, 학생, 노동자, 퇴역군인 및 여러 집단으로부터 개혁속도가 너무 느리다는 비판을 받고 있고, 북한의 남한정권 전복 기도가 노골화되는 상황에서, 질서유지를 위해 가장 중요한 요소인 군대는

---

3 203. Memorandum From Robert W. Komer of the National Security Council Staff to the President' Deputy Special Assistant for National Security Affairs (Rostow). March 15, 1961, *FRUS 1*.

4 204. Memorandum From the President's Deputy Special Assistant for National Security Affairs (Rostow) to President Kennedy, March 15, 1961, *FRUS 1*.

5 206. Special National Intelligence Estimate (Secret), March 21, 1961. *FRUS 1*.

시위진압 요구에는 부응하겠지만, 시위대에 대한 발포는 주저할 것이다. 장면 정권은 일부 제한적 목표를 달성했으나, 광범위한 대중적 열정이나 지지를 받지 못하고 있다. 정치적 불안의 기저에는 경제적으로 허약한 한국이 전 세계에서 가장 규모가 큰 군대를 유지하기 위해 국가재건에 필요한 자원을 국방에 전환해야 한다는 문제가 자리 잡고 있다. 그나마 최근 미국의 잉여농산물이 증가된 덕분에 기근 피해를 입은 남부지방의 기아 문제가 완화되었다. 야권은 미국이 정부활동에 '간섭'하고, 주권을 침해하며, 한국을 '의존국(a client state)'으로 취급한다고 주장한다. 사회 도처에 누적된 불평불만이 '인화물질(combustible materials)'처럼 널려 있어, 모종의 사건·사고가 발생하면 이것이 대대적 가두시위를 촉발하고 중대한 위기사태를 자극할 수 있을 것이며, 공산주의자들은 당연히 이런 상황을 이용하려 들 것이다. 한국은 경제적으로 빈곤하고 자치경험이 부족한 상태에서, 외부의 경제적·군사적 지원에 대부분 의존해야 하는 처지에 머물 것이다. 요컨대, 기본적으로 한국은 경제적으로 허약하고 정치적으로 불안정하여, 향후 수년간 내부적 위기가 실제로 벌어지거나, 또는 위기가 벌어질 위협은 '예외가 아니라 일상적 현상(norm, not the exception)'이 될 것이다.

그 당시, 미국은 한국뿐 아니라 라오스, 베트남도 비슷한 상황에 있다고 보았다. 국무부는 주한 미국대사관에게 '자유 한국의 매우 의심스러운 미래(very dubious future of free Korea)'와 관련하여 "당해 국가의 내부적(indigenous) 동기가 약하고 정부가 무능하고 기강이 해이하다면, 아무리 미국의 경제력과 군사력이 막강하더라도 사태 호전에 아무런 도움이 되지 못할 것"이라고 경고하면서, 대만으로 쫓겨난 대부분의 국민당 지도자들이 "우리의 친구인 위대한 미국이 공산주의자들이 중국

대륙을 차지하도록 내버려둘 리가 없어!"라며 '대마불사(大馬不死)'를 믿고 느긋하게 굴다가 공산주의자들에게 참변을 당했던 어처구니없는 사실을 상기시켜 주었다.[6]

국무부가 갖고 있던 우려는 '흐리멍덩한(bemused)' 정부가 정권의 생존을 위해, 한국 젊은이들의 삶과 미래에 대한 전망에 희망을 갖도록 뭔가 가시적 진전을 이루어야 한다는 명약관화한 사실을 간과하고 있는지도 모른다는 점이었다. 자칫하면 장면 정권은 그들 못지않게 근시안적(myopic)인 정치세력으로 대체되어, 통일에 대한 과잉 열망에 사로잡힌 나머지, 결국은 사회가 공산주의가 쳐놓은 '게잡이 통발(crab pot)' 같은 함정에 빠질 위험이 있다는 것이다. 국무부는 개혁이 느려터진 속도로 진전되고 있어, 한국 국민들로부터 정부뿐 아니라 미국에 대한 좌절과 분노가 하늘을 찌를 듯 터져나올 징후가 나타나고 있다는 것에 주목했다. 장면 정권이 당장 1개월 내에 붕괴할 것 같지는 않지만, 광범위한 국민적 지지를 받을 수 있는 정책과 프로그램을 채택하고, 이를 정열적으로 추진하지 않는 한, 정부의 세력이 약화될지도 모른다는 것이 국무부의 고민이었다. 러스크(Dean Rusk) 국무장관은 주한 미국대사에게 자칫하면 장면 정권이 무너질지도 모르니, 각별히 주의해야 한다는 점을 미리 경고한 것이다.

당시 임기 말이 임박했던 월터 매카너기(Walter P. McConaughy) 주한 미국대사가 한국 정세와 관련하여 국무부에 발송한 전문(電文, telegram)에는, 당시 집권세력이던 장면 정권의 실상이 부분적이나마 묘사되어 있다. 장면 정권은 소위 '딜론 패키지(Dillon Package)' 하에서 단일환율제도

6 207. Telegram From the Department of State to the Embassy in Korea, April 1, 1961, *FRUS 1*.

정착, 양자 간 원조 합의 타결, 전기요금 인상 같은 중요한 정책들을 추진하고 있었는데, 정치행위의 수준을 보거나 단호한 협조적 노력이 필요한 점 등을 고려해 볼 때, 이는 당시 정부의 능력을 넘어서는 것이었다. 이런 상황에서 미국은 '내정간섭'이라는 인상을 주지 않으면서 최대한의 영향력을 발휘하여 긴축조치(austerity movement), 부패척결, 경제개발 촉진 등을 독려하기 위해 부심하고 있었다. 매카너기 대사의 표현을 빌리면, 한국인들은 "미국의 리더십을 바라는 검증된(tested) 친구이면서도, 자신들이 미국에 의존하고 있음을 상기시켜 주기를 원치 않는" 까다로운 상대였다. 이런 한국적 특성 때문에 눈에 띄지 않도록 하는 것이 오히려 더 큰 영향력을 행사할 수 있음을 간파한 미국대사관은, 예컨대 언론의 눈을 피하여 대사관저 같은 곳에서 정부 각료나 국회의원들과 은밀히 회동하기 위한 갖가지 기법들을 개발하고 있었다.

당시 한국적 정치상황에서 매카너기 대사는 장면 총리가 결정적으로 부족한 리더십을 발휘하도록 영향력을 행사하는 데 최선을 다했지만, 천성적으로 '역동적 지도자(dynamic leader)'가 아닌 총리의 성격과 스타일을 바꾸는 것이 쉽지 않은 과제임을 인식하고, 이에 대한 고충을 토로했다. 장면 총리가 갖고 있던 단점이란, 때때로 신속한 입법조치를 취하려면 사전 정지(整地)작업이 필요함에도 불구하고, 반대파 지도자들은 물론 심지어 자신의 정당에 속한 인사들과도 적절한 협의를 거치지 않는다는 점이었다. 장면 정권은 당시와 같은 '준(準)비상사태(semi-emergency times)'에서는 정치적 지도력, 더욱 굳건한 단합 및 협조된 노력이 필요하다는 점을 인식할 필요가 있었다. 미국대사관은 장면 정권이 "서울 중심의 정치에서 맴도는 번데기(the chrysalis of Seoul politics)" 같은 폐쇄적 외양을 탈피하여, 국민들의 고충을 이해하고 이들의 이익과 관심사를 관철시키기 위해 앞장서는 모습을 보이도록 조언했다. 예를 들면, 장면 총리는 말할 것도 없고, 장관들마저 몇 개월씩이나 극심한 기근으로 먹을 것이 부족하여, 고통받는 지역을 몸소 찾아간 사람은 단 한 명도 없을 정도로 한심한 지경이었다.

미국은 미리 알고 있었을까?

5월 16일 한국 사회에 대격변이 벌어지자, CIA는 케네디 대통령에게 이 사태와 관련된 보고서를 제출했다. 그 내용을 일별해 보면, 쿠데타 거사 조짐을 이미 탐지한 CIA가, 그해 4월 21일 이후부터 면밀하게 한국군의 동향을 주시하고 있었음을 알 수 있다. CIA는 4월 24일까지 당시 장면 정부가 쿠데타 음모를 눈치채지 못하고 있다고 기록했다. 미국은 5월 16일의 거사계획을 미리 알고 있었을까? 대답은 "그렇다."라고 할 수 있지만, 정확한 시점까지 인지하고 있었는지는 분명치 않다. 4월 21일부터 5월 16일까지의 전문을 망라하여 CIA가 보고한 메모는 곳곳에 '비밀해제 불가(not declassified)'라는 표시와 함께 해독이 불가능한 부분이 많지만, 그 내용들을 종합해 보면 대략 다음과 같다.[7]

- 2군 부사령관인 박정희 소장은 현 시점에서 한국 정부를 전복시키려는 두 건의 쿠데타 중 하나의 주동자이며, 다른 하나는 이범석이 주도하고 있다. 거사계획이 육군본부로부터 사단장에 이르기까지 거론되고 있으며, 군사 쿠

7 217. Memorandum From Director of Central Intelligence Dulles to President Kennedy (Secret), May 16, 1961, *FRUS 1*.

데타가 발생할 가능성이 확실히 존재한다. 그러나 정치적 안정이 증대되고, 폭력 및 공공 무질서가 사라지고 경찰력이 강화되면 쿠데타 시도가 좌절될 것으로 보인다(4월 21일).

- 쿠데타에 대해 활발하고 진지하게 논의하는 상당 규모의 집단(significant grouping)이 존재하고 있다. 이 집단은 대부분 울분에 차 있고(bitter), 성급하며, 목적의식이 뚜렷한(purposeful) 인원들로 구성되어 있으며, 돌발적이고 격렬하게 행동할 수 있는 능력을 갖추고 있다(4월 23일).
- 거사계획은 한국 육군, 학생집단 및 개혁인사(reformists) 등의 지지를 받고 있다. 지도자는 박정희인 것이 분명하며, 6관구 사령관인 서종철이 긴밀한 조력자이다(4월 23일).
- 장도영 육군총장은 박정희 체포를 원하지만 증거를 찾지 못하고 있다. 박정희 체포 시도는 쿠데타를 촉발할 것으로 보인다. 장도영은 이범석 및 그 일당들도 박정희를 돕고 있는 것으로 믿고 있다(4월 24일).
- 한국 육군 방첩대(CIC)가 쿠데타 음모를 수사 중이다. 예상되었던 4월 26일 쿠데타가 거사되지 않으면, 이들 집단은 더 나은 호기를 기다릴 것이다. 4월 24일 현재 장면 정부는 쿠데타 음모를 인지하지 못하고 있다(4월 25일).
- 4월 24일 장도영과 회동에서 우리(CIA) 사무실에 쿠데타 첩보가 제보되었음을 알리면서, 아마도 매그루더 사령관이 귀하(장도영)와 이 문제를 논의할 것이라고 귀띔해 주었다(4월 25일).
- 장면 총리는 군대 내 불만분자들의 집단이 모종의 쿠데타를 모의하고 있다는 소문을 인지했다. 그는 이런 루머를 대수롭지 않게 여기며, 상황이 전혀 위험하지 않다고 생각한다. 총리는 장도영 총장의 업적에 만족하고 있다. 그는 장도영이 강력하고 유능하며, 미군들의 존경을 받고 있는 것으로 생각한다. 그는 2년간 장도영의 총장 임기를 보장해 줄 계획이다(4월 26일).

2. 혁명 당일과 미국의 반응

매그루더 · 대사관의 반대성명 발표

1961년 5월 16일 한국에서 발생한 혁명의 제1보를 미국에 보고한 것은 당시 유엔사령관 겸 주한미군사령관이던 매그루더였다.[8] 그는 한국 시각으로 새벽 3시경 장도영 참모총장의 전화를 받고 정부 전복을 노린 군사 쿠데타가 발생했다는 소식을 전해 들었다. 장도영은 미군 헌병대를 동원하여 헌병대를 진압해 달라고 요청했지만 매그루더 사령관은 이를 거절했다. 장도영은 쿠데타 주동인물이 박정희 소장이며, 김포 반도에 주둔하고 있던 해병 1사단, 그리고 예비사단인 30사단, 31사단, 33사단 및 특수전부대가 개입되었다고 알렸다. 그날 오후 3시경, KBS 방송국이 혁명군 수중에 넘어가고, '혁명위원회(Revolutionary Committee)' 명의로 한국 정부에 대한 입법 · 사법 · 행정권을 장악했다는 발표와 함께, ① 반공을 국시(國是)로 삼고, ② 부패척결, ③ 유엔헌장과 국제협약 준수 및 미국 등 자유국가와 협조, ④ 국가경제 안정, ⑤ 공산세력 타도 및 국가통일 등을 혁명공약으로 내걸었다.

매그루더 사령관의 요청으로 오전 6시 30분경, 장도영 총장은 미

8 213. Telegram From the Commander in Chief, U.S. Forces Korea (Magruder) to the Joint Chiefs of Staff, May 16, 1961, *FRUS 1*. 이 전문은 백악관은 물론, 당시 캐나다(오타와)를 국빈 방문 중인 케네디 대통령에게도 직보되었다. 참고로, 주한미군사령관은 유엔사령관과 미8군 사령관을 겸직한다. 따라서 주한미군사령관과 유엔사령관은 동일 인물을 지칭한다.

군사령관 사무실에 도착했다. 그 무렵 매그루더는 장도영이 혁명세력의 일부가 아니지만, 유혈사태를 막기 위해 협상을 바란다는 인상을 받았다. 장도영은 자신이 혁명을 진압할 수 있도록 군대 지휘관들을 설득시키기를 원한다고 말하면서도, 진압작전을 위한 한국군 부대의 소집에는 주저하는 애매한 태도를 취했다. 장도영은 매그루더에게, 윤보선 대통령으로 하여금 계엄령을 선포하고 자신을 계엄사령관으로 임명하여, 박정희 소장보다 자신의 지위를 더 높여 주도록 요청할 것이라고 말했다. 그런데 막상 오전 9시 정각에 나온 '군사혁명위원회' 발표에 의하면 장도영은 혁명위원회 위원장(Chairman)으로 되어 있었다.

약 10시 18분 경, 미8군 공보실은 "매그루더는 유엔사령관의 자격으로, 자신의 지휘계통에 있는 모든 군대가 장면 총리가 이끄는, 합법적으로 인정된 한국 정부를 지지하도록 촉구한다."라는 요지의 성명을 발표했다. 매그루더가 성명 발표로 기대했던 바는, 한국군 지휘관들이 자발적으로 권위와 영향력을 행사하여 군대통수권을 정부에 즉각 반환하고, 군대에 대한 질서를 회복하는 것이었다. 거의 같은 시각에 미국대사관의 그린(Marshall Green) 부(副)대사도 다음 요지의 성명을 발표했다. "본인(그린)은 자유롭게 선출되고 헌법에 따라 수립된 한국 정부를 지지하는 유엔사령관의 입장에 완전히 동의한다. 본인은 미국이 지난 7월과 8월, 한국 국민들에 의해 헌법절차에 따라 선출·수립된 한국 정부를 지지한다는 사실을 '단호하게 분명히(emphatically clear)' 밝힌다.

매그루더 사령관의 성명서를 접한 이한림 1군사령관은 한국 정부의 명령에 따르겠다고 말했다. 그는 만일 1군 예하의 부대가 반란을 진압하라는 요청을 받으면 일부는 명령에 복종하지 않을 것이지만 대부분은 명령을 따를 것이라고 언급했다. 10시 30분경 장도영 총장은 아무런 구속도 받지 않던 대통령, 그리고 가택연금 상태에 있던 국방장관을 각각 방문했다. 윤보선 대통령은 장도영에게 계엄령 선포를 바라지 않으며, 혁명군 제거를 위한 어떠한 과격행위도 원하지 않는다고 말했다. 현석호 국방장관은 혁명진압을 위해 1군 예하 부대가 투입되기를 원치 않는다는 입장을 보였다. 11시 15분경, 최경묵(최경록의 오타) 2군사령관은 매그루더 사령관에게 연락하여, 대구를 장악했던 2개 공병대대를 철수시켰다고 보고하면서 한국 정부에 충성할 것임을 다짐했다.

한편, 태평양 건너 한국에서 발생한 사태와 관련하여, 11시 30분에 예정된 백악관 정례 언론 브리핑 준비의 일환으로, 예상 질의・답변을 준비하기 위해 소집된 백악관 회의를 마치고 복귀한 렘니처 미 합참의장은 매그루더 사령관에게 전문으로 긴급 훈령을 하달했다. 당시 백악관 준비회의의 초점은 "대통령이 매그루더 사령관과 그린 부대사가 발표한 성명을 전폭적으로 지지(fully endorse)하는가?"였다. 성명이 너무 앞서 나갔다는 견해도 있었지만, 백악관 팀은 두 사람이 발표한 성명이 유엔사령관의 부여된 책임 범위에 부합되는 것으로 결론지었다.

케네디 대통령이 "한국에서 무슨 일이 벌어졌는가?"라고 질문하자, 참모들은 "쿠데타가 발생했으며, 우리가 보기에 성공한 것으로 보인다."라고 답변했다. 케네디는 추가적인 설명을 요구하면서 "두 건의 성명이 발표되었나?"라고 질문한 데 대해, 참모들은 "매그루더 사령관과 대사관이 각각 한 건씩 발표했다."라고 답변했다. 합참의장 렘니처가 매그루더에게 하달한 전문의 요지는 "백악관 회의에서 귀하의 성명은 한국의 내정(internal affairs)에 심각하게 개입하지 않으면서도, 나갈 수 있는 한도 내에서 가장 멀리 나간 것이라는 데 의견이 일치된바, 앞으로는 가급적 추가적인 성명발표를 자제하라."라는 것이었다. 따라서 향후 유엔사령관의 어떠한 언급도 공산주의의 공격에 대한 한국의 방위 유지라는 유엔사 임무의 중요성에 초점을 맞추어야 한다는 것이 합참의장의 지침이었다. 말하자면 렘니처의 지시는 매그루더에 대한 간접적인 질책과 경고의 메시지를 담고 있었다.

당시 국무부 차관으로서 장관 대리임무를 수행 중이던 체스터 볼스(Chester Bowles)는 케네디 대통령에게, 5·16군사혁명 직후에 매그루더 유엔사령관이 성명을 발표하게 된 배경을 다음과 같이 설명하는 메모를 보고했다.[9]

매그루더 사령관의 성명서는 자신의 통제를 받는 모든 군인들에게 장면 총리가 이끄는 한국 정부를 지지하도록 촉구하는 내용을 담고 있다. 성명서는 주한 미국대사관의 부대사와 협조 하에 작성되었으며, 이와 동시에 대사관이 발표한 성명서도 매그루더의 입장과 완전하게 일치되는 것이었다. 이들 두 건의 성명서는 국무부의 사전 승인을 받지 않았다. 그러나 한국적 상황에서 볼 때, 이들 성명서는 민주적 제도의 강화 및 유지라는 목적 달성을 위한 우리(미국)의 정책을 확인시켜 준다는 점에서 정당화될 수 있다. 미국은 해방자(liberator)이자 수호자(defender)이며, 경제적·군사적 지원의 원천으로서 한국과의 오랜 유대관계를 통하여, 한국 내에서 '이례적인(unusual)' 역할과 지위를 향유하고 있다. 국가가 수립된 이래, 계속해서 한국 국민과 정부는 위기의 순간에 미국이 지침과 방향을 하달해 주기를 바라고 있다. 이런 상황에서, 매그루더 사령관과 미국대사관이 성명을 발표한 것은 합법적 정부

9 220. Memorandum From Acting Secretary of State Bowles to President Kennedy (Secret), "Background of Statements by American Representatives in Korea," May 18, 1961, *FRUS 1*.

의 편에 힘을 실어 주려는 적절한 결정이었다. 사령관과 경대사는 이한림의 조언을 받아 자신들이 성명서를 작성했다고 국무부에 통보한 바, 이는 제1군이 휴전선 일대에 대한 방어태세를 유지하도록 지원하고, 여타 중립적 성향의 부대들이 반군세력에 가담하지 못하도록 예방하는 데 그 목적이 있었다.

이 대목에서 매그루더와 그린, 두 사람이 5 · 16 직후에 '반대성명'을 발표한 문제를 짚고 넘어갈 필요가 있다. 결론부터 말하자면 이들의 성명 발표는 '오버(over)'한 것으로 정리될 수 있다. 그 이유는 첫째, 사전에 국무부의 지시나 훈령도 없었을 뿐 아니라, 국무부는 성명이 발표되었다는 사실조차 알지 못했다. 따라서 백악관은 "두 건의 성명을 케네디 대통령도 지지하는가?"라는 질문에 아무 답변도 할 수 없는 곤란한 입장이었을 것이다. 둘째, 현역 군인이자 유엔사령관 · 주한미군사령관이던 매그루더의 처신도 도마에 올랐다. 렘니처 합참의장은 "귀하의 조치가 비록 한국에 대한 심각한 내정간섭은 아닐지 몰라도, 그에 못지않은 부적절한 조치였다."라는 요지로 매그루더를 간접적으로 책망했다. 국방장관 대리였던 볼스까지 나서서 케네디 대통령에게 "미국이 한국에 이례적으로 강력한 영향력을 행사하다 보니, 이런 배경에서 나온 성명발표는 이해될 수 있는 조치"라고 두둔하면서도 "성명서가 국무부의 사전 승인을 받지 않았다."라는 사실은 분명하게 적시했다.

요컨대, 매그루더와 그린에 의한 '반대성명' 발표 사건은 부여된 책임 범위를 벗어난 월권행위 또는 지시사항을 위반한 위법행위는 아닐지 몰라도, 케네디 행정부의 의중에는 부합되지 않는 '부적절한 조치'로 마무리된 것 같다. 반드시 그런 이유 때문만은 아니겠지만, 두 사람은 5 · 16의 여파가 가라앉는 것과 거의 때를 같이하여 한국에서의 임기가 종료되었다.

담장 위로 올라간 사람들

영어 표현에 "sit on the fence"라는 것이 있다. 직역하면 "울타리 위로 올라가다."라는 뜻인데, 돌아가는 형세를 관망하다가 유리한 국면에 편승하려는 기회주의적 태도를 말한다. 그러니까, '형세 관망', '애매한 태도', '중립적 입장', '관망 자세', '눈치 작전' 등으로 표현될 수 있겠다. 비록 그 전부터 일부 조짐을 감지한 사람들도 있었겠지만, 막상 5 · 16과 같은 상황이 벌어지자, 윤보선 대통령과 군대의 주요 지휘관 및 수뇌부를 포함한 많은 고위층 인사들은, 이로 인하여 야기된 짙은 안개 같은 불확실성에 직면하여 자신들이 나아가야 할 뚜렷한 방향을 확정하지 못한 채, '사태가 어떻게 흘러가는지 일단 지켜보자.'라는 관망적 태도를 취했다. 사정이 이러하다 보니, 5 · 16 직후 대다수 사람들은 하나같이 '담장 위'에 올라간 모양새가 되었다. 그런데 재미있는 것은 한국 사람들뿐이 아니었다. 뒤에 살펴보겠지만, 미국 정부도 한국에서의 정국이 짙은 안갯속처럼 불확실한 상황에서 섣부른 조치를 취하기보다는 '일단 지켜보는 관망세'를 유지하기로 결정했다. 한편, 당시 한국의 사실상 국군통수권자였던 장면 총리는 '담장 위'에 올라가기는 고사하고, 한국 사회가 숨 가쁜 대변화의 소용돌이 속에서 갈팡질팡하고 있던 바로 그 순간, 아예 '지하'로 잠적했는지 종적이 묘연했다. 역사에 남을 미스터리가 아닐 수 없다.

미 국무부는 라오스와 관련된 회담 참석차 제네바를 방문 중이던 러스크(Dean Rusk) 국무장관에게 한국에서의 군사 쿠데타에 관해 다음과 같이 전문으로 보고했다.[10]

쿠데타에는 4천 명 미만의 한국군이 가담했고, 대부분의 한국군 부대들은 반란작전을 돕거나 방해하려는 움직임을 보이지 않고 있다. 이한림 1군사령관과 최경록 2군사령관은 혁명군 지도부에 동조하지 않았고(not in sympathy with), 현재 장도영 육군참모총장은 모호한(equivocal) 입장을 취하고 있는 것으로 알려졌다. 장도영은 대대적 유혈사태가 발생할 우려가 있다는 이유로 쿠데타 진압을 위한 한국군 부대의 동원을 거부했다고 한다.

그린 부대사와 매그루더 유엔사령관은 5월 16일 정오경, 3시간 동안 윤보선 대통령을 만났다. 매그루더 사령관은 대통령에게 장도영 총장이 한국 정부에 충성하고 있음을 알리면서, 반란군 지도자(insurgent leader) 박정희 소장에게 질서를 보장하고, 정부 관리들을 보호하고, 반군집단의 불만사항을 헌법에 따라 정당하게 구성된 정부에게 제기하도록 지시할 것을 촉구했다. 아울러 매그루더는 "반군집단이 총구를 겨누고 정부의 권위를 남용하는 것은 한국의 장래에 재앙을 초래할 것"이라고 강조했다.

그러나 윤보선 대통령은 "매그루더 사령관 및 그린 부대사와 부분적 이견을 보이면서(in taking partial issue with Magruder and Green)", 장면 내각에 대한 불만과 환멸이 광범위하게 퍼져 있고, 부패가 정부 고위층까지 만연하고 있어 한국에는 강력한 정부가 필요함에도 불구하고, 정면 총

10 215. Telegram From the Department of State to Secretary of State Rusk at Geneva, May 16, 1961, *FRUS 1*.

리는 이러한 리더십을 발휘할 능력이 없다고 말했다. 한편 장면 총리의 행방(whereabout)은 불명확하나, 쿠데타 발생 이후 모처에 숨어 있는 것으로 보인다.

추정컨대, 주한 미국대사관과 유엔사령관은 전반적 상황이 안갯속처럼 불확실한 와중에서 5·16군사혁명 세력의 진압과 정당한 헌법적 질서의 회복을 위해 사태의 반전을 노린 '모종의 조치'를 본국 정부에 건의했던 것으로 보인다. 이에 대해 국무부는 다음과 같은 요지의 훈령을 하달했다.[11]

백악관, 국무부 및 관련부처는 '쿠데타 위기(coup crisis)'와 관련하여 대사관 및 유엔사령관의 보고서를 면밀히 주시하고 있는바, 자국의 헌법체계에 따라 한국 국민들에 의해 자유롭게 선출된 정부를 전복시키기 위해 무력을 행사하는 '군사집단의 무분별한 도전(reckless challenge of military clique)'에 대항하여 합법적 정부의 권위를 회복시켜야 한다는 당위성은 인정한다. 그러나 한국의 대통령을 비롯하여 군대 지도부와 핵심 관리들이 쿠데타를 진압하지도 않고 편을 들지도(take sides) 않는 '이상한' 모습을 보이는가 하면, 총리와 각료들이 (피신하여) 대중의 시야에서 사라진 상황에서, 장면 정부가 위기국면에서 '무사히 살아남을 것'으로 보기는 어렵다. 따라서 우리는 사태의 윤곽이 명확히 드러날 때까지 '신중한 관망태도(cautious attitude of wait-and-see)'를 취하기로 결정했으며, 실패한 장면 내각의 운명에 미국이 동조한다는 대외적 인식을 주는 추가적인 조치를 자제할 것이다. 대사관의 건의사항이 있으면 제

11 216. Telegram From the Department of State to the Embassy in Korea (Secret), May 16, 1961, *FRUS 1*.

시해 주기 바란다.

그런데, 해당 전문의 주석에는 백악관 참모회의에 참석한 매카너기 주한 미국대사가 발언한 다음과 같은 흥미로운 내용이 포함되어 있다. "(윤보선) 대통령은 그린-매그루더 성명서가 장면 내각을 지지했다는 사실에 불편한 심기를 표출하면서, 대통령은 그린 부대사가 자신의 필요에 따라 재량권을 행사한 점을 인정하면서도, 향후 그러한 언행을 하지 말도록 경고(cautioned against)했다." 아울러 국무부 공보실도 대사관에 "상황이 너무나 유동적이고 불확실하여, 우리는 실질적 논평(substantive comment)을 내놓을 수 없다."는 요지의 전문을 발송했다.

1961년 5월 17일, 매그루더 사령관은 군사혁명 발생 후 24시간이 경과한 상황에 대한 개인적 소감을 요약한 전문을 렘니처 합참의장에게 보고했다.[12] 전문은 다음과 같은 문장으로 시작된다.

"장면 총리가 아직도 은신 중(in hiding)이며, 우리에게 모습을 드러내지 않고 있다. 그는 개인적 용기로 명성이 나 있는 인물은 아니다." 군사 쿠데타 배후의 세력은 여전히 불분명하지만, 점차 그 세력이 커지는 것으로 보인다. 단지 3,600명 정도에 불과한 소수의 군대만이 서울에 진입한 상태이다.

육군 CIC(Criminal Investigation Command, 범죄수사단)가 가두 행인들을 대상으로 실시한 여론조사에 의하면, 10명 중 4명이 반란에 찬성하고, 2명은 찬성하면서도 시기가 이르다고 답변하고, 4명은 반대했다. 본인(매

12 218. Telegram From the Commander in Chief, United Nations Command (Magruder) to the Chairman of the Joint Chiefs of Staff (Lemnitzer), May 17, 1961, *FRUS 1*.

그루더)은 장면 정부에 대한 군대 지휘관들의 충성심을 완전하게 확신하지 못하고 있다. 중립적인 합참의장 김종오는 정부에 충성하는 것 같이 보이면서도 아무런 영향력도 행사하지 않고 있다. 김신, 김성은, 이성호 등도 중립적이다.

장도영은 정부에 충성한다고 말하지만, 유혈사태의 회피를 원하기 때문에 결정적 조치를 취하지 않았다고 주장한다. 장도영은 앞과 뒤가 다른 '이중적(two faced)' 인물이라는 징후가 농후하다. 정신적 우울증세(mental depression)를 보이고 있는 그의 행동을 분석하는 것은 특히 어려운 일이다. 그는 (반란진압을 위한) 부대를 서울 외곽으로 이동시키는 것조차 주저했다. 적어도 그는 반란에 대해 사전에 인지하고 있었다. 반란군들의 선전에 의하면 그는 '혁명위원회'의 지도자로 언급된다.

윤보선 대통령은 사태 초기에 헌법을 '구실(lip service)'로 내세웠지만 쿠데타에 대해, 자신의 정적(political opponent)인 장면 총리를 제거하고, 신정부를 수립할 수 있는, 받아들일 만한 방법으로 간주한 것으로 보인다. 그는 여전히 장면의 실각을 원하며, 이것을 합법적이고 정당하게 달성할 수 있는 방법을 모색하는 것처럼 보인다. 윤보선 대통령과 백두진 참의원(the House of Councillors) 의장은 모두 반란진압을 위한 군대 동원에 반대한다. 장도영도 유혈사태 방지를 내세우며, 반란진압에 군대를 동원해서는 안 된다고 역설하고 있다.

요컨대, 한국 정부의 내부, 그리고 주변의 강력한 인물들은 쿠데타 계획을 사전에 인지하고 있었고, 적어도 이에 반대하지 않는 것으로 보인다. 국민들은 쿠데타에 대해 찬반 의견으로 갈리지만, 현 시점에서 어느 한쪽에 적극적인 입장을 보일 만큼 충분한 관심을 갖고 있는 것으로는 보이지 않는다. 반란의 근본적 목적은 장면 정권의 제거, 아마도 나아가 내각제의 제거인 것으로 판단된다. 반미적 또는 반공적 감정이 개입되었다는 증거는 없다. 만일 쿠데타가 성공하도록 용인된다면, 추종세력들의 전폭적인 충성을 받고 있는 박정희는 '아마도 한국에서 가장 강력한 인물로 등장(may emerge as the most powerful man in Korea)'할 것이다.

진격의 매그루더

5 · 16 거사가 발생한 지 24시간이 경과한 시점에서, 여전히 매그루더는 '쿠데타'를 일으킨 '반군세력'을 타도할 수 있고 또 그렇게 하는 것이 자신의 소임이라는 집념과 확신을 버리지 않고 있었다. 그래서 매그루더는 대사관과 함께, 서울에 진주하고 있는 반란군이 소속된 상급부대의 책임 있는 지휘관들을 대상으로, 이들 부대를 본연의 임무로 복귀시키도록 압박을 가함으로써 반란세력을 와해(undermine)시키기 위해 전력투구했다. 5월 17일 렘니처 합참의장에게 보고한 전문에는 단기필마의 매그루더가 전세를 '역전'시키기 위해 동분서주하는 모습이 아래와 같이 자세히 묘사되어 있다.[13]

본인(매그루더)이 (반군세력 진압을 위해) 해병대 대대를 움직이는 데는 성공할 것으로 보이지만, 6군단 포병대대는 불가능해 보인다. 다른 부대들에 대한 성공의 여부는 여전히 의문이다. 계엄사령관이라는 새로운 직책을 맡은 장도영은 반란군들이 서울 외곽으로 이동하도록 명령할 것이라고 큰소리를 치고 있다. 이런 상황에서 반란부대가 이동한다면, 아마도 이는 장면 내각이 교체될 것이라는 모종의 보장이 있기 때문

---

13 Ibid.

일 것이다. 장면 내각의 교체는 반란군들이 공개적으로 내세운 명분이다.

이한림 사령관과 휘하의 제1야전군이 서울 시내로 압도적인 군사력을 동원한다면, 반란군들은 감히 맞서 싸울 엄두도 내지 못하고 진압될 것이다. 이한림에 의하면, 약간의 예외는 있을 것이나, 자신의 예하부대들이 명령을 받으면 그렇게 할 것이라고 말한다. 그는 현재 4개 예비사단에 경계령을 발령한 상태이다. 본인(매그루더)이 보기에 이한림은 장면 총리가 반란진압 명령을 하달하면 이를 받아들여 시행에 옮길 것이라고 믿는다. 앞서 언급된 행동의 실천이 지연될수록 성공할 가능성은 줄어들 것이다.

본인은 어젯밤 장면 총리가 소재를 드러낼 것으로 기대했으나, 아직도 모습을 보이지 않고 있다. 그의 측근 중 일부가 (장면의) 연락을 받았다고 하지만 누구도 그가 어디 있는지에 대해서는 함구하고 있다. 장면 총리에게 연락해 줄 것을 촉구하고 있으나, 그는 여전히 아무 반응도 보이지 않고 있다. 만일 장면 총리가 모습을 드러내고, 제1군 사령부 예하부대를 동원하여 반란을 진압하라고 총리가 지시한다면, 본인은 그를 도와야 한다고 판단된다. 그가 그런 조치를 내리지 않는 한, 또 그렇게 할 때까지, 본인은 장면 총리가 제1군을 투입할 수 있는 상태로 유지시키고자 노력할 것이다. 본인이 언제까지 장면 총리를 도와 반란을 진압할 목적으로 제1군을 이런 상황에 붙들어 놓을 수 있을지 모르겠다. 장면 총리가 잠적상태를 유지하는 기간이 길어질수록, 그가 권력에 복귀할 수 있는 가능성은 그만큼 더 줄어들 것이다.

본인이 선택할 수 있는 대안은 대통령, 합참의장, 참의원장, 국방장관, 육군총장 등이 제1군 예하부대를 반란진압 목적에 사용하는 것에 반대하더라도, 이한림에게 반란을 진압하도록 명령하는 것이다. 만일

본인이 그렇게 해야 하고, 이것이 성공한다면 (정상상태로) 정부를 회복시킬 수 있겠지만, 정부를 이끌 지도자도 없고 국민들의 지지도 받지 못하게 될 것이다. 기본적으로 본인의 임무는 외부 침략으로부터 한국을 방위하는 것이다. 공산주의자의 내부 전복(internal subversion)으로부터 한국을 보호하는 것도 임무의 일부라고 판단된다. 이번에 발생한 반란은 공산주의자들의 사주를 받은 것으로는 보이지 않는다. 따라서 본인은 본인의 권위에만 복종하여 반란을 진압하도록 제1군에게 지시하는 방안을 건의하지 않을 것이다.

사태의 수습방안을 놓고 번민하는 매그루더 사령관과 미국대사관에 대해 국무부는 분명하고 명확한 지침을 하달해 주기 위해 5월 17일자로 곧바로 대사관에 전문을 발송했다.[14]

국무부는 이런 비상상황 하에서 지리적 원거리에서 최선의 전술적 조치에 관한 지침을 적시에 제공하기 어렵다는 판단 하에, 즉각적인 대응이 요구되는 급박한 사태의 진전에 관해 '최대한의 재량권(maximum latitude)'을 부여하는 조치를 취했다. 국무부는 대사관과 매그루더 사령관의 건전한 판단에 완벽한 신뢰를 표시하면서 다음과 같은 구체적인 지침을 하달한다.

만일 장면 정권이 '회복 불가능할 정도로 붕괴'된 것으로 판단된다면, 광범위한 계층에 기반을 둔 책임 있는 비(非)당파적 국민통합 정부, 그리고 상호신뢰의 분위기 속에서 건설적이고 협조적으로 일할 수 있는 시민들을 중심으로 구성된 정부가 조기에 출현하도록 장려 및 촉

14 219. Telegram From the Department of State to the Embassy in Korea (Secret), May 17, 1961, *FRUS 1*.

구하는 방안을 승인한다. 비록 현재 구성되어 있는 혁명위원회가 이런 방향으로 진전할 가망은 희박하지만, 우리(국무부)는 귀측(대사관 · 유엔사)이 이들과의 협력을 출발점으로 삼아, 혁명위원회가 중용과 균형과 자제를 보이도록 가용한 모든 영향력을 행사하는 방안을 모색하는 데 필요하다고 판단되는 재량권을 발휘할 권한을 부여하고자 한다. 이런 맥락에서 제1군 사령관인 이한림을 활용하는 방안도 고려될 수 있을 것이다.

후임 정부에 최대한의 법적 정당성, 연속성 및 헌법 계승자로서의 권위를 부여하는 것이 매우 중요하다. 아마도 이를 달성하는 최선의 방책은 윤보선을 대통령 직책에 유지시키고, 그가 폭넓은 지지를 받는 후보자를 선정하는 데 자신의 직위와 명성을 활용토록 유도하는 것이다. 우리가 여기(워싱턴)서 느낀 잠정적 인상에 의하면, 쿠데타 집단은 장면 정권을 타도한 이후에 어느 방향으로 나아가기를 바라는지에 대해 명확한 복안을 갖지 않은 것으로 보인다. 만일 이런 인상이 옳다면, 그리고 윤보선 대통령이 지금과 같은 위기를 맞이하여, 자신의 직책에 내재된 리더십을 발휘하려는 의지를 갖고 있다면, 쿠데타 지도부와 전국적 명망이 있는 소수의 존경받는 민간 및 군대의 인물들을 불러 모아, 총리 선출과 정부의 권위회복에 기여할 수 있는 각료들의 임명에 관해 조속한 합의를 이끌어 내는 방안을 윤보선에게 제시할 수 있을 것이다. 이런 방안이 헌법 테두리 내에서 가능하지 않더라도, 노골적(out-and-out)인 군부독재로 치닫거나, 공산주의 세력이 이용할 수 있는 혼란스러운 사태를 예방할 수 있는 최선의 희망을 줄 수는 있을 것이다.

작전통제권 문제, 미 국방부 · 합참 지침, 그리고 유엔사의 연결고리

5 · 16군사혁명이 발생한 지 8일이 되는 시점에서, 국무부는 더 이상 주한 미국대사관과 유엔사령관에게 단기적 상황과 관련된 상세한 지침을 일일이 하달해야 할 필요성이 없다고 느끼기에 이르렀다. 지나치게 세부적인 지침을 부여할 경우, 새로운 정권과 긴밀한 관계를 형성하고, 신정권이 미국의 전폭적 지지를 얻기 위해 유엔사령부 · 대사관에 의존할 수 있다는 신뢰를 얻는 데 부정적 영향을 줄 것이 분명했기 때문이다. 한편, 5월 23일 매그루더 사령관은 박정희 장군과 회동하는 자리에서, 박정희 장군이 군사혁명에 참여한 한국군의 복귀를 거부한 처사는 "한국군 부대를 유엔사령관의 작전통제권 휘하로 원대복귀(return ROK armed forces to operational control of CINCUNC)시키는 데 반대한 것"이라는 점을 지적했다. 국무부는 이 문제로 인해 향후 부정적 결과가 초래될 것을 우려했다.[15]

사건 초기의 혼란이 진정되어 가는 기미를 보이자, 군사혁명에 동원되었던 부대들이 유엔사령관에게 부여된 고유 권한인 작전통제권을 침해했던 문제가 한 · 미 간 첨예한 쟁점 사안으로 부상했다.[16] 5월 25일, 김종필(예비역 중령)은 박정희 장군과 유엔군사령관 사이에 합의

---

15 222. Telegram From the Department of State to the Embassy in Korea (Secret), May 24, 1961, *FRUS 1*.

16 223. Telegram From the Commander in Chief, United Nations Command (Magruder) to the Chairman of the Joint Chiefs of Staff (Lemnitzer), in Paris (Secret), May 25, 1961, *FRUS 1*.

된 공동 선언문이 '국가재건최고회의(the Supreme Council for National Reconstruction)'의 승인을 받을 수 있을 것이라는 사실을 매그루더 사령관에게 통보했다. '최고회의' 측은 매그루더가 작전통제권을 사용하여 혁명세력을 분쇄하려는 시도를 하지 않을 것이라는 점에 매우 흡족해했다.

4월 25일자 전문에서 매그루더 사령관은 '김종필'에 대해 이렇게 기록했다.

전직 중령인 김종필은 아마도 이승만 정권을 무너뜨린 4·19혁명 이후 고위직 장교들의 제거를 선동한 젊은 세대들 중에서 선두주자일 것이다. 그는 송요찬 육군참모총장의 퇴진을 요구한 장교집단 중 한 명이다. 그는 아마도 본인(매그루더)이 지난 수년에 걸쳐 한국군에서 제거하려고 애썼던 선동가들 중에서 맨 앞줄에 서 있는 인물이다. 본인은 오늘에야 비로소, 그가 민간인 복장으로 사무실에 찾아왔지만 중령 계급으로 복직되었다는 사실을 통보받았다. 김종필 중령은 오늘 아침 멜로이[17](Guy S. Meloy) 사령관과 본인을 찾아왔다. 그는 혁명의 당위성을 늘어 놓은 다음, 혁명 수행의 유일한 수단이 유엔사령관에게 고유한 '작전통제권을 위반'하는 길뿐이었다는 사실에 유감을 표명하면서, 신정부가 선의를 갖고 있다는 점을 들어 안심시켜 주었다.

본인은 김 중령에게 "나의 임무는 한국 방위이지, 한국이 어떤 종류의 정부를 가져야 하는지를 결정하는 것이 아님"을 강조하면서, 혁명정부가 한국 방위에 대한 본인의 권한을 침해하는 어떤 수단도 취하지 않는 한, 두려워할 것은 전혀 없다는 점을 분명하게 설명했다. 본인은 혁명세력이 유엔사령관의 임무완수 능력에 장애를 초래했던 몇

17 멜로이 사령관은 매그루더 사령관의 후임으로 부임했다.

가지 구체적인 조치들을 언급하고, 이런 점에 대한 반대 입장을 다음과 같이 예시해 주었다.

- 귀측(혁명세력)은 전방지역에 배치된 부대를 철수시킴으로써, 본인의 임무 완수에 필요한 수단 중 일부를 박탈했다.
- 귀측은 본인의 승인도 받지 않고 고위급 지휘관들을 임명 및 해임함으로써 본인의 명령을 집행할 수 있는 지휘권을 약화시켰다.
- 귀측은 자신의 지휘관보다는 쿠데타 집단에 충성하는 장교들의 집단을 조직함으로써, 그들 자신을 지휘하는 지휘관들의 권위를 약화시켰다.

그 후 매그루더 사령관이 합참의장에게 보고한 전문에 의하면, 박정희 소장 및 김종필 중령과 미군 측 간 끈질긴 협상 끝에, 서신교환의 형식을 통해 고위급 군 지휘관의 임명과 관련된 협의권한의 회복, 그리고 한국군에 대한 유엔사령관의 작전통제권 반환에 관한 사항을 해결하기로 합의했다.[18]

1964년 6월 초, 한・일수교 협상을 반대하는 학생시위가 격화되자 박정희 정부는 사태 진정을 위해 계엄령 선포를 결심하기에 이르렀다. 계엄령 선포를 뒷받침할 군대가 필요했던 박 대통령은 버거 대사와 하우즈(Hamilton Howze) 유엔군사령관 겸 주한미군사령관에게 6사단과 28사단을 유엔사의 작전통제권으로부터 해제시켜 줄 것을 요구했다. 이와 관련하여 6월 3일자로 버거 대사가 국무부에 보고한 전문에는 다음과 같이 기록되어 있다.[19]

---

18 Ibid., 주석란 참조.

19 13. Telegram From the Embassy in Korea to the Department of State

박 대통령은 그간 정부가 학생시위에 인내를 가지고 관대하게 대처해 왔지만, 서울대 총장이 제공한 첩보에 의하면 시위를 주도한 65명의 학생과 다수의 교수들이 공산주의자들임을 언급하면서, 마침내 계엄령 선포가 필요하다는 결론에 이르렀다고 말했다. 그는 계엄령이 그날 밤에 선포될 예정인바, 하우즈 사령관에게 6사단과 28사단의 지휘관계 해제를 요구했다. 그에 의하면 계엄령은 처음에는 서울에 국한하여 선포하되, 사태의 진전 여부에 따라 다른 지역으로 확대될 수도 있다.

본인(버거)은 박 대통령에게 금일 시위의 결과로 사태가 심각해진 것을 인지하고 있으나, 계엄령은 문제의 근본적인 해결책이 아니라고 말했다. 물론 본인도 계엄령으로 법과 질서가 신속하게 회복되기를 바라지만, 1960년 4월의 경험에 비추어 볼 때, 학생과 시민들이 대대적인 행동에 나설 위험이 있음을 상기시켜 주었다. 또한 국민들의 불만을 해소시켜 줄 수 있는 조치들을 발표하여 이렇게 될 가능성을 사전에 차단하는 것이 더 나을 것이라고 조언하면서, 김종필이 제거되지 않는 한 대통령과 정부는 '심각한 위험'에 빠질 것이라고 경고했다.

한국군 2개 사단 문제와 관련하여, 하우즈 사령관은 박 대통령에게 이들을 작전통제권에서 해제시킬 것이라고 말했고, 본인도 그의 견해에 동의했다. 박 대통령은 하우즈 사령관에게 탱크는 서울에 진입시키지 않을 것임을 보장하고, 실탄(live ammunition)도 연대장들이 통제할 것이라고 말했다. 그는 군대가 그의 '분명한 명령' 없이는 발포하지 않을 것이라고 말했다. 이에 대해, 본인은 미국이 계엄령을 '승인했는지 아니면 불승인했는지'에 대한 의문이 제기될 것인바, 대통령이 우리에게 계엄령 선포의 승인을 요청한 것이 아니라, 군대의 작전통제권 해제를

(Confidential), June 3, 1964, *FRUS 2*.

요구한 것이라는 점을 분명히 하기를 원한다고 언급했다.

한국전쟁 이래 유엔사령부가 한국군에 대하여 행사해 온 작전통제권은 5·16혁명 직후부터 한·미 간 첨예한 사안으로 부상했다. 혁명 직후, 한동안 매그루더 사령관은 자신이 작전통제권을 행사하는 제1군 사령부 병력을 동원하여 혁명군을 분쇄하려는 계획을 포기하지 않았다. 미국 정부는 5·16과 같은 사태가 재차 발생할 경우에 대비하여, 주한미군사령관 겸 유엔사령관에게 작전통제권 행사와 관련된 구체적인 지침을 하달하기에 이르렀다. 1964년 9월, 휠러 합참의장이 맥나마라 국방장관에게 보고한 메모에는 유엔사의 작전통제권 행사에 대한 지침을 아래와 같이 적시하고 있다.[20]

한국에서 쿠데타가 발생할 경우, 유엔사령관을 통하여 미국이 한국군에 대하여 행사하는 작전통제권에 영향을 미칠 수 있음을 감안하여, 미 합참은 유엔사령관에게 적절한 가용 방책이 무엇인지를 고려해 보았다. 또한 합참은 쿠데타의 성공 여부가 불과 몇 시간 이내에 결정되며, 한국군을 작전통제권으로부터 해제하는 것과 관련된 결정 및 미국 개입의 성격(nature of US involvement)과 관련된 결정이 단기간에 유엔사령관에 의하여 이루어져야 함을 고려해 보았다.

한국 정부의 안정에 미치는 영향들과 미국 개입의 성격 등을 고려해 본 끝에, 합참은 다음과 같이 결론을 내렸다. ① 한국 내에서 쿠데타 시도가 (또다시) 발생할 가능성이 있다. 현 정권의 전복(unseat)에 성공할 가능성이 가장 높은 근원지(source)는 군대이다. ② 친(親)공산주의적

20 22. Memorandum From the Joint Chiefs of Staff to Secretary of Defense McNamara (Top Secret), "Alternative US Courses of Action in Korea Under Certain Contingencies," September 21, 1964, *FRUS 2*.

쿠데타가 성공할 가능성은 낮은바, 그 이유는 강력한 유엔군과 한국군, 효과적인 국내 치안, 그리고 국민들의 반공주의적 성향 때문이다.

합참은 (미 국방장관이) 다음의 대안적 행동방책을 승인하고, 국무장관과 조율토록 할 것을 건의한다.

- 미군은 비(非)공산주의 분파들 간에 벌어지는 어떠한 권력투쟁에서도 중립을 유지하고, 유혈사태(bloodshed) 방지를 위해 노력하며, 유엔사의 지휘권에 대한 한국군의 복종(responsiveness) 상태를 유지한다.
- 미국은 군사지원계획(MAP: Military Assistance Program)을 통하여 친(親)서방적 한국군 및 정부에 대한 기존의 지원을 계속한다. 'Country Team'[21]을 통하여, 타당하다고 판단되는 바에 따라(as appropriate), 주한 미국대사가 사회적 · 경제적 개혁을 가속화하고 불법조치 및 부패를 척결할 수 있도록 지원한다.
- 공산주의자나 반미 분자들이 쿠데타나 반란을 일으킬 경우, 미국은 공인된 정부 또는 의심할 여지없이(unquestionably) 친미적 성향의 한국군 부대를 지원한다.
- 공인된(recognized) 한국 정부가 쿠데타나 반란의 진압을 위해 한국군에 대한 작전통제권 해제를 요청할 경우, 유엔사령관은 자신이 판단하기에 부당할 정도로 한국 내 유엔군 · 주한미군의 전반적 군사태세를 약화시키지 않는 한, 이를 수용한다.

---

21 'Country Team'은 주한 미국대사의 주도 하에 대사관, 군, 정보기관, 원조기관 등의 대표들로 구성되며, 이들은 주로 정기적 · 비정기적 회합을 통하여 주재국과 관련된 정책, 정세분석, 미국 정부의 지시사항 이행 등에 대한 의견 · 활동을 조율하고 정보를 교환한다.

- 반면, 비록 친미적이고 반공주의적이라 하더라도, 반정부적 지도자가 한국 정부의 전복을 돕기 위해 한국군에 대한 작전통제권 해제를 요청할 경우, 그러한 요구는 합참에 보고토록 한다.
- 필요시, 유엔사령관은 주한미군사령관으로서 Country Team과 협력하여, 상황에 부합되도록 POL(petroleum, oil and lubricants)을 포함하여, 몇몇 MAP 품목들을 일시적으로 중단한다.
- 상기에 열거된 행동방책을 수행함에 있어, 합참의장의 사전 승인이 없는 한, 미국의 지원은 미국의 군사적 개입을 포함하지 않는다.
- 미국의 일방적 정책을 지원하기 위해 승인된 미국의 군사행동은 주한미군사령관의 통제 하에 시행한다.

1966년 11월 말, 북한 김일성 정권은 한반도 주둔 유엔사의 정당성을 공격하기 위한 목적으로, DMZ 일대에 대한 한국군·미군의 위반사례에 대한 주장을 강조하면서 관영언론을 앞세워 선전선동에 열을 올렸다. 이에 대해, 미국은 유엔사 문제를 작전통제권과 관련된 중요한 사안으로 간주하여 민감한 반응을 보였다. 1966년 11월 29일 주한 미국대사관이 국무부에 보고한 전문을 보면, 미국은 한국군에 대한 작전통제권을 행사하는 데 있어 일종의 매개체 역할을 수행하는 유엔사령부가 한국군과의 관계를 잇는 '연결고리'가 시대적 상황의 변화에 따라 다소 약화되고 있다는 고민을 다음과 같이 드러내고 있다.[22]

국무부도 알고 있는 바와 같이, 아마도 한국군은 수차례에 걸쳐 MDL(군사분계선)을 넘어 북한군을 습격(foray)했던 것으로 보인다. 북한

---

22 102. Telegram From the Embassy in Korea to the Department of State (Secret), November 29, 1966, *FRUS 2*.

정권은 한국군이 그러한 공격을 가했음을 입증하는 사진 또는 물리적 증거를 갖고 있는 것 같다. 한국군이 유엔사의 작전통제권 하에 있다는 점을 고려하여, 소련은 유엔총회에서 유엔군이 준수를 약속한 정전협정을 제 손으로 위반했으므로 유엔군이 철수해야 한다고 촉구할 수도 있다. 아울러 소련은 한국군에 대한 유엔사의 작전통제권 행사에 시비를 걸 수도 있다. 소련은 유엔의 도구(instrumentality)인 유엔사령부가 유엔에 가입하지 않은 비(非)유엔 회원국의 군대에 대한 작전통제권을 행사하는 것은 유엔결의안에서 허용된 권한을 넘어서는 것이라고 주장할 가능성이 있다. 비록 이러한 관행이 한국전 이후부터 존재해 오긴 했지만, 우리(미국)는 유엔이 어떤 조치를 통해 이러한 권한을 인정했는지에 대해서는 알지 못한다.

전 세계 각 지역에서 평화유지 활동이 이루어지는 현재, 유엔사는 유엔에 대한 관계라는 측면에서 볼 때 '변칙적 현상(anomaly)'이다. 확실히 한국군에 대한 유엔사의 작전통제권 행사는, 모든 관련국들이 한반도에서 주요 적대행위가 진행 중임을 인식하여, 유엔이 통합사령부를 '미국'의 통제 하에 두고, 미국이 사령관을 지명하여, 미국이 안보리에 보고하도록 요청했다는 점에서 특이하다. 이제 적대행위가 종식된 지 13년이 넘었으므로, 소련은 유엔과의 관계에서 다른 유엔 평화유지군에 확립된 패턴을 따라 유엔사가 '유엔의 허울(UN cloak)'을 벗어야 한다고 주장할 수 있다. 우리는 상기의 논의가 가정적인 것이지만, 여전히 가능성의 영역에 있음을 인식하고 있다.

미 특별국가정보판단서, 5 · 16혁명을 기정사실화

5월 말, CIA 등 정보기관 합동으로 제출된 「특별국가정보판단서(SNIE)」는 박정희 소장이 주도한 군사혁명이 성공했음을 '기정사실(fait accompli)'로 인정하는 듯한 모습을 보이기에 이르렀다. 군사혁명의 중요성과 함께 향후 수개월간의 추세를 평가하기 위한 목적으로 작성된 보고서는 다음과 같은 결론을 내렸다.[23]

"명목상의 민간 정권이 복원되건 아니건 무관하게, 박정희 소장이 주도한 현재의 쿠데타 집단은, 적어도 향후 수개월간 한국 내 핵심적 권력요소들을 장악하게 될 것으로 보인다." 아마도 쿠데타 집단은 한국 정부의 경제적 · 행정적 노력에 새로운 활력과 기강을 불어넣고, 특히 부패척결에 일부 진전을 보일 수도 있을 것이다. 그러나 새로운 지도부가 전(前) 정권으로부터 물려받았거나 자신들이 만들어 낸 문제들이 산적해 있음을 고려해 볼 때, 쿠데타 집단이 큰 진전을 이루지 못할 것이며, 외부의 조언을 기피하거나 경험부족 등으로 인하여 '문제를 더 악화시킬 가능성'도 있다.

쿠데타 집단은 다양한 인물 · 계층 및 이해관계들로 구성되어 있다. 박정희와 그 동료들이 외형상으로 관찰되는 것보다 더 큰 단합을 창출하고 이를 실행에 옮기지 못하는 한, 한국 정치는 지배적 군부집단 내에서 벌어지는 끊임없는 당파적 책동과 주기적 권력교체 현상을 보일 것이다. 쿠데타 지도자들은 미국이 과거 빈번히 접촉했던 민간 및 군 고위인사들과는 다른 '새롭고 상이한 부류'이며, 이들의 권위

23 224. Special National Intelligence Estimate (Secret), May 31, 1961, *FRUS 1*.

주의적이고 민족주의적 특성(stamp)을 고려해 볼 때, '미국의 지침에 덜 수용적인' 태도를 보일 것이다. 더구나 이들은 '완강하고, 단호하고, 다루기 힘든' 상대가 될 것이다. 이들은 한 · 미 유대관계를 지속할 것이나, 동시에 군사적 · 경제적 문제에서 한국의 독자노선을 앞세우려 할 것이다. 아마도 한국군과 유엔군 간 군사지휘 관계도 지속적인 어려움이 있을 것이다. 신정권이 표방한 성향은 반공주의를 지향하고 있으며, 가용한 증거로 볼 때 박정희가 공산주의자들과 관련되어 있다는 풍문은 사실이 아닌 것으로 보인다.

군사혁명 발생 전부터 한국 상황을 재점검하기 위해 매카너기 대사 중심으로 가동되던 태스크포스(Task Force)는 달라진 환경에 맞추어, 새로이 출현한 한국 지도부의 성향 및 능력 등을 탐색하는 것으로 활동방향을 수정했다. 백악관 안보보좌관실이 작성한 메모를 보면 혁명 지도부에 대한 평가가 미묘하게 변화하는 기류를 감지할 수 있다. 매카너기 대사는 이 메모에 한국의 현 상황에 대한 평가와 함께, 향후 신군부와의 관계정립을 위한 건의사항을 포함시켰다.[24]

"군사정부(the military junta)는 보다 온건한 접근방법을 채택하고 있으며, 우리가 생각했던 것보다 더 나은 방향으로 나아가고 있는 것으로 보인다." 이제 우리(미국)가 직면하고 있는 완강하고, 권위주의적이며, 민족주의적인 정권은 한국적 문제의 해결을 위한 행동을 가로막고 있던 정치적 장애물을 척결할 수 있는 능력을 갖고 있는지 모르나, 이 정권은 경험이 없고, 지속적인 당파주의에 시달릴 것이며, '명백히 미국

24 225. Memorandum by Robert H. Johnson of the National Security Council Staff (Secret), June 6, 1961, *FRUS 1*.

의 영향력을 덜 수용'할 것으로 보인다. 그러나 근본적인 면에서 한국 내 상황은 쿠데타의 결과로 크게 달라진 것이 없다. 이승만 정권의 몰락과 장면 정권 전복(顚覆)의 뿌리에는 한국 사회 내에서 점증하는 민족주의적 세력의 분출이 자리 잡고 있다. 두 차례의 혁명에는 모두 미래에 대한 방향과 진전의 결여, 그리고 한국 사회에 팽배한 부패에 대한 젊은 세대의 불만이 투영되어 있다. 근본적 경제문제도 여전히 남아 있다. 자원은 부족하고, 인구는 빠르게 늘어나며, 실업도 큰 문제이다. 산업은 전력(電力)과 수자원 부족, 그리고 부적절한 재정 및 관리에 시달리고 있다. 농부들은 빚과 비싼 이자에 허덕이고 있으며, 부패가 도처에 만연해 있다. 미국의 경제지원 프로그램도 분명한 경제개발 목표를 결여하고 있고, 부적절하게 집행되고 있다.

쿠데타 전후 우리(미국)의 전반적 정책 처방은 "한국 사회에 새로운 목적의식을 부여함으로써, 민족주의적 세력을 제어하는 것"이다. 이를 위해서는 우리 자체의 프로그램에 새로운 추동력과 개발목표가 요구되며, 동시에 한국 사회도 경제개발계획을 진지하게 수립하고 일련의 광범위한 개혁조치들을 취해야 한다. 과거 장면 정권의 경우, 우리는 그의 정치적 능력보다 선의에 더 큰 신뢰를 부여했다. 그러나 새로운 군부정권의 경우에 이들의 선의보다는 적어도 개혁조치를 주도할 것이라는, 이들의 능력에 다소나마 더 큰 신뢰를 갖고 있다. 건의사항으로서, 첫째, 한・미 양국 간 미국대사와 한국 정부 지도자 간 대화 시작, 둘째, 한국 국가원수의 미국 방문, 그리고 셋째, 한국에 특사 파견 등, 3단계를 통한 의견교환의 추진을 제의한다.

3. 군사정부에 대한 미국의 태도 변화

제485차 백악관 NSC 회의

1961년 6월 중순 개최된 제485차 백악관 NSC는 케네디 대통령이 한반도 문제와 한·일관계를 직접 언급하고, 한국군 규모의 감축 문제도 논의함으로써, 한국 입장에서 매우 중요한 의미를 갖고 있다. 특히 이 회의는 한국에서 새로이 부상한 군사정권에 대한 미국의 시각이, 케네디 대통령의 발언으로 인하여 급격한 변화를 맞이하는 분수령이 되었다. 이 회의가 '분수령'으로 평가되는 이유는 케네디 대통령이 한국의 혁명집단에 대해 "미국은 권력을 장악한 인물들을 상대하는 이외에 다른 대안이 없다."라면서, 혁명세력에 집중된 권력을 약화시키는 방안을 주장한 주한미군 참모장의 발언을 정면에서 반박했기 때문이다. 이러한 케네디 대통령의 발언 이후, 미국은 한국 군사정부를 약화 또는 와해시키려는 노력을 더 이상 시도하지 않았다.[25]

회의에 참석한 매카너기 대사는 당시 한국의 노동인력 중 실업률이 무려 35%에 이른다고 언급했다. 그는 한국의 발전을 가로막는 최대의 장애물로, 한국과 일본 간의 끊임없는 적대감, 그리고 상호 이익이 될 수 있는 양국관계 재설정의 실패를 꼽으면서, 새로 부임하는 후임 버거 주한 미국대사의 임무 중 한 가지는 한·일 간 화해를 정착시키려는 노력이라고 언급했다.

---

25 229. Notes of the 485th Meeting of the National Security Council, June 13, 1961, *FRUS 1*.

NSC 회의에서 맥나마라 국방장관은 "현 시점에서 한국군 규모의 어떠한 감축에도 반대한다."라는 입장을 보였다. 그 이유는 세 가지이다. 첫째, 어떠한 군대 감축안도 새로운 군사정권 지도부들의 반발을 초래할 것이다. 둘째, 감축된 군인들로 인해 더 많은 실업자가 양산되는 심각한 문제가 발생할 것이다. 셋째, 매달 5달러 미만의 저렴한 비용으로 효과적 군대를 전방지역에 배치하는 것은 그만한 가치가 있으며, 10만 명을 줄이더라도 예산절감 효과는 연간 600만 달러에 불과하다.

이때 케네디 대통령이 이렇게 질문했다. "눈에 띌 정도로 민간업무에 대한 군대의 기여도를 높이는 것이 가능한가요?" 이에, 유엔사 부사령관은 "한국군의 일부가 도로건설 및 지뢰매설 작업을 수행 중이지만, 수용 불가능한 정도로 군사 대비태세를 저하시키지 않으면서 할 수 있는 일은 별로 없습니다."라고 답변했다. 렘니처 합참의장이 끼어들어 거들었다. "군사적 관점에서 볼 때, 군사력은 적절한 한국 방위에 필요한 것보다 낮은 수준에 있습니다." 아울러 합참의장은 한반도가 '기술적으로' 여전히 전쟁상태에 있으며, 한국전 당시보다 더욱 강해진 북한군의 위협으로부터 155마일의 휴전선을 방위해야 한다는 점을 부연 설명했다.

케네디 대통령은 자신이 보기에 한국 내부와 주변의 경제적 · 정치적 상황은 '가망이 없는 절망적 상태'라고 언급했다. 주한 미국대사도 한국 사정이 나쁘다고 맞장구치며, "불안정한 경제, 제한된 자원 그리고 폭발적 인구증가"로 인해 근본적인 개선은 불가능하다고 덧붙였다. 로스토 안보담당 특별부(副)보좌관은 대통령과 매카너기 대사가 한국 경제를 절망적 상태에 있다고 표현한 것에 반론을 제시하면서, 약간의 낙관론을 가질 수 있는 근거로서 '새로운 효과적인 경제 · 사회 프로그램 계획, 한국 정부 내 젊고 적극적이며 유능한 인물들, 일본과의 관계개선' 등 세 가지 요인을 거론했다.

케네디 대통령은 지금까지 언급된 것 중에서 상황 호전을 위한 최선의 기회는 한·일관계 개선이라고 결론을 내리면서, 신임 버거 대사에게 이 문제에 집중할 것을 지시했다. 아울러 대통령은 다음 주에 일본 수상과 만나는 자리에서 한·일관계 개선 문제를 거론할 것이라고 말했다. 이 시점에서 케네디가 이케다(Hayato Ikeda) 일본 수상과 회동한 결과를 잠시 언급할 필요가 있다.

이케다에 의하면, "한국을 40년간 지배한 우리의 경험으로 볼 때, 한국인은 다루기 힘들고, 배타적이며 고집이 세다." 일본인들은 최근 한국에서 벌어진 상황을 좋아하지 않고, 민간정부의 회복을 원한다. 그러나 쿠데타의 성공은 사실이기 때문에, 있는 그대로의 상황을 받아들일 수밖에 없다. 그러면서 이케다는 "우리는 한국의 정치상황에 영향력을 행사할 힘이 없으므로, 미국이 나서서 민간정부를 회복시켜 달라."라고 말했다. 케네디가 이케다에게, "만일 한국이 공산주의자들에게 점령되면 이것이 일본에게 극히 부정적 영향을 미칠 것인가?"라고 질문하자, 이케다는 "일본의 역사적 기록을 보면 한국의 안보가 사실상 일본의 국내문제라는 사실이 입증된다."라고 답변했다. 아울러 일본은 한국에 '대단히 사활적 이익'을 갖고 있고, 현 정권이 반공을 표방하고 있으므로 이들을 받아들일 용의가 있다고 덧붙였다.[26]

다시 485차 국가안보회의로 돌아가, 회의 말미에 주한미군사 참모

---

26 232. Memorandum of Conversation (Confidential), June 20, 1961, *FRUS 1*. 미·일정상회담에서 미국 측 참석자는 대통령, 국무장관, 국무부 경제담당 차관 등 8명, 일본 측 참석자는 이케다 수상과 외무상 등 6명이었다.

장 데커(George Decker)는 “한국에서 가장 어렵고 ‘불길한’ 문제는 한 무리의 젊은 장교들이 나라를 통제하는 것”이라고 언급하며, 미국은 한국군과 한국에 대한 통제권을 고위급 장교들에게 즉각 돌려 주도록 요구해야 한다고 주장했다. 그러면서 그는 이런 생각을 조만간 국방장관에 취임하게 될 사람(송요찬)에게 전달했다고 말했다. 그러나 케네디 대통령은 데커의 제안에 이견을 보이면서, “미국은 권좌를 차지한 인물들을 대하는 이외에 다른 대안이 없다(the United States had no alternative except to deal with the people in power).”라고 결론지었다. 다시 말해, 케네디는 군사혁명으로 집권한 한국의 경험 없고 젊은 신군부 지도부에 어느 정도 불만이 있겠지만, 이제는 이들을 인정해야 할 때라는 입장을 보인 것이다. 이러한 케네디 대통령의 지침에 따라, 백악관 국가안보회의는 문서를 통해 주한 미국대사에게, 대통령 및 국무장관과의 회담을 포함하여 미 행정부의 주요 인사들을 만날 수 있도록, 대한민국 ‘정부수반’의 ‘비공식 방문’을 초청할 수 있도록 권한을 부여했다.[27]

군사혁명 2단계 진입

그린 주한 미국대사[28]는 박정희, 장도영 등 국가재건최고회의(SCNR: Supreme Council for National Reconstruction) 지도부와 일련의 회동을 가진 다음,

---

27 230. Record of National Security Council Action No. 2430 (Secret), June 13, 1961, *FRUS 1*.

28 마셜 그린은 5 · 16군사혁명 당시 주한 미국 경대사였으나, 월터 매카너기가 1961년 4월 말 이임하고, 신임 사무엘 버거 대사가 7월에 부임할 때까지 대사로서의 직책을 수행하고 있었다.

관찰의 결론과 정책적 함의가 포함된 전문을 국무부에 보고했다.[29] 그가 내린 관찰사항의 결론은 다음 세 가지이다. 첫째, 군사정부는 장기간, 아마도 수년 동안 정권을 민간에 이양할 의사가 전혀 없다. 둘째, 신정권이 어느 방향을 지향하는지는 여전히 불확실하다. 불안정, 상호 불신, 빈곤, 사회적 후진성, 과도한 인구와 실업 등, 국가가 직면한 '엄청난' 문제들을 고려해 볼 때, 정권의 구조와 군대의 능력이 허약하다. 정치 불안정의 최대 원인은 한마디로 경제적 무질서이다. 셋째, 군사정부 및 군부 내부의 분열은 향후 수개월간 가속화될 가능성이 있다.

그린 대사가 이러한 관찰에 기초하여 전문에 포함시킨 정책적 함의를 요약하면 이렇다.

'우호적 유보의 입장'이 군사정부에 대한 절대적인 신뢰 · 지지의 표명보다 '한없이' 더 나은 방책이다. 즉, 현 시점에서 (섣불리) 신군부에 지지를 보였다가는, 향후 이들이 위험할 정도로 폭압적으로 돌변하거나 국민들의 신뢰를 상실할 경우, 미국이 사태에 영향을 미칠 수 있는 능력이 감소될 우려가 있다.

그러면서 그린 대사는 보고서 끝부분에 다음과 같은 인상적인 문장을 덧붙였다.

"한국에 대한 미국의 우정과 위신은 현 정권의 부침(浮沈)과 운명을 같이해서는 안 된다(US friendship and prestige in Korea should not stand or fall with this present regime)."

---

29 231. Telegram From the Embassy in Korea to the Department of State (Confidential), June 13, 1961, *FRUS 1*.

군사혁명이 시작된 지 약 2개월이 경과될 무렵인 7월 초, 6월 27일 새로 부임한 버거 주한 미국대사는 국무부에 보고한 전문에서 박정희에 대해 이렇게 기록했다.[30]

"이제 박정희 장군이 일으킨 혁명은 제2단계에 들어섰다(revolution is now in its second state)." 그는 '(국가재건)최고회의' 내에서 권위와 통제를 증가시키고, 위협으로 판단되는 분자들을 제거하는 일에 몰두하고 있다.

버거 대사는 이런 분석과 관련하여 다음 세 가지를 적시했다.

① 분명히 그(박정희 장군)의 목표는 최고회의를 자신과 자신이 달성하기를 원하는 노선에 충성하는 동질적 집단으로 단합시키는 것이다.

② 동시에 그는 외부로부터의 위협이 될 것으로 판단되는 군부 내 반대연합을 분쇄하기 위한 조치를 취하고 있다.

③ 박정희 장군은 조직화된 반대세력의 중심이 될 가능성이 있는 것으로 보이는 민간 지도자 및 단체들에 대한 공세를 지속할 것이다.

요컨대, 버거 대사의 보고서는 박정희가 군사혁명의 초기 성공을 확인한 다음, 그 다음 단계로서 향후 자신의 권력에 위협이 될 가능성이 있는 장애물들을 제거하기 위해 대대적인 반대세력의 숙청작업에 돌입했음을 알리고 있다.

버거 대사는 "좋든 싫든 간에, 우리는 혁명의 이런 단계가 지나가도록 내버려두는 수밖에 없다."라고 토로했다. 그에 의하면, 뭔가 알

---

30 235. Telegram From the Embassy in Korea to the Department of State (Confidential), July 9, 1961.

수 없이 거침없는 힘이 작용하고 있어, 이러한 힘의 분출을 변화시키기 위해 아무리 강한 압력을 가하려 애쓰더라도, 현 시점에서는 아무런 도움이 되지 않을 것이다.

이 대목에 이르러, 버거는 질풍노도처럼 몰아치는 혁명의 거친 기세를 억누르거나 그 방향을 바꾸기에는 역부족이라는 현실적 한계를 절감했던 것으로 보인다.

좌절감에 가까운 버거 대사의 현실진단은 몇 가지 요인들에 기초한 것이다.

① '박정희는 말 그대로 목숨이 걸린 사투를 벌이고 있어(Pak literally fighting for his life)', 우리(미국 측)가 무슨 말을 해도 들으려 하지 않을 것이다.

② 우리가 숙청을 자제 또는 완화시키는 데 성공하더라도, 이는 고작 내부 파벌주의의 지속과, 최고회의 내부세력 간의 종국적인 대결을 연기하는 것에 불과할 것이다.

③ 이처럼 결정적 국면에서 박정희에게 과도한 압력을 가하는 것은, 그로 하여금 더욱 억압적인 조치들을 취하도록 만드는 결과를 초래할 우려가 있다. 말하자면, 내(버거 대사)가 보기에 박정희 장군이 궁극적으로 어떤 목표를 갖고 있고, 이를 어떻게 달성할 수 있을 것인지는 알 수 없으나, 그는 현 상황에서 가장 강력한 인물이고, 권력의 속성과 그 사용에 관한 감각을 갖고 있으며, '진정으로 애국적 이상에 의해 동기가 유발된' 것처럼 보인다. 그럼에도 불구하고, 그는 우리가 면밀히 주시해야 할 '요주의 인물'이다.

한편, 박정희 장군은 유엔사령관의 작전통제권과 관련하여, 유엔사령부와 한국군 간 지휘계통을 회복시켜야 할 중요성을 잘 인식하고 있으며, 버거 대사에게 이를 위해 모종의 건설적 조치를 취할 것임을 확인시켜 주었다.

전문 말미에서 버거 대사는 한반도 상황에 대한 미국의 공식입장을 수립하는 데 당면하고 있는 어려움을 토로하면서, 다음과 같은 사항을 건의했다.

우리(미국 측)는 한국인 전체와 미국 간의 관계에 유념하고, 박정희라는 인물은 '일시적 현상'일 수도 있다는 점을 명심하지 않으면 안 된다. 현 시점에서, 우리는 '박정희에게 우리의 지지를 보내고, 그가 강화된 권력을 절제와 지혜로써 발휘하도록 장려하는 것 이외의 다른 대안이 없다는 사실'에 직면하고 있다. 이런 딜레마를 다룸에 있어, 지금까지 우리가 택한 전술은 공개적 발언을 피하고, 개인적 접촉을 통해 박정희가 스스로 자제하도록 노력하는 것이었다. 그러나 본인은 지금까지의 '침묵 모드'에서 벗어나, 첫째, 국무장관이 주 미국대사에게 "우리는 한국 정부와 협력할 준비가 되어 있다."라는 의사를 밝히는 동시에, 체포 · 구금 · 재판 등 반대파에 대한 보복조치를 중단하도록 촉구하고, 둘째, 국무장관이 유엔사령관의 지휘권에 공백이 여전히 존재하는 데 대한 우려를 언급하는 등, 미국이 갖고 있는 우려사항들을 공개적으로 언급할 것을 건의하는 바이다.

1961년 7월 중순에 작성된 「특별국가정보판단서(SNIE)」에는 군사정부의 특성과 의도, 특히 군사혁명 직후에 이를 진압하기 위해 노력하는 과정에서 미국이 보인 부정적 태도에 대하여, 혁명 지도부 내에 여전히 감정적 앙금이 남아 있다는 사실이 드러나 있다.[31]

SNIE에 의하면, 새로운 지배계층으로 등장한 군사정부의 인물들은 정치적 통제의 수단과 기법에 정통한 '행동가' 집단으로, 권위주의적 접근방법을 택하고 있고, 엄격한 사회기강과 중앙집권적 정부통제야말로 한국에 산적한 경제적 · 사회적 · 정치적 폐단의 해결책이라고 확신하고 있다. 군사정부의 지배집단은 미국과 긴밀한 관계를 바라지만, 한국 문제를 자신들의 방식으로 해결하고, 한국적 독립성을 강조하고자 한다. 적어도 가까운 장래에, 이들 집단은 정부를 민간통제에 이양하거나 대의민주적 정부제도를 복원할 의사가 전혀 없다.

군사정부의 권력장악으로, 한 · 미관계는 '새로운 국면'에 진입했다. 장면 정권 당시의 협조적 분위기는 의심과 불신으로 바뀌었다. 군사정부는 아마도 거사 초기에 미국이 반대한 것에 대해 경악하고 분노했을 것이다. 이러한 감정의 앙금이 여전히 남아 있으며, 쿠데타 집단은 자신들이 미국에 냉랭하고, 속을 드러내지 않고, 의심의 눈초리를 보낸다고 불평하지만, 이는 오히려 자신들을 부정적으로 바라보는 미국의 공식적 태도가 투영된 결과라고 여기는 것 같다. 군사정부 지도부는 한국이 미국에 의존해야 할 필요성을 잘 인식하고 있으며, 미국과의 관계 때문에 한국에 대한 경제적 · 군사적 · 외교적 지지의 주요 원천이 위태로운 상황에 빠지지 않기를 바라고 있다.

한편, SNIE의 말미에는 유엔사령관의 작전통제권 문제가 다음과 같이 구체적으로 적시되어 있다.

군사정부는 한국군 부대들을 유엔사령부의 지휘권에 종속시키는

31 236. Special National Intelligence Estimate (Secret), "The Current Regime in the Republic of Korea," July 18, 1961, *FRUS 1*.

것이 원칙이라는 점을 인정했다. 그러나 이들이 이러한 지휘구조에 완벽하게 합의할 의도를 갖고 있다는 점을 '당연한 것'으로 받아들여서는 안 된다. 주한미군은 한국군 당국과 우호적 관계를 유지하는 데 있어 갈수록 더 큰 문제와 제한사항에 직면하게 될 것이다. 아마도 군사정부는 이러한 상황[32]의 군사적 필요를 인식하면서도, 적어도 평시에는 한국군의 지휘에 있어 보다 높은 수준의 독자성을 유지하려는 의도를 갖고 있는 것으로 보인다.

군사정부 안정화 평가

10월 28일 대사관이 국무부에 보고한 전문에는 5개월째에 접어든 군사혁명에 대한 평가결과가 기술되어 있다.[33]

버거 대사에 의하면, 집권 5개월이 된 군사정부는 비록 권위주의적이고 군사적인 특성으로 인해 대중적 이미지를 흐리고 있기는 하지만, 에너지·열정 및 결의를 바탕으로 굳건하게 뿌리를 내리고 있다. 열렬한 대중적 지지를 받고 있다는 증거가 없기는 하지만, 그럼에도 불구하고 이는 가장 근본적인 종류의 급진적 개혁을 도입하고자 노력하는 '진정한 위로부터의 혁명(a genuine revolution from the top)'이다. 만연한 독직, 정부와 기업의 뇌물관행과 부패, 군사물자의 대대적인 횡령, 폭력배들에 의한 테러, 개인에 대한 경찰의 공갈협박 등에 대처하려는 군사정

---

32 '한국군에 대한 작전통제권 행사'를 뜻한다.

33 244. Telegram From the Embassy in Korea to the Department of State (Secret), October 28, 1961, *FRUS 1*.

부의 노력은 진정성이 보이고, 가시적인 성과도 나타내고 있다. 우리(미국 측)는 군 출신 각료들의 대부분이 행정에서 능력과 효과성을 보이는 것에 감명을 받았다.

군사정부에 반대하는 세력이 있지만, 이들에 대한 지지가 없는 것도 아니다. 압도적으로 대다수의 한국 국민들은 여전히 '양다리 걸치는(non-committal)' 입장인데, 이처럼 사태의 추이를 지켜보는 '관망적(wait and see)' 태도는 대다수 한국인들의 특징이다. 회의적 입장과 거의 구분할 수 없는 이러한 태도는 한국인, 특히 한국의 지배계층이 오랫동안 효과적 역할을 수행할 능력이 있는지 의심하는 전통적인 신뢰의 결여에서 비롯되는 것이다. 이러한 혁명의 종착점이 어디가 될 것인지를 언급하는 것은 시기상조이다. 이 보고서를 작성하는 지금 이 시점에서도 향후 2년간 민정이양을 위한 선거가 있기 전까지, 군사정부가 만연한 당파주의나 금융 스캔들에 연루되어 몰락하지 않을 것이라는 점을 분명하게 말할 수 없다. 대부분은 박정희 의장에게 달려 있다. 그는 냉정하고 침착한 두뇌의 소유자로서, 지도자들 중에서 가장 '신뢰할 만하고 안정적인(reliable and stable)' 인물이다.

1961년 연말이 가까워질 무렵, 주한 미국대사는 러스크 국무장관에게 발송한 서한을 통해 박정희 의장의 미국 방문 이후, 정치상황이 '상당히' 안정된 것으로 평가하면서, 이런 추세가 적어도 향후 5개월간 지속될 것으로 기대했다.[34]

---

34 249. Letter From the Ambassador to Korea (Berger) to Secretary of State Rusk (Confidential), December 15, 1961, *FRUS 1*.

버거 대사는 정치안정화 현상이 다음과 같은 다섯 가지 요인에 기인하는 것으로 분석했다.

① 지난 5월 군사정부가 집권했을 당시, 이들이 누구이고 어떤 목적을 갖고 있는지 아는 사람은 아무도 없었다. 그러나 현재 이들은 '유능하고, 활동적이고 헌신적인 사람들로 이루어진 집단으로서, 진정한 개혁을 이루고, 정직하고 효과적인 정부의 초석을 놓으려는 결의에 차 있으며, 대의민주적 정부로의 복귀에 헌신하는 인물들'이라는 평가를 받고 있다.

② 혁명의 긴박했던 단계는 이제 사실상 지나가고, 초기의 긴장과 개인적 두려움 및 불안이 엄습하던 분위기도 마침내 소멸되었다.

③ 박정희 의장은 한국 사람들의 뇌리 속에 권력을 안심하고 맡길 수 있으며, 혁명의 열기를 품위와 절제의 길로 인도할 수 있는 '강력하고 공정하며 지적인 지도자'로 자리 잡았다.

④ 지난 7월부터 점차 가속화 추세를 보이는 경제회생은 대중들에게 새로운 희망을 주기 시작했다.

⑤ 미국이 군사정부에 보낸 공개적 지지와 미국 방문기간 중 박정희 의장 일행이 받은 따뜻한 환대는 아마도 상황의 안정에 결정적 요인이 되었을 것이다. 어떤 한국인은 본인에게 "미국이 박정희에게 감명을 받았으므로, 우리 한국인들은 그를 더욱 높이 평가한다(Since the United States is impressed with Park, we Koreans value him more)."라고 표현했다.

위기의 군사정부와 김종필

1963년 2월 중순, 버거 대사는 국무부에 보낸 전문에서, "미국 정부는 앞으로 수일 이내에, 박정희 의장과 그의 정부, 그리고 선거 및 민간정부로의 이양에 대한 태도와 관련하여 근본적인 결정을 내려야 한다."라고 사태의 긴박성과 심각성을 지적하면서, 다음과 같은 요지로 보고했다.[35]

김종필 권력에 대한 공포, 혁명 지도부의 분열, 김종필의 증권시장 조작에 대해 점증하는 대중들의 인식(시간이 지날수록 증권파동이 김종필의 소행이라는 사실을 국민들이 알게 되었다는 의미), 정부의 정책과 조치에 대한 반대파의 비난 증가 등은 모두 정부의 단합을 약화시키고 국민들의 불신을 초래하는 요인들이다. 군사정부가 미국의 신뢰를 잃을 것이라는 국민적 우려도 불안스런 분위기의 확산에 기여하고 있다. 보도에 의하면, 박정희 의장이 정치적 · 경제적 불안정을 해결할 수 있는 자신의 능력을 걱정한다는 징후가 보인다고 한다.

이런 상황에서 김종필의 정치무대 퇴진은 도움이 될 것이나, 그 자체로는 복잡한 양상으로 전개되는 모든 문제들을 해결하는 데 불충분하다. 윤보선과 허정은 우리(미국대사관)에게, 김종필과 박정희 의장이 모두 물러나고, 박정희 의장은 선거가 끝날 때까지 '과도적 역할'을 계속 수행해야 한다고 강력히 호소하면서, 만일 그렇지 않으면 정치안정에 아무 희망이 없다고 말했다. 이들과 전혀 다른 견해가 일부 혁명 지도부의 지지를 받고 있는데, 이들은 (박정희 군사정부가) 선거를 취소하고,

35 289. Telegram From the Embassy in Korea to the Department of State (Secret), February 13, 1963, *FRUS 1*.

계엄령을 선포한 다음, 선거를 1~2년 더 연기할 것을 우려하고 있다. 이는 위기의 징후이다. 이는 미국 정부가 상황에 적극 개입하여 미국의 입장을 완벽하게 관철시켜야만 해결될 수 있다. 정치적 측면에서, 만일 박정희 의장이 민간정부에 정권을 이양한다는 '혁명공약'을 지키고, 대선 후보로 출마하지 않고, 민정이양이 완료될 때까지 과도적 역할을 수행할 것이라 선언한다면, 안정에 대한 위협이 감소될 것이다. (그러나) '김종필은 한국을 떠나야 할 것이다(Kim Chong-p'il would need to leave Korea).'

이러한 위기상황에서 우리(미국)가 택할 수 있는 방책은 다음 네 가지이다. 첫째, 개입하지 않고 사태의 흐름에 맡겨 두는 방안으로, 위험하면서도 미국의 책임을 포기하는 것이다. 둘째, 박정희 의장이 대선에 출마하도록 부추기는 방안으로, 이는 김종필을 그대로 두는 것을 의미한다. 이 방안은 갈수록 인기를 상실하는 현 정부를 지지하는 처사인바, 이로 인해 미국은 한국 국민들로부터 소외될 우려가 있다. 셋째, 박정희 의장에게 김종필을 1년간 해외에 머물도록 하고, 선거법 개정 문제를 야권 지도자들과 협상하도록 유도하는 방안이다. 넷째, 박정희 의장과 야권 지도자들에게 유일한 해결책은 거국내각을 구성하는 길뿐이라고 조언하는 방안이다.

향후 2주일이 결정적으로 중요한 만큼, 해리만(Harriman) 국무부 차관보에게 한국을 방문하여, 미국 정부의 입장을 수립하고, 모든 관련 당사자들에게 우리가 사태를 심각히 우려한다는 점을 강조하고, 민정이양을 위해 박정희 의장과 야권 간 수용 가능한 합의점을 모색하도록 지원하며, 가용한 모든 수단과 영향력을 동원하여 우리가 결정한 해결책이 관철되도록 노력하는 등의 조치를 취하도록 촉구할 생각이다.

상기 버거 대사의 건의에 대해, 국무부는 즉각 다음과 같은 요지의 지침을 하달했다.[36]

귀하(버거)는 박정희 의장이 대통령에 출마하도록 고무해서는 안 된다. 김종필이 귀하를 접촉한 것은 미국의 지지를 얻어 내려는 속셈인바, 이들을 지지하지 말아야 한다. 반면, 귀하는 박정희 의장에게 출마하지 말라고 말해서는 안 된다. 박정희 의장은 스스로 이 문제를 결정해야 한다. 귀하는 김종필에게 한국을 떠나라고 명시적으로 조언해서는 안 된다. 만일 대선출마의 여부를 놓고 동요하는 모습을 보이는 듯한 박정희 의장의 태도가 단지 우리(미국 측)를 떠보기 위한 것에 불과하고, 우리가 김종필 제거에 실패한다면, 군사정권과 우리의 관계가 어려워질 것이다. 국무부 차관보가 이 시점에 한국을 방문하는 것은 부적절하며, 이는 애당초 불가능한 일이다.

그로부터 얼마 후, 박정희 의장은 정치적 위기국면을 해결하기 위한 일종의 타협안을 공개적으로 제의했다. 그러나 국무부에서 작성된 메모에 의하면, 미국 정부는 이를 액면 그대로 믿지 않고 의심하는 눈초리로 바라보았다.[37]

핵심 요지는 혁명정부와 군사정부 구성원 중 어느 누구에 대해서도 보복하지 않는다는 보장을 받는 조건으로, 박정희 의장이 정치활동을 자제하겠다고 선언한다는 것이다. 한국의 정치 지도자들은 박정희 의장이 제시한 조건을 수용하려는 모습을 보였다. 그러나 국무부는 박

36 290. Telegram From the Department of State to the Embassy in Korea (Secret), February 14, 1963, *FRUS 1*.

37 291. Memorandum From the Director of Intelligence and Research (Hilsman) to Secretary of State Rusk (Confidential), February 18, 1963, *FRUS 1*.

정희 의장이 단지 '일시적인 숨 쉴 여유'를 구하거나, 아니면 기존 군사통치의 연장을 합리화시키기 위한 반응을 자극하려는 얄팍한 속임수를 쓰고 있는 것으로 의심했다. 아무튼 주한 미국대사관은 즉각 박정희 의장의 제안을 지지했고, 2월 27일 한국의 주요 정치 지도자들은 이 제안을 공식적으로 수용했다. 한편, 김종필 중앙정보부장은 2월 25일 순회대사(Roving Ambassador)라는 직함을 가지고 한국을 떠났다.

수상한 '쿠데타 음모설'과 계속되는 군사정부의 위기

1962년 3월 중순부터 서울에 기이한 쿠데타 음모설이 나돌기 시작했다. 주한 미국대사관은 국무부에 보고한 전문에서 이에 대하여 다음과 같이 기록했다.[38]

"본인(버거 대사)은 국무총리를 만난 다음 멜로이 사령관을 찾아가, 한국군이 '새로운 쿠데타 음모'에 연루되었다는 총리의 놀라운 언급에 대해 논의했다. 마침 멜로이 사령관이 김종오 육군총장과 같이 있어, 그도 논의에 참여하도록 요청했다. 두 사람은 총리가 제공한 첩보를 믿을 수 없다고 경악했다. 이들은 첩보 내용의 대부분을 평가절하하면서, 도대체 총리가 어디서 그런 첩보를 입수했는지 의아하게 여겼다. 김종오 총장은 전방부대가 쿠데타에 가담했다는 사실에 대해 알지 못한다고 말했다.

---

38 293. Telegram From the Embassy in Korea to the Department of State (Confidential), March 14, 1963, *FRUS 1*.

그러나 본인은 그들에게 두 건의 쿠데타 모의가 발각된 것이 사실이고, 전날 밤 총리가 우익 '족청(族靑)'에 의한 쿠데타 모의와, 정당에 소속된 인사들이 박정희 의장을 암살하려는 테러 집단을 조직한다는 첩보를 귀띔해 주었다고 말했다. 4개의 주요 단체가 쿠데타 모의에 실제로 관여했거나 가담했다는 소문이 나돌고 있으므로, 본인은 멜로이 사령관과 함께 박정희 의장, 총리 및 국방장관 등을 만나 사태를 논의할 필요가 있다고 생각했다.

본인은 만일 누구라도 쿠데타에 관련되었다면 한국 정부는 당연히 조치를 취해야 한다고 말했다. 그러나 솔직히 말해, 본인은 이런 음모설이나 쿠데타 연루설은 박정희 의장이 2월 18일의 '정치활동 자제' 결정을 취소하도록 강요하기 위해, 한바탕 소동을 빚을 목적으로 조작된(fabricated) 것이라고 생각했다. 김현철 총리는 본인(버거)에게 여러 쿠데타 및 암살 음모로 인해 사태가 혼란스러워지고 있다고 말했다. 총리는 박정희 의장이 결심을 번복하여 대통령 선거에 출마하도록 촉구하기 위한 대규모 학생시위가 발생할 것이 예상된다고 전했다.

3월 17일, NSC 직원 포레스털(Michael V. Forrestal)이 케네디 대통령에게 보고한 메모에는 다음과 같이 한국 정세와 관련된 네 가지 정보 분석이 포함되어 있다.[39]

첫째, 조직적인 반대파 숙청의 움직임으로, 중앙정보부와 정부·여당은 군사정권의 연장을 위해 몇몇 반대집단을 분쇄하기 위해 움직이고 있다. 군사정부 내 '함경파(Hamkyong Faction)' 지도자들의 대부분은

39 295. Memorandum From Michael V. Forrestal of the National Security Council Staff to President Kennedy (Secret), March 17, 1963, *FRUS 1*.

투옥되고, 내각이 사퇴했다. 정부는 군대 내 주요 분파집단 중 2~3개를 쿠데타 모의 혐의로 기소할 준비를 하고 있다. 박정희 의장은 계엄령을 선포할 가능성이 있다.

둘째, 권력 핵심부 내부의 변화로서, 최소한 일시적으로나마 잠재적 반대파들은 정부 조치로 인해 기세가 눌린 것으로 보인다. 군부 지도자들은 권한 행사를 시도하지 않으며, 최근 전광석화같이 빠르게 전개되는 사태로 인해 어리둥절한 기색이다. 민간 정치인들은 영향력을 발휘할 수 있는 입지에서 더욱 더 멀어진 것으로 보인다.

셋째, 박정희 의장의 의도를 추정해 볼 때, 이미 취해진 조치들은 박 의장의 묵인이나 협력 없이는 아마도 불가능했을 것이다. 이런 조치들은 정치권과 군대 내부의 혼란을 야기할 위험이 있으며, 민간정부로의 이양을 연기할 속셈으로 취해진 것이다.

넷째, 미국의 이익을 위하여 현재 시점에서 시계바늘을 잠시 동안 되돌리는 것은 가능하겠지만, 장기간 안정을 가져다 주지는 못할 것이다. 박정희 의장의 결심을 번복하려는 집단은 미국이 그런 변화를 잠자코 지켜보지 않으리라는 점을 인식할 것이며, 한국 내정에 미국이 영향력을 행사하려 한다는 비난을 촉발함으로써, 미국의 입김을 사전에 차단하고자 기도할 것이다. 현 정권은 국내 위기를 구실로 삼아 정세 안정에 필요하다는 명목으로 미국의 추가 원조를 요청할지 모른다.

혼란스러운 한국 정세를 주시하던 미국 국무부는 주한 미국대사관에 전문을 통하여 다음과 같이 구체적인 지침을 하달했다.[40]

---

40 297. Telegram From the Department of State to the Embassy in Korea (Secret), March 28, 1963, *FRUS 1*.

우리(미국 정부)는 특히 현 시점에서 다음과 같은 이유로, 특정한 해결책에 관여하는 것이 현명치 못하다고 생각한다. 우리와 한국의 야권은 박정희 의장과 그 보좌관들의 선의를 의심할 만한 충분한 이유가 있고, 우리는 아직 주요 야당 지도자들의 입장을 듣지 못했으며, 김종오 육군총장과 해·공군 총장들의 진정한 견해가 무엇인지 모르고 있기 때문이다.

현 시점에서 우리의 목표는 광범위한 국민적 지지를 받는 안정적 정부의 수립, 한국 정치무대에서의 군부 제거, 한국과 유엔사에 대한 국제적 지지 유지 등이다. 이러한 목적을 위해, 우리는 가급적 조기 선거를 통해 정권이 민간정부로 이행되어야 한다고 믿는다. 그리고 적절한 시점에 귀하(버거 대사)는 박정희 의장에게, 김종필이 한국으로 복귀하는 것은 한국의 정치적 안정과 한국 정부에 대한 국제적 지지의 관점에서 대단히 불행한 일이 될 것이라는 점을 주지시켜야 한다.

한편 NSC의 마이클 포레스털은 케네디 대통령에게 메모를 통하여 다음의 요지로 한국의 최근 정세를 분석하여 보고했다.[41]

군사정부는 최초 1년간 잘 기능했으나, 1962년 초부터 일련의 어려움이 닥치기 시작했다. 그해 4월, 군사정부는 '정치정화법(Political Purification Law)'을 제정하여 6년간 야당의 정치활동을 사실상 금지시켰다. 1962년 6월, 군사정부는 화폐개혁과 개인의 은행계좌 동결 조치를 발표했다. 이것은 경제에 암울한 영향을 미쳤고, 국민의 신뢰가 크게 동요했다. 이 조치 직후, 박정희 의장의 (조카)사위인 한국 중앙정보

41 298. Memorandum From Michael V. Forrestal of the National Security Council Staff to President Kennedy (Secret), March 28, 1963, *FRUS 1*.

부장 김종필이 금융시장 조작으로 한국 역사상 최대의 금융 스캔들을 일으켜 2천만~3천만 달러의 이득을 챙긴 것으로 알려졌다.

군사정부는 정권 초기에, 1963년 여름 국민이 선출한 민간정부로 권력을 이양할 것이라고 발표했다. 작년 1월, 박정희 의장을 대통령에 당선시킬 목적으로 김종필 주도 하에 친(親)군사정부 정당이 창당되었다. 이 시점에서 군사정부가 분열되기 시작했는데, 그 이유는 김종필과 군사정부 내 다른 파벌 간 갈등이 벌어졌기 때문이다. 박정희 의장은 2월 18일 대통령 경선에서 물러날 것임을 선언했고, 김종필은 순회대사직을 맡아 한국을 떠났다. 이 달 초부터 일련의 쿠데타 음모가 보도된 후, 3월 16일 박정희 의장은 군사통치가 4년간 더 연장되는 것이 필요하며, 이 문제와 관련하여 4월에 국민투표를 실시할 것이라고 선언했다. 쿠데타 음모 중 전부는 아니지만, 일부는 박 의장의 선언을 지지하기 위해 조작된 것이라는 증거가 있다.

1964년 10월 초, 한·일 수교협상 반대 여론의 후유증이 채 가시기도 전에, 미 국무부 내부에서는 대한(對韓) MAP의 삭감이 초래할 부작용에 대한 우려의 목소리가 높아졌다. 바넷(Robert Barnett) 국무부 극동담당 차관보가 국제개발처(AID: Agency for International Development)의 군사지원국장에게 보낸 메모에 이에 대한 다음과 같은 미국의 고민이 담겨 있다.[42]

---

42 25. Memorandum From the Deputy Assistant Secretary of State for Far Eastern Affairs (Barnett) to the Chief of the Military Assistance Division of the Agency for International Development (Black) (Secret), "Comments on Proposed Reduction of FY 1965 MAP for Republics of Korea and China," October 5, 1964, *Foreign Relations of the United States, 1964–1968, Volume XXIX, Part 1, Korea* (이하, *FRUS 2*).

1964 회계연도까지만 해도 한국에 대한 MAP는 2억 달러가 넘었으나, 1965년부터 1억 5,300만 달러로 대폭 줄어든 액수에서 다시 2천만 달러가 삭감될 지경이었다. 국무부는 한국군 유지를 위한 필수 최소액(rockbottom)을 1억 4,600만 달러로 잡고 있었다. 일본과의 협상 타결을 통하여 경제개발을 이루려던 한국 정부의 노력은 국민적 지지를 받지 못해 난관에 봉착했다. 한국 정부에 있어 가장 중요한 것은 군부의 지지를 받는 것이다. 제안된 MAP 삭감은 곧 한국군 지도부에 알려질 것이고, 야당 지도자들도 알게 될 것이다. 그것은 박정희 정권에 대한 미국의 지지가 철회되고 있다는 증거로 해석될 것이며, 미국이 한국으로부터 '철수(withdrawal)' 프로그램을 가동하고 있다는 공포와 소문을 확인시켜 줄 것이다. 박정희 행정부의 통치 능력은 아마도 심각한 타격을 입을 것이다. 한 · 일 협상이 타결되어 경제발전이 이루어질 전망은 대폭 후퇴할 것이며, 박정희 정부가 쿠데타나 반란(revolt)에 의해 전복될 가능성은 현저히 증가될 것이다.

'은둔의 왕국'과 결별

브라운(Winthrop N. Brown)이라는 인물은 버거 대사 후임으로 1964년 7월 30일에 부임해 1967년 6월 10일까지 3년간 주한 미국대사를 역임했고, 그의 후임이 포터 대사이다. 브라운 대사는 1907년 미국 동부의 메인(Maine) 주 태생으로, 약관 20세에 예일대를 졸업한 후, 이어서 예일대 법학석사 학위를 마치고 곧바로 직업 외교관이 되었다. 1960~1962년에 라오스 대사를 마친 직후 한국 대사로 부임했으며,

한국에서 대사직이 만료된 후에는 미 국무부로 복귀하여 1968~1972년에 동아시아 아·태담당 부차관보로 한반도 문제에 깊숙이 관여했다. 그는 월남 파병 당시, 박정희 대통령이 전투부대 파견의 전제조건으로 제시한 사항들에 대한 양해사항을 각서로 정리해 1966년 3월 우리 정부에 전달했는데, 이 문서는 「브라운 각서(Brown Memorandum)」로 잘 알려져 있다.

브라운 대사가 재임했던 기간은 한국군의 월남 파병이 한창 시작(1964년 9월)되고, 박정희 대통령 주도로 제1차 경제개발 5개년 계획(1962~1966)에 연이어 제2차 5개년 계획이 개시될 무렵이었다. 브라운이 당시 국무부의 극동 및 아·태담당 부차관보이던 번디(William P. Bundy)에게 부임 2년차를 맞이하는 개인적 소회가 담긴 장문의 서한을 보낸 것은 1966년 8월 말의 일이다.[43]

브라운 대사가 재직할 당시, 한국은 '은둔의 왕국(the hermit kingdom)'으로 불리고 있었다. 한국이 '은둔의 왕국'으로 전 세계에 널리 알려지게 된 것은, 그리피스(William E. Griffis)라는 미국인 작가가 『Corea: the Hermit Nation(한국: 은둔의 나라)』라는 제하의 저서를 1882년 출판한 이후부터다. 19세기 말까지만 하더라도 한국은 다른 나라와 거의 단절된 상태에서 고립되어 있었는데, 그리피스가 그 책을 쓰게 된 계기는 미국과 일본 간의 교류와 상호 이해를 촉진시키기 위해 일본에 체류하는 동안, 한국이 고대 일본에 미친 문화적·역사적 영향에 매료되었기 때문이라고 한다. 그는 한국을 한 번도 방문한 적이 없었다. 그러나 목가적이고 낭만적으로 들릴 수도 있는 '은둔의 왕국'이라는 이미지가

43 90. Letter From the Ambassador to Korea (Brown) to the Assistant Secretary of State for Far Eastern Affairs (Bundy) (Secret), August 26, 1966, *FRUS 2*.

그로부터 130년도 더 지난 오늘날에도, 전 세계로부터 소외된 채 폐쇄적이고 단절된 사회와 체제를 유지하고 있는 북한을 묘사하는 데 사용되고 있는 것은 씁쓸한 아이러니가 아닐 수 없다.

어쨌거나 브라운 대사가 번디에게 보낸 서한을 보면, 주한 미국대사로 부임한 이래 마치 오랫동안 활주로에 머물러 있던 비행기가 창공을 향해 이륙하듯, 과거의 구태의연하고 소극적인 정신자세와 사고방식에서 탈피하여, 새로운 미래를 향한 엄청난 에너지와 활력을 가지고 빠른 속도로 변신하는 한국의 모습에 적지 않은 감명을 받았던 것으로 보인다. 브라운이 담담하면서도 경이로운 시선으로 한국인과 한국 사회의 역동적 변화를 그려내는 과정에서 한국을 미국과 '탯줄'로 연결된 국가로 묘사한 것은 그의 문학적·해부학적 상상력이 약간 과장되었다는 인상을 준다. 그가 발송한 서신 내용을 정리해 보면 대략 다음과 같다.[44] (이하, 브라운 대사의 서한 내용 발췌·요약 및 정리)

작년 12월, 한국에 등장하기 시작한 새로운 신념과 태도의 분위기, 그리고 그것이 미래에 갖는 함의에 대해 보고한 적이 있지만, 오늘날 한국의 국가적 태도는 외부세계에 대한 의심과 의존으로부터, 갈수록 높아지는 스스로에 대한 자신감과 희망으로 변환되고 있다. 이제 한국은 더 이상, 그리고 어쩌면 다시는 결코, 그처럼 오랜 세월 동안 그러해 왔던 '은둔의 왕국(the hermit kingdom)'으로 되돌아가지 않을 것이다.

전통적으로 한국은 앞을 보기보다는 뒤를 돌아보고, 밖을 내다보기보다는 안을 들여다보며, 자신이 먼저 손 내밀고 다른 국가들에 영향을 주기보다는 다른 국가들과의 관계를 회피하고 외면하는 나라였다.

---

44 Ibid.

오늘날 한국은 외부세계에서 자신의 위치를 적극 주장하고, 영향력 행사를 열성적으로 추구하며, 권리의 문제로서 강대국들이 자신과 협의하고 자신의 의견을 존중해 주기를 진심으로 기대한다. 오늘 서울에서 말레이시아 귀족, 월남 수상, 일본 외무상, 말라가시 공화국 외무장관, 아르헨티나 외무장관, 미국 부통령과 국무장관, 영국 외무상, 호주 외교장관, 독일과 필리핀 대통령, 인도 외교장관 등, 전 세계 각지에서 몰려든 국빈들의 행렬을 목격했다.

아마도 가장 드라마틱한 사실은, 한국이 10여 개 아시아 국가들의 외무장관 회의(conference)를 개최했다는 사실일 것이다. ASPAC[45]이 개막되었을 때, 박정희 대통령은 지혜롭고 인상적인 기조연설을 했다. ASPAC의 효과는 매우 중요한바, '역사상 최초로' 한국은 아시아 대부분의 자유국가들이 참석하는 국제회의를 주도하는 위치에 서게 되었다는 점이다. 뿐만 아니라, 가능하면 많은 아프리카 신생국들이 유엔에서 한국의 입장을 지지하도록 적극적인 외교활동을 펼치고 있다.

이처럼 한국이 '은둔자의 심리상태'를 벗어나 부상하는 모습은 한・미 양국관계에 새로운 차원을 더해 주는 것이다. 우리(미국)는 한국과 매우 특별한 관계를 갖고 있다. 한국은 우리가 없었다면 존재할 수 없었을 것이다. 우리는 한국군을 건설해 주었고, 한국 정부의 모든 중요한 경제 관련 의사결정에 참여했다. 지금도 경제기획원의 후미진 내실(內室, central sanctum)에는 항상 미국인이 앉아 있다. 각 도지사들의 자문관은 미국인이다. 우리는 다른 국가에서 찾아볼 수 없는 특이한 정보망과 연락망을 갖고 있다. 미국인들은 사실상 한국 국방비의 모든 측면들을 검토하고 통과시킨다.

---

45 Asia and Pacific Council: 아・태 각료회의

그러나 한국 경제가 성장하고 정치가 성숙하고 국제적 역량이 증진됨에 따라, 특히 이것이 지난 2년처럼 빠른 속도로 진전된다면, 한국 내에 그토록 광범위하고 곳곳에 스며 있는 이처럼 친밀하고 특수한 관계는 계속되지 못할 것이다. 아마도 문제는 '우리가 한국과 비정상적일 정도로 친밀했고, 한국인들과 비정상적일 정도로 좋은 관계를 유지했다는 점'일 것이다.

그러나 아직 한국에 연결되어 있는 탯줄(the umbilical cord)은 끊어지지 않았으며, 실제적이고 가시적으로 탯줄이 단절되는 과정은 서서히, 그리고 미묘하게 이루어질 것이다. 우리는 이 과정을 미국의 이익에 반(反)하는 것으로 간주하지 말아야 하며, 그것을 우리가 유지하기 바라는 영향력의 상실로 생각하지도 말아야 한다.

1967년 대통령 선거 전날, 브라운 대사는 다시금 국무부의 번디 경차관보에게 이튿날 벌어질 선거와 관련한 소감이 담긴 장문의 전문을 발송했다. 그는 전문에서 다음 날 치러질 대선을 "재미없는 선거"라고 표현하면서, 결국에는 박정희 후보가 승리할 것이지만, 만일 윤보선 후보가 당선된다면 그것은 윤 후보에 대한 호감 때문이 아니라 박 후보에 대한 반감 때문일 것이라고 예측했다. 브라운 대사가 보기에 1967년의 대통령 선거는 '구세대(윤보선)와 신세대(박정희)가 충돌하는 세대 간 대결'이었다. 그는 당시의 선거를 계기로 한국 사회에 정당정치가 뿌리 내리는 모습을 주의 깊게 관찰하고 있었다.[46] (이하, 전문 내용 발

46 116. Letter From the Ambassador to Korea (Brown) to the Assistant Secretary of State for East Asian and Pacific Affairs (Bundy) (Secret), May 2, 1967, *FRUS 2*. 전문은 총 1만 9,759단어에 이르는 대단히 긴 내용으로 되어 있다. 여기서는 핵심 내용을 발췌하여 정리해 두었다.

췌 · 정리)

언젠가 정치학자들이 1967년 (한국의 대통령) 선거를 이 나라의 정치 발전 과정에서 이정표로 간주하는 시대가 올 것이다. 이번 선거는 영감이 충만하거나 흥분에 휩싸이지 않은 채, 사실 여러 면에서 '다소 따분한' 양상이다. 박정희 후보의 선거전략은 과거 업적을 내세워, 이러한 성과가 계속될 수 있도록 도와달라며 표를 구하는 것이다. 그의 선거유세 주제는 한국의 현대화와 한국의 위신 및 위상에 관한 것이다. 반면 윤보선 후보는 박정희 정부의 경제정책이 오직 선택받은 소수에게만 혜택이 돌아간다고 주장한다.

야권의 중요한 주제는 한국이 민주주의로 발전하고 있음을 전 세계에 입증하기 위해 평화로운 정권이양이 이루어져야 한다는 것이다. 야당의 선거유세는 부정부패, 군부독재에 의한 통치, 경찰과 정보기관의 정치개입, 특권층과 매국적 외교행태 등에 대한 공격같이, 과거에도 등장했던 전통적인 내용들이다.

박정희 후보는 도심지에 선거유세를 집중하며, 상당한 규모의 청중을 불러 모으고 있다. 같은 도시에서 유세할 때마다 윤보선 후보보다 그에게 더 많은 관중들이 몰려든다. 물론 야당은 박정희 후보의 유세장에 모인 관중들이 여당과 정부가 불법 행위로 동원한 것이라고 주장한다. 여야 진영과 언론은 유세장에 모여든 관중들의 규모에 대단히 높은 관심을 갖는다. 양측은 관중의 규모를 선거의 승리나 대중적 지지의 신호를 판단하는 척도로 삼는다. 유세현장에 1963년보다 관중들이 더 많이 몰려든다는 것이 일반적 관측이다.

이번 선거의 흥미로운 관전 포인트 중 하나는 언론과 정부의 역할이 선거에 미치는 영향에 관한 것이다. 신민당(NDP)은 조금이라도 '연기'가 난다 싶으면 "아니 땐 굴뚝에 연기 나랴." 하면서 공세의 고삐를 조인다. '대단히 멍청하게도' 박정희 정부는 중앙정보부를 통해 언론에 대한 장악력을 강화하려 애쓰고 있다. 이런 행태는 새로운 것이 아니지만, 심지어 선거철이 아닌 기간 중에도 중앙정보부는 신문사 사무실에 죽치고 앉아 신문에 활자로 인쇄해야 할 단어와 인쇄하지 말아야 할 단어를 일일이 챙기는 별동대(special teams)를 운용하고 있다.

선거의 주요 이슈는 경제에 관한 것이다. 국내정치 이슈인 부정부패, 실정(失政, maladministration), 공무원 봉급표, 군 복무기간 등은 그다지 생동감이 없고, 월남 파병이나 한·일 국교정상화 조약 같은 외교에 관한 주제들도 선거 이슈로서는 대중들의 관심을 별로 끌지 못하고 있다. 선거 전야인 지금, 우리는 선거조작, 투표함 채우기 같은 혐의를 입증할 만한 증거를 갖고 있지 못하다. 당연히 일부 선거구에서 크고 작은 소란행위가 벌어지고 있기는 하지만, 세계 어느 곳에서의 자유선거에도 이런 정도의 소동은 있을 것으로 생각된다.

만일 우리 예측이 맞다면, 최종 결과는 박정희 후보의 승리로 나타날 것이다. 만일 윤보선 후보가 이긴다면, 그것은 국민들이 그와 그의 리더십 또는 그의 정책을 신뢰하기 때문이 아니라, 박정희 후보에 대한 반감을 투표로 드러낸 결과일 것이다. 우리는 아직 '야권 바람'의 징후를 발견하지 못했으며, 만일 박정희 후보에 항의하는 표심이 윤보선 후보를 대통령에 당선시켜 그를 청와대로 보낸다면, 이는 모든 사람을 놀라게 만드는 결과가 될 것이다.

이번 유세는 후보들이 두 개의 서로 다른 정치 세대의 지도자들이라는 점에서 중요한 의미를 갖는다. 윤보선 후보는 1948년부터 1961년까지 한국 정치를 지배했던 정치적 인물의 대표이다. 이들의 생애는 대부분 전통적이고 고루한 한국적 사고와 가치 및 관습에 젖어 있으며, 외부세계와 외국 생활방식을 거의 접해 본 적이 없다. 박정희 후보는 한국에서 새로운 세대의 정치적 인물을 대표하는 표상이다. 그는 30대와 40대를 외국 정권(alien regime; 일제[日帝])이 아닌 자유로운 한국에서 보냈으며, 외부세계의 생활방식 및 사상에 상당한 식견을 갖고 있다. 그는 현대과학과 기술을 체험하고 그 함의를 알고 있으며, 한국이 생존하려면 과학과 기술을 한국인의 삶 속에 적절히 도입해야 함을 인식하고 있다. 요컨대, 우리는 이번 선거에서 '세대 간 갈등'을 목도하고 있다. 우리의 예상대로 만일 윤보선 후보가 패배한다면, 그것은 구세대의 정치적 사망을 의미할 것이다.

1963년을 풍미하던 군사정부의 분위기는 자취를 감추었고, 정치적 토론의 자유가 도처에 만연해 있다. 경찰이나 중앙정보부나 군대가 박정희 후보를 반대하는 사람을 감옥으로 끌고 갈 것이라는 우려는 보이지 않는다. 국민들은 선거와 선거에 관련된 이슈들을 감성적이면서도 심각하게 받아들이고 있다. 폭력과 극단주의가 흔적을 감추었다는 점이 두드러진다. 1967년의 선거운동은 성숙하고 책임성 있게 진행되고 있다. 한국인들과 떠오르는 정당체제는 그러한 사실을 자랑스럽게 여겨도 좋을 것이다.

에피소드: 케네디와 흐루시초프 간 한반도 논쟁

1961년 8월 11일자로 작성된 러스크 국무장관과 정일권 주미대사 간의 대화에 관한 메모에는, 그해 6월 제네바에서 케네디 대통령과 흐루시초프(Nikita Khrushchev) 소련 공산당 서기장 사이에 한반도와 관련하여 주고받은 대화 내용이 들어 있다. 러스크 장관이 정 대사를 부른 것은 상기 대화 내용을 우방국인 한국 정부에 알려 주려는 것이었다.[47]

흐루시초프는 소련 정부가 전 세계 모든 곳에서 인민정권의 수립을 지원할 것이며, 공산주의가 이들 국가에서 성공하는 것은 역사적으로 불가피한 일이라고 주장했다. 그에 의하면, "미국은 '현상유지의 파수꾼(gendarme of the status quo)'으로, 만일 미국이 인민의 의지를 거슬러 이런 역할을 수행할 경우에는 필연코 패배할 것이다." 이에 대해, 케네디 대통령은 이런 발언의 위선을 지적하면서, 현재 공산주의가 집권한 국가들 중에서 자유선거를 통해 이런 지위를 성취한 국가는 전무하다는 점을 강조했다. 그러자 흐루시초프는 한국을 이러한 종류의 침투에 취약한 국가로 지목하고, 현 정부의 군사적 성향(military orientation)으로 인하여 '밑으로부터의 압력'에 취약할 것이며, 흐루시초프 자신이 직접 나서서 이를 자극할 것이라고 큰소리를 쳤다고 한다.

---

47 241. Memorandum of Conversation (Confidential), "Program for Return to Civilian Control of the Government of the Republic of Korea," August 11, 1961, *FRUS 1*.

러스크 장관은 위의 일화에 대한 소개를 마친 뒤, 유엔 기구를 구성하는 여타 국가들의 의견에 한국의 이해관계가 걸려 있다는 점을 언급하며, 자신의 속내를 다음과 같이 내비쳤다.

한국에 대한 유엔의 중요성은 1950년 한국전쟁 발발 이래, 오랜 세월에 걸쳐 입증된 것이다. 한국은 과거에 유엔의 지원이 필요했지만, 앞으로도 필요할 것이다. 앞서 언급한 두 가지 사항들이 현재 한국 정부가 헌법 절차에 의한 민간정부의 복원과 관련하여 고려 중인 조치들과 연관되어 있는데, (한국에서) 정부수립을 위한 선거가 1963년까지 연기될 것이 걱정된다. 러스크는 한국 정부가 1962년 유엔총회 이전에 선거를 계획하는 방안을 제시했다. 만일 한국 정부가 1963년 5월에 선거할 것이라고 선언한다면, 이는 '한국이 선거를 두려워한다.'는 인상을 줄 수 있다. 만일 선거를 멀찌감치 연기해 놓으면 반드시 공산주의자들이 이를 선전 · 선동의 도구로 삼을 것이다. 모든 결정은 전적으로 한국 정부의 손에 달려 있다. 한국 정부는 선거일시가 국제사회에서의 한국의 입지에 영향을 줄 수 있다는 점을 염두에 두기 바란다.

러스크가 직접적으로 압력을 가하기보다는 이와 같이 간접적인 접근 방식을 택한 것은 세련된 미국식 외교술의 발로로 보인다. 박정희 군사정부가 선거를 통한 민정이양 시기를 질질 끌면서, 반대파 탄압 및 숙청 등의 잡음을 증폭시키자, 앞서 언급된 흐루시초프의 발언과 유엔 등 국제사회의 중요성을 강조하면서, 사안의 심각성을 환기시키고 선거 시기를 조기에 선정해야 할 중요성을 스스로 깨닫도록 유도한 것이다.

정일권이 러스크 국무장관과 회동한 지 2주일가량 지난 시점에 버거 대사가 국무부에 발송한 한반도 관련 진전 상황에 대한 보고서에는 미국 측의 시각에서 '긍정적'으로 볼 수 있는 몇 가지 내용들이 포함되어 있다.[48]

우선 한국의 신(新)정부는 5월 26일부로 한국군 부대에 대한 유엔사령관의 작전통제권을 회복시키는 데 합의함에 따라, 유엔사령관의 작전통제권이 실질적으로 회복되었다. 또한 8월 12일 박정희 '최고회의' 의장은 한국 정부가 1963년 선거를 통해 대통령제 하에서 민간통제로 이양될 것이라고 발표했다. 비록 시간표(timetable)가 미국의 예상보다 다소 늦어지긴 했지만, 이러한 발표는 '올바른 방향으로의 진일보(a step in the right direction)'로 평가된다.

이에 대해 미국대사관은 그동안 보류상태로 놓아 두었던 '한국 정부 수반(the Chief of Government)의 방미 초청' 가능성을 타진했다. 박정희 의장은 1961년 10월 또는 11월 초 무렵에 '잠시 비공식적으로(briefly and informally)' 미국을 방문하기 원한다는 의사를 표시했다. 방미 분위기 조성을 위해 필요하다고 판단한 듯, 박정희 의장은 쿠데타 이후에 투옥된 인사들의 대다수를 석방하는 대대적 사면조치를 단행할 의사가 있음을 나타냈다. 그해 8월 15일, 군사정부의 사면조치에 따라 전 1군사령관 이한림을 포함하여 5천 명 이상의 수감자들이 석방되었다.

---

48 242. Progress Report (Secret), August 24, 1961, *FRUS 1*.

4. 박정희 의장 · 대통령 방미와 한 · 미정상회담

박정희는 1961년 11월 국가재건최고회의의 '의장' 자격으로, 그리고 약 4년 후인 1965년 5월에는 '대통령' 신분으로 미국을 방문하여 케네디 대통령, 존슨 대통령과 각각 정상회담을 가졌다.

먼저 1961년 케네디 대통령과의 한 · 미 회담에서 주목되는 대목은, 첫째 미국 측이 먼저 한국 측에 베트남 문제를 거론했다는 점이다. 케네디 대통령은 베트남이 단지 미국의 문제가 아니라, 자유세계가 해결해야 할 공통의 문제임을 강조하며 한국 측의 지원 의사를 타진했다. 박 대통령은 즉답을 회피하면서도 '정규군, 만일 이것이 부적절하다면 지원병'을 지원하겠다는 용의를 표명했다.

둘째, 박 대통령은 경제빈국인 한국이 경제발전과 북한 위협에 대비하여 60만 대군을 유지해야 하는 두 가지 부담을 동시에 짊어지고 있음을 적시하면서, 미국의 군사적 · 경제적 지원을 요청했다. 이에 대해 미국 측이 들고 나온 해법은 첫째, 한국군을 경제개발에 활용하는 방안, 둘째, 한 · 일 수교회담 조기타결로 일본의 경제지원을 확보하는 방안이었다. 미국이 한국에 대한 일본의 경제지원에 관심을 가진 이유는 그것이 미국의 대한(對韓) 원조부담을 경감시킬 수 있는 대안으로 간주되었기 때문이다.

셋째, 박정희 대통령은 '대담하게도' 케네디 대통령의 면전에서, 미국의 국산품 애용 정책에 대한 '유감'을 직설적으로 표명했다. 박 대통령은 미국의 보호무역 정책으로 저렴한 한국 제품의 수출시장이 제한을 받고 있으니, 한국에 '예외'를 허용해 줄 것을 당당히 요구했다. 아마도 회의장에서 케네디는 흠칫 놀라지 않았을까 짐작된다.

넷째, 박정희 대통령이 북한의 산업 인프라가 한국보다 우위에 있고 북한 전력생산량이 110만kw인 데 비해 한국은 5년이 지나서야 103만kw가 될 것이라고 언급한 것은 당시 남·북 간 경제력 및 산업 생산력 면에서 북한이 단연 우리보다 우위에 있었음을 말해 준다. 지금의 현실에 비추어 보면, 실로 격세지감을 느끼지 않을 수 없다. 끝으로, 케네디가 박 대통령에게 전력생산을 위해 원자력 발전소 건립방안을 거론한 것이 흥미롭다. 그러나 이에 관한 후속조치는 이루어지지 않아 일종의 '해프닝'으로 끝난 것처럼 보인다.

지금까지 박정희 대통령에 대한 몇몇 연구에서는, 박 대통령이 한국군의 월남 파병 의사를 먼저 제의하자 케네디 대통령이 이에 반색하여 정상회담이 화기애애하게 흘러갔다는 평가가 등장한다. 그러나 그에 못지않게 중요한 대목을 다소 소홀하게 여긴 감이 있다. 바로 박정희 대통령의 "유감" 발언이다. 당시 박정희가 '대통령'도 아닌 '국가재건최고회의의장이라는 애매한 직함으로 초강대국 미국의 대통령을 처음으로 만나는 자리에서, 상대방의 과오를 지적하는 의미가 담겨 있는 "유감"이라는 단어를 구사하는 것은 실로 이례적인 일로서, 어떤 면에서 보면 그 단어의 함의를 정확하게 몰랐거나, 아니면 초전부터 강한 인상을 주기 위해 의도적으로 상대방을 압박하는 직설법을 구사하는 배짱을 가졌거나 둘 중의 하나가 아닐까 생각된다. 선제적인 '월남 파병' 용의의 표명과, 미국의 국산품 애용정책에 대한 "유감" 표명은, 라오스같이 형편없는 나라에게 막대한 대외원조를 쓸데없이 낭비했다면서 개도국 지원에 조심스런 입장을 갖고 있던 케네디 대통령에게 깊은 인상을 심어 주기에 충분했을 것이다.

1965년 정상회담에서 단연 두드러진 것은 존슨 대통령이 박정희 대통령에게 '한국군 1개 사단의 월남 파병'을 요청했다는 점이다. 이에 대한 반대급부의 일환으로, 박 대통령은 한국군의 월남 파병여건 조성을 위하여, 주한미군 철수 문제가 거론되지 않도록 유념해 줄 것을 당부했다. 이에 대해, 미국 측은 주한미군 병력감축을 고려하고 있지 않음을 거듭 확인하면서도, "일부 (주한미군 규모의) 조정이 필요하다면 사전에 협의를 거칠 것"이라며 여운을 남겨 두었다. 둘째, 1억 5천만 달러에 달하는 개발차관에 대해, 이것이 "향후 수년에 걸쳐" 사용될 것이라는 구절이 공동성명에 등장하는 문제를 두고 한·미 간 상당한 신경전을 벌였다. 한국 측은 "향후 수년에 걸쳐"라는 단서에 대해, '수년'이 정확하게 '몇 년'인지 알 수 없는 상태에서, 기간이 늘어나 결국 연간으로 환산하면 금액이 얼마 되지 않을 것으로 우려한 반면, 미국 측은 그러한 단서가 없으면 한국 측이 '1년'에 사용할 수 있는 가용예산으로 간주할 우려가 있다고 맞섰다. 특정문구의 표현 문제를 놓고 정상회담에서까지 논란이 되었던 이유는 양국의 내부사정으로 인하여 그만큼 민감한 성격의 사안이었기 때문이다.

원래 미국의 비밀해제 문서에 한·미 간 회담록은 대화 형식으로 작성되어 있지 않지만, 여기서는 당시 회담을 보다 현장감 있고 생생하게 재현해 보기 위해, 참석자가 서로 주고받는 대화 형식으로 재구성했다. 이하에 기술된 한·미 대화록은 ① 박정희 의장과 러스크 국무장관, ② 박정희 의장과 케네디 대통령, ③ 박정희 대통령과 러스크 국무장관, 그리고 ④ 박정희 대통령과 존슨 대통령(총 2회) 간 회담 내용 중에서, 중요한 부분을 발췌하여 요약 및 정리한 것이다.

박정희 국가재건최고회의의장과 러스크 국무장관 간 회담

박정희 의장과 러스크 장관 간 회담은 1961년 11월 14일 오전10시부터 시작되었다. 미 국무부가 회담 결과에 관해 작성한 메모를 기초로, 회담 내용을 대화 형식으로 재구성하면 아래와 같다.[49]

러스크 회의 목적은 오후에 있을 케네디 대통령과의 회담에서 다루어질 문제들을 사전에 점검하는 것입니다. 의장님께서 먼저 발언해 주시기 바랍니다.

박정희 본인의 방문 목적은 미국의 지원에 감사를 표시함과 아울러, 한반도 문제에 대한 견해를 표명하고 이에 관한 건의사항을 제시하는 것입니다. 공산주의자들의 위협과 관련하여, 한국은 60만 명의 군대를 유지해야 하는 동시에 경제개발을 이룩해야 합니다. 두 가지 문제는 반드시 병행되어야 합니다.

아시다시피, 미국은 1960년 이래 군사지원을 감소시켜, 그 결과 군사력 유지를 위한 한국의 몫이 증가했습니다. 한국은 미국이 짊어지고 있는 부담을 떠맡기 위해 가능한 한 모든 노력을 다하고 있습니다. 그러나 한국 정부는 이제 막 경제개발 5개년 계획을 수립했습니다. 국방비 지출의 증가는 경제개발에 부담이 될 것입니다. 따라서 경제가 어느 정도 안정될 때까지, 군사력 유지를 위해 미국의 군사지원이 1959년 수준으로 유지되기

49 246. Memorandum of Conversation (Confidential), November 14, 1961, *FRUS 1*. 회담에는 한국 측에서 박정희 의장, 최덕신 외교장관, 박병권 국방장관 등 7명, 미국 측은 러스크 장관, 버거 대사 등 8명이 각각 참석했다.

를 희망합니다.

한국이 굳건한 반공주의 국가로 남기 위해서는 60만 명의 군사력 유지가 "절대적으로 중요(imperative)"하며, 5개년 개발계획이 완료될 때까지, 가능하면 많은 경제지원을 받아야 할 필요가 있습니다. 확인되지는 않았지만, 보도에 의하면 미국의 원조가 줄어들 것이라고 합니다. 만일 보도가 맞다면, 이 사실은 경제개발계획에 큰 영향을 줄 것입니다. 따라서 금년 수준의 경제원조가 유지되도록 해주시기를 요청합니다.

내년에 경제개발 5개년 계획을 시행하기 위해 한국은 대규모 해외투자 차관(loan)을 모금할 계획입니다. 한국은 이러한 차관과 관련된 현지 통화 요구에 부응하기 위한 '환(hwan)'의 부족에 직면하고 있습니다. 그러므로 1억 달러를 특별 또는 안정화자금(stabilization fund)으로 융자해 주시고, 추가로 7천만 달러를 DLF(Development Loan Fund, 개발차관기금), 그리고 800만 달러를 기술지원으로 제공해 주시기 바랍니다. 물론 이는 막대한 요청이고, 미국도 어려움을 가지고 있다는 점을 인정합니다만, 강력한 반공국가로서 60만 군대를 유지하기 위해 한국은 이만큼의 액수에 해당하는 미국의 지원이 필요합니다.

러스크 미국 국민과 정부는 한국의 독립과 안전을 지지합니다. 이러한 감정은 단지 상호방위조약에만 기초하는 것이 아닙니다. 미국은 이미 한국의 독립과 안전에 막대한 인력과 자원을 투자했습니다. 더구나 현재의 세계정세 속에서 미국은 한국의 안보에 강력한 이해관계를 갖고 있습니다. 이런 맥락에서, 의장님도 잘 아시겠지만, 미국은 소련·중국 블록, 베를린, 남아시아, 콩고같이 즉각적인 마찰이 발생할 수 있는 의제들에 대해, 일부 대단히 위험한 문제를 안고 있습니다. 미국이 중동, 이란, 한국 등을 공개적으로 언급하여, 다른 의제나 마찰 지점에 불을 붙이는 행위는 현명하지 못하다고 생각합니다. 미국은 한국에 직접적이고 근본적인 공약을 갖고 있지만, 이 시점에서 한국에 대한 발언으로 공산주의자들을 자극하는 것은 현명하지 못하다고 봅니다.

자유세계는 향후 수개월간 엄청나게 위험한 시기를 겪어야 할 것입니다. 베를린 위기사태의 경우, 비록 한두 가지 절차상 문제에 있어 명백한 긴장완화가 이루어지고는 있지만, 여전히 기본적 이슈에서 미 · 소 양국 간 갈등이 우려됩니다. 흐루시초프 서기장은 아직도 베를린 문제에 관해 미국과 '정면충돌 코스(a collision course)'를 바라고 있습니다. 유사한 맥락에서, 흐루시초프는 동남아시아 지역에서 중 · 소 블록은 '신성한 해방전쟁(a sacred war of liberation)'에 참여하고 있지만, 자유세계는 '불법적 노예전쟁(an illegal war of enslavement)'을 벌이고 있다고 주장합니다.

의장님도 기억하시겠지만, 군사적 · 경제적 원조와 관련하여, 영어로 경제학을 '끔찍한 과학(the dismal science)'으로 부르는데, 그 이유는 정책적 측면에서 항상 자원에 대한 수요가 가용자원의 공급을 초과하기 때문입니다. 케네디 행정부와 의회는 과거 15년에 걸친 미국의 대외원조 경험을 전반적으로 재검토할 필요를 느끼고 있습니다. 그 이유는 미국 국민이 대외원조에 피로감을 느끼고 있어, 국민들이 선의와 열의를 가지고 지지할 수 있는 새로운 프로그램을 바라기 때문입니다.

불행하게도 의회는 장기개발의 개념을 택하면서도, 동시에 군사원조 및 단기성 지원 전반에 대한 축소를 압박하고 있습니다. 한국을 포함해서, 일부 국가에 제공된 단기성 원조가 최선의 목적에 사용되지 못했다는 의미는 절대로 아닙니다.

원조 요구와 관련된 질문에 대하여 몇 가지 사항을 말씀드리고자 합니다. 첫째, 경제개발 단계에서 군대가 전비태세에 지장을 주지 않으면서 군사훈련의 일환으로, 예컨대 공병·통신·보건 등의 분야에서 기여할 수 있는 여지가 있을지의 여부입니다. 둘째, 일본과의 관계에서 얻을 수 있는 결과가 도움이 될 수 있지 않나 생각됩니다. 이에 대한 의장님의 견해가 있으시다면 듣기를 원합니다. 셋째, 비록 미국이 제공하는 대외원조의 다양한 범주에 법적 제약이 따르지만, 목적을 달성하는 데는 여러 방법(many ways to skin a cat)이 있습니다. 미국은 한국과 협력하여 문제에 대한 해결방안을 함께 모색해 나갈 것입니다.

박정희 한국 국민의 한 사람으로서, 미국의 원조가 항상 최선의 효과를 거두지 못했다는 사실에 깊은 유감을 표명합니다(이때 러스크 장관이 끼어들어, "양측 모두에 과오가 있었다고 말하는 편이 더 나을 것"이라고 발언). 미국이 자유세계의 지도자로서 한국 외에도 많은 국가들을 고려해야 한다는 점을 잘 알고 있습니다. 현재 혁명 정부는 자립(self-sufficiency) 노력에 박차를 가하여, 미국의 원조가 점진적으로 줄어들 수 있도록 해야 한다는 사실을 충분히 인식하고 있습니다.

장관님이 언급하신 질문 중에서 군대를 경제개발에 활용하는 면과 관련하여, 우리 정부는 이들을 최대한 충분히 활용할 계획을 수립하고 있으며, 이미 그런 방향으로 움직이기 시작했습니다. 제가 보기에 이들의 일차적 임무가 위태롭게 되지 않는 한, 군대를 활용하는 것은 절대적으로 필요한 과제입니다.

저도 한·일 양국이 극동지역의 평화와 안정의 보장을 위해 정상적 관계를 유지해야 할 필요성을 잘 인식하고 있습니다.

이는 저 자신과 다른 정부 지도자들 간에 형성된 컨센서스입니다. 하지만 저는 한국 국민들의 여론도 저희와 동일하다고 말씀드리지는 못합니다. 국민감정을 만족시키기 위해서는 양국 간의 관계가 정상화되기 이전에 한두 가지 현안이 해결되어야 할 필요가 있습니다.

러스크 저는 일본과의 협상 타결이 미국의 원조를 대체할 것으로 기대하지 않으나, 보충적 자원(a supplementary resource)은 될 수 있을 것이라고 생각합니다. 끝으로, 한국 정부의 사면조치(amnesty measures)가 한국의 국제적 위상을 높이는 데 기여할 것입니다. 이런 면에서 의장님께서 이런 조치를 내리신 것에 축하의 말씀을 드리고자 합니다.

박정희 국가재건최고회의의장과 케네디 대통령 간 정상회담

박정희 의장과 케네디 대통령 간 회담은 같은 날 오후 3시 30분에서 4시 50분까지 진행되었다. 아래는 양국 간 회담 내용을 대화 형식으로 재구성한 것이다.[50]

케네디 저와 의장님은 오찬시간에 한·일 관계에 관해 대단히 상세한 내용을 논의했습니다. 그리고 외교장관도 배석한 자리에서 베트남 상황에 관해서도 논의했습니다. 외교장관은 위험

---

50 Memorandum of Conversation (Secret), "US-Korean Relations," November 14, 1961. *FRUS 1*.

한 위기 상황에서 미국에 도움이 될 수 있는 방안에 관한 각서(memorandum)를 보내 주기로 약속했습니다. 최종적인 단계는 미국 군사력의 사용입니다. 베트남은 미국만의 문제가 아니라 공통적 문제입니다. 의장님께서 이 문제에 대해 어떤 아이디어가 있으신지 궁금합니다.

박정희 각하께서 귀중한 시간을 할애해 주시고, 어려운 상황에 있는 한국을 위해 미국이 지원해 주신 것에 깊은 감사의 말씀을 드립니다. 러스크 국무장관이 오전에 말씀드린 바와 같이, 저는 미국이 짊어지고 있는 무거운 부담을 잘 인식하고 있으며, 자유세계의 국가들이 저마다 최선을 다하여 스스로의 노력을 통해 미국의 부담을 감소시키고, 그렇게 함으로써 자유세계의 능력을 향상시켜야 한다고 생각합니다. 이런 이유 때문에 저는 한・일 간 협상 타결의 중요성을 강조했던 것입니다.

동남아시아, 특히 베트남과 관련하여, 굳건한 반공국가로서 한국은 극동지역 안보에 기여하기 위하여 최선을 다할 것입니다. 월맹은 잘 훈련된 게릴라 부대를 보유하고 있습니다. 한국은 이런 전투에 잘 훈련된 100만 명을 보유하고 있습니다. 미국이 승인하고 지원해 주신다면, 한국은 베트남에 우리 군대를 보내거나, 아니면 정규군이 바람직하지 않다면 지원병을 모집할 수도 있습니다. 이러한 행동은 자유세계 국가들 간에 행동의 통일이 이루어지고 있음을 입증하는 것입니다. 대통령 각하께서 안보보좌관에게 이러한 제안을 연구토록 하셔서, 그 결과를 제게 알려 주시기 바랍니다.

경제문제에 관해서, 미국이 '국산품 애용(Buy American)' 정책을 시행하신 것에 대해 '유감(regret)'입니다. 이러한 정책은 미국에 제공될 수 있는 값싼 물자의 공급원을 차단함으로써, 미국 원조의 효과를 제한하는 것입니다. 저는 미국이 이런 정책을 전면 포기할 것을 촉구하는 것이 아니라, 한국에 중요한 일부 품목에 대하여 특정한 예외를 인정해 달라는 것뿐입니다.

저는 5・16을 전후로 발생한 일련의 사건들, 그리고 5・16 이후에 혁명정부가 달성한 성과에 관한 일부 문서들을 가져왔습니다. 저는 이 문제를 러스크 국무장관 및 해밀턴(Fowler Hamilton) 씨[51]와도 논의했습니다.

케네디 저는 주한 미국대사에게서 혁명정부가 이룩한 성과에 관한 설득력 있는 보고를 받고, 이 보고에 깊은 감명을 받았습니다. 의장님께 미국이 가능한 한 최대한으로 지원해 드릴 것을 약속드립니다.

미국은 동남아시아 지역(베트남 및 라오스)에 예상보다 훨씬 더 많은 예산을 투입하고 있습니다. 그러나 저는 한국에 대한 지원의 중요성을 알고 있습니다. 만일 한국이 자유국가가 아니라면, 일본의 자유도 없을 것이고, 이는 태평양 지역 전체도 마찬가지가 될 것임을 의미합니다. 따라서 우리에게 한국은 사활적 이해관계가 걸린 국가입니다. 이런 맥락에서 의장님께서 관심이 있으시다면, 맥나마라 국방장관에게 최근 소련의 대기핵실험과 관련하여 미국의 군사력에 대한 평가를 설명드리고자 합니다. (이하 맥나마라 설명)

맥나마라 미국의 국방비는 이전 행정부(아이젠하워)에 비해, 주로 핵군사력

---

51 당시 미 국제개발처 국장(Administrator of the Agency for International Development).

증강, 그리고 지상군 및 공중지원 전력 같은 비(非)핵전력 증강을 위해 16억 달러가 증가됐습니다. 1,700대에 달하는 핵무장 능력을 갖춘 폭격기 중에서 850대는 15분 이내에 출격할 수 있습니다. "폴라리스(Polaris)"와 "미니트맨(Minuteman)" 미사일 계획은 50% 증가했습니다. 30만 명의 국방인력이 증가되었고, 대부분이 지상군입니다. 군수능력 증대에 15억 달러가 투입되었습니다. 요약하면, 우리의 전반적 군사력은 공산진영을 능가하며, 대통령께서는 제게 그 상태를 유지하라고 지시하셨습니다. 핵전력과 관련하여, 소련이 최근 일련의 핵실험을 실시했음에도 불구하고 미국은 소련을 현저히 압도하고 있습니다. 우리는 수량 면에서 소련의 3~8배를 갖고 있고, 질적인 면에서도 훨씬 앞서 있습니다. ICBM과 관련해서 우리는 현재 80발의 핵미사일이 탑재된 5척의 폴라리스(Polaris) 핵잠수함을 보유하고 있습니다. (이상 맥나마라 설명 끝)

케네디 우리는 전략적 태세를 유지하는 동시에, 게릴라전에 대비해야 하는 도전에 직면해 있습니다. 흐루시초프는 이것을 "해방전쟁"으로 부르면서, 소련이 이러한 형태의 전쟁을 지원할 것이라고 공언하고 있습니다. 그러나 소련이 먼저 (핵무기로) 선제공격을 하더라도, 우리에게 최초에 입힌 것보다 더욱 파멸적인 타격을 소련에 가할 자신이 있습니다.

현재 우리에게 가장 어려운 과제는 이란, 베트남, 쿠바 등에서 벌어지는 것 같은, '다른 종류의 투쟁(other kind of struggle)'입니다.

맥나마라 북한 공산주의자들이 38선을 넘어 침투해 오지 않습니까?

박정희　현재 (북한군이) 38선을 넘어오지는 못하고 있습니다. 이 자들이 남한에 침투하기 위해 온갖 수단과 방법을 가리지 않고 있지만, 우리가 이런 무리들을 모조리 근절시켜(rooted out) 놓았습니다.

케네디　의장님께서 북한군의 사기와 정치적 성향(political orientation)에 대해 말씀해 주시겠습니까?

박정희　이들이 매일 소비하는 식량은 보잘것없으며, 북한 민간인들의 생활수준도 매우 열악합니다. 물론 북한은 기반산업(basic industries)과 지하자원 면에서 남한보다 우위에 있습니다. 마찬가지로, 전기생산은 현재 110만kw인 데 비해, 한국의 목표는 5년 후가 되어야 103만kw입니다.

케네디　혹시 의장님께서는 한국에서 원자력을 사용한 전력생산이 가능하다고 보십니까?

박정희　원자력 발전소 건설비용이 대단히 비싸기 때문에 아직 그에 대해서는 생각해 본 적이 없습니다. (웃으면서) 그러나 만일 미국이 지원해 준다고 하면 물론 생각해 볼 것입니다. 남·북한의 지상군과 해군은 대등하지만, 공군력은 북한이 우리의 4배입니다. 주한미군과 한국 공군 그리고 일본 주둔 미군의 공군력을 합치면 북한 공군력과 대등합니다.

북한이 산업화에 박차를 가하고 있어, 남한은 북한에 비해 훨씬 뒤떨어질 위험에 처해 있습니다. 저의 가장 긴급한 과제는 군사력을 유지하는 동시에 경제를 건설하는 것입니다. 독일의 경우와 비교하더라도, 분단국가에서 양측이 경제력을 대등하게 유지하지 못하면, 많은 분야에서 상대방에 비해 훨씬 뒤떨어질 것입니다. 한국도 이와 유사한 상황에 빠지기를 원하지 않습니다. 따라서 이번에 미국을 방문한 주요 목적은 한국군의 유지와, 경제개혁 및 경제회생을 위한 긍정적인 지원을 모색하는 것입니다.

케네디 저와 의장님 사이에 아무런 오해(misunderstanding)도 없기를 바랍니다. 이미 말씀드린 바와 같이, 저는 한국의 안전과 안보(safety and security)가 미국에게 사활적으로 중요하다고 생각합니다. 우리는 할 수 있는 한 최선을 다하고 싶지만, 금년도 원조예산을 확보하는 데 있어 그리 만족할 만한 성공을 거두지 못했습니다. 그래서 저는 의장님께서 저희가 직면하고 있는 문제점과 책임감, 그리고 원하는 만큼 한국에 원조를 제공해 드리지 못한다는 점을 분명하게 인식해 주시기를 바랍니다.

박정희 저는 자유세계의 개발도상국들이 스스로의 자립능력을 갖추는 것이 매우 중요하다는 개인적인 확신을 반복하여 말씀드리고자 합니다. 아울러 저는 (한국과 같이) 최단기간 내에 성과를 낼 수 있는 국가들에게 미국 대외원조의 방점(emphasis)이 주어져야 한다고 생각합니다.

케네디 저도 의장님 말씀에 공감합니다. 우리 의회와 국민들은 대외원조가 최선의 성과를 달성하는 국가들에게 주어져야 한다는 점을 강조하고 있습니다. 라오스는 매우 비통한(distressing) 사례입니다. 그 나라에 막대한 원조를 쏟아 부었지만, 모든 노력이 수포로 돌아가 버렸습니다. 건실한 경제성장을 이룩한 유럽 국가들이 미국을 실망시키는 것 중 하나는 대외원조의 부담을 짊어지지 않으려 한다는 것입니다. 이들은 차관을 제공할 용의가 있다고 하면서도, 이자율이 6% 이상은 되어야 한다고 고집합니다. '베를린 위기' 사태에 관한 한, 저는 소련과의 협상이 성공적으로 타결될 것이라고 확신하지 못하고 있습니다. 그래서 평화조약이 조인되더라도, 베를린에 접근하는 데 심각한 어려움에 직면할 것이 우려됩니다. 사실, 저희는 베를린 위기와 베트남 문제가 동시에 발생하여 고충을 겪고 있습니다.

박정희 각하께서 제게 충분한 시간을 할애해 주신 것 같아 이만 작별 인사를 드리고 싶지만, 떠나기에 앞서 제가 미국에 지원을 요청한 사항들에 대한 '신선한 답변(refreshing answer)'을 들을 수 있겠습니까?

케네디 지키지도 못할 것을 약속하기보다는, 저희가 의장님께 해 드릴 수 있는 것을 말씀드리는 것이 훨씬 나을 것 같습니다. 사실이지, 의장님께서는 누군가로부터 뭔가 '신선한' 것을 받기 원하셨지만, 저는 의장님께서 베트남전쟁에 도움을 주시겠다는 제안으로부터 '신선한' 위안을 받았습니다. 저는 미국이 전 세계를 파괴시키고도 남을 정도의 원자폭탄을 보유하고 있다는 말씀으로 의장님을 조금이나마 격려해 드리고자 합니다. 진심으로 말씀드리지만, 저는 의장님이 미국을 방문하신 목적을 제대로 달성하지 못했다는 실망감을 안고 미국을 떠나시는 것을 원하지 않습니다. 하지만 의장님께서도 저희가 직면하고 있는 심각한 문제들을 인식했을 것으로 확신합니다. 이 점에 대해 정일권 주미 한국대사가 의장님께 후속조치에 관해 상세하게 보고 드릴 수 있기를 희망합니다.

박정희 대통령과 존슨 대통령 간 1차 정상회담[52]

박정희 대통령은 1965년 5월 17일, 대통령으로 당선된 후 최초로 한 · 미정상회담을 갖기 위해 미국을 방문했다.[53] 정상회담 직전, NSC 직원 톰슨(James Thomson)은 존슨 대통령에게 박정희 대통령의 방문 목적과 인물평이 기술된 메모를 보고했다.[54]

박정희 대통령이 워싱턴을 방문한 가장 큰 목적은 우리(미국)로부터, 의례적 인사말과 미국의 지속적인 지원이라는 가시적인 증거를 통하여, '미국은 한 · 일 수교회담이 타결된 이후에, 한국을 일본의 영향력 하에 방치(abandoning)할 의도가 전혀 없다.'라는 데 대해 강력한 확답을 받는 것이다. 우리가 어떠한 종류의 확답을 주더라도, 이는 박 대통령이 한 · 일 수교회담 타결의 비준과 수용을 위해 국민적 지지를 받는 데 있어, 그가 직면한 심각한 문제를 완화시키는 데 기여할 것이다.

개인적 특성으로서, 박 대통령은 농부 집안 태생으로 수줍고 지적인 인물로서, 대부분의 생애를 군대에서 보냈다. 그는 신장에 자격지심(self-conscious)을 갖고 있는 것으로 알려져 있으며, 그 때문에 처음에는 '딱딱하고 경직되어(formal and stiff)' 있지만, 일단 편안한 상태가 되었

52 48. Memorandum of Conversation (Secret), "US-Korean Relations," May 17, 1965, *FRUS 2*. 한국 측 참석자: 박정희 대통령, 미국 측 참석자: 존슨 대통령, 회담 시간: 오후 5시 15분~5시 51분.

53 박 대통령은 이미 1961년 5 · 16 직후, 그리고 1963년 11월, 케네디 대통령 장례식 참석차 미국을 두 차례 방문한 적이 있었다.

54 47. Memorandum From James C. Thomson of the National Security Council Staff to President Johnson (Secret), "Your Meeting at 5 p.m. today with President Park," May 17, 1965, *FRUS 2*.

다고 느끼면, 격의 없이 소탈하다고 한다. 그의 취미생활 중 하나는 승마이다. 박 대통령은 1963년 11월, 케네디 대통령의 장례식 참석차 미국을 방문한 바 있다.[55]

정상회담에 임하는 존슨 대통령을 비롯한 미국 측은 상대방인 박정희 대통령을 가볍게 본 것 같다. 앞서 살펴본 대로, NSC 보좌관이 회담 전에 존슨에게 입력시킨 박 대통령의 프로필은 '농촌 출신이고, 신장이 작으며, 경직된 인상'을 주는, 별다른 특징이 없는 평범한 인물이다. 존슨은 한 · 일 수교협상 타결에 대한 덕담을 시작으로, 주한미군의 현 수준 유지, 재정지원, 개발융자, 기술지원, 식량원조 제공 등, 미국이 반대급부로 제공할 '보따리 목록'을 열거하며, 한국군의 추가 파병을 요청했다. 회담은 36분간 진행되었다. 통역에 소요되었을 시간을 제외하면, 실제 회담시간은 20분 미만일 것이다.

이처럼 짧은 시간에 존슨은 "월남에 한국군을 추가로 파병할 수 있습니까?", "한국 정부가 1개 사단을 파병할 수 있습니까?", "베트남이 승리할 수 있도록 파병해 주시기 바랍니다.", "한국의 파병이 매우 도움이 됩니다.", "월남 파병 규모를 1개 사단으로 늘려 주시기 바랍니다." 등등 무려 다섯 차례에 걸쳐 직간접적으로 한국군의 병력 증파를 요청하는 발언을 했다. 회담시간 내내, 존슨 대통령의 거의 모든 발언은 '한국군의 월남 파병병력 증가'를 요구하는 것으로 시종일관했다고 해도 과언이 아니다.

객관적인 시각에서 보더라도, 존슨 대통령이 한국군의 추가파병을 학수고대하고 있다는 점은 어렵지 않게 눈치챌 수 있다. 그러나 박정

55 존슨 대통령은 박정희 대통령과 케네디 장례행사장에서 만난 적이 있다.

희 대통령은 초조하게 서두르는 존슨 대통령과 대조적으로, "개인적으로는 추가파병을 원합니다.", "연구해 보겠지만, 약속드릴 수는 없습니다."라는 답변으로 뜸을 들이고 있다. 약간 심하다 싶을 정도로 존슨 대통령이 끈질기게 채근했지만, 박 대통령은 절대로 "네, 알겠습니다."라든지 "그렇게 하겠습니다."라고 대답하지 않았다. 아마도 상대방을 가볍게 생각했을 존슨 대통령은 박 대통령과의 대화에서 '한 방 먹은 기분'이 되어, 경적필패(輕敵必敗)의 교훈을 되새겼을지도 모를 일이다. 굳이 존슨과 박정희 간 1차 정상회담의 성적표를 매긴다면, 존슨 대통령의 '판정패' 정도가 되지 않을까 싶다.

(이하, 회담 내용 발췌 및 요약)

존슨 미국은 한국에 가능한 모든 지원을 제공할 계획을 가지고 있습니다. 주한미군을 유지할 것이며, 병력감축은 고려하지 않고 있습니다. 그러나 일부 조정(adjustment)이 필요하다면, 각하께 제일 먼저 알려드릴 것이며, 사전에 완벽한 협의를 거칠 것입니다.

각하께서 한・일협상에 진전을 이루신 것을 축하드립니다. 저는 각하께서 이러한 협상 성공에 일등공신이었다고 생각합니다. 이처럼 순조롭게 협상이 진전된 것은 각하의 탁월한 리더십 덕분으로 보입니다. 한・일협상 타결은 베트남에 대한 우리의 노력에 기여할 것입니다.

박정희 한・일협상은 1개월 이내, 즉 6월 초 또는 중순에 매듭지을 수 있을 것으로 생각합니다. 일부 협상을 방해하려는 무책임한 사람들도 있었으나, 한・일 관계를 개선하려는 노력들로 인해 합의가 타결될 것으로 확신합니다.

존슨 각하께서 베트남전쟁을 지원해 주신 것에 감사드립니다. 그러한 한국의 지원과 관련하여 우리는 1954년 한·미상호방위조약에서 공약한 바에 따라, 현재 수준에 해당하는 주한미군을 유지할 것입니다.

원조 프로그램이 시작된 20년 전과 비교해 보면, 지금은 의회를 통하여 원조를 얻는 것이 얼마나 어려운지 모릅니다. 월남에 파견된 2천 명의 한국군은 의회에서 원조 법안이 통과되는 데 도움이 되었다고 봅니다. 각하께서는 월남에 한국군을 추가로 파견할 수 있다고 보십니까?

박정희 우리 정부는 그 문제를 연구해 보아야 할 것 같습니다. 한국 국민들은 너무 많은 부대를 월남에 파병할 경우, 전방(前方)이 약화되어 북한의 추가적인 도발을 초래하지 않을까 걱정하고 있습니다. 그러나 개인적으로는 더 많은 부대를 월남에 파병하기를 원합니다.

존슨 한국 정부가 1개 사단을 파병할 수 있습니까? 만일 각하께서 1개 사단을 약속하실 수 있다면, 이는 월남에서의 투쟁(struggle)에 큰 도움이 될 것입니다.

박정희 개인적으로는, 한국이 월남에 더 많은 병력을 파견할 수 있다고 생각하지만, 이는 한국 정부가 연구해 보아야 할 사안이므로, 현재로서는 약속을 드릴 수가 없습니다.

존슨 저는 지금 월남에서 외교적 해법을 모색하고 있습니다. 한국에서도 통일 문제가 해결책을 찾을 수 있기를 원하지만, 이는 '자유선거에 대한 유엔의 감독'이라는 유엔의 틀 속에서 이루어져야 할 문제입니다.

저는 한국 정부에 원조를 보장하겠다는 말씀을 드리고자 하며, 미국은 생필품 수입에 대한 재정지원, 개발을 위한 융자, 기술지원, 그리고 식량원조 등을 제공할 것입니다. 한국에 대한 미국 정부의 인상이 지금보다 좋았던 적은 없습니다. 로스토 박사[56]가 한국을 방문한 다음, 경제 분야에서의 놀라운 발전에 대해 보고해 주었습니다.

박정희 저는 워싱턴에서 주한미군이 철수한다는 어떠한 언급도 나오지 않기를 간절히 바랍니다. 이런 종류의 소문은 제가 월남을 지원하는 데 큰 어려움을 줄 것입니다. 왜냐하면, 우리 국민들은 미군 철수에 대한 소문을 들을 때마다 크게 동요하기 때문입니다.

존슨 우리 의회는 월남 지원 프로그램을 강력히 지지하고 있습니다. 저는 한국의 안보가 확실히 보장되도록 할 것이며, 1954년 조약에 따라 이를 보장할 수 있도록 충분한 예산과 부대를 제공할 것입니다. 만일 한국에서 주한미군이 철수하게 되면, 이는 오직 사전 협의를 통해서만 이루어질 것입니다.

만일 월남에서 모종의 합의 또는 합의의 기반이 이루어진다면 이는 북한으로부터의 압력을 감소시키게 될 것입니다. 우리는 호주, 필리핀, 뉴질랜드 등이 모두 월남을 지원하여, 베트남이 싸움에서 승리할 수 있도록 약 7~8만 명의 병력 파병을 바

---

56 Walt W. Rostow의 당시 직책은 Counselor and Chairman of the Policy Planning Staff였다.

라고 있습니다.

SOFA(Status of Forces Agreement, 주둔국지위협정) 문제와 관련하여, 브라운(Brown) 대사가 이 문제를 위해 노력하고 있으며, 우리는 독일에서와 동일한 방식을 따를 것입니다. 이 방식은 독일에서 잘 적용되었으므로 한국에서도 문제가 없을 것입니다.

박정희 SOFA 협상은 너무도 오래 끌었으며, 많은 한국 국민들, 특히 야당의 분노를 유발하는 중대한 요인입니다. 존슨 대통령 각하께서 조속히 타결되도록 협상에 돌파구를 마련해 주시기 바랍니다.

1967년은 제가 추진하는 경제개발 프로그램의 마지막 해이며, 다시 2차 경제개발 프로그램을 계획하고 있습니다. 한국은 이를 위해 미국으로부터 지속적인 지원이 필요합니다.

존슨 미국은 2차대전 이후 1천억 달러를 해외원조로 제공하고, 16만 명이 2차대전 이후에 희생되었습니다. 의회에는 이러한 1천억 달러의 원조를 제공하는 것에 반대하는 사람들이 많습니다. 일부 국가들의 태도로 인해 의회에서 원조를 얻는 것이 어려워지고 있습니다. 인도네시아의 수카르노(Sukarno) 대통령이 미국 지원의 상징인 USIA(United States Information Agency, 미국 해외공보처) 도서관과 사무실을 불태우자, 미 의회는 하나같이 모든 해외원조를 중단해야 한다고 분개했습니다. 반면 한국의 행동은 매우 도움이 됩니다. 한국에서 각하의 정부는 월남의 노력을 뒷받침하고 있으며, 저뿐 아니라 월남에서의 군사적 상황을 개선시키는 데 기여하고 있습니다. 혹시 아시아의 다른 국가가 베트남 전쟁에서 자국을 도와달라고 한국에게 요청한 적이 있습니까?

박정희 아직 없습니다.

존슨 미국은 베트남과 한국에 대해 동일한 방식으로 공약을 지켜야 한다고 생각하며, 한국이 호주나 뉴질랜드 같은 다른 국가들이 참여할 수 있도록 압력을 가하는 데 큰 도움이 된다고 봅니다. 제가 보기에 영국은 말레이시아 문제로 정신이 없는 것 같습니다.

끝으로 한국이 월남 파병 규모를 1개 사단으로 늘려 주시기를 희망합니다.

박정희 대통령과 러스크 국무장관 간 회담[57]

러스크 국무부에 오신 것을 환영합니다.

박정희 저는 어제 존슨 대통령과 매우 유익한 회담을 가졌습니다. 제가 보기에 각하께서 한국 사정을 잘 알고 계신 것 같았습니다. 그러나 몇 가지 논의해야 할 문제들이 있습니다.

어제 존슨 대통령께서는 SOFA 협상에 아무런 심각한 문제가 없다는 데 동의하셨습니다. 주한미군 감축에 대해, 더 이상 병력감축이 없을 것이지만, 감축할 경우에는 한국 정부와 사전에 충분히 협의할 것이라고 말씀하셨습니다.

---

57 50. Memorandum of Conversation (Confidential), "Joint Communique to Be Issued by Presidents Johnson and Park," May 18, 1965, *FRUS 2*. 한국 측 참석자: 박정희 대통령, 김성은 국방장관 등 11명, 미국 측 참석자: 러스크 국무장관, AID 국장, 번디 국무차관 등 11명, 회담시간: 오전 10시에 시작(종료시간 미상).

러스크 미국은 계속해서 한국에 강력한 군사력을 주둔시킬 것입니다. 각하께서도 기억하시는 바와 같이, 존슨 대통령께서는 각하에 대한 환영 연설에서 미국은 위험이 존재하는 한 한국과 나란히 싸울 것이라고 말씀하셨습니다.

박정희 맥나마라 국방장관과 조찬에서 MAP 이관[58]에 대해 논의했는데, 이는 한국 경제와 국민의 사기에 영향을 줍니다. 이 문제를 공동성명에서 신중하게 고려해 주시기 바랍니다. 또한 1억 5천만 달러의 개발차관 부분에서 '향후 수년에 걸쳐(over the next few years)'라는 표현이 있는데, 차관의 사용과 관련된 미국의 획득 및 집행과정을 저도 이해하는 바이지만, 이를 공동성명에 포함시키는 것은 한국 정부에 대한 야당의 비판을 초래할 것입니다.

러스크 MAP 이관 문제와 관련하여, 공동성명에 포함될 내용에 대해 양측 간 이견이 있는 것 같습니다. 공동성명에 '한국 경제의 조

---

58 MAP 이관(transfer)에서 MAP는 'Military Assistance Program(군사원조 프로그램)'으로서, 'MAP 이관'을 '군사원조 이관' 아니면 줄여서 '군원(軍援)이관'이라고도 표현한다. 미국은 한국전쟁 이후 전쟁 재발에 대비해 1954~1961년 사이 13억 8천만 달러의 군사원조를 한국에 제공했다. 그러나 1958년부터 미국은 자국의 국제수지 적자를 개선하기 위한 조치의 일환으로, 대외원조에 있어 무상원조를 축소하고 유상원조 개념을 도입하기 시작했다. 군원이관은 미국의 대한(對韓) 군사원조계획(MAP) 중에서 국내에서 생산이 가능하거나, 통상적 국제교역으로 획득할 수 있는 물자를 원조수혜국 부담으로 전환 · 이관시키는 것이다. 따라서 'MAP transfer', 즉 '군원이관'은 미국의 군원이 감소되는 반면, 한국의 국방비 부담이 증가됨을 의미한다. 1959년 기준으로 한국 국방비는 GNP의 7.5%, 정부예산의 45%를 차지하고 있었으므로, 군원이관으로 인한 국방비 증가는 우리 국가재정에 상당한 부담이었다. 이러한 이유로, 1961년 출범한 박정희 정부는 미국을 설득하여 군원이관을 연기시키는 데 총력을 기울였다. 박정희 대통령이 러스크 국무장관, 맥나마라 국방장관, 존슨 대통령 등 모든 미국 지도부 핵심인사들과의 회담에서 빠짐없이 '군원이관의 연기'를 요청한 것은 당시 이 문제가 우리에게 얼마나 중대한 사안이었는지를 말해 준다.

건에 비추어 프로그램을 매년 검토하기로 합의했다.'라고 하면 어떻습니까?

박정희 좋습니다.

러스크 우리 모두는 1억 5천만 달러의 개발차관 자금과 관련된 의도를 이해하고 있으므로, 그것이 공동성명에서 1년에 모두 사용되는 약속으로 해석되어서는 안 됩니다. 한국 측에서 국민들이 민감하게 받아들이기 때문에 어려움이 있지만, 우리 측도 의회를 조심해야 합니다. 공동성명에 나오는 개발차관과 관련된 문장을 '1년간 사용될 수 있는 금액'으로 해석되지 않도록 하는 것이 중요합니다. 왜냐하면 그렇게 될 경우 미국 측에 어려움을 야기할 것이기 때문입니다. 저희는 일반적 정책의 문제로서, 외국의 국빈들과 발표하는 공동성명에 구체적인 숫자를 명기하지 않고 있습니다. 이 점에서 한국의 요구를 수용할 용의가 있습니다. '향후 수년에 걸쳐(over the next few years)'라는 표현을 두 번째 문장에서 삭제한 다음 다섯 번째 문장으로 옮기는 것이 어떻습니까?

이후락 이렇게 되면 여전히 공동성명에 문제가 남습니다. 이것을 미국의 헌법적 절차와 요구를 가리키는 것으로 표현을 바꾸면 좋겠습니다.

러스크 이 문장은 명백하게 향후 수년간 사용될 수 있는 추가적인 자금에도 적용될 수 있는 것입니다. 만일 그 문장이 '해당 자금을 가급적 빨리 사용하고, 그러면 다른 자금이 가용해진다.'라는 식으로 해석된다면 우리는 의회에서 심각한 곤란에 처할 것입니다. 즉, 만일 그것이 1년 내에 모두 사용될 수 있는 것으로 해석되면 심각한 문제입니다. 한국 측에서 '향후 수년에 걸쳐'라는 표현을 수용해 주시기 바랍니다.

이후락 만일 미국이 이런 식으로 약속을 하면 한국 국민들에게 모호하고 무의미하게 보일 것입니다.

러스크 미국의 제안에 뭔가 오해가 있는 듯합니다. 우리가 제안한 1억 5천만 달러는 가급적 빠르게 사용될 것입니다. 이것을 다 사용하고 나면, 추가적인 차관 자금이 제공될 것으로 예상합니다. 명백히 이 두 가지를 합친 것이 향후 수년간에 걸쳐 제공될 공약을 구성하는 것입니다. 저희는 구체적 숫자를 사용하지 않고도 (이런 공약을) 표현할 수 있습니다. 저희는 단지 구체적인 시한을 언급하지 않고 한국 정부를 지원하기 위한 개발차관이 지속된다는 점을 말한 것입니다. 그러나 우리가 1억 5천만 달러를 가급적 빨리 제공한다고 할 때, 이것이 사용된 다음에 추가적인 자금이 한국에 제공되는 것이 한국 정부가 원하는 최선의 방식으로 보입니다. 우리가 그런 의미로 말한다면, '향후 수년에 걸쳐'라는 표현이 필요한 것이며, 그렇지 않으면 무제한적인 백지수표를 발행하는 것을 암시하게 되어, 우리는 미국 국민들에게 설명할 수 없게 됩니다.

이후락 만일 '향후 수년에 걸쳐'라는 조건을 붙여야 한다면, 숫자를 명기하지 않는 것이 좋겠다고 생각합니다. 한국 정부가 이 자금을 1년 이내에 사용할 수 없거나, 그 사용을 무한정 늘릴 수 없다는 점을 잘 이해합니다.

러스크 (이때 브라운 대사가 끼어들어, 공동성명에는 1억 5천만 달러가 향후 수년간 사용될 것이라고 표현하지 말고, 1억 5천만 달러와 추가적 예산이 그 기간 동안에 사용될 것

이라고 표현하면 설명하기 쉬울 것이라는 견해 표명)

저는 공동성명을 설명하는 데 양국 정부 사이에 너무 많은 차이가 발생할 것이 우려됩니다. 한국 정부는 국회에, 미국이 1억 5천만 달러의 자금을 조성했고, 우리가 그것을 가급적 빨리 사용할 수 있으며, 그런 다음에는 추가적인 자금이 나올 것이라고 설명할 수 있을 것입니다. 이렇게 되면 미국이 한국에 관심을 잃지 않는다는 점이 분명해질 것입니다. (이 대목에서 러스크 장관은 회담장이 아닌 본인 사무실에서 박 대통령과 독대를 요청, 다른 참석자들은 공동성명 문안에 관해 기술적인 내용을 추가로 협의)

박정희 대통령과 존슨 대통령 간 2차 정상회담[59]

존슨 환영합니다. 오전에 프레스 클럽 연설에서 따뜻한 환영을 받으신 것을 축하드립니다. 제가 듣기로는 아주 호평을 받으셨다고 하는데, 이것은 프레스 클럽의 청중들이 까다롭기로 소문났기 때문입니다.

브라운 주한 미국대사가 5월 7일자로 발송한 편지 속에 한국 국민들이 지난 4월 미국 중서부지방을 강타한 토네이도(tornado)로 피해를 입은 희생자들을 돕기 위한 수표가 들어 있었습니다. 그 편지에는 수표가 토네이도 희생자를 돕기 위한

59 51. Memorandum of Conversation (Secret), "Visit of President Park, Communique Meeting," May 18, 1965, *FRUS 2*. 한국 측 참석자: 대통령 등 8명, 미국 측 참석자: 존슨 대통령 등 8명.

것이고, 한 · 미 양국 간 우정을 증진시키기 위한 것이라고 쓰여 있었습니다. 이런 선물은 양국 국민들이 서로에 대해 느끼는 우정을 상징적으로 보여 주는 것입니다. 이러한 형제애와 이웃으로서의 제스처는 수백만 달러의 돈보다 더 우리에게 값진 것입니다. 이는 매우 감동적인 이야기입니다. 각하께서 이 편지와 수표를 보낸 국회에 가셔서 성금이 한국전 참전용사 가운데 토네이도로 주택이 피해를 입거나 가족을 잃은 분들을 지원하는 데 사용될 것이라고 말씀해 주시기 바랍니다.

어제저녁 만찬에서 모든 좌석이 꽉 찼습니다. 저희 부부는 어제 아침 많은 귀빈들로부터 대통령 각하와 한국 국민들에게 경의를 표할 수 있도록 하객으로 초대받은 데 대해 뭐라 감사해야 할지 모르겠다는 이야기를 들었습니다. 저희 부부는 만찬에 참석하기 위해 전국에서 많은 분들이 먼 거리를 달려오신 것에 얼마나 기뻐했는지 모릅니다.

어제 저와 각하께서는 각하와 한국 국민들이 가장 큰 관심을 갖고 있는 여러 주제들을 다루었습니다. 이 주제들 속에는 주둔국 지위 협정, 한국 통일, 경제지원, 한국군 지원, 그리고 미국이 주한미군을 최소한 한국 정부에 먼저 양해를 구하지 않고는 철수하지 않겠다는 확약이 포함되었습니다.

공동성명 문안 협의가 마무리된다면, 앞서 말씀드린 관련 주제들이 상세하게 다루어진 것(covered the waterfront)으로 보입니다.

박정희 작은 문제인지 모르지만, 한 가지 말씀드리자면, 저와 맥나마라 국방장관은 조찬시간에 MAP 이관 프로그램에 대해 협의했습니다. 맥나마라 장관은 (한국 정부의) 어려움을 이해하고 있고, 이 문제를 추가로 연구해 볼 것이며, 계속해서 검토하겠다고 말했습니다. 각하께서 이 점을 염두에 두셨으면 좋겠습니다.

존슨 저도 그 프로그램을 잘 알고 있습니다. 이런 요구조건('향후 수년에 걸쳐')을 삭제하는 제스처를 보이고 싶지만, 이 때문에 의회에서 어려움에 봉착할 것입니다. 저도 어려움을 이해하지만, 우리도 할 수 있는 한 최대한의 이해를 하고 있는 것입니다.

저는 아직 우리 행정부가 (의회로부터) 향후 수년간 군사 및 경제 지원으로 30억 달러를 받을 수 있을지, 아니면 한 푼도 받지 못할지에 대해 아무런 암시도 받지 못했습니다. 각하께서도 말씀하셨듯이, 저는 세계 다른 지역 우방국들의 미국 방문을 연기했습니다. 그 이유는 미국 정부 세출 예산의 확보 여부가 그처럼 불확실한 상황에서 이분들을 만나 문제들을 협의하는 것이 달갑지 않기 때문입니다.

박정희 한국은 60만 명의 군대를 보유하고 있습니다. 이 군인들은 잘 훈련되고 규율이 엄격합니다. 저는 각하께서 한국 군인들이 공산주의에 맞서 미군부대들과 함께 싸울 준비가 되어 있다는 점을 인식하여 주시기 바랍니다. 전쟁이 벌어지면 이들은 미국과 더불어 싸울 것입니다. 그러나 동시에 이들은 미국의 지원에 의존하고 있습니다.

존슨 각하의 확고한 약속의 말씀에 마음 든든합니다. 어제 말씀드린 바와 같이, 추가적인 파병에서 한국이 취한 조치는 베트남에서뿐 아니라, 의회에서도 우리에게 도움을 준 것입니다.

박정희 한 가지 추가로 말씀드릴 것이 있는데, 이는 아프리카 국가들에 대한 한국의 외교관계에 관한 것입니다. 저는 이 문제를 브라운 대사와 협의해 보았습니다. 아프리카에서의 성공적인 외교는 한국에 중요합니다. 틀림없이 참모들로부터 이 문제에 관해 보고받으셨을 것으로 생각합니다. 그러나 아프리카 지역에서 한·미 양국이 협력적 역할을 수행하는 것이 중요하다는 점을 강조 드립니다.

존슨 각하께서 (아프리카 지역에 대한) 상호지원 방안을 제의해 주신 것에 감사의 말씀을 드리며, 이 문제를 추가로 검토해 보겠습니다.

박정희 금일 오전 국무장관과의 회담은 매우 성공적이었습니다. 각하께서도 결과를 보고받으셨을 것으로 확신합니다.

존슨 어젯밤 미국 정부 관리들, 그리고 만찬에 초청받은 귀빈들은 각하를 뵐 수 있었던 것에 깊이 감사하고 있습니다. 미국 정부는 김현철 주미대사와 그 부인을 강력한 동맹이자 친구로서 높이 평가합니다. 그 분들은 미국 사회에 잘 어울리고 있으며, 미국인들과 매우 효과적으로 협력하고 있습니다. 저는 김 대사를 칭찬하고 싶습니다.

박정희 브라운 대사의 역할에 대해서 저도 감사드립니다. 브라운 대사의 부임 이후 많은 문제들이 해결되었습니다.

존슨 브라운 대사는 제가 가장 신뢰하는 유능한 관리 중 한 명입니다.

박정희 (이때 김성은 국방장관이 한국군의 급여가 낮은 문제를 제기하면서, 심각한 사기저하의 어려움에 직면하고 있다고 언급하면서, 미국 측이 이런 문제를 미군들의 문제로 인식하여 관심을 가져 줄 것을 요구)

존슨 이 문제에 대해 잘 알지 못하지만, 맥나마라 국방장관과 추가로 협의해 보겠습니다. 의회는 미군들의 급여를 올리라고 압력을 가하지만, 예산제한으로 어려움이 있습니다.

박정희 공동성명에 감사드립니다. 아울러 '기술 및 응용과학원(Institute for Technology and Applied Science)'[60]을 제안해 주신 것에 감사드리며, 기꺼이 그 제안을 받아들이겠습니다.

존슨 (더 이상 특별히 할 말이 없는지 확인한 후) 저희 부부는 각하 내외 분을 7시 정각에 리셉션에서 뵙겠습니다. 혹시 제가 약간 늦을지도 모르겠습니다. 스케줄에 추가적인 다른 일이 생겨서 그렇습니다.

---

60 이를 계기로 KIST(Korea Institute of Science and Technology)가 설립되었다.

제2장 케네디 · 존슨 행정부의 한국군 · 주한미군 감축계획

1. 미국의 딜레마

경제발전 지원인가?
군사원조(MAP) 지원인가?

어느 국가를 막론하고 국가예산 배정에 있어 군사비 지출과 경제 및 여타 부문에 대한 투자 사이에는 숙명적 상충관계가 존재한다. 5·16군사혁명 이후 1개월 정도가 지날 무렵부터는 한국 경제의 회생 방안을 둘러싼 활발한 논의가 본격적으로 시작되었다. 미국이 무한정으로 엄청난 규모의 국가재정을 '밑 빠진 독에 물 붓기'처럼 지원해 주기보다는 한국이 스스로 경제적 자립을 이룩할 수 있도록 토대를 마련하는 것이 보다 현실적인 방안이라는 인식이 확산되기 시작했다. 이런 과정에서 국민소득이 200달러에도 미치지 못하는 경제빈국이 경제규모에 어울리지 않게 거대한 60만 대군을 유지해야 하는 데서 발생하는 문제가 미국 정부 내에서 표면화될 조짐을 보였다. NSC 직원 코머(Robert W. Komer)가 대통령 안보보좌관 번디(McGeorge Bundy)에게 보고한 메모에는 이런 고민이 구체적으로 담겨 있다.[1]

코머에 의하면, 향후 10년간 실질적인 대한(對韓) 개발 프로그램에는 '막대한 비용(staggering costs)'이 소요될 것이다. 한국은 너무도 많은 핸디캡을 안고 있고, 자립적 성장과는 너무도 멀리 동떨어져 있으며, 정

---

1 226. Memorandum From Robert W. Komer of the National Security Council Staff to the President's Special Assistant for National Security Affairs (Bundy) (Secret), June 12, 1961, *FRUS 1*.

부는 너무도 허약하여, 미국은 60년대 나머지 기간 동안에 수십억 달러를 추가로 지출해야 할 지경이었다. 이런 문제로 인해, 코머는 미국이 1962~1966년 동안 한국군 유지를 위해 당시 계획하고 있는 16억 달러를 과연 집행해야 하는지의 문제를 새로운 각도에서 면밀히 검토해야 할 필요성을 느꼈다.

코머는 미국이 1953년 이래 한국에서 거둔 성과가 미미하다고 판단했다. 근본적 원인들 중 하나는 과도하게 군대에 초점을 두었다는 것이다. 1953~1960년 사이 한국의 경제발전보다 MAP(군사원조계획, Military Assistance Program)에 더 큰 예산을 지출했다. 이처럼 '잘못된 초점(mal-focus)'은 대부분 38선이 휴전상태에 있을 뿐이고, 언제든지 적대행위가 재발될 것이라는 '소설 같은 이야기(the fiction)'에서 비롯된 것이다. 그 결과, 주된 노력의 초점을 매우 비대한 한국군의 유지에 맞추고, 경제는 겨우 망하지 않고 돌아가게 만드는 것 이상의 조치를 취하지 않았다. 그러나 코머가 보기에, 한반도는 공산 침략을 규탄한 일련의 유엔 결의안, 유엔군사령부, 핵능력을 보유한 2개 미군사단, 한국군 10개 정규사단 및 9개 예비사단 등, 대만해협을 제외하고는 전 세계 어느 지역보다 막강한 억제능력을 보유하고 있었다.

물론 한국에는 콧대 높은(hard-nosed) 군부가 정권을 장악하고 있어 MAP를 줄이는 것은 어려울 것이다. 그러나 코머는 이처럼 중요한 사안을 번디 안보보좌관이 케네디 대통령에게 보고하라고 촉구했다. 한국의 국내적 소요(domestic needs), 말하자면 군사원조 소요가 너무도 방대한 것이어서, 이 문제의 해결을 위해 필요한 자원을 구하려면, 여타 분야에서의 자원을 줄여야 할 위험을 감수해야 할지도 모른다는 것이 코머의 고민이었다.

상기 코머의 메모에 이어, 그 이튿날 NSC 직원 존슨(Robert H. Johnson)도 유사한 맥락에서 메모를 작성했다. 이 메모는 비정상적으로 규모가 크다고 판단되는 한국군의 규모를 줄여야 하는 문제와 함께, 오늘날 문제가 되고 있는 주한미군의 '전략적 유연성(strategic flexibility)'과 일맥상통하는 '전략적 안정성(strategic stability)'이라는 용어를 구사하여 주목을 끌고 있다.[2]

존슨의 메모에 의하면, 당시 52만 5천 명의 한국군은 18개 사단과 포병, 방공, 중(重)박격포 및 전차대대 등으로 구성되어 있다. 추가로 한국군은 1개 해병사단 및 10개 예비사단을 보유하고 있다. 한국군이 60만 명인 데 비해, 북한군 규모는 22개 사단으로 이루어진 총 35만 5천 명이다. 중공(中共, ChiComs: Communist China)은 북한에 군대를 보유하지 않고 있지만, 개전 후 10~14일 이내에 비무장지역 일대로 6~8개 사단을 전개할 수 있다. 남・북한 해군전력은 미미하나, 북한의 공군력은 남한보다 '다소 우세(somewhat superior)'하다.

존슨은 38선을 넘어오는 직접적인 군사침략의 위협은 희박하다고 판단했다. 미군이 비무장지대 일대에 정치적・군사적 '판유리(plate-glass window)'를 설치해 주고 있기 때문이다.[3] 국경지대는 분명히 표식이 되어 있고, 미군 사단들이 전방에 전진 배치되어 있으며, 유엔사령부는 침략에 대해 국제적 반응을 결집시킬 수 있는 구조(structure)를 제공

2 227. Memorandum by Robert H. Johnson of the National Security Council Staff (General), "Task Force Report on Korea," June 13, 1961, *FRUS 1*.

3 여기서 '판유리(plate-glass)'란 깨지기 쉬운 유리로서, 북한군 또는 북한군・중공군이 재차 남침공격을 도발할 경우, 비무장지대 부근에 전개된 미군부대라는 '판유리'가 깨질 것이고, 이렇게 되면 미국과 유엔군의 참전을 불러일으키는 일종의 '인계철선(tripwire)' 같은 역할을 수행하게 되는 상징물이라고 해석하는 것이 옳을 것이다.

해 준다. 요컨대, 위협분석과 관련된 존슨 메모의 요지는, 공산주의자들이 한반도보다는 아시아의 다른 지역에서 더 작은 위험부담으로 더 큰 이득을 얻을 기회가 많은데, 굳이 이처럼 강력한 억지력이 존재하는 한반도에서 무모한 도발을 벌일 이유가 없다는 것이다.

존슨이 볼 때, 미국의 대한(對韓)원조에 문제가 있었다. 부분적으로는 잘못된 가정에 기초한 북한의 군사적 위협에 초점을 맞추었기 때문에, 한국군 유지와 전쟁피해 복구에 치중한 나머지, 경제개발을 위한 여력을 남기지 못했다는 것이다. 그러나 북한이 '두드러진 경제적 진전(considerable economic progress)'을 보이고 있는 것과는 반대로, 빈곤하고 경제적으로 침체된 남한의 상황에서, 새로운 민족주의의 물결, 그리고 수면 밑에 잠복하고 있지만 명백히 존재하는 통일에 대한 열망은 장기적 차원에서 중요한 정치적 위험요인으로 작용할 것이다. 따라서 한국의 민족주의적 세력을 경제개발이라는 건설적 목적으로 유인하기 위해서는, 여전히 막대한 미국의 원조를 쏟아붓거나, 아니면 미국과 한국의 자원을 군사지원으로부터 경제개발로 대폭 전환하는 방안 중에서 양자택일할 것이 요구된다.

존슨에 의하면, 기본적으로 한반도 상황은 안정적이며, 미군 및 한국군 규모는 침략의 억제에 적절하다. 만일 미국이 (한국군과 같이) 풍부한 저비용(low-cost) 군대의 인력을 충분히 활용할 수 있다면, 중공의 주변부에 존재하는 여타 지역에 대한 압력에 대처하기 위한 미군 전력에 계속해서 '더 큰 전략적 안정성(greater strategic stability)'을 부여할 수 있을 것이다. 나아가, 자원의 실질적 절감을 위해서는 한국군 규모의 대폭적 축소가 요구된다. 부분적인 이유는 미국이 한국군 능력을 감소시키지 않는 한, 어떠한 대폭적인 한국군의 병력감축도 이에 상응하는 현대화의 증가와 함께 이루어져야 할 것이기 때문이다.[4] 아마도 한국측은 병력감축에 합의하는 대가로 그러한 현대화를 요구할 것으로 보인다. 그러나 한국에 등장한 새로운 군부의 입장에서, 병력감축은 정치적으로 수용 가능한 방안이 되지 못할 것이다.

주한 미국대사와 유엔사령관·미군사령관의 정면충돌

1961년 말, 버거 대사와 멜로이 유엔사령관은 미국의 대한(對韓) 지원예산을 경제와 군대에 어떻게 배분할 것이냐는 문제를 놓고 정면으로 충돌했다.[5]

버거는 1962년도 지원예산 2,750억 환에 대해, 군에 1,500억 환 그리고 경제에 1,250억 환을 배정할 것을 주장했다. 이는 1961년 초, 주한 미국대사관의 CT(Country Team)가 군대·경제에 1,730/1,020의 비율로 할당해야 한다고 판단했던 것과 차이가 있었다. 한국군은 버거 대사의 예산배정에 불만을 표시했고, 멜로이 사령관도 한국군의 견해를 지지했다. 멜로이는 군대·경제에 1,800/950의 비율을 원했다. 결국 이를 둘러싼 논쟁이 워싱턴에 보고되기에 이르렀다.

버거 대사는 경제개발에 더 큰 비중을 부여해야 한다는 입장이었

---

4 다시 말해, 한국군 능력을 감소시키기 않으면서 병력규모를 줄이려면, 병력감소로 인한 전투력 손실을 무기·장비의 개선으로 보완할 수 있는 군 현대화를 동시에 추진해야 한다는 의미이다.

5 250. Memorandum From Robert W. Komer of the National Security Council Staff to the President's Special Assistant for National Security Affairs (Bundy), December 20, 1961, *FRUS 1*.

다. 군대지원 예산이라는 것은 한국군이 국방예산에 이런저런 항목들을 집어넣어 부당하게 부풀린 액수이므로, 미국이 이런 식으로 한국 국방비의 95%를 매년 지원해 주다가는, 절대로 한국군이 '제 앞가림을 제대로 하지 못한다(never put their house in order)'라는 것이다. 그러나 멜로이 사령관의 생각은 달랐다. 한국군의 병력수준 60만 명은 '신성불가침(sacred)'이다. 그에게 있어 국방비 지원을 위한 1,800억 환은 한국에게 '사활적'으로 중요한 것이었다. 한편 버거 대사에게도 고민이 있었다. 혹시라도 멜로이 사령관이 원하는 액수만큼 지원받지 못하면, 한국군이 제 손으로 군대 규모를 줄일지도 모른다고 걱정했다. 마침내 국무부와 국방부가 이 문제에 개입한 결과, 1962년도 대한(對韓) 지원 예산은 국방예산과 경제개발에 각각 1,500억 환과 1,250억 환을 배정하는 것으로 결론이 내려졌다.[6]

사실 1961년 7월부터 러스크 국무장관과 맥나마라 국방장관은 미국의 대외군사 지원계획을 재평가하기 위한 운영위원회(the Steering Group)를 가동하고 있었다. 1962년 초, 케네디 대통령이 참석한 NSC에서 운영위를 설치하자는 보고서가 안건으로 논의되었다. 당시 한국, 중국(지금의 대만), 파키스탄, 이란, 그리스, 터키 등 미국의 6개 핵심 동맹국들이 MAP 자금의 50%가량을 차지하고 있었다. 케네디는 합참에 MAP 문제를 검토해 보고, 군사지원의 축소를 경제지원 증가로 보상하는 방안을 강구하도록 지시했다. 한국과 관련하여, NSC는 6월 15일까지 바람직한 주한미군 수준을 포함하여, 바람직한 한국군의 규모 및 구성에 관한 정치·군사연구를 개시하라는 지침을 하달했다.[7]

6 Ibid., 전문 주석 참조.

7 251. Editorial Note, *FRUS 1*.

2. 케네디 행정부의 한국군 감축계획

국무부 주도의 '계산된 위협'에 대한 미 합참의 평가

1961년 8월 초, 러스크 국무장관은 주한 미국대사에 보내는 서한 형식의 전문에서, 자신은 맥나마라 국방장관과 함께 한국을 비롯한 중국(공산화되기 이전), 베트남, 파키스탄, 이란, 터키 및 그리스 등 7개 주요 원조수혜국들에 대한 원조지원 프로그램의 재검토에 착수했음을 알렸다.[8] 이 전문은 '한국군이 경제개발에 어느 정도로 기여할 수 있는지'에 우선순위를 두고 검토해야 한다고 적시했다. 말하자면, 상당한 규모의 미 군사력이 주둔하고, 유엔사라는 '우산(umbrella)'이 존재하고 있어, 수용 가능한 정도로 '계산된 위협(calculated risks)'을 감당할 여지가 있을 것이므로, 이에 대해 판단해 보라는 과제를 버거 대사에게 준 것이다.

국무부는 검토 가능한 대안으로 두 가지를 제시했다.

- **대안 1**: FY[9] 1962~1967년 동안 기존의 한국 공군에 대한 운영유지만 지원하고, 미사일 체제와 F-104 전투기 같은 첨단 무기체계의 제공을 포함하여, 현재 계획하고 있는 군사력 개선방안을 연기하는 방안.

8 238. Letter From Secretary of State Rusk to the Ambassador to Korea (Secret), August 1, 1961, *FRUS 1*.

9 Fiscal Year, 회계연도.

- **대안 2**: 한국군을 60만 명에서 FY 1962~1967년 동안 매년 5만 명씩 감축시켜 35만 명으로 줄임으로써, 1968년부터는 미국의 군사지원을 35만 명에 대한 지원으로 국한시키되, 이로 인해 병력감축과 전투력 손실분이 발생함에도 불구하고, 이러한 부정적 효과를 상쇄시키기 위한 군사력 현대화를 추진하지 않고 그대로 집행하는 방안.

이와 관련하여, 8월 2일 미 합참은 맥나마라 장관에게 한국에 대한 공산주의 위협 및 한국군의 방위능력에 대한 군사적 평가 결과를 보고했다.[10] 합참은 "비록 한국에 대한 위협이 강력하게 존재하나, 공산주의자들이 공격할 것이라는 증거가 없다."라는 결론을 내렸다. 한국군은 국내치안 유지능력과, 외부의 지원 없이 소규모 공격으로부터 자국을 방위할 수 있는 능력을 보유하고 있으나, 방위의 성공을 위해서는 한반도에 전개된 연합군 전력, 태평양사령부의 공군력 및 여타 지원 전력의 사용이 요구된다. 성공적 역습을 위해서는 기존의 전투력으로는 불가능하다. 현재 한국군 60만 명은 현재의 대한(對韓) 군사지원과 마찬가지로 '용인될 수 있는 최소의 규모(the minimum acceptable)'이다. 결론적으로 합참은 "한국군 임무, 미군 및 한국군의 지휘구조 또는 군사지원 등에 어떠한 변화도 있어서는 안 된다."라고 건의했다.

1962년 4월, 미 합참은 맥나마라 국방장관에게 「FY 1962~1970년간 한국에서의 미군 태세에 관한 전략평가」라는 제목의 메모를 보고했다.[11] 현존하는 위협평가를 기초로 렘니처 합참의장이 내린 결론은 "MAP 축소를 통한 한국군 감축은 한국과 동북아에 대한 미국의 이익

10 Ibid.

11 254. Memorandum From the Joint Chiefs of Staff to Secretary of Defense McNamara (Top Secret), April 10, 1962, *FRUS 1*.

에 직접적이고 근본적으로 반(反)한다(directly and fundamentally counter to the US interest)."라는 것이었다. 아울러, 그는 한국에 배치된 미군・한국군 규모가 동북아의 장기적 안보를 보장하기 위해 '용인될 수 있는 최소의 규모(the minimum acceptable)'라는 사실은 아무리 강조해도 지나침이 없다고 부연했다.

스터디 그룹의 연구 결과

1962년 4월부터 맥나마라 국방장관은 NSC 지시에 따라, 한국군 규모에 관한 2개의 스터디 그룹(Study Group)을 가동했다. 하나는 JCS(미 합참)가 주도하는 군사적 관점에서의 연구이고, 다른 하나는 국무부 국제안보담당 차관보인 니체(Paul Nitze)의 감독 하에 추진되는 특별그룹(a special group)의 연구이다. 4월 27일, 군사적 관점에서의 합참 연구결과가 먼저 보고되었다. 이 보고서는 세 가지 대안을 놓고 검토했다.[12]

한 가지 주목할 점은 이 문서에서 북한군・중공군 연합으로 남침 공격이 감행될 경우, 중공군의 핵무기 투발 가능성에도 불구하고, 주한미군이 자체 보유한 핵무기를 사용하는 방안을 적극적으로 검토했다는 사실이다. 물론 이처럼 민감한 내용들은 하나같이 '비밀해제 불가(ND: not declassified)'로 처리되어 명확한 내용의 파악이 불가능하지만, 전후 문맥을 고려해 보면 숨은 의미를 어렵지 않게 추정해 볼 수 있다.

---

12 258. Letter From Secretary of Defense McNamara to the Administrator of the Agency for International Development (Hamilton) (Top Secret), April 27, 1962, *FRUS 1*.

먼저 대안 A는, '핵무기를 사용하지 않고(a non-nuclear basis)' 한·미 증원군의 지원을 받아 북한군 단독의 침략을 억제(contain)할 수 있을 정도의 군사력을 한국에 배치하는 방안이다. 그러나 북한의 군사작전에는 최소한 소련의 암묵적 승인(tacit assent), 그리고 중공의 지원과 합의가 필요하기 때문에, 그리고 과거 중공이 북한을 공산국가로 유지시키기 위해서 필요하다면 개입할 의도가 있음을 입증했기 때문에, 당면한 문제는 '중공 개입을 차단하기 위해 필요한 조치가 무엇인가?'였다.

대안 C(대안 C를 대안 B보다 먼저 검토)는 기본적으로 한반도의 기존 전력을 유지하는 방안으로서, 이는 '핵무기를 사용하지 않고(a non-nuclear basis)' 중공군·북한군의 연합공격을 억제(contain)하는 방안이다.

마지막으로, 대안 B는 대안 C와 마찬가지로 현재 배치된 한반도 전력을 사용하되, 방어부대가 즉각적으로 'ND'[13]를 사용하는 방안이다. 이 방안은 미군이 'ND' 작전을 개시한 이후, 중공군이 무엇이 되었건 간에 자체 개발한(indigenous) 'ND'로 보복할 것임을 전제하고 있다. 중공에게 가용한 핵무기가 극소수임을 고려해 볼 때, 이러한 전제는 투발 가능한(deliverable) 숫자가 극히 제한된, 지역형태(area-type)의 무기를 중공이 사용하는 경우를 제외한다면, 'ND'의 일방적 사용(one-sided use)으로 귀결될 것이다.

스터디 그룹이 내린 결론은 대안 A이다. 즉, 주한미군이 필요시 핵무기를 사용할 것이라는 결연한 의지에 기초할 경우, 대안 A는 한국이 공격을 받지 않을 것이라는 점을 강력히 보장할 것이다. 동시에 스터디 그룹은 대안 A를 채택할 경우에는 상당한 규모의 한국군 감축이

13 전문의 문맥상, 원문에 나타나는 괄호 속의 내용은 '핵무기'로 보는 것이 맞을 것이다.

이루어질 수 있으나, 현재 상황을 고려할 때, 이로 인한 위험과 단점이 병력감축으로 얻을 수 있는 정치적·경제적 이득을 '훨씬 초과'할 수 있다고 경고했다. 결국 스터디 그룹은 한국 안보에 대한 미국의 국방 정책은 '대폭 개정'되어서는 안 되며, 한국군은 대략 현재의 수준으로 유지되어야 한다는 결론을 내렸다.

스터디 그룹의 보고서에 대해 NSC 직원 코머(Komer)는 메모에서 '환상적 문서(a fascinating document)'라고 반색했다.[14] 코머의 메모에 등장하는 '캐리그룹(Cary Group)'의 견해에 의하면 대안 A로 '한국군 6개 사단을 감축'하는 방안은 군사적으로 합리적인 것으로 보인다는 것이 코머의 의견이었다. 이때 전제조건은, 만일 중공군이 한국을 침략할 경우, 침략의 저지에 대한 '승인(sanction)'이 이루어지고, 이러한 승인이 지역 내 미군의 'ND' 무기의 형태로 존재해야 한다는 것이다. 캐리그룹의 연구결과에 따르면, 중공군이 한반도에서 철수할 당시에 한국군 6개 사단을 줄였다면 더 좋았겠지만, 앞으로 어떤 사건이 발생하여 이와 유사하게 타당성을 제시할 수 있다면, 6개 사단을 감축하지 못할 이유가 없다는 것이다. 그러나 스터디 그룹은 현 시점에서 6개 사단의 감축에는 반대했다. 그 이유는, 그것이 박정희 정권의 반발을 초래하고, 동아시아 지역 내 미국 동맹국들에게 부정적 반향을 불러오기 때문이라는 것이었다.

코머에 의하면, 스터디 그룹의 이런 논리는 군사적 타당성에 근거한 것이 아니라, 한국군 감축으로 초래될 수 있는 정치적 불안, 또 그

14 259. Memorandum for the Record (Top Secret), May 4, 1962, *FRUS 1*. 1급 비밀로 분류된 이 메모의 작성자는 NSC 직원 코머(R. W. Komer)이다.

것이 경제적 안정에 미칠 수 있는 파장에 대한 우려에 근거한 것이다. 코머는 스터디 그룹의 주장을 다음과 같이 반박했다.

스터디 그룹의 보고서는 상당히 '무서운 상상(scary speculation)'에 기초하고 있다. 향후 3년간 13만 5천 명을 감축시키더라도, 여전히 한국군은 46만 명에 이르는데, 이런 병력감축이 '그처럼 무서운 위험'을 초래한다는 데 동의할 수 없다. 일부 보고서에 의하면, 박정희 정권이 미국의 적절한 보장만 받을 수 있다면 병력감축을 수용할 수도 있다고 한다. 이 문제를 박정희 장군에게 직접 제시해 보는 것은 흥미로운 일일 것이다. 장면 정권이 1960년 선거 당시, 집권하면 한국군을 20만 명으로 줄이겠다는 공약을 내걸고 유세한 적이 있다. 그런 다음 장면 총리는 한국군 10만 명 감축안을 밀어붙이려 했지만, 정작 반대한 것은 한국군이 아니라 미국이었다. 끝으로 1960년 12월에도 미국은 한국군의 편제인원을 63만 명에서 60만 명으로 줄이는 데 동의한 바 있다. 그러므로 코머에 의하면, 핵심적인 군사적 이슈는 과연 중공군 · 북한군 연합공격이 감행되는 우발사태에 대비하여, 지금과 같은 비대한 한국군을 미국이 그대로 유지할 것이냐는 것이다. 요컨대, 캐리 리포트(Cary Report)의 결론은 '만일 정치적 반향이 그다지 크지 않다면' 한국군 6개 사단의 감축을 정당화시킬 수 있는 근거로 삼을 수 있다는 것이다.

대통령의 군사고문이던 테일러(Maxwell Taylor)도 캐리 리포트에 대해 한마디 거들고 나섰다.[15] 그는 번디(McGeorge Bundy) 안보보좌관에게 보낸 메모에서 이렇게 말했다.

15 265. Memorandum From the President's Military Representative (Taylor) to the President's Special Assistant for National Security Affairs (Bundy) (Secret), June 18, 1962, *FRUS 1*.

이 보고서는 누구의 마음에도 들지 않을 것이다. 그 이유는 한국군의 군사력 감축 문제에 쉬운 해결책을 내 놓지 못했기 때문이다. 무엇보다도, 책임 있는 미국의 군사 당국자라면 어느 누구도, 중공군이 대규모로 한국에 개입할 경우에는 ND[16]의 사용가능성(availability)이 보장된다고 장담하지 못하는 한, 한국군 규모의 감축을 건의하지 못할 것이다. 만일 이런 보장이 있다면, 북한군의 능력을 억제할 수 있는 한국군의 임무를 축소시키는 방안을 합리화시킬 수 있을 것이다. ND의 보장이 없는 한, 한국의 재래식 전력에 대한 어떠한 대폭적 감축도, 이를 지지할 수 있는 군사적 근거가 없다.

테일러 보고서

테일러 군사고문은 한국이 직면한 다양한 경제적·정치적 문제 및 지원 프로그램 등을 검토하는 과정에서, 다음과 같은 여러 가지 상충적 요인들을 발견했다.[17] ① 한국 경제의 발전을 위해 군사비 지출을 대폭적으로 삭감, ② 한국 정부가 점차 더 많은 금액을 지불토록 유도(MAP 이관), ③ 의회의 대외원조예산 대폭 삭감으로 초래될 효과를 예측, ④ 한국으로부터 병력을 철수시켜, 태평양사(CINCPAC)의 일반예비

---

16 비밀해제 자료에는 'not declassified'와 함께 몇 줄, 또는 몇 페이지가 그 원천을 밝히지 않고 삭제되었는지가 명시되어 있다. 대부분은 'less than 1 line of source text not declassified(1줄 미만의 텍스트 원천은 해제 불가)'로 되어 있으나, 1줄을 넘는 경우도 종종 있다.

17 277. Paper Prepared by the President's Military Representative (Taylor) (Top Secret), September 20, 1962, *FRUS 1*.

(general reserve) 부대 규모 증가, ⑤ 특히 한국군을 통해 한국과 우호관계 및 신뢰 유지, ⑥ UNC 깃발 아래 한국군에 대한 작전통제권 유지 등이 그것이다. 테일러는 보고서에서 다음과 같이 주장했다.

북한군 · 중공군이 1천 대의 항공기를 앞세운 기습공격으로 전쟁 초기에 한국 내 목표물을 타격하여 남한의 방공체계, 밀집된 군수시설, 외부로부터 한반도에 계획된 증원부대를 전개시키기 위해 필요한 항구와 공항 등에 심대한 피해를 입히는 시나리오는 예상하기 어렵지 않다. 멜로이 사령관과 미 합참은 향후 5년간의 MAP를 '한국군 60만 명 및 연간 2억 5천만 달러'로 건의했다. 이와는 별도로 워싱턴에서 수행된 독립적 연구결과는 MAP 프로그램을 줄여야 한다는 것으로서, 이에 의하면 MAP 상한액은 1억 8천만~2억 2,500만 달러로 감소된다. 이것이 군사력에 미치는 효과는 향후 2년에 걸친 한국군 4~5개 사단의 감축에 해당되는 것이다. 그러나 MAP를 2억 2,500만 달러로 줄이면 한국군 현대화가 지연되고, 군수능력이 약화될 것이다. 한편, 1억 8천만 달러로 감소되면 약 48%의 군사력 개선 예산이 삭감되어, 방공체계의 약점 보완이 불가능해지는 바람직하지 못한 결과가 초래된다. 만일 이처럼 MAP가 줄어들면, 한국군의 군사력 구조를 근본적으로 재점검(overhaul)해야 할 필요가 있다.

만일 한국군을 감축하면, 주한미군은 '미래에도 무한정 붙박이가 될 것(is nail downed for the indefinite future)'이다. 그래도 MAP를 줄여야 된다면 전쟁계획의 개념과 MAP 프로그램의 목표를 변경시켜야 한다. 본인(테일러)이 보기에 2억 2,500만 달러는 MAP 감소를 고려해 보기 위한 최소한의 숫자이다. 주한미군의 철수가 태평양사령부의 전략태세(strategic posture)를 개선시킬 가능성이 있는 반면, 태평양 지역에 이들을 재배치할 만한 장소를 물색하기 곤란한 문제가 있다. 결론적으로, '한국군 60만 명 및 MAP 2억 2,500만 달러'가 유지되어야 한다. 한편, 소련과 외교적으로 접촉하여, 한반도에서 남・북한 관계가 정상화될 가능성, 적어도 남・북한에 갈수록 무거운 부담으로 작용하는 현재의 국방소요를 완화시킬 여지가 있는지의 여부를 타진해 볼 필요가 있다.

케네디 대통령의 개입

전통적으로 미 합참은 한국군의 병력감축을 강력히 반대하면서, 한반도의 미군・한국군의 임무는 북한군・중공군의 연합공격으로부터 한국을 방위하는 것이라는 점을 강조해 왔다.[18] 그런데 1962년 9월 말, 미군・한국군의 임무를 북한군 단독 공격으로 제한할 수 있다는 케네디 대통령의 발언은 한국군 병력감축을 둘러싼 새로운 논란을 불러일으켰다.[19] 이와 관련하여 NSC의 코머는 다음과 같은 요지의 메모를 작성했다.

본인(코머)이 보기에, 전쟁 초기 중공군의 전면 남침은 유럽에 대한 소련군의 전면공격에 비견될 수 있을 것이다.[20] 'ND에 이어서 ND'.

---

18 278. Memorandum From Michael Forrestal of the National Security Council Staff to President Kennedy (Top Secret), September 24, 1962, *FRUS 1*.

19 279. Memorandum From Robert W. Komer of the National Security Council Staff to the President's Deputy Special Assistant for National Security Affairs (Kaysen) (Top Secret), September 26, 1962, *FRUS 1*.

20 이 뒤의 문장이 'ND(1줄)'로 인해 삭제되었으나, 전후 문맥을 놓고 보면 '중공군의 전면남침은 미국의 핵무기로 공격당할 수 있음을 고려해 볼 때, 소련군이 유럽을 전면 공격하기 어려운 것과 마찬가지로 그 가능성이 그다지 높지 않다.'라는 취

이 대목에서 한국전쟁을 휴전으로 이끈 것은 핵전쟁의 확산위협 때문이었다는 점을 기억할 필요가 있다. ND 미군의 '인계철선(tripwire)' 효과와 아울러 이러한 주한미군의 실질적 억지력으로 인해, 중공이 한국을 공격할 가능성은 매우 낮다. 따라서 중공군이 공격을 감행할 수 있는 유일한 상황은 우리(미국)가 절대로 ND를 사용하지 않을 것이라는 확고한 신념이 있을 때뿐이다.

사실 우리는 (주한미군의 핵무기 외에도) 미군 2개 사단, 한국군 19개 사단, 유엔사령부, 유엔 결의안의 우산(umbrella), 10마일 종심의 비무장지대 등, 자유진영 부근의 어느 지역에서 벌어질 수 있는 국지적 공격에 대해서보다 '더 큰 억지력의 조합(a greater combination of deterrents)'을 한반도에 보유하고 있다. 이런 이유 때문에, 본인(코머)은 왜 우리가 그토록 많은 액수의 MAP와 미군의 자산을 한국에 붙들어 두고 있는지 이해하기 어렵다. 우리는 중동이나, 동남아시아, 심지어 유럽에 비교해서도 한반도에 군사적으로 '과도한 보험(over-insured)'을 들고 있다. 왜 우리는 1953~1962년 사이에 동남아시아 지역을 보강하는 대신에 한국군에 그렇게 많은 돈을 사용했나?

맥나마라 장관이 설득력 있게 표현했듯이, 우리(미국)는 한국에서 '어중간한 딜레마(betwixt and between)'에 빠져 있다. 우리는 북한의 재래식 공격을 막는 데 필요한 것보다 훨씬 더 많은 군사력을 보유하고 있으나, 종전의 한국전 당시보다 훨씬 더 큰 노력을 기울이거나, 핵무기를 사용하지 않고는[21] 대규모의 중공군 공격을 지연시키기에 충분하지 않다. 중공군은 1956~1959년 사이에 철수했지만, 언제든지 60만 명

지로 언급했을 것으로 추정된다.

21 'ND(1줄 미만)' 내용을 추정한 것임.

정도는 쉽사리 한반도 전선에 복귀할 수 있을 것이다. 따라서 만일 '상상할 수 없는(inconceivable)' 상황이 벌어지고, 중공군의 직접적인 공격이 감행된다면, 어느 시점에선가 우리는 핵무기 사용의 여부[22]를 결정해야 할 것이다.

한동안 잠잠하던 한국군 감축계획이 다시금 도마에 오른 것은 1963년 5월 말이다. 이와 관련하여 NSC의 코머는 케네디 대통령에게 보낸 메모에서 다음과 같이 보고했다.[23]

본인(코머)이 보기에 한국에 대한 우리(미국)의 투자는 우리의 전략적 이익을 훨씬 초과하는 것이다. 한국전 종전 이후 이미 50억 달러를 투자한 외에도, 다시금 향후 5년간에만 MAP로 수십억 달러를 지출할 계획을 갖고 있다. 더구나 한국이 '비대한(over-sized)' 군대에 소요되는 비용을 자력으로 감당하기에는 한참 멀었다. 버거 대사와 국무부 및 국방부는 향후 2년간 한국군의 부분적 감축에 동의한 것으로 알려졌다.

그러나 이러한 부분감축은 단지 미미한 예산절감을 가져올 뿐이다. 만일 점진적으로 한국군을 19개 사단에서 12개 사단으로 줄이면, 연간 약 5천만 달러를 다른 용도로 사용할 수 있다. 군사력 감축은 정치적 요인으로 인해 민감한 사안임에 틀림없으나, 오히려 정치적 이유를 들어 한국군을 압박할 수 있는 명분으로 활용될 수 있을 것이다. 이와는 별도로 1963년(1953년의 오타로 보임) 이후 10년 이내에 우리가 한국이라는 짐에서 벗어날 수 있다는 합리적 희망을 가질 수 있을 만큼

---

22 'ND(1줄 미만)' 내용을 추정한 것임.

23 306. Memorandum From Robert W. Komer of the National Security Council Staff to President Kennedy, May 31, 1963, *FRUS 1*.

의 속도로 한국 경제를 발전시키는 데 실패했다. 아마도 우리는 군대에 돈을 덜 쓰고, 경제개발에 더 많이 투자해야 할 것이다. 한마디로, '우리에게 한국은 계속해서 가장 돈이 많이 드는 군사 위성국이다(Korea continues to be our most expensive military satellite).' 우리가 한국에 그 많은 비용을 지불할 필요가 있을까?

버거 대사의 질문

1964년 새해 벽두부터 한국군 또는 한국군 · 주한미군 군사력 감축 문제가 뜨거운 현안으로 부상했다. 여전히 이러한 군사력 축소 문제는 한국 측과의 구체적 협의가 없는 상태에서, 주한 미국대사관, 주한미군 · 유엔사, 태평양사, 합참, 펜타곤, 국무부, 백악관 등 미국 측 내부에서만 심층적으로 논의되는 양상을 보였다. 그런데 정작 주한미군과 관련된 사안에서 핵심적 역할을 수행해야 할 버거 대사조차도 그 사안이 어떻게 돌아가는지 모를 정도로 복잡하거나 아니면 혼란스러웠던 것 같다. 무엇보다도 주한 미국대사의 입장에서 주한미군과 한국군을 동시에 줄이는 문제는 대단한 위험부담이 따르는 중차대한 사안이다. 그런데 본국 정부가 무슨 영문인지 서두르는 것같이 보였던 모양이다. 그래서 버거 대사는 새해 벽두부터 국무부에 한국군 · 주한미군 감축과 관련된 미국의 정책이 무엇인지를 문의하는 내용의 전문을 발송했다.[24] "한국군 · 주한미군 문제에 대한 미국의 정책이 뭔지 나

24 1. Telegram from the Embassy in Korea to the Department of State (Secret), January 21, 1964, *Foreign Relations of the United States, 1964~1968, Vol. XXIX, Part 1, Korea* (이하, *FRUS 2*).

도 모릅니다."로 시작되는 전문의 첫 문장은 버거의 불편한 심기가 드러나는 듯하다. 그런데 전문을 들어다보면, 전문의 목적이 '질문'이 아니라, 본국 정부에게 '절대로 서두르지 말고, 차근차근, 필요한 조치도 병행하면서' 한국군 감축과 주한미군 철수 문제에 접근할 것을 촉구하는 '훈계성 건의'임을 알 수 있다.

본인(버거)은 한국군 감축과 주한미군 철수에 관한 미국의 정책이 무엇인지 정확하게 알지 못한다. 우리(미국대사관)는 새로 출범한 한국 정부에, 미군 원조의 감소와 동시에 강력한 경제안정 프로그램 추진, 한·일 국교정상화 회담 타결, 화폐가치 평가절하(devaluation) 등 여러 가지 어려운 결정을 추진하도록 설득하고 있다.

현재 상황을 고려하건대, 향후 수개월 내에는 주한미군 감축 발표나, 한국 정부에 대한 군사력 축소 요구가 발표되지 않는 것이 현명할 것으로 보인다. 그렇다고 우리가 결정을 해서는 안 된다는 의미가 아니라, 군사력 감소에 대한 발표의 타이밍이나 한국 정부와의 협의는 복잡한 여러 요인들을 고려하여 결정해야 한다는 말이다. 본인은 이 두 가지에 관한 조치가 금년도 하반기로 연기되기를 희망한다.

한국군·주한미군 감축을 동시에 발표할 경우 심각한 충격(severe jolt)으로 인식되어, 심리적·정치적 파장이 한국 정부를 위기에 빠뜨릴 우려가 있다. 그러므로 만일 한국군·주한미군 모두를 줄여야 한다면, 순서상 한국군을 먼저 줄이고, 국민들이 그 충격에 적응한 다음, 순차적으로 미군 철수를 추진해야 할 것이다. 이상적으로 볼 때, 한국군·주한미군 축소를 추진하려면, 방위능력을 유지·개선시키기 위해 양국 군대의 개편(restructuring) 또는 재배치(repositioning) 계획이 수반되어야 한다. 사실 미군 시설의 숫자가 너무 많고, 너무 광범위하게 분산되어 있어 군사적 효과가 떨어지고 경제적 관리가 곤란하다. 본인은 오랫동안 부대 재배치, 시설 통폐합(consolidation) 등의 필요성에 대해 듣고 있으며, 한반도 남부지역에 보급창고를 건축하는 프로그램이 속도를 내고 있다.

3. 케네디 행정부의 주한미군 재배치 계획

1962년 8월 24일, 당시 국제안보담당 국방차관보 니체(Paul Nitze)가 맥나마라 국방장관에게 보낸 메모에 의하면, 8월 초에 열린 회의에서 국방부 관리들은 주한미군 1개 사단을 오키나와로 재배치하는 것이 가능한지의 여부를 검토하라는 지시를 받았다. 이런 아이디어는 1개 사단의 재배치가 '군사적 유연성(military flexibility)'과 국제수지 적자 해소에 도움이 될 것으로 예상한 러스크 장관에게서 나온 것이다. 그런데 국무부의 존슨(Alexis Johnson) 부차관은 이런 논리를 제시했다. 즉, 공산주의자의 관점에서 보면 1개 사단은 '판유리(plate glass)' 역할의 수행에 충분하므로 제2의 한국침략을 억제할 수 있다. 주한미군 1개 사단의 이전으로 막대한 외화절감을 실현할 수 있으며, 이러한 '절감'은 한국군 감축의 필요성을 오히려 줄일 수 있다.[25]

이렇게 해서 주한미군 1개 사단의 오키나와 재배치를 둘러싼 찬반

25 274. Letter From the Deputy Secretary of Defense (Gilpatric) to Secretary of State Rusk (Top Secret), August 28, 1962, *FRUS 1*. 동(同) 전문의 주석 참조.

논쟁이 벌어졌는데, 이에 대해 미 합참은 이렇게 하는 것이 미국의 이익에 부합되지 않는 것으로 판단했다. 합참에 의하면, 1개 사단의 철수는 한국에 대한 공산침략을 억제할 수 있는 능력을 '수용 불가능한 수준'으로 약화시킬 뿐 아니라, 미군 · 한국군 지휘관계에도 바람직하지 않은 변화를 초래한다는 것이다. 또한 미군 1개 사단이 한국에서 철수할 경우, 한국 정부는 미군이 한국군에 대한 작전통제권을 지속하는 것에 부정적 태도를 보이는 결과를 가져올 것이라고 우려했다. 결론적으로, 합참은 한반도에 전개한 군사력이 북한군 단독 침략에 결정적 패배를 안겨줄 수 있는 능력을 보유하고 있지만, 북한군 · 중공군이 연합공격을 감행할 경우에는 한국의 방어능력에 심각한 도전을 안겨줄 것이라는 부정적 견해를 제시했다.

1962년 9월 중순 존슨 부차관은 메모를 통하여, 서태평양 지역에서 미국의 군사태세에 유연성(flexibility)을 증가시키는 수단으로서, 주한미군 1개 사단의 감축문제를 검토하여 러스크 장관에게 보고했다.[26] 존슨에 의하면, 비록 1개 사단 철수가 기존 주한미군의 억지력을 실질적으로 약화시키지는 않을 것이지만, 그로 인해 많은 부작용이 따를 것이다. 중공과 한반도의 거리가 인접해 있음을 고려해 볼 때, 북한군 · 중공군 연합공격이 감행될 경우, '최초부터(from the outset)' 미군 2개 사단의 주둔이 필요할 것이다. 따라서 오키나와가 사단 재배치 장소로는 최적의 대안이다. 하와이 · 필리핀 모두 상대적으로 거리가 멀다. 또한 이들 장소는 분쟁 발발 초기에 한반도로 병력을 이동시킬 수 있는 충분한 수송수단이 부재하고, 오키나와에는 필요한 규모의 부대를

26 276. Memorandum From the Deputy Under Secretary of State for Political Affairs (Johnson) to Secretary of State Rusk (Top Secret), September 15, 1962, *FRUS 1*.

신속히 이동시킬 만큼 충분한 공항과 활주로가 부족한 문제가 있다.

추가로, 주한미군 1개 사단의 철수에는 정치적 · 경제적 차원의 여러 단점들이 수반된다. 이러한 철수는 경제개발 초기에 있는 한국 정부를 동요시키는(unsettling) 결과를 초래하고, 미군이 한국군에 작전통제권을 행사하는 지휘관계를 바꿔야 한다는 한국 정부의 요구를 촉발시킬 것인바, 이렇게 되면 미국은 한국의 이러한 요구를 수용할 수 없을 것이다. 이러한 요구는 경제개발 목적에 좀 더 많은 자원을 투입하기 위한 수단의 일환으로 고려하고 있는 한국군 규모 감축을 시행하는 데도 부정적 영향을 줄 것이다. 주한미군 1개 사단이 철수하면 한국 입장에서 930만 달러의 손실이 발생하는데, 이는 한국의 수출액 중 22.7%가 감소함을 의미한다. 따라서 이러한 손실을 상쇄하려면 한국에 더 많은 추가지원이 필요한데, 지원액을 증가시킬 수 있는 가능성이 있는지 의심스럽다.

4. 존슨 행정부의 한국군·주한미군 감축 및 재배치 계획

백악관 NSC의 한국군 감축안

버거 대사의 문의 전문[27]이 국무부에 도착했을 무렵, 이미 한국군·주한미군 감축과 관련된 사안은 케네디 대통령의 암살(1963년 11월 22일) 이후 취임한 존슨 대통령이 직접 관여함에 따라 빠른 속도로 논의되고 있었다. 백악관 NSC의 코머(Robert Komer)가 존슨 대통령에 보고한 메모에는 이 문제가 행정부와 백악관 내부에서 깊숙이 거론되고 있는 모습이 아래와 같이 기술되어 있다.[28]

러스크 국무장관과 맥나마라 국방장관은 전날(1월 21일) 회동하여, 한국군·주한미군을 감축할 것이 아니라, 지금은 아무것도 하지 않기로 합의했다고 한다. 맥나마라는 한국군 58만 명 가운데 7만 명을 줄이고, 주한미군에서 1964년 말까지 1만 2천 명을 줄이는 방안에 찬성하고 있다. 이는 작년에 그가 한국군 감축에 한사코 반대했던 고집스런 태도에 비하면 '장족의 발전(a big step forward)'이다. 러스크 장관은 한국군 감축에는 완벽하게 찬성이다. 국무부는 그러한 소규모 감축으로는 해로운 방향으로의 정치적 함의가 거의 나타나지 않을 것으로 보고 있다. 그러면서도 러스크 장관은 미군과의 동시감축을 지금 발

---

27 1. Telegram from the Embassy in Korea to the Department of State (Secret), *FRUS 2*.

28 2. Memorandum From Robert W. Komer of the National Security Council Staff to President Johnson (Secret), January 22, 1964, *FURS 2*.

표하는 것에 강력히 반대한다. 그는 이것이 한국과 일본의 분노를 동시에 촉발하여, 아시아 동맹국들이 '미국이 아시아에서 발을 빼려는(disengaging)' 것으로 우려할 것을 경계하고 있다. 맥나마라 장관은 만일 우리가 주한미군을 감축하지 않으면 한국군도 줄이지 않기를 바라는데, 그 이유는 이렇게 되면 '값싼 현지 보병을 지원하는 수단'이라는 MAP의 논리에 상반되어, 이를 의회에서 방어하기 어렵기 때문이라는 것이다.

계속해서 코머는 이렇게 주장했다.

만일 미국이 오랫동안 필요로 했고, 동시에 상당한 예산을 절감할 수 있는 감축계획을 다시금 전면 연기해야 한다면 애석한 일(pity)이다. '병력감축에 유리한 시점(a good time to cut)'이란 결코 존재하지 않는다. 그러나 엄연한 사실은 세계 다른 지역에서 더 많은 군사력이 요구되는 시점에, 미국이 한반도에서 군사적 '과잉보험(overinsured)'에 들고 있다는 점이다. 코머가 보기에, 진정으로 위험한 지역은 동북아가 아니라 동남아시아 지역이며, 이러한 사정은 한국전 이래 지금까지 그래왔다.

문제는 내용(substance)이라기보다는 시점(timing)이므로, 지금 원칙적인 결정을 내리고, 집행에 전술적 융통성을 발휘하지 못할 이유가 무엇인가? 예컨대, 미국은 당장 다음과 같은 조치들을 취할 수 있다. 첫째, 한국군 감축을 결정하되, 'low-key'로 하여 맥나마라 장관이 고민하는 문제를 해소하는 방안이다. 56만 명 가운데 고작 매년 3만 5천 명을 2년간 줄이는 것은 대대적 감축이 아니라, 일종의 '개편(revamping)'에 불과한 것이라고 둘러댈 수도 있다. 둘째, 비록 잠정적이지만 당장 1964년까지는 아닐지라도 1965년 말까지, 주한미군을 대폭 감축하도록 내부적으로 결정하는 방안이 있다. 즉, 철수계획 수립을 지금 시작하되, 대통령이 결심하도록 국무부·국방부가 1964년 6월 말 최종계획을 제출할 때까지 모든 종류의 발표를 미루는 것이다. 셋째, 또한 국무부·국방부가 협의하여, 지역 내 부정적인 정치적 부작용이 발생하지 않도록 예방하는 것을 목표로 삼고, 그러한 감축의 최적 타이밍을 선정하는 방안도 있다. 따라서 코머는 대통령이 이와 같은 제안에 따라, 국방부·국무부에 압력을 행사해 줄 것을 촉구했다.

존슨 대통령의 주한미군 재배치 지시

1964년 5월 존슨 대통령은 국방장관, 국무장관, AID(Agency for International Development, 국제개발기구) 국장에게, 3자가 협의하여 주한미군 중 2개 사단을 재배치하는 방안과 관련하여 미국이 택할 수 있는 대안들을 대통령이 비교 및 결정할 수 있도록 연구해 볼 것을 지시했다.[29] 존슨은 경제지원, 군사지원, 외교적 의사소통 및 공개 성명 등을 포함한 일련의 행동방책을 연구하되, 부정적 효과를 최소화하고 재배치로 얻을 수 있는 이득을 극대화할 수 있는 방안을 검토하며, 한국의 군사적 안보, 한국의 단기적 정치 안정, 지속가능한 경제발전 촉진 및 한국의 사회적·정치적 제도의 강화라는 미국의 장기적 목표 등을 고려해야 함을 명시했다.

29 9. National Security Action Memorandum No. 298 (Secret), May 5, 1964, *FRUS 2*.

1964년 6월 초, 국무부-국방부-AID 합동보고서는 주한미군 2개 사단 중 1개 사단을 재배치하는 방안에 관한 연구결과를 다음과 같이 보고했다.[30]

먼저 국방부의 견해이다. 맥나마라 장관은 현재 진행 중인 재배치 장소, 소요 비용 및 전방배치(prepositioning) 등에 관한 연구가 완료되기 전까지, 현 시점에서는 부대 철수 가능성과 이를 수행하는 방식 등에 관하여 결심하지 말아야 한다는 합참의 건의를 고려했다. 그는 또한 미군 철수가 구체적 위험을 수반하며, 미군 철수는 오직 핵무기의 조기사용과 패키지로 고려되어야 한다는 합참의 견해를 참고했다. 맥나마라 장관이 내린 결론은 이렇다. 재배치 결정을 지금 내리되, 시행은 향후 18개월간에 걸쳐 추진해야 한다는 것이다. 그는 1개 사단을 한국에서의 '고정적 공약(static commitment)'으로부터 행동의 자유를 확보하는 것이 태평양 지역뿐 아니라 전 세계에 대한 미국의 방위태세를 현저히 향상시킬 것으로 믿었다.

맥나마라 국방장관에 의하면, 태평양 지역 내 미국 영토에 1개 사단을 가급적 최전방으로 추진시켜 유지하는 것이 바람직하나, 재배치 장소에 관한 최종 결심은 상기에 언급된 연구가 종료될 때까지 기다려야 한다. 재배치는 한국에 대한 미국의 전략적 입장을 변경시키거나, 도발이 재개될 경우 미국이 선택할 수 있는 대안을 제한하지 않을 것이다. 그에 의하면, 한국에 남게 될 주한미군 전력(현재 4만 명 이상), 이들 부대를 신속하게 증원할 수 있는 능력, 전술항공능력 개선, 태평양 지역 내 미국의 전반적 군사태세의 유연성 개선(improved flexibility) 등은,

---

30 17. Draft Memorandum From Secretary of State Rusk to President Johnson (Secret), "Study of Possible Redeployment of U.S. Division Now Stationed in Korea," June 8, 1964, *FRUS 2*.

미국의 목적과 의지에 대한 설득력 있는 증거가 될 것이다. 가장 유리한 조건에서 재배치가 이루어질 경우, 국제수지 지출에서 발생하는 최대 연간 2,200만 달러, 그리고 800만 달러에 이르는 예산비용의 절약이 실현될 것으로 맥나마라 장관은 추산했다.

다음으로 국무부 견해이다. 국무부는 국방부와 다른 입장을 보였다. 러스크 국무장관은 제안된 재배치가 현 시점에서 미국의 이익에 부합되지 않는바, 그 이유는 수반되는 위험이 미미한 국제수지 절감 및 군사적 이득에 비해 불균형적으로 크기 때문이라는 것이다. 국무부에 의하면, 우선 미군 재배치 조치에는 대단히 우려스러운 불안효과(unsettling effect)가 조성되는 심각한 위험이 따를 수 있다. 국무부는 필요에 따라 문제가 되는 극동지방에 부대를 재배치할 수 있는 능력을 갖고 있다는 국방장관의 견해에 반론을 제기하지는 않으나, 사안의 핵심은 미국의 '능력(capability)'이 아니라, 동맹국과 공산주의자들이 미국의 '의도(intentions)'를 어떻게 해석할 것인지가 문제라고 보았다. 따라서 극동지역에서 주한미군 1개 사단을 철수하게 될 경우, 남아 있는 잔여부대가 아무리 뛰어난 기술적 능력과 전투력을 보유하고 있더라도 이는 미국이 지역에서 '발을 빼려는(disengage)' 의도로 해석될 것이다.

아울러 한국 정부가 한・일 수교협상 타결, 경제발전, 정치안정 등에 대한 약속과 결의를 다지는 시점에서, 미군전력 재배치를 밀어붙인다면, 미국의 군사적 능력과 의도에 대한 한국인의 신뢰를 손상시킬 것이다. 아울러 미군부대가 철수할 경우, 불가피하고 또 바람직스럽지 못하게도, 극동지역 내 관심의 초점은 미국이 대(對)한반도 방위태세에 과도하게 핵무기를 강조하고 있다는 점에 집중될 것이다. 최근 대화에서 장제스는 미국이 아시아에서 핵무기를 사용하는 것은 미국의 이익에 정면으로 상반되는 것이라고 주장하며, 그 가능성을 일축한 바 있다. 미국의 다른 동맹국들은 핵무기 사용을 더욱 강력히 반대하는 입장을 취할 것이 예상된다. 미 합참은 역내 국가들에 의하여 핵전략에 대한 사전 공약이 수용되기 전까지는 주한미군 감축을 지지(endorse)하지 않을 것이므로, 감축 제안과 관련하여 군 전체의 사기가 저하될 것이 심각하게 우려된다. 이런 맥락에서, 제안된 바와 같이 한국에서 철수하여 알래스카로 이동한 주한미군 부대의 일부가 알래스카 방위 책임을 부여받는다면, 이들이 과연 유사시 극동지역에 신속히 배치되어 즉시 가용부대가 될 수 있을지의 여부가 의심스럽다.

끝으로 채택 가능한 해결책이다. 러스크 장관은 군사자산의 운용에서 한국에서의 방위태세가 '유연성 결여(inflexibility)'를 초래할 것이라는 점에 전적으로 동의했다. 기본적으로 국무부 제안은 주한미군 2개 사단 중 1개 사단을 기동예비(a mobile reserve)로 전환시키되, 극동지역 어느 곳에든지 투입할 수 있도록 융통성을 확보하자는 것이다. 러스크는 특히 지상군이 극동지역 내 다른 곳에 투입될 가능성이 갈수록 분명해지는 사태가 발생하고 있음을 고려해 볼 때, 한반도 내 주한미군의 '완벽한 경직성(complete inflexibility)', 즉 주한미군이 타 지역으로 전환될 수 없는 방식으로 고정 배치되어야 한다는 생각에 찬성하지 않았다.

1964년 6월 중순, 당시 한국의 김성은 국방장관이 유엔사령관을 방문하여, 한국군 · 주한미군 감축과 관련하여 ① 한국군 감축 불가, ② 주한미군 감축 불가, ③ 한국군에 대한 군사지원 증가, ④ 한국에 대하여 MAP 이관 프로그램을 최소한 2년간 유예, ⑤ 미국은 한국군 봉급인상에 필요한 자금 지원 등 5개 항에 대한 미국의 조치를 요구했다.[31] 휠러 합참의장은 한국 측의 요구를 맥나마라 국방장관에게 보고하고, 한국에 주둔하고 있는 하우즈 유엔사·주한미군사령관에게 장관의 지침을 하달해 줄 것을 건의했다. 이에 대하여 합참의장은 각 항목에 대한 국방장관 지침을 아래와 같이 건의했다.

① 한국군 감축: 주한미군 일부 감축에 관한 발표에 앞서, 한국군 축소에 대한 어떠한 내용이 발표되더라도, 한국의 MAP에 대한 의회의 지지에 부정적 영향을 미칠 것이 예상된다.

② 주한미군 감축: 미국의 의도는 극동지역 내 전체 군사력을 감소시키는 것이 아니다. 한국 정부에는 미국이 한국으로부터 1개 사단의 철수를 고려하고 있다는 사실을 알리지 말아야 한다.

③ 한국 MAP: 조만간 자금축소에 대한 압력이 감소될 전망이 없다.

④ MAP 이관 프로그램: AID가 한국 국방예산의 약 2/3를 지원할 것이며, 한국 국방비는 MAP 이관을 허용할 수 있도록 증가되어야 한다.

⑤ 한국군 급여인상: 급여인상 규정은 일차적으로 미국이 아닌 한국 정부가 조치를 취해야 할 사안이다.

---

31 19. Memorandum From the Joint Chiefs of Staff to Secretary of Defense McNamara (Secret), "Guidance to the Commander in Chief, United Nations Command (U) 1. Recent communications from the Commander in Chief, United Nations Command," August 11, 1964, *FRUS 2*.

미 육군성의 주한미군 감축 통보와 그 파장

1964년 3월 중순, 주한미군사령관은 육군성으로부터 미8군에 인가된 현재의 병력수 5만 1천 명에서 9천 명이 감소될 것이라는 지침을 접수했다. 이 결정은 미군의 해외주둔으로 발생하는 국제수지(balance-of-payments) 적자를 감소시키기 위한 조치였다.[32] 이런 규모의 감축은 주한미군 병력의 약 18%의 축소에 해당한다. 이만큼의 숫자를 대폭 줄이는 것은 조만간 한국 국민의 관심을 끌고, 미군이 한국에서 '빠져나간다(pulling out)'라는 소문을 자극할 우려가 있었다. 마찬가지로, 이런 규모의 대폭적인 병력감소는 '그 사실과 정도 면에서 한국 정부로부터 숨기는 것이 사실상 불가능'했다.[33]

육군성으로부터 미8군 인원감축 통보를 받은 주한 미국대사관의 고민은, 만일 미국이 이를 시행에 옮기려고 시도한다면 거의 확실히 실패할 것이며, 한국 정부로부터 신의가 없다는 비난을 받을 것이라는 점이었다. 그렇다고 이를 한국 정부에 처음부터 알려 주면 그것이 즉각 언론과 국회에 유출되고, 미국이 한·일협상이 타결될 것을 미리 예견하여 한국으로부터 병력을 철수시키려 한다는 광범위하고 시끄러운 '경보음(alarm)'이 울려 퍼지게 될 것이다. 당시 국무부도 인지한

---

32 33. Telegram From the Embassy in Korea to the Department of State (Secret), "866. Country Team Message," March 15, 1965, *FRUS 2*. 주한미군과 미국대사관 측은 이러한 병력감축으로 연간 약 500~1천만 달러의 예산이 절감될 수 있는 것으로 추정했다.

33 원문: "...it would be virtually impossible to conceal (the) fact and extent of reductions from ROKG (ROK Government)."

바와 같이, 곧 있을 박정희 대통령의 미국 방문에서 얻고자 하는 결실 중 하나는 현 수준의 주한미군 규모가 유지될 것이라는 보장이었다. 박 대통령과 외무장관은 한국 정부가 이것에 크게 의존하고 있으며, 주한미군의 지속적 주둔과 관련된 보장이 한·일 수교협상 타결을 위한 국민적 지지를 얻는 데 도움이 될 것이라고 말했다.

만일 미국이 임박한 병력감축을 한국 정부에게 사전에 통보해 주지 않을 경우에는 이 문제와 관련하여 한국 정부와 협의할 것이라는 약속을 충실히 이행하지 않았다는 비난을 받게 될 것이다. 이 점에 관한 가장 명시적 확약은 1964년 1월 러스크 국무장관이 박 대통령에게 개인적으로, 현재 문제가 되는 것이 병력감축이 아니며, 훗날 한국 정부와 협의하여 이 문제를 검토하는 것이 미국의 입장이라고 공언했던 사실이다. 그러나 주한 미국대사관은 지금은 협의에 좋은 시점이 아니라고 판단했다. 이는 양국이 박 대통령의 임박한 미국 방문과 한·일 수교회담의 성공적 타결로 조성하려는 분위기를 망치는 것이다. 한·일 간 협상 타결은 거의 목전에 와 있는 상태로, 6월 30일까지는 거의 타결될 것이 확실해 보였다. 한·일회담의 타결이야말로 미국이 지난 수년간 국가이익에 그토록 사활적으로 중요한 동아시아에서 정책적으로 추구해 왔던 가장 중요한 목표였던 것이다.

1965년 5월 6일, 미국 정부는 미국을 방문한 김성은 한국 국방장관 일행에게 주한미군 수준과 관련하여 명확한 입장을 천명했다.[34] 우선, 미국 정부는 '특정적이고 무제한적(precise and open-ended)' 공약을 제공할 수 없음을 분명히 밝혔다. 조만간 박 대통령의 미국 방문 시 대통령에게 미국은 한국에 강력한 군사력을 유지할 것이며, 이는 한국군

34 42. Memorandum of Conversation (Secret), May 6, 1965, *FRUS 2*.

전력과 더불어 한국의 안보를 보장하는 데 충분할 것이라는 점을 확약할 수는 있으나, '우리(미국)가 어떤 특정한 숫자의 병력을 어떤 특정한 기간 동안 유지할 것이라고는 말할 수 없다'.[35] 아울러 미국은 한국에 대한 공격이 미국에 대한 공격으로 간주되는 NATO 형태의 공약을 제공할 수는 없지만, 공동성명(joint communique)에 한국이 공격을 받을 경우 '1953년에 체결된 협정에 따라 한국을 방위'할 의도가 있음을 재확인할 용의는 있다고 언급했다.

1965년 6월 초, 버거 주한 미국대사와 하우즈 유엔사령관은 주한미군 감축이 초래할 군사적 · 정치적 함의에 관하여 다음과 같이 국무부에 보고했다.[36] 주한미군을 단기체류자(transient)를 포함한 4만 8,700명으로 감축할 경우, KATUSA(Korean Augmentation To the United States Army, 미8군 한국군지원단)의 증원을 고려하더라도 2개 사단의 전투력은 편제표에서 상정하는 전투력의 겨우 50%를 넘기게 될 것이다. 현재 주한 미8군에 할당된 편제표상 인원은 6만 9,453명이다. 따라서 버거 대사의 입장에서, 편제표상 병력의 상한선을 영구적으로 4만 8,700명에 묶어두는 것은 우려스러운 일이 아닐 수 없었다.

하우즈 사령관은 육군성에 만일 병력수준이 영구적으로 4만 8,700명으로 줄어든다면, 구조개편이 필요하다고 보고했다. 기본적으로 그의 계획에 의하면, 7사단을 여단으로 줄여 1기갑사단을 보강하고, 7사단의 일부는 해체시키는 것이다.[37] 이 과정에서 7사단이 맡던 인천의

35 원문: "We cannot say that we will keep any specific number of troops for any specific period of time."

36 54. Telegram From the Embassy in Korea to the Department of State (Secret), June 4, 1965, *FRUS 2*.

37 당시 한국에 주둔하고 있던 주한미군은 제1기갑사단과 제7사단이었다.

군사항구는 유류 터미널을 제외하고 폐쇄한다. 7사단 축소의 결과로 1기갑사단 전투력이 보강될 것이다. 충원되는 인원수를 줄이고 완전한 편제를 갖춘 2개 사단을 보유하는 것은 군사적으로 현명치 못한 방책으로서, 사실 이는 4만 8,700명으로 구성된 정상적인 부대의 군사력보다 못한 전투력을 발휘하게 될 것이다.

정치적 문제와 관련하여, 재론할 필요도 없이 모든 한국인들은 미국의 군사적 공약과 주한미군의 유지를 매우 중요시한다. 이러한 우려를 해소하기 위해 많은 고위 미국 관리들이 한국인들에게 강력한 주한미군 주둔을 유지하고, 병력을 감소시키는 결정을 내릴 때는 사전에 협의할 것이라고 장담했다. 그러나 미국이 한국 정부에, 1964년 병력이 증가된 사실, 1965년 3월 4만 8천 명으로 줄어든 사실, 그리고 최근 다시 병력이 늘어난 사실을 알려 주지 않았다. 그렇기 때문에, 한국 측은 당시 논의된 바에 따라 주한미군이 4만 8,700명으로 더욱 감소되더라도 여전히 그 사실을 모를 것이다. 그러나 전체 병력수가 더 적은 숫자를 중심으로 기복을 보이게 될 것이므로, 이에 대해 여전히 한국 정부가 모를 것인지의 여부는 확실치 않다. 4만 8,700명을 효과적으로 운용하기 위해 부대재편이 필요할 경우 분명히 세인의 관심을 끌 것이고, 한국인들은 미국이 군사력을 줄인다는 결론에 다다를 것이다. 그러나 주한 미국대사는 단연코 '지금은 한국인들에게 어떤 부대도 철수한다는 인상을 줄 시점이 아니다.'라고 생각했다. 따라서 4만 8,700명으로의 영구적인 주한미군 규모 축소는 부대재편이 수반되지 않는 한 군사적 의미가 없다. 한편, 부대재편을 추진하게 될 경우, 한·일 수교회담 결과의 국회 비준과 월남 추가파병을 위해, 가능한 모든 노력을 집중해야 하는 한국 정부를 약화시킴으로써 중대한 정치적 타격을 입히게 될 것이 우려되었다.

군사적 · 정치적 관점에서 최선의 해결책(방안 1)은 단기체류자를 포함하여 약 5만 5천 명 수준으로 주한미군을 재건(rebuild)하되, 현재의 부대구조를 유지하는 것이다. 그보다 덜 만족스런 방책(방안 2)은 지난 5년간의 평균치인 5만 2천 명으로 줄이고, 다소 어렵지만 기존의 부대구조를 유지하는 것이다. 이렇게 되면 설령 한국 정부로부터 병력수가 부족한 것 같다는 지적을 받더라도, "우리가 과거에 보유했던 평균 숫자에서 줄어들지 않았다(there is no reduction from the average number we have had in the past)."라고 둘러댈 수 있을 것이다. 마지막 가능성은 그저 한국 정부에 부대가 줄어들었다고 말하면서, 감축 후 병력수는 1960~1963년의 평균 수준 밑으로 수천 명 줄었을 뿐이고, 부대재편으로 줄어든 미군들의 전투력이 개선될 것이며, 월남의 현재 상태를 고려해 볼 때, 축소된 부대규모가 그나마 우리가 할 수 있는 최선이라고 얼버무리는 방안이다. 결론적으로 버거 대사는 국무부에, "향후 6개월간 방안 1을 채택하고, 최후의 대안으로 방안 2를 택하자."라고 건의했다.

1966년 10월, 러셀(Russel) 미 상원의원은 한국군의 월남 파병에도 불구하고, 한반도에서 주한미군 1개 사단이 철수해야 한다고 주장했다. 비록 이 발언은 미국 정부의 공식입장이 아니었으나, 한국 정부에 심대한 영향을 주는 것이었다. 이와 관련하여 샤프 태평양사령관이 휠러 합참의장에게 보낸 전문에 따르면, 한국 정부가 월남에 전투부대 파병을 결정했을 때, 미국은 사전 협의 없이 한국의 군사태세를 변화시키지 않겠다고 공식적으로 확약한 바 있다. 그런데도 미국이 적시에 월남 파병을 지원하기 위해 미8군 인원을 일시적으로 축소시키는 조치를 취할 경우, 한국은 이런 조치를 자국 방위와 전략적 중요성에 미국이 흥미와 관심을 잃고 있음을 나타내는 반증으로 해석하고 말 것

이다.[38]

설상가상으로, 당시 터키군과 에티오피아군 등이 병력 철수 움직임을 보인 것은 한반도에 주둔하고 있는 유엔사의 존재가 갈수록 축소됨을 의미했다. 이는 매우 중요한 사태인바, 그 이유는 한국군에 대한 미국의 작전통제권 행사가 유엔사를 통해서 이루어지기 때문이었다. 샤프 사령관에 의하면, 만일 '다국적 공약의 침식(erosion of multi-national commitment)'이 지속된다면, 의심할 바 없이 한국은 한국군에 대한 유엔사 작전통제권과 관련된 입장을 재평가하는 시점에 이를 것이다.[39]

샤프 사령관이 보기에, 한국이 미국의 파병 요구에 응한 것은 이처럼 특정한 시점에 서방세계가 한반도에 전략적 중요성을 부여하고 있다는 사실을 인식했기 때문이다. 중공의 입장에서 한국은 사활적으로 중요한 지역을 위협하는 강력한 자유진영 국가이다. 이처럼 냉혹한 현실은 자유진영과 공산진영 간 세력균형에서 억지력을 유지하는 데 가장 중요한 요소이다. 즉, 한국에서 강력한 전략적 태세를 유지하는 것이 태평양과 동아시아의 전반적 세력균형에 긴요(essential)한 것이다. 샤프 사령관이 도달한 결론은 이러했다. 만일 미국이 중공으로 하여금 아시아에서 더 큰 행동의 자유를 향유하도록 허용치 않으려면, 한국의 전략적 위치에 대한 가치가 줄어든다는 모습(appearance)을 보일 수 있는 어떠한 행동도 취하지 말아야 한다.[40]

---

38 92. Telegram From the Commander in Chief, Pacific (Sharp) to the Chairman of the Joint Chiefs of Staff (Wheeler) (Secret), "Exclusive for General Wheeler info General Beach from Admiral Sharp. US–ROK Relations," October 10, 1966, *FRUS 2*.

39 Ibid.

40 Ibid.

주한미군 병력 현황(1965.12~1966.11)

(단위: 명)

일시	인가 인원	배치 인원	현재원
1965년 12월	51,288	51,267	48,517
1966년 1월	50,647	52,278	50,158
1966년 2월	50,646	53,843	50,396
1966년 3월	50,646	54,061	**50,456**
1966년 4월	50,789	54,061	47,680
1966년 5월	50,747	49,467	45,990
1966년 6월	50,782	46,495	43,351
1966년 7월	50,588	43,729	41,170
1966년 8월	50,588	43,121	39,940
1966년 9월	50,588	41,156	**38,711**
1966년 10월	50,588	44,350	39,799
1966년 11월	50,121	48,704	43,748

1965년 12월~1966년 11월 중, 주한미군 병력 현황을 보면 다소 복잡한 모습이다. 인가(authorized) 인원, 배치(assigned) 인원 및 현재원(on-board) 사이에 상당한 편차가 발생했다. 특히 현재원은 적게는 3만 8,711명에서 5만 456명에 이르기까지 1만 명이 넘게 차이가 난다. 이는 주한미군이 월남에 배치되는 미군들의 전출 · 입에 따라 상당한 정도의 '유연성(flexibility)'을 발휘했음을 시사하는 대목이다. 이런 내용은 1966년 말에 브라운 주한 미국대사가 동아시아 및 아 · 태담당 차관보에게 발송한 전문에 잘 드러나 있다.[41] 브라운 대사에 의하면, 주한미

41 105. Letter From the Ambassador to Korea (Brown) to the Assistant Secretary of State for East Asian and Pacific Affairs (Bundy) (Confidential), "U.S. Army Strength in Korea," December 13, 1966, *FRUS 2*.

군이 주특기들을 적절하게 잘 혼합시키면 '현재의 두드러진 병력 부족(glaring present deficiencies)'을 일부라도 메울 수 있다는 것이다. 그러면서 브라운은 "우리는 표 속의 내용에 대해서 이곳(서울)과 워싱턴에서 함구(keep close tabs)해야 한다."라고 입단속을 당부했다.[42]

미국의 한국군 감축 요구

1965년 5월 18일, 한국의 김성은 국방장관과 별도 회담을 가진 맥나마라 국방장관은 한국군의 규모에 대한 문제를 집중적으로 거론했다.[43] 맥나마라 장관은, 북한 및 중공과의 관계에서 한국은 주한미군에 추가하여 얼마만큼의 군사력이 한국을 방위하는 데 필요한지 염두에 두어야 하지만, 그것이 너무 크면 안 된다고 지적했다. 한국은 1966년에 필요한 적정 군사력의 규모를 생각해야 하며, 이때 가용한 MAP 자금과 한국군의 낮은 급여 문제를 염두에 두어야 한다는 것이다.

---

42 원문은 "We should keep close tabs on it both here and in Washington."이다. 이 문장에서 '함구'가 누구를 대상으로 한 것인지가 문제이다. 병력수준과 관련된 민감한 정보가 미국 정부 내 여타 부처에 유출되어서는 곤란하므로, 그런 표현을 썼을 수도 있다. 그러나 모르긴 해도 그 대상은 서울의 한국 정부와 워싱턴의 주미 한국대사관으로 보는 것이 타당할 것이다. 미국이 동맹국인 한국에게 주한미군 전력의 변동현황을 굳이 숨기고 알려 주지 않은 것은 불필요한 한국 측의 고민을 덜어 주기 위한 따뜻한 배려에서 비롯된 것인지, 아니면 주한미군의 '전략적 유연성'을 발휘하려는 데서 비롯된 것인지는 확실하게 단정짓기가 쉽지 않다. 그러나 적어도 이런 모습은 미국이 동맹국인 한국에게 자신들의 필요와 편의에 따라 진실을 숨기고 은폐하려 했다는 오해는 불러일으킬 만해 보인다.

43 52. Memorandum of Conversation (Secret), "Visit of Korean Minister of National Defense Kim, 18 May 65," May 18, 1965, *FRUS 2*.

김성은 장관은 박 대통령이 북한군·중공군의 위협을 우려하고 있다고 말했다. 이에 대해, 맥나마라 장관은 위협을 평가할 때에는 반드시 한국군·주한미군의 연합전력을 고려해야 한다고 응수했다. 그는 '개인적으로 한국군의 규모가 너무 크다.'라고 생각한다고 언급했다. 따라서 한국 정부는 가용자원의 측면에서 필요한 군대의 규모가 어느 정도의 크기가 되어야 하는지에 대해 신중하게 생각해야 한다. 맥나마라 장관에 의하면, 북한군·중공군은 남쪽이든 북쪽이든, 어디든 약한 곳을 향해 공격할 것이다. 한·미 양국은 모든 곳에서 강력하고 확고한 태세를 유지해야 하는 것은 맞지만, '주먹 하나로 충분하다면, 군이 주먹을 두 개 갖고 있을 필요는 없다(we do not need two fits when one fit will do)'.

맥나마라 국방장관은 미국이 한·미 상호방위조약으로 강력한 공약을 갖고 있고, 전쟁에 충분한 군사력을 제공할 것이라고 말했다. 나아가 미국은 한국에 필요한 적정 군사력 규모에 관해 권고하고, 조언하며 지원할 것이다. 마침 맥나마라 장관은, 그날 오전 박 대통령이 "한국이 강력해지려면 경제발전을 이룩해야 한다."라고 언급했음을 상기시키고, 한국 정부가 필요한 것보다 더 많은 자원을 군사력 유지에 투입해서는 안 된다고 강조했다. 그는 가용자원을 현명하게 사용해야 한다면서, 한국이 현재 보유하고 있는 것처럼 많은 군대가 필요하지 않다고 생각하는 편이라고 말했다.

1966년 6월, 워싱턴에서 개최된 한·미 국방장관 회담에서 또다시 한국군의 규모가 주요 의제로 논의되었다.[44] 맥나마라 장관이 한국 경제가 나날이 개선된다고 언급하자, 김성은 국방장관은 한국 경제가 기

44 87. Memorandum of Conversation (Secret), "Visit of Korean Minister of Defense Kim Sung Eun," June 22, 1966, *FRUS 2*. 회담은 오후 2시 35분~3시 40분까지 이루어졌다.

본적으로 농업에 기초하고 있고, 날씨가 농사에 직접적인 영향을 미치므로 한국 경제에서 날씨가 가장 중요한 역할을 수행한다고 말하며, 날씨가 좋아 금년은 식량위기를 겪지 않은 최초의 해가 되었다고 덧붙였다. 그러자 맥나마라 장관은 "인구에 비례하여 한국군 숫자가 너무 많다."라는 우려를 나타내고, 아울러 한 · 미 양국은 북한군에 비례한(relative to) 한국군의 규모, 그리고 주한미군의 규모를 두루 고려할 필요가 있다고 말했다. 즉 규모가 너무 큰 군대가 한국 경제에 미치는 영향을 연구할 필요가 있음을 지적한 것이다. 맥나마라 장관이 계속해서 과도한 한국군 규모로 인해 경제가 지장을 받고 있다고 걱정하자, 김성은 장관은 "한국의 지리적 위치 때문에 한국인들이 안보를 우려한다."라고 맞섰다.

5. 존슨 행정부의 1차 대(對)한반도 정책 재검토

1968년 6월 중순, 존슨 행정부는 미국의 대(對)한반도 정책의 재검토에 착수했다. 미 국무부의 정책기획위원회(PPC: Policy Planning Council)가 작성한 보고서는 한국군에 대한 지원 노력을 가속화하여, 궁극적으로는 북한의 남침 공격이 재발할 경우, 미군이 한국전에 대규모로 개입되는 상황을 방지하는 데 초점을 두고 있다.[45] PPC에 의하면, 미국

45 201. Paper Prepared by the Policy Planning Council of the Department of State (Secret), "US Policy Toward Korea," June 15, 1968, *FRUS 2*.

의 대(對)한반도 정책이 상당한 성공을 거두었지만, 접근방법을 변화시켜야 할 필요성이 갈수록 명백하다. 한국의 경제성장은 더 이상 미국의 대규모 경제원조에 의존하지 않으며, 정치발전은 갈수록 미국이 한국의 경제적 의사결정, 때로는 정치적 의사결정에 깊숙이 개입했던 방식과는 '양립 불가(incompatible)'하다. 동시에 북한의 더욱 호전적 행동은 미국에 한반도에서의 안보태세를 재점검해야 할 새로운 유인으로 작용하고 있다.

PPC에 따르면, 한국에서 미국이 선택할 수 있는 정책 대안의 폭이 매우 협소한 것으로, 주로 안보적 고려에 초점을 맞추고 있다. 먼저, '방안 1'은 한국 방위역량을 점진적으로 증가시키도록 지원을 계속하는 것이다. '방안 2'는 한국에 추가적 자원을 대규모로 제공함으로써, 미국은 군수지원에만 집중하고, 한국이 북한의 전면공격을 감당할 수 있는 능력을 신속하게 배양하도록 노력하는 것이다.

PPC 보고서의 판단은 다음과 같다.

즉, 비용에 대한 고려는 차치하고라도, 상기 전략 중 '방안 2'가 명백히 선호된다. 미국은 이 방식을 통해 한국의 자립도 제고를 위한 정치·경제정책은 물론, 군사력 조정(adjust)도 추진할 수 있다. 보다 중요한 것으로, '방안 2'는 "수년 이내에 미국의 전투부대가 북한의 새로운 공격을 격퇴하기 위하여 한국에 투입되어야 할 위험을 거의 제거시켜 줄 것이다"라는 점이다.[46]

---

46 원문: "this strategy would in a few years time all but eliminate the risk that US combat forces would have to be committed to help the ROK repel a new North Korean attack." 이 문장은 정책 재검토의 목적이, 유사시 미군의 전쟁개입 가능성을 최소화하는 데 있음을 보여 준다.

상기의 '방안 1'은 비용 측면에서도 아무 실익이 없다. 당시 계획된 군사지원 수준에서, 한국 방위능력의 증가 속도는 매우 느리다. 따라서 이에 상응하여 주한미군 감축 속도가 점진적이어야 하고, 결과적으로 새로운 전쟁에 개입하게 될 위험, 그리고 주한미군 유지에 따른 심대한 부담이 연장(prolong)될 것이다. 주월(駐越) 한국군의 철수는 한국군의 강화 및 재편의 기회, 그리고 주한미군이 단계적으로 철수할 수 있는 기회를 부여할 것이다. 월남에서 한국군이 철수하면 지상전력 · 해상전력은 어렵지 않게 북한의 육군 및 해군을 능가(more than match)할 것이다. 비록 전력격차가 원하는 만큼 크지 않으나, 사실 북한군은 이미 지상전력 및 해상전력 면에서 열세에 있다.

공중전력의 균형은 자못 상이하다. 북한은 정전협정 이후 대규모 공군력을 확보한 반면, 한국은 대부분 미국의 공중지원에 의존했다. 비록 미국이 한국에 공중전력의 '균형(parity)'을 가져다 줄 수 있으나, 이는 아마도 불필요하고 바람직하지 않을 것이다. 불필요한 이유는 이미 대다수 북한의 공군력이 한국을 전면적으로 공격하기에는 노후화되고 성능 발휘가 의심스럽기 때문이다. 바람직하지 않은 이유는 수적 균형이 단지 한반도에서 군비경쟁(arms race)을 가속화하는 결과를 초래하기 때문이다. (주력부대가 감축된 이후) 잔여 주한미군은 사단사령부 참모요원, 군사 자문단, 그리고 선별적인 군수부대 요원 등으로만 구성될 것이다.

PPC에 의하면 주한미군 주력부대의 감축에도 불구하고, 미국은 여전히 한국의 정치적 의사결정에 영향을 미칠 수 있으며, 한국이 1971년[47]이라는 장애물을 넘어설 때까지 그러한 영향력 발휘에 필요

---

47 당시 김일성은 1970년을 '통일원년'으로 삼고 한반도 적화통일을 공공연히 주장하고 있었다.

한 수단을 장악해야 한다. 그러나 미국은 이미 미국의 입지가 수년 전과 매우 달라졌음을 인식해야 하며, 과거에 수행했던 '비행교관(a flying instructor)'으로서의 역할을 '영원한 부조종사(a permanent copilot)'로 변환시키지 말아야 한다. 이에 따라 PPC가 제시한 바람직한 전략은 아래와 같은 주요조치들을 시행하는 것이다.

- FY[48] 1970년: 주월한국군 1개 사단 복귀 및 지원 중단(phase-out)
- FY 1971년: 주월한국군 1개 사단 복귀 및 MAP 이관계획 재개
- FY 1972년: 개발차관 및 국방비 지원 중단, MAP를 단기 신용판매로 이관 개시, 미 2사단을 한국에서 철수, 비상사태를 제외하고 한국군에 대한 유엔사의 작전통제권 전환
- FY 1973년: 미 7사단 철수
- FY 1974년: PL 480(식량원조 프로그램) 종료
- FY 1975년: 대대적인 한국군 구조 현대화 계획 완료

PPC는 다음과 같은 기술(記述)로 보고서를 마무리 지었다.

즉, 문제가 없는 전략이란 존재하지 않으나, 그럼에도 불구하고 상기 전략은 "새로이 한국전이 발발하더라도 미국이 직접 개입해야 할 취약성을 감소시킬 수 있는 최선의 희망"을 제공해 준다. 미국은 한국에서의 중요한 이익을 지키는 동시에, 한국이 더 이상 '종속적 의존국(a dependent client)'이 아니라 자립적이고 완전히 성숙한(full-fledged) 동맹국으로 성장하는 새로운 관계로 나아가야 한다.

---

48 Fiscal Year, 회계연도.

제3장
월남 파병과
한국군의 현대화

1. 점증하는 미국의 한국군 월남 증파 요구

한국군 증파 요구와 미국의 계산법

1964년 9월 태권도 교관과 이동 외과병원을 포함하여 140명으로 구성된 비전투 부대가 1차로 파견된 이후, 1965년 2월 25일 국회결의에 따라 공병 및 수송부대로 편성된 '비둘기 부대' 2천 명이 비전투 임무수행을 위해 2차로 월남에 파견되었다. 그런데 1965년 5월 중순부터 월남 정부는 한국 정부에 또다시 추가적인 병력파견을 요청했다.[1] 1965년 6월 초, 박정희 대통령은 버거 주한 미국대사에게 미국이 원하는 한국군 파병 규모가 정확하게 어느 정도인지를 문의했다.[2] 버거는 "문제는 타이밍(question was one of timing)"이라면서, 미국은 1개 사단을 원하지만, 우선적으로 미국이 받아들일 수 있는 것은 전투부대라고 답변했다. 이에 대해 박 대통령은 국회에 사단 규모의 전투부대까지 파견할 수 있는 권한을 요청할 것이라고 말했다.

그러나 버거 대사는 국무부에 보고한 전문에, 국제문제에 대한 박 대통령의 판단을 의심하는 모습을 보일 수가 없어, 분명하게 면전에서 차마 그런 이야기를 하지 않았지만, 그의 '안일한 낙관주의(easy optimism)'를 공유할 수 없다고 밝혔다.

---

1 52. Memorandum of Conversation (Secret), "Visit of Korean Minister of National Defense Kim, 18 May 65," May 18, 1965, *FRUS 2*.

2 53. Telegram From the Embassy in Korea to the Department of State (Secret), June 3, 1965, *FRUS 2*.

이어서, 버거는 다음과 같은 요지로 기록했다.

"어느 국가건 간에 월남에 2만 명의 전투부대를 파병하는 것은 중대한 과업이다. 한국도 마찬가지이다. 많은 한국인들이 월남 파병이 현명한 처사인지에 대해 진지하게 의문을 표하고 있다. 야당은 박 대통령이 불만족스런 조건으로 한국을 일본의 경제지배에 넘겨주더니, 이제는 공산국가로부터의 위험을 증가시키고 국방을 약화시킨다고 주장한다."[3]

버거 대사는 국무부에 보고한 전문에서, 월남에 대한 한국군의 전투병 파병에 중요한 역사적 의미를 부여했다. 그러나 전투부대 파병의 역사적 의미보다 더 중요한 것은, 이에 대한 버거 대사의 단순명료한 계산법이다. 한마디로, 한국군 전투부대는 "미군이 월남에 파병하는 것보다는 인명 · 재산 면에서 훨씬 적은 비용이 소요될 것이므로, 한국의 요구사항을 다 들어주더라도 미국 측에 유리하다."라는 것이다. 버거 대사에 의하면, 만일 한국이 월남에 1개 전투사단을 파병한다면 이는 한 · 미관계에 새로운 차원을 추가하게 될 것이다. 공산국가에 인접한 약소국인 한국은 공산군과의 대결이 가장 치열한 월남 지역에서 실제 전투에 참여하게 될 것이다. 이러한 결정은 한국의 중대한 시점에 이루어진 것으로, '현대사에서 일종의 기념비적 사건(a sort of watershed in its current history)'으로 기록될 것이다.[4]

그러나 엄연한 사실(cold fact)은 한국이 구태여 전투부대를 파병할

---

3 Ibid.

4 57. Telegram From the Embassy in Korea to the Department of State (Secret), July 10, 1965, *FRUS 2*. 참고로, 1965년 8월 13일, 국회에서 전투부대의 월남 파병 결의가 통과되었다.

필요가 없다는 것이고, 파병이 한국에 추가적인 위험을 가져다줄 것이고, 잘 훈련된 전투사단이 월남전에 실질적으로 기여할 것이며, '우리의 엄청난 인명과 재산을 절감시켜 줄 것(it can save us a great deal in blood and treasure)'이라는 점이다. 한국의 기여에 대한 반대급부는 한국이 월남에 상당 규모의 전투부대를 유지하는 한 MAP 이관 유예 같은 혜택을 고려해 볼 수 있다. MAP 이관 유예는, 한국 정부가 이를 통해 얻는 예산 절감으로 군대 및 민간의 급여를 대폭 인상시켜 줄 수 있음을 이해하여, 이관이 계획되어 있는 품목들을 미국이 역외조달(offshore procurement) 형태로 한국으로부터 구매하는 방식으로 이루어질 수 있다. 이러한 조치는 한국 정부의 엄청난 승리로 기록되는 상당한 효과를 보일 것이다. 이런 조치를 통해 미국의 달러 유출(dollar outflow)이 좀 더 증가될 것이다. 그러나 '이는 미국이 한국군 대신 미군 사단을 월남에 파견할 경우에 소요되는 비용에 비하면 비교할 수도 없이 미미한 액수이다.'[5]

그러나 상기 버거 대사의 한국에 대한 MAP 이관의 유예 건의에 대하여, 주한미군 원조사절단(USOM: the US Operations Mission to Korea)은 일언지하에 거절했다.[6] USOM은 정치적 · 입법적 이유로 한국에 그러한 특혜(special preference)를 부여하는 것은 불가능하다고 잘라 말했다. USOM에 의하면, 미국은 한국이 (MAP 이관 같은) 일시적인 상황을 너무

5 원문: "the amount pales into insignificance in comparison with the cost of sending a US division to RVN instead of a ROK division." (RVN = Republic of Vietnam)

6 59. Memorandum From the Assistant Director of the United States Operations Mission to Korea (Brown) to the Director of the United States Operations Mission to Korea of the Agency for International Development (Secret), "Procurement in Korea for Vietnam," September 23, 1965, *FRUS 2*.

강조할 것이 아니라, 영구적 수출시장을 개척해야 한다고 강조했다. USOM도 한국이 완편된 1개 전투사단과 비전투 공병부대를 월남에 파병할 예정이므로, 불가피하게 특히 국회 내에서 한국이 미국의 부대 파견 요구에 자발적으로 응한 대가로 가시적인 교역 혜택(trade benefits)을 얻어야 한다는 생각을 특히 국회 내에서 갖게 될 것으로 예견했다. USOM에 의하면, 이런 생각은 일본이 한국전에서 엄청난 경제적 이득을 챙겼다는 사고가 한국인들에 팽배한 점으로 인해 더욱 강화되고 있다. 한국은 이제 베트남 파병을 경제적 이득을 취할 수 있는 호기로 간주하고 있다. 그러나 한편 한국인들은 전쟁에 기여하는 것은 자신들인데, 정작 역외조달로 이득을 챙기는 장본인은 일본이라는 것에 분노를 표출할 것이다. 따라서 USOM이 내린 결론은, 비록 한국에 대한 예외적 'MAP 이관' 유예조치를 용인할 수는 없으나, 월남에서의 역외구매(off-shore procurement)에서 한국에게도 다른 국가들과 차별하지 말고 공정한 기회를 부여해야 한다는 것이었다.

1965년 12월 중순 경, 베트남 사태는 심각한 양상으로 접어들었다. 미국은 전투부대의 규모를 증가시키는 한편, 아시아 국가들로부터 추가적인 파병을 얻어 내기 위한 전방위적 노력에 박차를 가했다. 상황이 다급해진 미국은 이제 막 전투부대 파병을 결정한 한국 정부에 이듬해 7월까지 1개 사단, 그리고 10월까지 1개 여단을 각각 추가로 파견해 달라고 요청했다.[7] 이에 대해 박정희 대통령은 이 사안을 매우 신중하게 고려해야 할 것이라고 말했다. 이미 전투부대를 보냈는데, 파

7 62. Telegram From the Embassy in Korea to the Department of State (Top Secret), December 16, 1965, *FRUS 2*.

병규모를 늘려 달라는 것이고, 그것도 가급적 빨리 보내달라는 것이지만, 어떤 결정을 내리기 전에 국회와 국민 여론 및 다른 사안들도 고려해 보아야 한다는 것이다. 그는 오직 총리와 국방장관에게만 언급했을 뿐이므로 각별히 보안에 유념해 줄 것을 희망했다.

추가파병과 관련된 진전상황에 대해, 브라운 대사는 국무부에 보고한 전문에서 이렇게 설명했다.[8]

정일권 총리는 박정희 대통령 및 자신과 국방장관이 모두 미국의 요청대로 추가적인 파병에 동의한다고 말했다. 총리는 파병 요청이 공개되기 전에, 러스크 국무장관이나 맥나마라 국방장관이 박 대통령과 협의를 위해 한국을 방문하는 것이 반드시 필요하다고 언급했다. 그 시기는 내년 1월 25일이 좋겠다고 제의했다. 협의 직후에 미국 측에서 한국 안보에 대한 미국 지원의 공개적 재확인, 한국군 강화를 위해 미국이 취하게 될 구체적 조치들, 한국군 현대화 계획의 지속 및 2년간 MAP 이관계획 유예, 미국의 월남 파병 증가계획 등을 설명하면서, 한국의 추가적인 전투부대 파견을 희망한다고 언급할 필요가 있다는 것이다. 이런 발표가 나온 직후에 박 대통령은 미국의 요청을 확인하고, 국회를 소집하여 파병승인 법안을 제출할 예정이다. 총리는 박 대통령이 2월 7일 동남아시아 순방을 출발하기 전에 법안이 통과될 것으로 예상하고 있었다. 그러나 브라운 대사는 "만사가 원만하게 진행될 것이라는 총리의 견해를 액면대로 믿기는 어렵다."라면서, 한국 정부가 박 대통령의 동남아시아 순방 이전까지 국회를 소집하여 법안을 통과

---

8 63. Telegram From the Embassy in Korea to the Department of State (Top Secret), "Subject: Additional Korean Troops for South Vietnam," December 22, 1965, *FRUS 2*.

시킬 수 있는 가능성은 낮아 보인다고 평가했다. 아울러 일단 한국 국방부가 추가파병 조치에 돌입하면, 그때부터 '반대급부(quid pro quo)'와 관련하여 한・미 간에 힘겨운 협상(hard bargaining)이 시작될 것으로 브라운 대사는 판단했다.

1965년 크리스마스 전날, 브라운 대사는 박정희 대통령을 만나 한국 정부의 추가파병 결정 대해 "깊이 감사(deeply appreciated)"한다고 말하고, 마음에서 우러나오는 "Thank you."라는 인사로 접견을 마무리했다.[9] 이에 대해 박 대통령은 수줍어하면서도 친근하게(shy and friendly) "Merry Christmas."라고 화답했다. 브라운 대사는 박 대통령이 '침착하고, 냉철하며, 과묵한(calm, sober and laconic)' 인물로 평가하면서, 그가 어떻게 그렇게 중요한 사안을 그처럼 침착하게 다룰 수 있는지 '경이롭다(remarkable)'라는 생각이 들었다고 기록했다.

정부 간 협상으로 격상된 추가파병 문제

브라운 대사는 12월 28일 전문에서 코멘트를 통해 월남 파병을 둘러싼 한국 정부와의 '밀당'과 관련하여 흥미로운 내용을 언급했다.[10]

이제 바야흐로 추가파병은 순수한 군사적 사안이 아니라 정치적・경제적 측면을 포함하여, '공식적인 정부 간 협상'으로 격상되었다. 한

9 64. Telegram From the Embassy in Korea to the Department of State (Top Secret), December 24, 1965, *FRUS 2*.

10 65. Telegram From the Embassy in Korea to the Department of State (Top Secret), "Troops for Vietnam," December 28, 1965, *FRUS 2*.

국 정부는 미국이 무엇을 제공할 수 있는지를 알기 이전에는 전투부대 파견에 대한 공개적 약속을 유보하고 있었다. 한국 국방부의 전략은 의심할 여지없이 군사적 세부사항을 논의하기 전에 미국으로부터 가급적 폭넓은 공약을 얻어 내려는 것이다. 브라운은 한국의 이동원 외무장관이 일본과의 협상에서 얻었다는 '자이언트 킬러(giant killer)'라는 명성을 유지하려 노력할 것으로 보았다.

그런데 브라운 대사는 다소 혼란스러운 상황에 있었다. 이동원 장관의 개인적 성격, 그리고 경제 및 군대문제에 관한 무지 때문이었다. 미국은 한국군 추가파병에 관한 내용을 '귀동냥으로 들어야 하는(have to play by ear)' 처지에 있었으므로, 한국 측의 파병계획과 한국 측이 반대급부로 요구할 목록에 관한 비망록(memorandum)을 받으면 더 많은 것을 알게 될 것이다. 브라운은 '만일 한국 정부가 먼저 첫수를 두어 준다면(if ROKG makes opening gambit)', 이는 미국에 매우 유익할 것이라고 하면서도, 어찌 되었건 '사태가 한국에 심각할 정도로 유리하게' 돌아가는 것으로 보인다고 걱정했다.

이어서 브라운 대사는 또 다른 전문에서, 자신이 박정희 대통령 및 총리와 대담한 내용을 종합해 보고하면서, 한국이 미국의 추가파병 요청을 수락하는 데, 국회, 언론 및 여론에 유리한 분위기를 조성하는 것이 무엇보다 중요하다는 한국 측 발언을 언급했다.[11]

브라운 대사에 의하면, 미국이 한국에 도움이 되는 분위기를 조성

11 66. Telegram From the Embassy in Korea to the Department of State (Top Secret), "Additional Troops for Vietnam. Deptel 588.2," December 28, 1965, *FRUS 2*.

하는 데는 여러 방법이 있다. 일부는 대규모적이고 극적인 것, 예컨대 미 정부 고위인사에 의한 공개 성명이나 MAP 지원의 증가 등이다. 그러나 그보다는 국민들의 관심이 집중되는 여러 소규모 행동의 누적 효과가 더 유리한 영향력을 발휘할 수 있을 것이다. 브라운 대사는 이 시점에서 가장 도움이 되는 방안은 한국이 맹호부대 파병 시 미국이 지원해 주기로 약속한 사항, 즉 3개 예비사단에 제공될 군사장비를 조기에 대량으로 들여와 미국의 선의를 대외적으로 과시하는 것이라고 적시했다.

별로 서두르는 기색도 없이 느긋하게 월남 추가파병에 대한 한국 정부의 동향을 관찰하던 브라운 대사에게 워싱턴으로부터 급보가 도착했다. 국무부의 다급한 지시로 인해, 이제 한국군의 추가파병 문제는 브라운 대사에게 '발등에 떨어진 불'이 되었다.

국무부는 브라운 대사에게, 존슨 대통령이 한국군의 추가적인 월남 파병부대를 확보하는 것에 '최상의 중요성(the utmost importance)'을 부여한다고 지시했다. 이에 따라 국무부는 브라운 대사에게 "합리적인 가격으로 한국군 부대의 추가파병을 확보하도록 최대한의 압력을 가하라(to exert maximum pressure to obtain these forces for a reasonable price)."라는 지시를 하달했다.[12] 또한 1966년 1월 초 국무부는 주한 미국대사관에 전문을 보내, "1966년 4월까지 한국군 1개 여단, 그리고 1966년 7월까지 한국군 1개 사단의 확보에 부여된 미국 정부의 높은 우선순위"를 충족시킬 수 있도록, 가급적 실용적인 방식으로 협상을 개시하라는 지침을

12 67. Telegram From the Embassy in Korea to the Department of State (Top Secret), "ROK Troops for Vietnam," December 30, 1965, *FRUS 2*.

하달했다.[13]

한편, 월남 파병과 관련하여 한국을 방문한 험프리 부통령은 존슨 대통령에게 제출한 귀국보고서에서 이렇게 설명했다.[14]

험프리에 의하면, 박정희 대통령과 대담 중, 작년에 군사지원의 제공이 부당하게 지연되었다는 이야기를 들었다. 더구나 수리 부속품이 턱없이 부족했다. 또한 대부분의 장비, 레이더, 야전장비, 방공포 및 소총 등이 2차대전에 사용되던 구식이어서 사용불능 상태가 심각하다는 것이다. 한국군에 대한 부대사열 시에도 같은 이야기를 들었다. 한국 정부는 월남에 보다 적극적인 조치를 취하려는 시점에 미국의 군사원조가 대폭 감소하는 것을 심각하게 우려하고 있었다. 박정희 대통령과 총리는 한국으로부터 역외조달로 군수품을 구매하여 월남군에 보급해 주도록 강력히 호소했다. 박 대통령과 총리 및 각료들은 미국이 대부분의 역외조달을 일본으로부터 구매하는 것에 우려와 불만을 나타냈다.

험프리 부통령은 박정희 대통령이 월남에 큰 도움이 되기를 열망하지만, 국내에서 정치적・경제적 어려움에 직면해 있다고 보고했다. 박 대통령은 만일 미국이 한국에서 물자를 구매함으로써 한국의 경제적 필요를 감안해 주고, 한국군의 추가적 현대화를 위해 필요한 군사지원을 제공해 준다면, 1967년 대선을 앞두고도 이러한 어려움들을

13 69. Telegram From the Embassy in Korea to the Department of State (Top Secret), "Department please pass DOD. Troops for South Vietnam," January 5, 1966, *FRUS 2*. 주석 참조.

14 68. Memorandum From Vice President Humphrey to President Johnson, January 5, 1966, *FRUS 2*.

극복할 수 있다고 생각한다고 했다.

참고로, 험프리 부통령이 존슨 대통령에게 보고한 메모의 주석에는 브라운 주한 미국대사가 분석한 한국 정부의 파병동기를, 첫째, 동아시아에서 리더십 역할을 수행하려는 의도, 둘째, 한국의 국익이 걸린 아시아 지역에서 공산주의 침략에 반대하려는 의도, 그리고 셋째, 긴밀한 한・미관계가 더욱 발전하고 있음을 과시해야 할 필요성 인식 등 세 가지로 기술했다.

2. 늘어나는 한국의 청구서 목록

한국의 요구사항에 충격받은 미국대사

1966년 1월 10일, 한국 정부는 미국대사관을 통해 미국 정부에 대미(對美) 요구사항을 담은 기다란 목록을 전달했다.[15] 그 내용은 ① 전・사상자 보상금을 포함하여, 부대파견에 소요되는 추가적 예산지원 및 맹호사단 교체비용 부담(약 30억 원), ② 1971년까지 국방비의 75% 지원, ③ 유엔사가 요구하는 토지 및 건물 보상비(약 46억 원), ④ 문화・교육・복지 등에 '대통령 긴급구호자금(US Presidential Contingency Fund)'을 투

15 71. Telegram From the Embassy in Korea to the Department of State (Secret), January 10, 1966, *FRUS 2*.

입하여 1천만 달러 제공, ⑤ MAP와 AID를 통하여, 한국으로부터 다양한 역외조달 구매, ⑥ 각종 개발차관 제공, ⑦ 경제안정을 위한 물품에 자금 지원, ⑧ 보조금(grants-in-aid) 및 현물차관 형식으로 15만 톤의 화물선 제공, ⑨ 한국 면직물에 대한 미국의 쿼터 해제, ⑩ 각종 대침투(counter-infiltration) 장비 지원 등이다.

주한 미국대사관은 한국 정부가 보낸 장문의 요구목록에 대해, 한국의 각 정부부처가 국민들에게 최대한 많은 혜택을 주기 위해 타 부처와 경쟁하는 과정에서, 내놓을 수 있는 최대치를 제시했다는 인상을 받았다. 미국 측이 보인 비공식적 반응은, 목록이 비현실적 · 비합리적이고, 대다수 요구사항들이 법률적 · 정책적 제한사항 등의 기본적 지원기준에 미달하며, 미국의 재정능력을 초과한다는 것이었다. 심지어 부총리는 이런 목록을 내놓으면서 '구체적 사항에 대한 정당한 근거를 제시하지 않고, 별다른 열의도 보이지 않은 채', 두루뭉술하게 정치적인 발언을 몇 마디 언급하는 것으로 넘어갔다고 한다.

1월 18일 브라운 대사에게 보낸 서신에서, 국무부의 버거(전 주한 미국대사)는 "한국 역사에서 얻어먹는(mendicant) 기간이 끝나, 보다 세련되고 자신감에 찬 박정희 정부가 까다롭지만(stiff) 합리적으로 최초의 협상 포지션을 보일 것으로 기대했다."라며 실망감을 나타냈다. 한편, 맥나마라 장관은 존슨 대통령과의 전화통화에서 '한국은 추가파병의 대가로 6~7억 달러의 사례금(cumshaw)을 바라지만 국무부 · 국방부가 반대하고 있으며, 미국은 약 7천만 달러 정도의 장비 · 현금'을 제공하는 방안을 고려 중이라고 말했다.[16]

1월 27일 국방부 국제안보차관보는 맥나마라 장관에게 추가파병

---

16 Ibid., 주석 참조.

과 관련된 한국 측 요구사항의 수락을 건의하는 메모를 보고했다.[17] 한국군의 사단·여단 추가파병 협상은 브라운 대사가 미국의 제안에 관해 '매우 확고한(fairly firm)' 입장을 언급하는 협상서한을 한국 측에 전달하기 직전의 시점에 있으나, 미국의 제안은 한국 측 요구에 비해 '현저히 미달(substantially short)'되는바, 특히 두 가지 사항에 대한 국방장관의 결심이 필요하다고 건의했다. ① 한국군의 해외수당 인상 요구: 한국 국방장관은 100% 인상을 강하게 압박하고 있는데, 이는 주월한국군의 수당을 2,400만 달러에서 4,800만 달러로 증가시키게 될 것이다. 양보안으로 고려하는 '일보후퇴 입장(fall-back position)'은 25% 인상이다. ② 군사장비에 대한 한국의 추가적인 요구: 한국 국방장관은 6,500만 달러 상당의 추가장비를 요구하고 있는바, 그중에서 다음 사항에 대한 승인이 필요하다. ① 구축함 1척(324만 달러), ② 155밀리미터 곡사포 6문(9만 달러), ③ 교량가설 장갑차량(81만 달러), ④ 공격용 수송함(102만 달러), ⑤ S-2A 대침투 정찰기(172만 달러) 등.[18]

이후락 비서실장의 역할

1월 15일, 주한 미국대사관은 박정희 대통령 비서실장 이후락과의 대화 내용을 국무부에 보고했다.[19] 이후락에 의하면, 박 대통령에게

17 75. Memorandum From the Assistant Secretary of Defense for International Security Affairs (McNaughton) to Secretary of Defense McNamara (Secret), "Additional ROK Forces for SVN," January 27, 1966, *FRUS 2*.

18 맥나마라 장관은 상기 건의를 승인했다. Ibid., 주석 참조.

19 72. Telegram from the Embassy in Korea to the Department of State (Secret),

있어 미국의 1개 사단 및 여단 추가파병 요청은 '충격(shock)'이었다. 박 대통령은 맹호·청룡부대를 미국 요청에 따라 신속하고 효과적으로 배치한 것에 대해 매우 자랑스럽게 여기고 있었다. 그런데 대통령은 그처럼 이른 시간 내에 추가파병 요청을 받으리라고는 결코 예상하지 못했다. 박 대통령은 추가파병 요청이 '한국에 과도한 부담(overload)'이지만, 그럼에도 불구하고 정치적으로 가능(feasible)하다면 이를 수용하려는 열의를 갖고 있었다.

이후락에 의하면, 한국인들은 월남전을 한국 안보에 대한 직접적 위협으로 간주하지 않지만, 자신이 보기에 한국군의 월남 파병이 한국의 안보를 약화시키고, 동시에 북한으로부터의 보복을 불러올 수도 있다는 것이다. 이런 문제를 해결하기 위해서는 미국이 제공해야 할 혜택과 관련하여 두 가지 조건이 선행되어야 한다. ① 한국 국민들에게 월남전 파병으로부터 직접적으로 비롯된다는 점을 설명하기에 용이하고, ② 한국 국민들에게 한국이 월남을 돕기 위해 치르는 희생에 대한 미국의 적절한 감사의 표시라는 점을 확신시킬 수 있을 만큼 '대규모'여야 한다. 특히 사례를 들면서, 전·사상자에 대한 보상금은 미국이 한국인들의 희생에 인색하다는 생각을 갖지 않도록 '대단히 넉넉한(extremely generous)' 액수여야 한다는 점을 강조했다. 이후락 실장은 내년도(1967년) 대선에서 박정희 대통령이 무난히 재선될 것이라는 상당한 자신감을 보였다.

브라운 대사는 박정희 대통령의 측근인 이후락에 대하여, 미국의 추가파병 요구 문제를 박 대통령이 어떻게 평가하는지에 대해 '상당한 정확성(reasonable accuracy)'을 가지고 전달한 것으로 평가했다. 브라운의

"Subj: Korean Troops for Vietnam," January 15, 1966, *FRUS 2*.

관찰에 의하면, 미국이 '감사의 표시'로 제공하게 될 액수와 조건(terms)에 대해 박정희 대통령이 과연 만족할 것인지의 여부, 그리고 언제 만족할 것인지 등은 현재 여전히 초기단계에 머물러 있는 양국 간 협상의 진전상황에 좌우될 것이었다.

이후락 실장과 면담한 이후 약 1주일이 지나서, 브라운 대사는 지금이야말로 한국 측의 요구에 미국 정부가 '확답'을 주어야 할 시점이라고 국무부에 촉구했다.[20] 박정희 대통령과 국방·외교장관 등의 일행은 2월 7일부터 2주간 동남아시아 순방 차 출국할 예정이며, 한국군 추가파병 부대의 월남 도착 목표시한인 4월과 7월이 빠르게 지나가고 있다. 그러므로 지금이야말로, '기본적으로 호의적 입장을 갖고 있지만, 국방장관·부총리로부터 정확하거나 객관적인 보고를 받지 못하고 있는 박정희 대통령의 결심을 구해야 할 시점'이라는 것이다.

브라운은 이어서 이렇게 기록했다.

미국은 이제 한국 측에 확답을 해주어야 한다. 2월 7일 출국 전에 박 대통령으로부터 추가파병에 대해 호의적인 결심을 받기 위한 기회를 잡으려면, '최대한 넉넉한(as generous as possible)' 제안을 해야 한다. 즉, 미국이 한국군 추가 1개 사단 및 여단을 확보하려면 그에 상응하는 대가를 지불할 준비를 해야 한다는 것이다. 브라운 대사에 의하면, 이는 "비록 상당히(substantial) 많은 금액이지만, 직접 미군을 파병하는 데 소요되는 비용에 비하면 적은 액수이다." 한국 정부가 미국의 제안에 대해 더 많이 필요하다고 주장할 경우, '일보후퇴 입장(a fall-back position)'

---

20 73. Telegram From the Embassy in Korea to the Department of State (Secret), January 21, 1966, *FRUS 2*.

으로서, 한국군의 일일 참전근무수당(per diem)의 25% 인상을 준비해야 한다.

브라운 각서의 윤곽

1966년 1월 27일, 러스크 국무장관은 주한 미국대사관에 한국군 추가파병의 대가로 한국 측에 제공할 미국 측의 지원목록에 관한 훈령을 하달한바, 핵심 내용을 요약하면 아래와 같다.[21] 이는 3월 7일 브라운 대사와 한국 외무장관 간에 체결된 소위 「브라운 각서」의 윤곽이다.

- 파병되는 모든 장병들에게 현재 맹호부대에 적용되는 급여기준을 적용(이는 현재 한국군이 받는 급여의 30배에 달하며, 월남군에 비해 4배가 많은 액수임)
- 전사 · 부상 및 불구자에 대한 보상금을 2배 인상
- 월남 추가파병 부대에 소요되는 모든 장비, 훈련 및 재정을 지원
- 한국군 전용 통신망 설치(서울~사이공) 및 한국 공군에 파병 지원을 위한 C-54 수송기 4대 제공
- 향후 수년간 한국군 현대화를 위한 '상당한 장비' 제공
- 한국군 막사 및 군용위생시설 개선 지원
- 한국의 대(對)침투능력 향상에 필요한 지원 제공

21 75. Telegram From the Department of State to the Embassy in Korea (Secret), "Korean Troops for South Viet-Nam," January 27, 1966, *FRUS 2*.

- 한국 내 탄약생산을 확대하기 위해 관련시설 확장에 필요한 장비 지원
- 한국이 새로운 경제적 부담을 지지 않도록, 추가파병 부대를 지원하기 위해 편성될 예비사단 · 연대의 동원(mobilizing) 및 유지에 소요되는 순(純)비용(net costs)에 해당하는 원화만큼의 액수를 한국 예산에 제공
- '상당한(substantial)' 규모의 한국군, 즉 2개 사단이 월남에 파병되어 있는 한, MAP 이관계획 유예
- 생산능력 등 일정한 요건을 갖추는 조건 하에, 주월한국군을 위한 보급, 용역 및 장비를 한국으로부터 조달(역외조달 방식)
- 미국 정부 및 미국 계약업자들이 월남 내 한국인 계약업자(contractor)들에게 월남에서 수행하는 건설사업에 참여할 수 있는 기회 확대
- 이미 합의된 1억 5천만 달러를 초과하여 AID 차관 제공 등

브라운 대사는 미국 측의 제안에 대한 한국 측 반응과 관련하여 국무부에 이렇게 보고했다.[22]

2월 1일 아침에 만난 이동원 외무장관은 한국 정부가 미국 측 제안을 '원칙적으로(in principle)' 수용했으나, 박정희 대통령이 2월 7일 동남아시아 순방을 출발하기 전까지 결정이 미뤄지는 것을 원치 않는다고 했다. 비록 박 대통령이 추가파병에 동의하지만, 이동원은 '전제조건'이 아니라고 하면서도 다음 사항을 고려해 주기 바란다고 말했다. ① 전투근무수당: 한국군 장교 및 고참 부사관 · 병사들은 월남군보다 더 나은 보수를 받지만, 계급이 낮은 병사들은 그렇지 못하다고 하

22 77. Telegram From the Embassy in Korea to the Department of State (Secret), February 1, 1996, *FRUS 2*.

면서, 한국 정부는 만일 한국의 병사들이 월남 병사들보다 급여가 낮다는 사실이 알려지면 한국 정부의 입장이 난감해질 것이다. ② 추가적 개발자금: 장기영 부총리는 미국 측이 추가자금의 지원에 소극적인 것에 불만이다. 만일 미국 측이 1억 5천만 달러의 자금이 사용된 이후에 추가로 차관이 제공된다는 점을 명시적으로 언급하면 도움이 될 것이다. ③ 프로그램 차관: 부총리는 1,500만 달러에 불만이며, 이후락 실장은 3천만 달러를 고집하고 있다.

브라운 대사는 이동원 장관에게 수당문제와 관련하여, 계급이 낮은 주월한국군 병사들 중 일부, 특히 대가족 출신의 병사들이 월남 병사들보다 보수가 낮다는 점을 최근에 알게 되었고, 이 문제를 검토해 보겠다고 답변했다. 그러나 프로그램 차관에 대해서는 미국이 제안을 수정할 수 있는지 대단히 의문이라고 말했다. 추가자금에 대해서도 미리 백지수표를 제공하는 것이 곤란함을 강조했다.

그러자 외무장관은 '음모를 꾸미는 인상(assumed a conspiratorial air)'을 풍기더니, "자, 대사님, 우리가 한바탕 연극을 벌여야 합니다.(Now, Mr. Ambassador, we must stage a little play)."라고 말했다. 그는 언론을 이용해서 미국 측과의 협상이 어렵고 지지부진하다는 인상을 주자고 했다. 즉, 미국 측 제안으로 실제는 해결되었지만, 마치 특정 장애물이 남아 있는 것처럼 언론에 흘리자는 것이다. 이런 보도가 며칠 동안 계속되게 만들어, 박정희 대통령의 발표가 이루어지는 시점에는 한국 정부가 '맹렬한 흥정(strenuous bargaining)' 끝에 미국으로부터 큰 양보를 받아냈다고 국민들이 생각하도록 계략을 꾸밀 필요가 있다. 이동원은 계속해서 언론에는 한·미 간 협상에 진전이 없다는 모습을 보일 계획이라고 말했다. 그런 다음, 그와 박 대통령이 동남아시아 순방을 마치고 귀국하는 즉시, 두 사람(Brown과 이동원)이 만나 대통령의 결심을 발표하고, 곧 바로 국회에 통보하자는 것이다. 이동원에게 브라운은 이렇게 말했다. "본인(브라운)은 적절하다고 판단되는 범위 내에서는 협조할 것이지만, 한국 국민들은 협상결과에 지나치게 높은 기대를 가질 것이므로 실망할 겁니다."

그러나 전문의 코멘트에 브라운 대사는 의미심장한 내용을 기록으로 남겼다.

> "본인 판단으로는, 이동원 장관이 우리(미국)가 재고해 주기를 바라는 사항들에 양보하지 않더라도, 우리는 추가파병이라는 목표를 달성한 것으로 믿는다. 그러나 만일 한국 병사들이 월남 병사들보다 낮은 보수를 받는다면, 한국 정부는 물론이고 미국도 입장이 난감해질 것으로 보인다."

말하자면, 브라운 대사는 이동원 장관이 '한바탕 연극'을 벌이자고 하는 순간, '전제조건'이 아니라면서 제시한 요구사항들에 대해 미국이 굳이 양보하지 않더라도, 이미 원하는 수준의 파병부대를 확보할 수 있다고 판단한 것이다. 다만, 그는 한국 병사들의 급여조정은 필요하다고 단서를 달았다.

3. 추가적인 한국군 월남 증파 요구

한국과 미국의 동상이몽

1966년 2월 중순부터 한국군의 추가적인 월남 파병 문제가 갑자기 이상한 국면으로 진입하는 조짐을 보였다. 브라운 대사는 한국군에게 1개 사단 및 여단의 추가적인 파병을 요구하는 와중임에도 불구하고, 한국 정부에 또 다른 부대의 추가파병을 다시금 요구해야 한다는 사실을 알고 소스라치게 놀란 듯하다. 그는 국무부에 보내는 전문을 통해 다음과 같이 자신의 입장을 밝혔다.[23]

본인(Brown)은 갑자기 한국 정부에 병력을 더 요구해야 한다는 사실을 알고 '경악(horrified)'했다. 처음에 우리(미국)는 한국에 수백 명의 소규모 의료부대를 보내달라고 했다가, 그보다 규모가 큰 비전투부대 2천 명을 요구했고, 그런 다음 전투사단 2만 명을 파병해 달라고 하여 성사시켰다. 그런 다음 다시 3만 명에 해당하는 1개 사단과 1개 여단을 한국 정부에 요청하는 와중에 있는데, 이제 한국이 1개 사단 · 여단에 대한 결심을 굳힐 기회를 갖기도 전에, 또다시 1만 명을 더 요청해야 하는 상황이다.

만일 본인이 한국인이라면, 미국이 그런 요청을 하는 것을 너무 당연시하여, 한국에 지나치게 많은 부담을 주는 것으로 생각할 것이다. 지금의 요청은 거의 6만 명의 한국군을 월남에 파견해 달라는 것인데,

23 79. Telegram From the Consulate in Hong Kong to the Department of State (Secret), "From Ambassador Brown," February 13, 1966, *FRUS 2*.

미국이 월남에 파견하는 인원을 인구비례로 보면, 우리보다 2~3배나 더 많은 숫자이다. 이런 식으로 찔끔찔끔 추가병력을 요구하는 '축차적 접근법(piecemeal approach)'은 참으로 불행한 방식이다.

본인이 2월 11일 받은 전문에 의하면, 맥나마라 장관이 비치(Beach) 유엔사령관에게 한국군 1만 378명이 추가로 더 필요하다고 언급했다. 그러면서, 이 전문은 "추가적인 부대가 필요하다는 사실을 한국 정부에 알려 주면 안 된다."라고 지시했다. 미국대사관과 비치 유엔사령관은 한국이 추가로 1만 명을 파견하도록 요청하는 것에 반대하고 있다. 또 파병 요구를 하면 한국은 '미국이 한국군 부대에 끝없이 무한정으로 요구(open-ended demand)한다.'라고 여길 것이다. 이렇게 되면 한국도 미국에게 '끝없이 무한정으로 요구를 하는 것이 정당하다고 생각할 것'이다.

추가적인 '한국군 증파'라는 사안을 놓고 미국대사관 · 유엔사는 한국이 미국으로부터 '끝없이' 병력 파견을 요구받게 될 경우, 한국도 미국에 대해 '끝없이' 요구사항을 내놓을 것을 경계했다. 이는 확실히 같은 문제에 대해 '동상이몽'처럼 양국의 시각차가 있음을 보여 주는 것이다. 이러한 '동상이몽'은 여기서 그치지 않았다. 한국 측, 특히 국회와 여야 정당들은 한 · 미상호방위조약이 NATO에 규정된 이른바 '자동개입' 조항을 결여하고 있고, 주한미군 규모도 한국 정부의 사전 승인은 고사하고 사전에 충분한 협의도 없이 추진되는 것에 불만을 갖고 있었다. 따라서 대규모 전투부대 파병을 계기로 형성된 미국과의 '격상된 특수 관계'를 활용하여, 조약의 일부 개정을 통해 이런 미비점을 보완하는 호기로 삼고자 하는 움직임을 보였다.

주한 미국대사관은 1966년 2월 말부터 이런 징후를 포착했다.[24] 대사관에 의하면, 한국 국회와 여야 정당들 간에는 미국의 대(對)한반도 안보공약에 대한 한국의 '두려움'을 완화하고 안보공약을 강화하기 위해, 추가적인 월남 파병의 전제조건으로 한·미상호방위조약을 개정해야 한다는 데 공감대가 형성되기 시작했다. 이러한 조약개정으로 한국전 발발 시 미국의 즉각적인 대응에 지장을 주는 미국의 헌법상 요구조건을 삭제하고, 한국의 사전 승인 없이는 주한미군 전력을 감소시킬 수 없도록 하자는 것이었다.

한국 정부와 미국대사관은 한국 안보에 대한 미국의 공약을 전체적 맥락에서 보아야 함을 강조하며 이런 움직임을 차단하고 있었다. 1966년 초에 국무부는 브라운 대사에게, 만일 한국 정부가 월남에 추가로 파병한다면 미국은 한국 정부와 먼저 협의하지 않고는 주한미군을 줄이지 않을 것임을 전달할 수 있는 권한을 부여했다. 그러나 조약개정 문제에 대해서, 국무부는 미국대사관에 헌법적 절차의 이유뿐만 아니라, 조약이 모든 주요 방위조약에 사용되는 것과 '동일한 방식과 표준적 용어(the same formations and standard wording)'를 담고 있기 때문에, 미국은 한국과의 방위조약을 개정하는 것이 불가능하다고 말했다.[25]

24 81. Editorial Note, *FRUS 2*.

25 Ibid.

한국군 '예비군 사단' 파견 가능성 타진

1966년 11월 중순, 미국은 월남에 한반도처럼 DMZ 남부에 물리적 장애물을 건설하려는 계획을 수립했다. 이를 위해 미국은 한국에 추가적인 파병을 재차 요구할 움직임을 보이기 시작했다. 국무부가 주한 미국대사관에 발송한 전문에는 당시 러스크 국무장관의 구상과 한국군 추가파병에 관한 흥미로운 내용이 포함되어 있다.[26]

당시 미국은 월남의 DMZ 남쪽에 장애물 설치계획을 수립한바, 이 계획은 1967년 2월 중순에 공사를 개시하여 5월 말에 종료하는 것이었다. 이 계획은 고도의 비밀을 유지하고 있으며 민감한 사안이었다. 9개 보병대대와 군수지원부대(약 1만 6,500명)가 투입될 장애물 지대의 서쪽 지역에는 험준한 산악지형이 형성되어 있다. 미국은 박정희 대통령이 근래에 전역한 한국군 장병들로 구성된 1개 사단을 전투임무 수행에 즉각 재소집(reactivate)할 수 있다고 언급했던 점에 주목했다. 미국은 한국 측에 DMZ를 통한 침투 예방을 위해' 한국군 사단이 필요하다는 의도만 전하기를 원했다. 미국은 그처럼 지원병으로 구성된 한국군 사단에 대해서는, 현재 월남에 파병된 한국군보다 더 많은 급여와 혜택을 지급하는 특별범주(special category)에 포함시킬 필요가 있음을 알고 있었다. 심지어 한국 측이 추가로 파병되는 인원수만큼 60만 명의 한국군 상한선을 잠정적으로 늘려달라고 요구할 가능성도 염두에 두고 있었다.

---

26 100. Telegram From the Department of State to the Embassy in Korea (Top Secret), "Exclusive for Ambassador Brown Eyes Only. State-Defense message," November 19, 1964, *FRUS 2*.

이러한 대침투 전투사단을 확보하는 것은 미군의 가용병력이 제한되어 있음을 고려해 볼 때 대단히 중요한 일이었다. 이상적인 시나리오로서, 새로운 한국군 사단이 늦어도 1967년 4월 1일까지 월남에 도착해야 했다. 1967년 중순까지 미국 인구 중 약 0.25%가 월남전 수행을 위해 동남아시아에 주둔하게 되는데, 인구비례로 보면 한국군 7만 2,500명에 해당한다. 나아가 1967년까지 20% 이상의 미 지상군이 월남에 파견될 것이므로, 한국군 기준으로는 10만 명에 해당한다. 이런 논리에 입각하여, 미국은 "한국의 추가파병을 기대하는 것이 전적으로 합리적이며, 미국이 이러한 희생에 대해 정치적 · 경제적 대가를 비싸게 지불할 필요가 없다."라고 판단했다.[27]

그러나 미국 정부의 추가적인 파병 요구와 관련, 미국대사관은 국무부에 이견을 표출했다.[28] 미국대사관은 월남 DMZ에 장애물지대를 건설하기 위해 추가파병이 긴급히 요구된다는 점을 충분히 이해하고 있었다. 그러나 지난 11월 1일 방한 시, 존슨 대통령은 개인적으로 박정희 대통령에게 월남 파병에 대한 추가적인 요청을 고려하지 않았고, 또 고려 중이지도 않다는 점을 한국 국민들에게 확고하게 보장한 바 있다. 방한 기간 중 존슨 대통령이 언급한 핵심 포인트는 자신의 방문 목적이 '월남에 대한 파병부대를 늘려달고 요청하기 위함이 아니라는 것'이었다.

한편, 박 대통령은 한국이 월남에 대규모로 전투부대를 파견한 유일한 아시아 국가라는 이유로, 내년 선거에서 정치적 반대에 직면하

27 러스크 장관이 '인구비례'를 거론하며 미국과 한국을 동일한 비교대상에 놓고, 한국군이 10만 명까지 참전할 수 있고 또 그래야 한다고 전개한 논리가 흥미롭다.

28 101. Telegram From the Embassy in Korea to the Department of State (Secret), November 22, 1966, *FRUS 2*.

여 어려운 시간을 견뎌야 할 것으로 예상한다고 말했다. 박 대통령이 이렇게 말한 것은 한국이 이미 월남에 '불균형적으로' 많은 기여를 했다는 것이 대다수 한국인들의 생각이라는 의미이다. 박 대통령은 존슨 대통령이 월남에서의 전투임무 수행을 위한 한국군 1개 예비군 사단의 소집 가능성을 진솔하게 타진한 데 대한 답변으로, 실업문제 완화의 측면에서 생각해 볼 수는 있으나, 그것도 선거가 끝난 이후에 논의가 가능하다고 말했다. 이미 야권에서는 파월부대의 일부를 철수시켜야 한다는 주장도 나오고 있었다.

브라운 대사가 보기에, 최근 추가파병이 없을 것이라고 확언하고도 또다시 파병 문제를 거론하는 것은 의심할 바 없이 박정희 대통령의 선거에 타격을 입힐 것이다. 어쩌면 박 대통령은 이로 인해 '선거에서 패배'할지도 모른다. 그러므로 박 대통령 입장에서 추가파병 요구를 받는 것은, 그가 당면한 정치적 문제를 무시하는 당혹스럽고 비우호적인 일일 것이다. 그러나 브라운에 의하면, 이러한 미국의 요구에서 겉으로 드러나지 않은 중요한 전제는 '한국군의 현재 규모가 너무 크다'라는 것이다. 물론 설령 미국이 그런 생각을 가질지라도 한국인들은 이에 동의하지 않을 것이다. 반대로, 한국 정부와 국민들은 월남에 대한 기여로 인해, 자신들에게 더 큰 위험이 따른다는 점을 거론하며, 오히려 현재 한국군의 군사력이 더 강해야 한다고 생각하고 있다.

브라운의 판단으로, 더 중요한 것은 미국이 한국의 기여를 당연한 것으로 인식하고, '싼 값에(on the cheap)' 이용하려 드는 것으로 보일 위험이 있다는 것이다. 따라서 한국으로부터 추가적인 전투병 파견의 확보라는 목표를 달성할 수 있는 최선의 방책은, 대선 이후에 이 문제를 박 대통령과 논의할 때까지 기다리자는 것이 브라운 대사의 결론이자

건의사항이었다.[29]

그럼에도 불구하고 갈수록 한국군의 추가적인 월남 파병에 대한 필요성이 높아짐에 따라, 마침내 백악관에서는 이 문제에 관하여 박정희 대통령과 브라운 주한 미국대사 간의 독대를 통해 해결점을 모색하는 방안을 강구하기에 이르렀다. 이에 따라, 국무부는 브라운 대사에게 다음과 같은 훈령을 전달했다.[30]

국무부에 의하면, 박 대통령이 더 이상의 월남 파병은 없다고 공개적으로 선언한 사실을 잘 인식하고 있지만, 한국군의 추가적인 기여를 구하려는 일차적 목표는 보다 많은 전투부대를 확보하는 데 있다. 미국은 너무 성급하게 한국군 장교들과 비(非)군사 또는 준(準)군사 부대의 추가적인 월남파견을 협상하거나 받아들일 경우, 그러한 부대로도 미국의 만족이 충족될 수 있다고 믿게 만드는 결과를 초래할 것이 우려되었다. 그러나 정작 문제는 미군의 월남 주둔이 1967년 중순을 고비로 감소세로 돌아설 것이라는 사실로 인하여 상황이 복잡해졌다는 점이다.

국무부는 이런 딜레마를 해결하는 한 가지 방안은 브라운 대사가 '박정희 대통령과 비공식적으로 솔직한 대화를 갖는 것'이라면서, 박 대통령과의 대화에서 다음과 같은 사항을 강조하도록 훈령을 하달했다. ① 존슨 대통령과 웨스트모어랜드(Westmoreland) 사령관 등은 자유세계의 군대가 월남전에 더 많은 부대를 보내 조기에 유리한 결론을 이

29 Ibid.

30 107. Memorandum From the Executive Secretary of the National Security Council (Smith) to the President's Special Assistant (Rostow) (Top Secret), January 19, 1967, *FRUS 2*.

끌어야 한다는 입장을 보였다. ② 이에 따라 존슨 대통령은 FY 1967년 기간 중 미군 병력을 현재 수준보다 35% 더 증가시키기로 결심했다. 이는 미군의 25%가 월남에 배치됨을 의미한다. 이 비율을 한국군에 적용하면 7만 명이 넘는다. ③ 추가파병은 여러 목적에 필요하다. 그 중 하나는 비무장지대 남쪽의 월남에 인공장애물을 설치하는 부대이다. 한국의 대침투훈련과 경험은 특히 이런 형태의 임무에 적합할 것이다. ④ 미국 정부는 한국 정부의 비군사 또는 준군사 부대가 월남 평정(pacification) 프로그램에 참여하는 것을 환영한다. ⑤ 우리는 한국 정부가 대선 이후 가급적 빨리 전역군인 중 지원자들로 구성된 1개 사단을 파견해 주기를 희망한다.

1967년 3월 중순, 존슨 대통령은 정일권 국무총리를 접견하는 자리에서 월남전에 대한 한국군의 추가파병 문제를 집중적으로 거론했다.[31] 존슨 대통령은 한국 대선(5월 3일) 이후 월남에 무엇을 해줄 수 있는지, 말하자면 한국이 보다 많은 군인뿐 아니라 민간인들을 파견할 수 있는지에 관해서도 대화하고 싶다고 말했다. 존슨에 의하면 문제는 미군을 월남에서 가급적 빨리 철수시켜야 한다는 점이었다. 그러므로 군사임무를 조기에 종결시켜야 할 뿐 아니라 민간제도를 구축(building up civil institutions)하는 일도 병행해야 했다. 계속해서 존슨은 국무차관인 조지 볼(George W. Ball)을 한국에 곧 보낼 것이라고 하면서, 이번 임무(볼의 한국 파견)의 성공을 바라는 이유는 그 임무가 미국인의 대한(對韓) 민간 투자와 양국 간 교역을 촉진시키는 방법을 찾는 것으로서, 매우 중요하기 때문이라고 말했다.

---

31 110. Memorandum of Conversation (Secret), "Between the President and Il Kwon Chung, Prime Minister of the Republic of Korea," March 14, 1967, *FRUS 2*.

이에 대해, 정일권 총리는 한국군의 현대화 문제를 거론했다. 총리는 한국의 헬기 조종사가 한국군과 작전할 수 있도록 월남에서 훈련을 시켜달라고 요청했다. 현재 미군 조종사가 한국군을 수송하고 있으나, 언어문제로 이런 임무의 효율성이 저하되고 있다는 것이다. 존슨은 국방부와 이 문제를 협의해 보겠다고 답변했다. 정 총리는 북한군의 포대에 한국 군함이 격침된 사례를 거론한 데 이어, 한국군에 구축함 1척이 더 필요하다면서, '소형' 구축함을 가급적 신속하게 보내달라고 거듭 당부했다.

주월한국군에 김치 보급 요청

정일권 국무총리는 박정희 대통령이 존슨 대통령에게 보내는 친서에 '김치(kimchi)'가 한국군에게 얼마나 중요한지를 강조했다고 존슨 대통령에게 말했다.[32] 총리는 미 지휘참모대학에 유학했던 시절, 멀리 태평양 너머의 한국에 있는 부인보다 김치를 더 그리워했다고 농담했다. 주월한국군들에게 충분한 양의 김치를 보내려면 연간 300~400만 달러가 예산으로 소요된다고 했다.

존슨 대통령은 한국 정부가 요청한 김치에 대하여, 1주일 만에 박정희 대통령에게 친서를 보내 다음과 같이 회신했다.[33] (이하, 발췌 · 요약)

---

32 Ibid.

33 112. Letter From President Johnson to President Pak, March 23, 1967, Between the President and Il Kwon Chung, Prime Minister of the Republic of Korea, March 23, 1967, *FRUS 2*.

저는 월남 전선에 배치된 한국군이 '친숙한 전투식량(familiar rations)'을 즐기도록 배려하려는 각하의 소망을 충분히 이해합니다. 저는 맥나마라 국방장관에게 한국 장교들과 협의하여 한국 군인들에게 김치를 공급하려는 각하의 요청을 충족시키는 방안을 모색하도록 지시했습니다.[34] 아울러 우리는 이미 월남에 배치된 한국군에게 최신 장비를 더 많이 공급하기를 원하시는 각하의 희망에 부응하는 조치를 취했습니다. 한국군으로 구성된 헬기 중대가 금년 여름부터 월남에서 운용되기 시작할 것입니다. 한국군 전투부대에 대한 신형소총 보급이 승인되었으므로, 몇 개월 내에 보급이 완료될 것입니다.

이 기회에 월남 파병을 관철하신 각하의 기여는 실로 강대한(mighty) 것이었으며, 이에 대해 감사드린다는 말씀을 전합니다. 우리는 제3차 세계대전을 막기 위해 노력하고 있습니다. 우리는 아시아의 항구적 평화를 위한 조건들을 조성하기 위해 분투하고 있습니다. 우리는 아시아 국가들과 아시아 국민들이 평화와 자유 속에서 살아가는 기회를 갖도록 노력하고 있습니다. 이는 원대한 목표이며, 이 목표를 달성하기 위해 엄청난 노력이 지속적으로 요구될 것입니다.

비즈니스 상거래와 월남 파병

1967년 8월, 존슨 대통령은 월남전 지속을 위해 더 많은 병력증파가 필요하며, 대부분의 부담을 미국이 짊어져야 한다는 사실을 인식하

34 한국군에 김치를 공급하는 데 소요되는 비용은 매년 200만 달러였다. Ibid., 주석 참조.

고 있었다. 미국이 파병 규모를 48만 명으로 늘림에 따라 소요되는 전쟁비용도 기하급수적으로 증가했다. 동남아시아 및 아·태지역 동맹국들이 위험에 더 가까이 있으므로, 이들이 얼마나 많은 병력을 파견할 것인지에 대하여 미국 국민들의 관심이 고조되었다. 그러나 존슨 대통령은 NATO, SEATO와 아·태지역 국가들에게 '미국을 위해서(on behalf of)' 병력파견을 요청하는 것이 아니라는 점을 분명히 했다. 존슨은 병력파견을 요청받은 국가의 지도자들이 이 문제를 '개화된 국가이익(enlightened national interest)'의 시각에서 바라보면 미국의 관점을 이해할 수 있을 것으로 믿는다고 말했다.[35]

이런 맥락에서 존슨 대통령은 박정희 대통령이 국내 문제를 갖고 있겠지만, 월남전이라는 국제적 문제는 사소한 국내적 차원을 '초월하는(transcendent)' 것이라고 생각했다. 존슨은 월맹의 호치민(Ho Chi Minh)에게 미국의 동맹국들이 전쟁을 조기에 종식시키는 데 필요한 자원을 투입할 준비가 되어 있음을 과시할 필요가 있었다. 박정희 대통령은 존슨 대통령이 가급적 조기에 월남전을 종결시키기 위해 더 많은 병력 파견을 원한다는 점을 알고 있었고, 가능한 한 빨리 도움을 주어야 할 도덕적인 의무감을 느꼈다. 그러나 최근 들어 북한군 무장공비들의 침투공작이 급격히 증가하자, 안보에 대한 국민들의 우려와 불안이 높아졌다.[36] 공교롭게도 이처럼 북한의 게릴라 침투가 급증하는 시점에, 미국은 한국 정부에 월남 파병 증가와 관련하여, ① 전투보병이 시급히 필요하므로, 한국군을 포함한 추가적인 보병사단, ② 한국군 전투

35 124. Telegram From the Embassy in Korea to the Department of State (Secret), "From Charge. Subject: Clifford-Taylor Visit," August 3, 1967, *FRUS 2*.

36 Ibid., p. 393.

부대를 뒷받침하기 위한 더 많은 지원부대, ③ 월남 정부를 지원하기 위해 더 많은 한국군 민간 기술자 및 근로자 등, 웨스트모어랜드 사령관이 요청한 사항들에 우선순위를 부여해 줄 것을 요청했다.[37]

주한 미국대사로 막 부임한 포터 대사는 월남 추가파병을 대침투 능력 향상이 필요한 한국의 지원 요청에, 그리고 대한(對韓) 지원의 규모와 내용을 한국군의 파병 규모에 각각 연계시키는 협상전략을 구상했다. 즉 미국이 '알아서 더 많이 줄 필요 없이', 일단 '최소치(de minimis)'를 제안한 다음, 한국 측의 반응과 파병 규모를 보아가면서 제공할 혜택의 규모를 결정하자는 것이다. 이처럼, 미국이 먼저 나서서 한국 측의 기여에 대한 반대급부를 넉넉히 베풀기보다는, 상대방에게 '최소치'만을 제시한 다음, '비즈니스 상거래' 같은 협상을 통해 해결해 나가자는 방식은 포터 대사의 사업가적 감각, 그리고 당시 미국 정부의 실용적 태도를 동시에 반영하는 것으로 보인다.[38]

포터 대사가 한국 측에 제시할 제안의 골격은 ① 가급적 많은 한국군 파병부대 확보, ② 한국군 추가파병으로 인한 비용 최소화, ③ 한국 정부의 대(對)국회 입지 제고 등 세 가지이다. 한편, 당시 DMZ 일대 및 후방지역에 대한 북한의 대남 침투공작이 급증하여 국민들은 한국군의 방위능력을 우려하기 시작했고, 당연히 군사력을 2천 마일 떨어진 월남에 보낼 것이 아니라 국토방어에 투입하는 것이 더 낫지 않겠느냐는 의문이 제기되었다.

---

37 Ibid.

38 128. Telegram From the Embassy in Korea to the Department of State (Secret), September 19, 1967, *FRUS 2*.

상기 맥락에서, 포터 대사는 박 대통령에게 다음과 같은 사항을 제안하도록 허용해 줄 것을 국무부에 건의했다. ① 기존 파병부대에 대한 장비 제공 및 추가적 순(純)원화비용 지급, ② 신규 파병부대에 대한 장비, 훈련 및 제반비용 부담, ③ 대침투 작전능력 제고를 위한 장비 및 지원의 신속한 제공, ④ 한국군 부대가 임무종료 후 귀국 시, 임대 특수장비를 한국군에 양도 등 네 가지 사항이 그것이었다.[39]

포터는 한국 측이 ③번 항목에 대해 어차피 한반도 방위를 위해 미국 측이 도와야 할 부분으로 생각하고, ④번 항목에는 '달갑지 않은(thank-you-for-nothing)' 태도를 취할 것으로 예견했다. 그러나 한국이 어느 정도의 파병 규모를 내놓을지, 심지어 한국의 추가파병이 가능한지의 여부조차 모르는 상황이었으므로, 일단 '필수 최소한(barebones minimum)'을 내놓으면, 박 대통령이 추가파병에 필요한 정지작업에 나설 수도 있고, 또 한국군 일각에서 미국 측 제안을 호의적으로 받아들일 가능성도 있을 것이므로, 이러한 기회들을 엿보기로 하자는 것이다. 결국, 포터의 계산은 지원규모를 한국 측이 추가로 제공할 부대규모에 비례하여 결정한다는 것이었다. 사실 미국 측이 제공할 대한(對韓) 지원의 노른자위는 '경제 분야'이다. 그런데 포터 대사는 이 부분을 빼놓은 채 한국 측에 제안해 놓은 다음, 혹시라도 한국 측이 반대제안(counter-proposal)에서 '경제지원'을 요구하면 그때 가서 대책을 강구하되, 만일 이를 요구하지 않으면 그만큼 이득이라고 판단한 것이다. 그러나 그는 "만일 한국 정부가 완편(完編, 완전편제) 사단의 절반 정도만을 생각한다면, 내가 내놓을 지원 패키지는 어림도 없다."라는 은밀한 '마지노선'을 그어 놓고 있었다. 국무부는 이런 포터 대사의 제안을

39 Ibid.

승인했다. 미국이 '먼저 나서서 입찰가를 부르기보다는(rather than open the bidding ourselves)' 오히려 한국이 먼저 요구사항을 내놓게 하자는 것이다.[40] 바야흐로 한국군의 월남 파병은 비즈니스 업계에서의 상거래에 준하는 양상으로 흐르기 시작했다.

'알라딘 램프'와 '수확체감의 법칙'

11월 말, 포터 대사는 한국의 추가파병 문제에 또 하나의 복잡한 요소를 추가했다. 포터가 국무부, 그리고 번디(McGeorge Bundy) 백악관 안보보좌관에 보낸 전문에는 한국의 파병과 관련된 그의 '시니컬한 태도'가 가감 없이 투영되어 있다. 그가 독특한 어휘들을 외교문서에서 구사한 것은 한국이 월남 파병을 계기로 미국 측이 너무 많은 것을 당연한 듯이 요구하는 데 대한 피로감을 암시한 것으로 보인다.[41]

포터 대사가 보기에 추가파병을 다급하게 요구하던 지난 봄이나 여름에 비해 지금은 상황이 확연히 달라졌다. 월남 상황의 개선으로 미군부대의 추가적인 감소 및 철수도 가능하다는 전망이 나왔다. 따라서 군이 한국군의 추가파병이 필요 없을 수도 있는 것이다. 더욱이 한국 정부는 DMZ 일대에 대한 북한의 대남 도발로 골머리를 앓고 있어 추가파병이 점점 어려워지는 듯한 상황이었다. 이 장면에서 포터의 불만이 터져 나왔다.

---

40 Ibid., 주석 참조.

41 134. Telegram From the Embassy in Korea to the Department of State (Secret), "For Secretary and Bundy from Ambassador. Subject: Additional ROK Troop Contribution to Vietnam," November 25, 1967, *FRUS 2*.

한국 정부는 월남 파병으로 양국 간 '특수관계'가 강화된 것으로 보고, 정치 · 경제 및 국방 분야의 요구가 미국 정부의 특별하고 예외적인 고려대상이 되어야 하는 것으로 여긴다. 한국이 '당당한 확신'을 갖고 이런 요구를 내놓고 있지만, 특별대우를 허용하는 것이 미국에게 국내적 · 국제적으로 얼마나 골치 아픈 문제들을 야기하는지에 대해 한국은 '완전 모르쇠(complete insensitivity)'이다. 한국은 자신들이 내민 요구사항을 미국이 구체적으로 반색하며 수용하지 않으면 거침없이 불만을 토로한다. 그래서 포터 대사는 이렇게 불평했다. 한국은 "한마디로, 월남에 파병된 5만 명의 한국군을 자신들의 모든 꿈을 실현시키기 위한 '알라딘의 램프(Alladin's Lamp)'라고 생각한다."

그러면서 포터는 한국군이 추가로 파병할 수 있는 부대규모에 대해서도 회의적 입장을 보였다. 박 대통령은 대략 1개 여단과 지원부대 정도로 생각하고 있고, 여기에 해병 1개 여단을 합쳐 사단규모로 만든 다음, "우리는 월남에 3개 사단을 파견했다."라고 주장할 것이다. 그러나 박 대통령은 자신이 직면한 문제들로 인해 당연히 '판돈을 크게 올릴 것(raise ante considerably)'이고, 요구사항을 들어주려면 막대한 비용이 소요될 것이다. 말하자면, 북한의 무장침투가 빈번한 상황에서 한국이 전투부대를 파병하는 것에는 위험부담이 높은 만큼, 박정희 대통령이 '판돈을 올리듯' 더 많은 파병 대가를 요구할 것이라는 의미이다.

그러면서 포터는 국무부에 발송한 전문에 이렇게 언급했다. "우리가 염두에 두어야 할 것은, 대규모 한국군 파병의 효과가 오랫동안 지속되었으므로, 추가파병에는 급격히 추가편익이 감소하는 '수확체감(diminishing returns)의 법칙'이 확연하게 작용한다는 점이다." 이에 대해 번디는 "최대한의 한국군 추가파병이 필요하지만, '수확체감의 법칙'이나 '알라딘의 램프'를 회피하라."라고 회신했다.

포터가 '수확체감의 법칙'이라는 경제학 용어를 구사한 이유는 간단하다. 이미 한국군 5만 명이 파견되어 있고, 월남 정세가 개선되고 있는 마당에, 추가로 파견된 병력으로 얻을 수 있는 한계이득이 감소하고 있으므로, 구태여 한국 측에 큰 인센티브를 줄 필요가 없다는 것이다. '알라딘 램프'라는 용어는 대한(對韓) 지원・원조에 대한 미국 정부의 피로감(fatigue)을 반영한다. 이처럼 경제학과 문학에 조예가 있음을 슬며시 과시한 포터 대사는 한국 정부에 만만찮은 상대가 될 조짐을 보였다.

그러나 며칠도 지나지 않아, 잠시 느긋해 보이던 한국 정부의 추가파병 문제가 갑자기 다급한 국면에 돌입했다. 11월 30일, 전문을 통해 국무부는 주한 미국대사에게 "추가적인 한국군 파병을 화급하게(maximum urgency) 추진하라."라는 '최고위층(highest levels)'의 의도를 전달했다.[42] 그러다 보니 수확체감의 법칙이나 알라딘 램프 같은 표현들이 자취를 감추고, 대신 "한국이 추가파병의 대가로 바라는 '패키지'가 무엇인지를 생각해서 우리(미국)에게 최선의 판단 결과를 알려 달라."라는, 거의 'SOS'에 가까운 다급한 메시지가 그 자리를 메웠다.

---

42 136. Telegram From the Department of State to the Embassy in Korea (Secret), November 30, 1967, *FRUS 2*.

4. 한국군의 월남 추가파병과 한 · 미정상회담

정상회담에서 '욱하는' 모습을 보인 존슨 대통령

해럴드 홀트(Harold Holt) 호주 수상의 장례식 참석차 캔버라를 방문한 박정희 대통령과 존슨 대통령은 1967년 12월 21일 한 · 미정상회담을 가졌다. 참고로, 홀트 수상의 죽음은 아직도 미스터리로 남아 있다. 1966년 1월 26일 호주 수상직에 취임한 홀트는 이듬해 12월 17일 5명과 함께 풍광이 뛰어난 '체비엇 해변(Cheviot Beach)'에서 수영을 즐기던 도중에 '실종'되었다. 스쿠버 다이버, 육군, 해군, 해안경비대 등 호주 역사상 최대의 수색작전을 벌였지만, 그의 종적을 찾는 데 실패했다. 실종된 지 이틀 후 호주 정부는 그의 시신도 찾지 못한 상태에서 사망을 선고하고, 12월 22일 장례식을 치렀다. 한 · 미정상회담이 1967년 캔버라에서 열린 것은 이런 배경이 있었기 때문이다.

이처럼 '이상한' 배경에서 개최된 한 · 미 간의 정상회담에서, 존슨 대통령은 정상회담장에서 벌어지리라고는 예상하기 힘든 '이상한' 행동을 보였다. 양국 정상 간의 대화체로 재구성한 회담록을 들여다보면, 그다지 길지 않은 시간 동안 진행되었을 회담의 마지막 부분에 가서, 존슨 대통령이 '욱하는' 장면을 목격할 수 있다. 평범한 것처럼 보이는 회담록에서 그가 화를 내었을 것으로 짐작되는 발언의 맥락을 이해하려면, 그로부터 약 2년 전인 1965년 5월 중순, 호주 캔버라에서 열렸던 박정희와 존슨 간 정상회담 내용을 참고할 필요가 있다.

이미 언급한 대로, 1965년 당시 정상회담에서 한국군 1개 사단의 파견을 초조하게 서둘렀던 존슨 대통령의 요청에, 박정희 대통령은 '선문답' 같은 답변으로 애를 태웠던 적이 있다. 존슨 대통령은 아마도 그때 박 대통령에게서 '한 방 먹은 기분'이었을 것 같다. 부분적으로는 그런 이유가 있었기 때문인지, 정상회담이 진행되는 엄숙한 자리에서, 존슨은 '욱하는' 모습을 보이는 이례적인 장면을 연출했다.

아래에 기록된 대화 형식의 회담록을 차분히 들여다보자. 존슨 대통령은 회담이 시작되기 무섭게 "우리(한 · 미 양국)가 빨리 월남에 추가 병력을 보내야 합니다."로 말문을 열었다. 또다시 존슨은 2년 전과 마찬가지로, '마음이 앞서가는 초조함'을 보인 것이다. 두 번째 발언은 "미군 1만 명과 600톤의 물자를 겨우 17일 만에 미국에서 월남으로 이동시켰다."라는 것이다. 다름 아니라, 자신이 웨스트모어랜드 사령관의 요청으로, 전광석화같이 월남에 병력 · 물자를 보냈으니, 박 대통령도 한국군을 단기간 내에 빨리 파병해 달라는 것이다. 사실, 이처럼 상대방에게 부담감을 많이 주는 발언으로 정상회담을 시작하는 것은 그리 흔한 일이 아니다.

파월 한국군 장병에 대한 김치 보급 등을 화제로 잠시 여유를 찾나 싶더니, 존슨 대통령은 재차 조바심을 보였다. '한국이 월남에 충분한 병력을 보내지 않으면, 원조 프로그램이 삭감되는 심각한 사태'가 벌어질 것이라는 발언은 요청이라기보다는 은근한 '협박'에 가깝다. 존슨 대통령은 여기서 그치지 않고, 박 대통령에게 "한국이 원하는 요구사항을 들어줄 터이니, 미국을 믿고 신속히 파병해 달라."라며 재촉했다. 뿐만 아니라 존슨 대통령은 미국 측이 한국 측의 요구사항을 검토하는 시간에, 부디 미국 측이 한국 측의 요구를 수용해 줄 것인지의 여부를 의심하지 말고, 지체 없이 "각하께서 부대이동을 시작해 달라." 라고 부탁인지 압박인지 경계가 모호하게 발언의 수위를 높였다. "속도가 가장 중요하다."라는 추가적 발언은 존슨 대통령의 조바심이 임계치를 향해 빠르게 상승하고 있음을 보여 주는 신호이다.

그런데 자신의 답답한 심정을 아는지 모르는지, 박 대통령의 입에서 나온 한가로운 답변은 존슨 대통령의 억장을 무너뜨렸다. "각하의 말씀은 이해하지만, 국회가 방해를 하고 있어 애로가 있는데, 미국이 확실하게 약속해 주시면 한결 도움이 됩니다." 이 답변만 들어서는 박정희 대통령이 추가파병을 해주겠다는 것인지, 아니면 안 하겠다는 것인지 금방 알 수 없었다. 궁금증을 참지 못한 존슨은 불문곡직하고 이렇게 물었다. "각하께서는 미국의 어떤 도움이 필요하십니까?"

박정희 대통령은 한국이 요청한 대침투장비가 제때 도착하면, '가급적' 한국군을 3월 1일, 늦어도 5월 1일까지 월남에 도착하도록 노력하겠다고 답변했다. 이 답변에 안도의 한숨을 돌린 존슨 대통령은 "내년 1월 1일까지 미국이 제공할 장비의 총액을 알려드릴 테니, 3월 1일까지 한국군을 월남에 도착시켜 달라."라고 당부했다. 존슨은 박 대통령이 "그렇게 하겠다."라고 단답형으로 대답하자, 그 답변이 미덥지 않았던지, 다시금 "한국군의 월남 도착의 목표시한을 3월 1일로 잡아 달라."라고 채근했다.

아마도 박정희 대통령은 이미 존슨이 요구한 대로 '내년 3월 1일까지 부대 도착'을 수락했음에도 불구하고, 똑같은 질문을 다시 꺼내면서 재촉하듯 서두르는 존슨의 태도에서 뭔가 허점을 직감한 것 같다. 아마도 '왜 다시 똑같은 질문을 반복해서 꺼내는 것일까?'라는 의문이 들었을 것이다. 그래서 박정희 대통령은 동일한 질문에 즉답을 하는 대신에 국방장관에게 몸을 돌려, "우리가 얼마나 빨리 월남에 부대를 도착시킬 수 있나?"라고 묻자, 국방장관은 "일러야 내년 4월"이라고 태평하게 답변했다.

국방장관의 답변을 듣는 순간, 존슨 대통령은 초강대국 국가원수로서의 인격과 품위를 잠시 잊은 채, '욱하는 발언'으로 체면을 구기고 말았다. 확실히 존슨 대통령은 화가 좀 났던 것 같다. 그는 이렇게 말했다. "그래서 대통령이 필요하다는 겁니다(That's why you've got Presidents)." 겉으로 보기에는 별다른 의미가 없는 것 같지만, 앞뒤 맥락을 잘 살펴보면, 이것은 한국 국방장관의 '태평한 답변'을 듣고 화가 난 존슨 대통령의 불만이 압축된 발언이라는 것을 짐작할 수 있다.

존슨 대통령이 회담이 시작되자마자 처음부터 한국군을 빨리 보내달라고 재촉한 끝에, 어렵사리 박 대통령으로부터 3월 1일까지 월남에 도착시켜 준다는 답변을 듣고, 이를 재차 확인하려 질문을 꺼냈건만, 뜻밖에도 국방장관은 "일러야 4월"이라고 답변했다. 따라서 "그렇기 때문에 대통령이 필요하다."라는 말은 "저렇게 태평한 장관은 필요가 없고, 대통령이 나서서 국정을 장악해야 나라가 제대로 돌아간다.", 그러니 "우리 같은 대통령들이 정신을 바짝 차려야 한다."라는 뜻이다.

두 번째 문장은 "국방장관이 더 열심히 일하게 말입니다(to make Defense Ministers work harder)." 이 문장의 강조점은 '더 열심히 일하게 또는 일하도록'이다. 즉 국방장관이 "열심히 일을 하지 않아 한가한 답변을 하고 있으니, 더 열심히 하도록 만드는 것이 대통령의 책무이다."라는 의미이다. 다시 말해, 박 대통령이 분명히 3월 1일까지 가능하다고 했는데, 4월에나 가능하다고 느긋하게 대답하니, 그 장관이 정신을 차리도록 만들어야 한다는 것이다.

이어서 존슨은 "불가능한 것을 가능하게 만드는 것이 대통령의 역할(It is a President's job to do the impossible)"이라고 말했다. '안 되면 되게 하라.'라는 것이다. 존슨은 이어서 "가능한 일은 쉽다. 대통령이 다루어야 할 것은 불가능한 일이다(The possible is easy. It is the impossible that Presidents must deal with).”라며, 기세를 늦추지 않았다. 계속해서 존슨 대통령은 “저도 무슨 일을 하려면 장관들이 반대하던데, 한국군에 김치 보내는 문제, 초계정 보내는 문제가 그랬습니다. 장담하거니와, 장관들 말만 들었더라만 한국은 절대로 월남에 부대를 파견하지 못했을 것”이라며 ‘작심 발언’을 멈추지 않았다.

존슨 대통령이 이런 발언을 이어가면서 차분하고 조용한 모습을 보였는지, 아니면 약간 화가 난 상태에서 ‘욱하는’ 모습을 보였는지는 알 수 없으나, 약간의 상상력을 발휘해 보면 후자에 가까울 것으로 짐작된다. 존슨 대통령의 신경질적인 ‘하이킥’에도 불구하고, 박 대통령은 무덤덤한 단문(短文)으로 “우리가 무엇을 할 수 있는지, 내년 초까지 답변을 주겠다.”라고 답변했다. 그러나 존슨 대통령은 박 대통령에게 “한국을 포함하여 미국, 태국 등은 10만 명을 모아 월남에 보내야 한다.”라며 마지막까지 부탁하기를 잊지 않았다. 존슨 대통령의 진정성에 감동한 것일까? 박 대통령은 다음과 같은 발언으로 정상회담을 마무리 지었다. “한국은 일단 결심만 하면 미국보다 빨리 움직이니, 부디 너무 걱정 마십시오.” 확실히, 1967년 한・미정상회담은 월남 파병 문제를 둘러싸고, 존슨 대통령이 부지불식간에 박정희 대통령 앞에서 체통을 잃은 채 ‘욱하는’ 모습을 보인 에피소드로 기억되어야 할 것이다.

박정희 대통령과 존슨 대통령 간 대화록[43]

(이하, 발췌 · 요약)

존슨 제 판단으로는 우리(한 · 미)가 월남에 빨리 추가병력을 파견해야 합니다. 미군 1만 명과 600톤의 물자가 17일 만에 이동하여 지난 12월 18일에 도착이 완료되었습니다. 웨스트모어랜드 주월사령관은 제게 106개 대대를 요청했는데, 크리스마스 전까지 102개 대대를 보내 줄 것입니다.

박정희 각하께서 한국의 남부지방에 발생한 가뭄 피해를 극복할 수 있도록 추가로 식량을 보내 주신 데 대해 감사드립니다.

존슨 식량을 보낼 수 있어서 다행으로 생각합니다. 한국군에 김치가 보급되고 있습니까? 워싱턴의 관료주의가 하도 심하여 월남에서 전쟁하는 것보다 더 힘듭니다. 월남의 한국군 부대는 가장 강력하고 적극적인 동맹군입니다. 추가파병에 대한 각하의 회신을 기다리고 있습니다.

박정희 내년 초부터 김치가 월남에 도착한다고 하여 고맙게 생각합니다. 김치는 틀림없이 장병들의 사기를 올려 줄 것입니다. 만일 미국이 아시아에서 철수하면, 아시아 국가들은 스스로 자립하지 못할 것입니다. 추가파병과 관련된 국내문제를 말씀드리자면, 한국은 미군 장비가 더 많이 필요합니다. 그 이유는 북한의

---

43 140. Notes on Conversation Between President Johnson and President Pak (Secret), December 21, 1967, *FRUS 2*.

도발 압력으로 월남 파병에 대한 국민들의 태도가 바뀌었기 때문입니다. 제가 국회를 설득시키자면, 추가파병과 동시에 미국으로부터 장비를 지원받아, 북한 도발로부터 최소한 그(파병)에 상응하는 보호를 받는다는 사실을 입증할 수 있어야 합니다. 그런 이유로 우리 측 요구가 대침투 · 대간첩 장비에 집중되어 있는 것입니다. 우리의 추가파병은 이것이 북한으로부터 한국 안보를 감소시키는 것이 아니라 오히려 증가시킨다는 조건 하에서만 가능할 것입니다.

존슨　현재 한국 측의 요구사항을 검토하고 있습니다. 미국의 AID 프로그램이 의회에서 1/3가량 삭감되었습니다. 한국, 호주 및 다른 동맹국들은 만일 월남에 충분한 병력을 파견하지 않으면, 저도 손을 쓸 수 없이 AID가 대폭 삭감되는 심각한 사태가 벌어질 수 있습니다. 의회가 한국 측 요구에 호의적인 조치를 취하도록 시급히 관심을 가지셔야 합니다. 웨스트모어랜드 사령관은 빨리 병력이 도착하기를 원합니다. 각하께서는 "미국 측의 상응하는 조치를 믿으시고 신속히 파병해 주셔야(should start moving them on faith in the US response)" 합니다. 저희는 한국이 완편 1개 사단을 보내 주시기를 희망합니다. (대신) 저는 한국에 구축함 1척을 가급적 빨리 보내고, 참모들에게 1척을 더 보낼 수 있는지 검토해 보도록 지시할 것입니다. MAP가 6억 2천만 달러에서 4억 달러로 줄었지만, 한국에 대해서는 다른 곳에서 삭감하여 동일한 수준을 유지하도록 명령을 내렸습니다. 다음 주 한국 측 요구사항을 제가 검토해 보고, 각하께 가급적 빨리 회신하겠습니다. 그동안 각하께서는 부대이동을 고려해 주시기 바랍니다. "속도가 가장 중요합니다(Speed is of the essence.)."

박정희　저도 각하의 의도에 전적으로 공감합니다만, 각하와 달리 저는 부대를 이동하기 전에 국회의 승인을 얻어야 합니다. 현재 국회는 예산안에 대해 의사진행 방해(filibuster)를 하고 있습니다. 만일 미국의 약속이 확고하다면 국회를 다루는 데 용이할 것입니다.

존슨　한국 측에서는 미국의 어떤 도움이 필요하십니까?

박정희　저희는 내년 봄에 눈이 녹아 북한이 38선 일대에 도발을 재개하기 이전에 북한 위협에 대비하여 안보를 강화할 수 있는 장비가 필요합니다. 만일 "요청한 물자들이 한국에 도착한다면", 가급적 한국군을 내년 3월까지, 어떤 일이 있더라도 5월까지는 보낼 것입니다.

존슨　내년 1월 1일까지 각하께 미국이 제공할 수 있는 장비의 총액과 인도 일자를 알려드리겠습니다. 그러나 각하께서는 3월 1일까지는 월남에 부대가 도착하도록 조치해 주시기를 바랍니다.

박정희　그렇게 하겠습니다.

존슨　제가 지원해 드릴 목록을 말씀드리자면, 우선 10개월 이내에 구축함 1척을 한국에 보내겠지만, 1척을 더 보내는 방안을 검토할 것입니다. 비록 MAP 예산이 약 30% 감소했으나 한국에 대한 MAP는 한 푼도 줄지 않을 것입니다. 대침투장비도 보내드리겠습니다. 미 합참이 1월 1일까지 요구사항에 대한 검토를 마친 후에 답변을 드릴 것입니다. 그러나 각하께서는 추가파병 부대의 도착 목표시한을 3월 1일로 잡아 주시기 바랍니다.

박정희　(국방장관에게 얼마나 빨리 부대를 월남에 도착시킬 수 있는지 묻자, 일러야 4월이

라고 답변)

존슨 (이 대목에서 존슨 대통령의 '욱하는' 발언이 시작됨) 그래서 대통령이 필요하다는 겁니다. 국방장관이 더 열심히 일하게 말입니다. 불가능한 것을 가능하게 만드는 것이 대통령의 역할입니다.[44] 가능한 일은 쉽습니다. 대통령이 다루어야 할 것은 불가능한 일입니다. 저도 처음에 각료들이 반대했던 여러 일들이 생각납니다. 예를 들면 주월한국군에 김치를 제공하는 문제, 한국에 초계정(patrol boat)을 보내는 문제가 그랬습니다. 제가 '장담(daresay)' 하건대, 만일 각하께서 장관들 이야기만 들었다면 지금 월남에 한국군은 한 명도 없었을 것입니다.

박정희 저희가 무엇을 할 수 있는지에 대해, 내년 1월 1일까지 답변을 드리겠습니다.[45]

존슨 우리는 한국, 태국, 미국, 월남 등에서 10만 명을 추가로 모아서 웨스트모어랜드 사령관에게 보내 주어야 합니다.

박정희 부대의 도착일시를 앞당기기 위해 최선을 다하겠습니다. 때때로 한국은 일단 결심을 하고 나면 미국보다 빨리 움직일 수 있습니다. 저는 목표시한을 지킬 수 있도록 최선을 다할 것입니다.

---

44 박 대통령에게 국방장관을 닦달해서라도 목표시한을 3월로 맞춰 달라고 요청하는 이런 발언은 존슨 대통령이 당시 얼마나 다급하게 추가파병에 목을 매고 있었는지를 암시한다.

45 원문에는 한숨 돌렸다는 듯, "마침내(finally)" 박정희 대통령이 그런 답변을 했다고 기록되어 있다.

한국의 월남 추가파병에 대한 미국의 '지원 패키지'

박정희-존슨 간 한·미정상회담 직후인 1967년 말, 로스토 대통령 특보는 정상회담 후속조치와 관련, 한국 측에 제시할 '패키지'에 대하여 존슨 대통령에게 다음 요지로 보고했다.[46]

- 구축함 2척: 함대예비(Fleet Reserve)에서 1척을 내년 봄까지 인도하고, 다른 1척은 가급적 조기에 인도할 예정(함정 가격 제외하고 600만 달러)
- 3개 헬기중대: 1968년 1개 중대를 인도할 예정이나, 동남아시아에서 헬기가 부족함을 고려해 볼 때 쉽지 않음(300만 달러. 추가로 한국 측에 대침투작전용 헬기 18대를 지난 2개월간 이미 인도했음)
- 대침투장비: 한국 측이 요청한 대침투 · 대간첩 장비를 제공하기로 합의했으며, 인도 일자에 일부 어려움이 있으나, 내년 봄에 인도하기 위해 최선을 다하고 있음(3,200만 달러)
- MAP: 한국 측은 MAP을 신규 창설된 8개 대대의 대침투작전에 사용하기를 희망한바, 이에 동의함
- 추가적인 야포 제공: 1968년까지 8인치 자주포 1개 대대 제공에 합의했음(300만 달러)

---

46 141. Memorandum From the President's Special Assistant (Rostow) to President Johnson (Secret), "Follow-up to your Canberra meeting with Korea's President Park," December 29, 1967, *FRUS 2*. 메모에서 보고한 건의사항에 대해 존슨 대통령은 '승인(approve)'했다.

- 월남에 민간인 5천 명 투입: 한국 측은 매우 높은 급여조건으로 5천 명의 민간인으로 편성된 군수지원단(logistics corps)을 편성, 군수 분야에 근무 중인 한국군을 대체할 예정인바, 이에 동의함(6,200만 달러)
- 그러나 우리는 두 가지 사항에 동의하지 않음. ① 경부고속도로 건설을 위한 중장비 제공, ② F-4 전투기 비행중대: 월남에서 활동 중인 일부 한국군 조종사를 활용하는 방안을 검토 중

한편 2월 5일, 미 국방부는 존슨 대통령에게, 월남 추가파병에 대한 보상의 일환으로 한국군에 지원될 목록에 대한 재가를 요청했다.[47] 그런데 펜타곤의 건의사항과 로스토 대통령 특보의 건의사항은 ① 구축함, ② 대침투장비, ③ 신설된 8개 대침투대대 지원, ④ 8인치 곡사포 등 주요 부분이 거의 중복되지만, 양자 간에 어떤 관계가 있는지는 분명치 않다.

- 3,250만 달러어치의 '대침투 패키지(counter-infiltration package)'
- 구축함 2척: 1척은 4월 30일, 다른 1척은 12개월 이내에 각각 인도
- 8인치 곡사포 대대: 금년 봄 인도
- 신설된 8개 대침투대대의 장비 지원
- 한국군에 약 2억 달러어치의 장비 및 탄약 제공
- DMZ 일대 지상 장애물 보강 및 해안 장애물 설치에 1억 5천만 달러 지원
- 한국 내 통신망, 탄약 및 물자보급창고 개선에 5천만 달러 지원

---

47 154. Memorandum From the Under Secretary of State (Katzenbach) to President Johnson (Secret), "Airlift of Counterinsurgency Equipment," February 5, 1968, *FRUS 2*.

- 한국 내 항공기 · 공군기지 취약성 보완에 5천만 달러 지원
- 7,500만 달러~1억 5천만 달러에 25~50대의 F-4 전투기 제공
- 지상군 · 공군 탄약 보강에 약 2억 5천만 달러 지원

추가파병 요구에 달라지는 미국의 계산법

1968년 6월, 로스토 안보특보는 존슨 대통령에게 한국 민간인 5천 명의 월남 파병을 추진하지 말 것을 건의했다.[48] 사실 1967년 가을, 한국 정부는 월남 파병부대의 지원병력 교체를 위한 5천 명의 민간인 파견을 제의했다. 추가로 6천 명을 보내, 총 1만 1천 명으로 구성된 경(輕)사단을 구성하겠다는 복안이다. 그러나 미국 측 정보 보고에 의하면, 박정희 대통령이 처한 정치상황으로 볼 때 당장 또는 가까운 장래에(within the foreseeable future) 추가로 전투부대를 파견할 수 있는 가능성은 희박하다. 이들(한국 정부)은 민간인 파견을 고소득 직장을 확보하고 추가로 외화를 벌어들일 수 있는 방안으로 간주하는 것이 분명하다. 따라서 현 시점에서 한국 민간인의 추가 파견에 동의하지 말고, 한국 정부가 전투부대를 추가로 파견할 수 있을 때까지 연기할 것을 건의하는바, 그 이유는 아래와 같다.[49]

48 202. Information Memorandum From the President's Special Assistant (Rostow) to President Johnson (Secret), June 19, 1969, *FRUS 2*.

49 아래 내용은 원문을 발췌 · 요약한 것이다.

우선, 민간인 5천 명은 추가로 파견될 1만 1천 명으로 구성된 한국 경사단의 일부가 될 것이다. 만일 이 '패키지'를 분리하여 민간인 파견을 따로 허용할 경우, 훗날 6천 명의 추가적 전투부대를 확보할 가능성은 훨씬 줄어든다. 또한 한국은 이를 외화획득을 위한 금융거래(monetary transaction)로 간주하여, 이들 민간인에 대해 상대적으로 높은 급여를 요구하고 있다. 한국 정부의 '제시 가격(asking price)'을 기준으로 할 때, 5천 명의 민간인에 대한 임금 총액은 연간 2,200만 달러이나, 포터 주한 미국대사는 한국의 정치적 · 경제적 요구를 충족시키기 위해 연간 1,500~1,800만 달러가 필요한 것으로 생각한다. 그러나 샤프 태평양사령관 등은 연간 400~500만 달러 이상을 지불하지 말 것을 건의하고 있다. 가장 낮은 급여를 받는 민간인에 대한 한국의 제시 가격은 연간 4천 달러인 반면, 이와 유사한 업무를 수행하는 주월한국군 병사는 연간 800달러, 그리고 유사한 지위에서 근무하는 한국 민간인이 받는 급여는 연간 600달러이다. 우리는 '용병(mercenaries)'을 고용한다는 비판, 그리고 한국 민간인들에게 다른 월남인이나 미국인보다 더 큰 혜택을 부여한다는 비판을 받고 있다.

1968년 3월 중순, 한국의 정일권 총리는 포터 대사에게, 미국이 요청할 경우 박 대통령이 이미 합의한 1개 경전투사단 외에도, 2개 전투사단을 추가로 파병할 수 있다는 의향을 전달했다.[50] 이렇게 해서 2개 정규사단, 1개 경사단(2개 연대) 및 5천 명의 예비역 출신 민간인이 파견될 경우, 월남에는 총 9만 7천 명이 주둔하고, 한국에는 17개 사단이 위치하게 된다. 각종 부대배치, 이동, 급여 · 수당 등을 제외하고, 파병

50 187. Information Memorandum From the Chairman of the Korean Task Force (Brown) to Secretary of State Rusk (Secret), March 12, 1968, *FRUS 2*.

대가로 요청한 사항들은 ① 3개 동원사단을 정규사단으로 전환하는 데 소요되는 비용(2,300만 달러), ② 7개 한국군 후방 예비사단을 정규 예비사단으로 격상시키는 비용(6,300만 달러), ③ 제주도에 대형 공군기지 건설 등이다.

그러나 포터 대사는 한국군의 추가파병으로 인한 단점도 적시했다. 우선, 한국군의 작전 스타일이 작전지역 내 지방정부를 사실상 인수하는 경향이 있어, 한국군의 병력수를 증가시킬 경우, 월남 국민들의 태도에 부정적 영향을 미칠 것으로 보았다. 둘째, 한국군 규모가 4만 9천 명에서 9만 7천 명으로 두 배로 증가할 경우, 이들은 월남전과 관련된 전략기획 과정에 보다 적극적으로 참여하려 들 것이다. 이렇게 되면 한・미관계가 복잡해지고, 이로 인한 마찰은 월남전 종료 이후의 전후복구 활동에 참여하는 데 문제에 있어, 한국의 참여를 저해하는 효과를 가져올 것이다. 잠정적 결론은 우선 1개 경사단과 5천 명의 민간인을 조기에 전개하고, 상황을 보아가면서 추가로 2개 사단의 배치 제안을 검토해 보자는 것이다.

또 한 차례의 한・미정상회담

1968년 4월 초, 존슨 대통령은 월맹군의 'Tet Offensive(구정[舊正]대공세)' 이후 월남 정세를 논의하기 위해 호놀룰루 방문을 계획했다. 박정희 대통령은 4월 7일 회의에 참석해 달라는 존슨의 초청을 수락했다. 그러나 4월 4일 미국의 저명한 인권운동가 마틴 루터 킹(Martin Luther King)의 암살과 대대적 시위사태로 인해 호놀룰루 회의가 연기되었다. 이번에는 한국 측 사정으로 다음 번 회의일정 수립이 어려움을 겪었다. 박 대통령은 존슨이 티우(Thieu) 월남 대통령을 먼저 만날 것이라는 사실을 알고, 회의 참석의 여부를 주저했다. 박 대통령은 이렇게 되면 당시 상황으로 볼 때 체면이 손상되고, 그가 국제무대에서 리더가 아니라 단순한 추종자(a follower)라는 인상을 주게 될 것을 우려했다. 또한 박 대통령은 월맹과 협상을 통한 해결책 모색을 위해 폭격을 중단하겠다는 존슨 대통령의 결정에 강력히 반대했다.

박 대통령은 존슨 대통령이 차기 대선 불출마를 선언하자 큰 충격을 받았다. 미국대사관에 의하면, 박 대통령은 존슨과의 친밀하고 인간적인 관계를 소중히 여겼으며, 사전에 그의 불출마 선언을 알려 주지 않은 것에 서운함을 나타냈다. 그 후, 박 대통령은 몇 번이나 존슨 대통령에 대해 이렇게 회고했다. "그는 한국 외교사에서 최초로 동등한 국가 대 국가의 기반(an equal country-to-country)에서 한국을 대한 주요 강대국의 지도자였다."[51]

우여곡절 끝에 호놀룰루에서 4월 17일 오전 10시 10분에서 오후 12시 30분까지, 오후 5시에서 6시 30분까지, 2회에 걸쳐 박정희와 존슨 간 제3차 한·미정상회담이 개최된바, 핵심주제에 대한 대화 내용을 요약하면 다음과 같다.[52]

---

51 189. Editorial Note, *FRUS 2*.

52 194. Summary of Conversations Between President Johnson and President Pak (Top Secret), April 17, 1968, *FRUS 2*.

월남에 대한 추가적인 한국군 · 민간인 기여

- **미국 측 입장**

1967년 12월 21일, 호주 캔버라에서 박 대통령은 월남에 추가로 1개 경사단에 해당하는 5천 명의 민간인과 6천 명의 전투병을 파견하기로 결정했음. 한국 측의 약속에 따라, 미국은 8,800만 달러어치의 무기 · 장비 지원, 4,500만 달러의 군사원조 제공, 대침투 · 간첩 장비 구매를 위해 3,200만 달러의 국방예산 할당 등의 조치를 취했음.

- **한국 측 입장**

한국 정세로 인해 추가적인 월남 파병이 '불가능(impossible)'함. 그러나 5천~6천 명의 민간인으로 구성된 1개 전투단(전투연대규모)을 7월 1일까지 월남 후방지역에 파견할 수는 있음. 장차 더 많은 부대를 파병할 가능성은 남아 있으나, 현재 상황에서는 불가능함. 그러나 만일 남한 내 한국군의 군사력이 강화된다면, 1~2개 한국군 사단을 파병할 수 있을 것임.

한국 정세

- **미국 측 입장**

존슨 행정부는 한국 국방비 지원을 위해 총 4억 달러의 예산을 편성하여 의회로 송부했음. 밴스 특사는 1억 달러의 증액을 건의했으나, 아직 의회가 조치를 취하지 않았음. 미 정부는 1억 달러의 일부가 한국 공군 1개 비행대대 창설에 투입되도록 요청하고 있음. 존슨 대통령은 한국 공군력이 증강되면, 한국은 육 · 해 · 공군 등 모든 군사능력 면에서 북한군의 공격으로부터 자국을 방위할 수 있는 능력을 갖게 될 것이라고 말함.

- **한국 측 입장**

  한국은 추가 예산 편성에 감사하나 '이런 액수로는 안심할 수 없음(not feel at ease with this amount)'. 이유는 북한이 한반도에서 제2의 월남전을 획책하기 때문임. 한국 공군력은 북한보다 우월하고, 해군력은 동등함. 북한은 수만 명의 훈련된 게릴라를 보유하고 있어, 한국군은 후방지역 방어를 강화해야 함. 한국군의 화력은 '북한보다 훨씬 열세(far inferior to North Korea)'함.

미 CIA는 호놀룰루 정상회담 이후, 박정희 대통령을 비롯하여 한국 측의 주요인사들이 불만을 보인 데 대해 이렇게 보고했다.[53]

박 대통령은 존슨 대통령과의 정상회담에 대단히 실망했으며, 회담에서 보여 준 존슨의 태도를 비판했다. 4월 19일 박 대통령은 이후락 비서실장 및 국방장관과의 사적 대화(private conversation)에서, 존슨 대통령이 한국에 대한 군사지원과 한・미상호방위조약의 개정 같은 핵심 이슈를 피하려 한다는 인상을 받았다고 한다. 박 대통령은 존슨이 대선 불출마 선언 이후, 정치적 힘과 영향력을 잃은 것 같다고 말했다. 그는 존슨 대통령이 더 이상 대외 군사・경제지원 프로그램에 관한 의회의 조치에 효과적인 권한을 행사하지 못하는 것으로 보는 것 같다.

존슨 대통령과의 회의 결과로, 박 대통령은 가까운 장래(in the foresee-

53 195. Intelligence Information Cable From the Central Intelligence Agency (Secret), "Subject: President Pak's Critical Reaction to the Honolulu Conference," April 23, 1968, *FRUS 2*. 짧은 보고서의 여러 곳에서 약 16줄 정도가 "비밀해제 불가"로서 내용이 삭제되었다. 아마도 박 대통령 측근 인사들이 미국 측에 제공한 첩보 또는 한국에서 활동하는 CIA 정보원들의 출처・신원 등을 보호하려는 목적으로 "비밀해제 불가" 판정이 나온 것으로 짐작된다. 상기 CIA 첩보보고는 미 첩보기관이 한국 대통령의 언행을 대단히 면밀하게 주시, 추적 및 보고하고 있음을 보여 주는 사례이다.

able future)에 전투부대 추가파병을 고려할 수 없다고 말했다. 박 대통령이 이런 결심을 하게 된 이유는 미국 정부가 밴스 특사가 약속한 1억 달러 이외에, 한국에 대한 군사원조를 대폭 증가시키는 데 미온적이기 때문이다. 이후락 실장은 박 대통령이 자신에게 존슨 대통령과 두 차례에 걸친 회담결과를 알려 주자, 존슨에 대해 '극단적이고 노골적으로 비판(extremely critical and outspoken against)'했다. 이후락은 한국이 더 이상 미국의 장기적 군사지원에 의존할 수 없다고 말했다고 한다.

5. 존슨 행정부의 2차 대(對)한반도 정책 재검토

1968년 12월 말, 카첸바흐(Katzenbach) 국무부 차관보는 존슨 대통령에게, 그해 2월 밴스 특사의 방한을 계기로 존슨으로부터 지시받은 대(對)한반도 정책 재검토 결과를 다음과 같이 메모 형태로 보고했다.[54]

54 211. Memorandum From the Under Secretary of State (Katzenbach) to President Johnson (Secret), "Review of United States Policy Toward Korea: Status Report," December 23, 1968, *FRUS 2*. 카첸바흐는 동 메모가 지금까지의 진전상황과 남은 과제 등에 대한 "중간보고(interim report)"라고 명시했다.

한국의 중요성

- 북한은 여전히 남한에 대해 '집어삼키려 작정한(bent on swallowing)' 호전성을 보이고 있다. 지난 1년간 북한의 대남 도발행위가 현저히 증가되었으며, 한국인들의 인내심은 바닥을 드러내고 있다. 우리(미국)는 상호방위조약, 그리고 역사적 이유로 한국 방위에 얽매어(tied) 있다. 주한미군 규모는 여전히 5만 명을 상회한다. 작년에 우리는 한국에 대한 군사 · 경제원조로 3억 5천만 달러를 제공했다.
- 우리는 한국에서의 노력을 자랑스럽게 여겨야 한다. 한국인들은 우리의 지원을 효과적으로 선용했다. 한국 경제는 '거의 환상적 비율(at near fantastic rates)'로 성장하며, 궁극적으로 자생력(viability)을 달성할 전망이 매우 밝다. 한국군은 5만 명의 월남 파병부대가 입증하듯, 세계 최고의 군대 중 하나이다.

미국의 대(對)한반도 목표

- 한국을 적대행위로부터 보호
- 남 · 북 간 대규모 적대행위(hostilities)가 발생할 가능성 감소
- 한국에 대한 강대국들의 이해관계에 안정적 타협(stable compromise) 유지
- 한국의 독자적 방위능력 향상
- 한국의 경제 · 정치발전 촉진
- 한국의 안보 및 번영에 일본이 더 많이 기여하도록 장려

잠정 결론

한국에 대한 방위공약에 의심의 여지가 없어야 하는 동시에, 과연 여러 해 전에 결정되었던 미국의 현재 군사태세가, 여전히 우리의 공약을 충족시키는 데 최선의 방책인지의 여부를 재검토할 필요가 있다.

- 한국은 모든 분야에서 엄청난 진전을 이룩한바, 갈수록 스스로 일어설 수 있는 능력을 갖게 될 것이다.
- 북한의 군사력에 대한 미국의 지식은 제한적이며, 전적으로 신뢰할 수 없을 정도이다.
- 주한미군 2개 사단을 사실상 한국에 '고정시키는(tie down)' 현행 정책으로 인해, 이 부대는 다른 지역에서 운용될 수 없다.
- 현행 군사태세에 따라, 한반도에서 대규모 적대행위 발발 시, 미국이 분쟁에 개입할 것인지, 그리고 어떻게 개입할 것인지 등에 관하여 거의 선택의 여지가 없다.

핵심적 이슈

- 한국전 종전 후 15년이 경과한 지금, 미군 전투부대의 주둔은 북한 공격에 대한 억지력에 '대체 불가능한(irreplaceable)' 요소인가?
- 미국이 군사력을 감축 또는 철수시킬 경우, 한국전 발발 시 이들을 재투입(reintroduce)하는 것이 정치적으로 가능한가?

- 정보수집 활동의 강화로 북한의 군사능력에 대한 불확실성을 감소시킬 수 있는가?
- 주한미군 철수는 미국의 아시아에 대한 입지(position)에 어떤 영향을 주는가?
- 현재의 경제발전 전망을 저해하지 않는 범위 내에서, 미국은 한국이 자국의 군사적 요구에 수반되는 비용을 얼마나 부담하도록 요구할 수 있는가?
- 미국은 한국군 현대화를 위한 다년도(multi-year) 프로그램에서, 한국을 지원하는 데 필요한 재원(fund)을 어떻게 확보할 수 있는가?

▲ 5·16 당시의 박정희 소장. 맨 오른쪽은 육군대위 차지철의 모습이다. (1961.5.16)

▲ 5·16 당시 군사혁명위원회 위원장 장도영과 부위원장 박정희 (1961.5.16)

▼ 국가재건최고회의 상임위원회 회의 광경 (1961.8.7)

▲ 박정희 의장의 워싱턴 방문 당시 케네디 대통령과 함께 (1961.11.13)

▼ 박정희 의장이 참석한 국가재건최고회의 (1962.4.17)

▲ 한·미 합동기동훈련 참관 중 군 장비를 둘러보고 있는 박정희 의장 (1963.4.11)

▼ 고(故) 케네디 대통령 장례식 조문 차 미국을 방문한 박정희 의장 내외를 환영하는 러스크 미 국무장관 (1963.11.29)

▲ 제5대 박정희 대통령 취임식 (1963.12.17)

▲ 미 케네디 법무부장관을 접견 중인 박정희 대통령 (1961.1.19)

▼ 박정희 대통령과 한 · 미상공협의회 대표와의 환담 (1964.5.14)

◀ 미국 뉴욕의 유엔본부를 방문한 박정희 대통령 (1965.5.16)

▼ 미국 방문 당시 미 존슨 대통령과 함께 (1965.5.16)

▼ 미 존슨 대통령 주최 리셉션에 참석한 박정희 대통령 (1965.5.17)

▲ 월남 파병 당시 맹호, 청룡 교체부대 환송식 모습 (1966.7.22)

▲ 미국 닉슨 전 부통령의 박정희 대통령 예방 (1966.8.31)

▼ 아시아의원연맹(APU) 총회 개회식에 참석한 박정희 대통령 (1966.9.2)

▲ 박정희 대통령과 존슨 미국 대통령의 26사단 시찰 (1966.11.1)

▼ M-48형 신형 탱크 인수식 (1966.12.31)

▲ 구로동 수출산업공업단지 준공식에 참석한 박정희 대통령 (1967.4.1)

◀ 청와대에서 홀트 호주 수상을 접견하고 있는 박정희 대통령 (1967.4.7)

▲ 청와대 기습사건, 일명 '1·21 사태' 직후 생포된 김신조 (1968.1.21)

▼ 피랍사건(1968.1.23.) 직전의 푸에블로호

▲ 경전선 개통식에 참석한 박정희 대통령 (1968.2.7)

◀ 존슨 미 대통령과 함께한 정상회담 및 방미환영식 (1968.4.17)

▲ ▶ 중부전선 남방한계선을 시찰 중인 박정희 대통령 (1968.5.30)

◀ 박정희 대통령 휘호, '유비무환' (1968.10.29)

▼ 경인 · 경수 고속도로 개통식에 참석한 박정희 대통령 (1968.12.21)

▲ 한・미합동 포커스 레티나(Focus Retina) 공수작전 참관 중인 박정희 대통령 (1969.3.17)

◀ 섬유 협상 차 방한한 미국 케네디 특사를 접견하는 모습 (1971.6.17)

제4장
북한의 대남 도발과 청와대 기습사건

1. 급증하는 대남 도발과 북한의 의도

본격화되는 북한의 대남 도발

한국군의 월남 파병이 한창 이루어지고 있던 1966년 11월경부터, 그간 간헐적으로 벌어지던 북한의 대남 도발이 본격화되기 시작했다. 11월 8일 주한 CIA 지부가 발송한 정보보고에는 다음과 같은 내용이 들어 있다.[1]

11월 2일 DMZ 남쪽에서 북한군이 미군 순찰대를 공격한 것은 명백히 1주일 전에 한국군이 북한군을 공격한 데 대한 보복이다. 비록 10월 중순 이후 DMZ 일대에서 북한의 도발행위(harassing)가 현저히 증가했지만, 그럼에도 불구하고 북한이 대대적인 정전협정 위반을 기도하려고 작심한 것으로는 보이지 않는다. 11월 2일 북한군이 미군을 기습적으로 공격한 속셈은 10월 26일 30여 명의 한국군이 DMZ 내에서 북한군을 습격한 사건이 재발되지 않도록 방지하려는 것이다. 북한이 월남전에서 '제2전선(a second front)'을 조성하려는 의도를 갖고 있다는 증거는 없다. 그러나 북한이 DMZ 일대에서 긴장을 고조시키는 의도는 한국과 미국에게 한국군의 월남 추가파병을 경고하고, 다른 공산국들에게 북한이 월맹을 지원하고 있음을 과시하려는 것으로 보인다.

한국군이 DMZ를 넘어 북한 지역에 침투하여 북한군에게 약 30여 명의 피해(전·사상자)를 입힌 것은 북한군 도발로 침체된 사기를 북돋우

---

1 98. Intelligence Memorandum (Secret), "Armed Incidents along the Korean DMZ," November 8, 1966, *FRUS 2*.

는 데 목적이 있다. 비록 유엔군사령관과 주한 미국대사가 한국 정부에 그러한 사건을 반복하지 않도록 경고했지만, 만일 한국군이 추가로 인명손실을 당할 경우에는 치밀하게 은폐된 대북 보복작전이 감행될 위험이 있다. 최근 북한의 침투로 폭력행위가 급증한 것은 적어도 일시적으로나마 정보수집 및 전복에서 교란작전으로 임무가 전환되었음을 암시한다. 과거 남한에 침투한 북한군 첩자가 교전을 벌이는 경우는 거의 없었으나, 10월 중순 이후 침투분자들은 고의적으로 한국군을 겨냥하여 공격하고 있다.

10월 13일부터 시작하여 5일간 북한은 7회에 걸친 한국군에 대한 기습공격을 도발했다. 11월 2일 현재, 금년 들어 한국군과 미군은 40건의 사건에서 36명의 전·사상자가 발생하는 피해를 입었다. 한편, 1965년에는 55건의 사건이 일어나 20명의 한국군이 전사하고, 1964년에는 32건의 사건이 일어나 4명이 전사했다.

1967년 들어, 북한의 대남 침투공작이 갑자기 극성을 부리기 시작했다. 미 정보당국은 이러한 현상이 당시 중공의 주변부 지역에서 긴장이 고조되는 추세와 궤를 같이하는 것으로 파악했다. 북한이 중공과의 공조 하에 대남 침투계획을 수립하지는 않더라도 고조된 긴장상태에 편승하고 있음은 분명했다. 북한은 이를 통해 이념적 형제국가인 월맹에 대한 지지를 과시하거나, 적어도 그 과정에서 소련의 비위를 건드리지 않으면서 중공의 반미정책에 동조하는 움직임을 보였다. 한마디로 북한은 한국에 대한 '체제전복 전쟁(subversive war)'을 벌이기 위한 대대적인 노력에 박차를 가하고 있었다.[2]

2 123. Memorandum From Alfred Jenkins of the National Security Council Staff to the President's Special Assistant (Rostow) (Secret), "Bonesteel's 'Eyes Only' of July 21," July 26, 1967, *FRUS 2*.

당시의 정보에 의하면 북한은 특수부대에서 훈련을 받고 엄격하게 선발된 약 1,200명의 최정예 게릴라 요원을 보유하고 있었다. 일부 교관들은 베트남전쟁에 참전한 경험이 있었다. 모든 요원들은 전복활동, 첩보수집, 선동(agitation) 및 무장 게릴라 활동을 직접 수행하거나 지원할 능력을 갖고 있었다. 추가로, 이들은 북한의 9개 도(道)에서 각각 500명의 체제전복 요원들을 집중적으로 훈련시키고 있었다. 이런 숫자들을 합치면 특수훈련을 받은 요원들은 5천 명에 육박한다. 여기에 특수전 부대 형태의 능력을 보유한 정찰여단 소속 4,070명을 합치면, 북한이 체제전복 활동에 투입할 수 있는 인원은 약 1만 명에 이른다.[3] 실제로 아래 도표는 DMZ 일대에 대한 북한의 도발이 1967년을 기점으로 폭발적 증가세를 기록했음을 보여 준다.[4]

DMZ 일대 북한의 대남 도발 현황(1965~1967.7)

(단위: 건)

구분	1965년	1966년	1967년 7월 현재
DMZ 충돌	42	37	286
교전(DMZ 및 DMZ 내부)	29	30	132
북한군 전사	34	43	146
북한군 포획	-	35*	-
한국군 · 미군 전사	40	39	75
한국군 · 미군 부상	49	34	175

* 경찰에 의한 체포 제외

3 Ibid.

4 Ibid.

1967년 들어, 지리산 · 강원도 해안 등 도처에 출몰한 무장공비 소탕을 위해 후방지역 대침투작전에 투입되었던 한국 경찰은 열악한 장비 및 훈련 상태로 인해, 잘 훈련되고 장비도 우수한 북한 침투요원들과의 교전에서 막대한 피해를 입었다. 그 무렵 브라운 대사의 후임으로 새로 부임한 포터 주한 미국대사가 당면한 최대 현안은 한국의 국내치안 문제였다. 박정희 대통령은 북한의 침투공작 문제와 관련하여, 정규군이 본연의 임무인 DMZ 및 해안경계로부터 대대적으로 관심과 에너지를 전환하지 않도록, 민간기관이 적절하게 장비를 갖추고 훈련시켜 해결해야 할 사안으로 판단했다. 우선 미국 측에 시급히 필요한 경찰력의 개편 및 보강을 요청했다. 미국대사관과 유엔사령부는 한국 정부의 대침투작전용 탄약 및 무기를 요청받고 신속한 제공을 위해 노력했다. 군사적 측면에서 본스틸 사령관은 한 · 미 양국 군이 수행하게 될 "종합 연합대침투작전 개념(comprehensive counter-infiltration concepts)의 수립에 돌입했다.[5]

북한의 대남 도발이 악화일로를 치닫자, 갈수록 "한국군에 대한 작전통제권 문제"가 수면 위로 부상했다. 1967년 11월 말, 박정희 대통령은 경찰력을 23개 중대에서 46개 중대로 확대하여 대침투작전 임무를 전담시키려던 당초 계획을 백지화했다.[6] 대신 후방지역 8개 사단이 각각 1개 대대를 증편, 총 8개 대대에 임무를 부여하겠다는 복안을 세웠다. 이에 따라 국방장관은 ① 8개 대대 인원에 대해서는 한국군 상

5 125. Telegram From the Embassy in Korea to the Department of State (Secret), "For Bundy and Berger from Porter. Subj: ROK Internal Security," *FRUS 2*.

6 가장 중요한 이유는 경찰력을 증강하는 것보다 신규부대를 창설 및 운용하는 것이 예산이 더 적게 소요되기 때문이다.

한선을 초과하여 잠정적으로 승인해 줄 것, ② 신규 대대에 대한 장비 증가가 아니라, 전시 비축장비를 사용하도록 승인해 줄 것 등 두 가지를 유엔사에 요청했다.[7]

이어서 한국 정부는 경험상 경찰력이 감당할 수 없는 것으로 판단되는 대침투 상황이 발생할 경우, 당해 지역에 국한하여 한국군이 8개 대대에 작전통제권을 행사할 것임을 통보했다. 박 대통령은 북한이 한국내 산업기반과 정부기관 파괴를 위해 "자살특공대(suicide squads)"를 투입할 가능성을 특히 우려했다.

포터 대사는 상기 전문의 "주석(comment)"에서 미국이 할 수 있는 한 도움을 주되, 내부치안은 기본적으로 한국 정부의 책임이라고 선을 그었다. 또한 경찰력을 강화하여 북한의 대간첩작전에 대처하고 정규군은 DMZ 및 해안방어에 집중하는 것이 바람직하다고 부연했다. 그 외에도 포터 대사는 경찰력이 대침투작전에 더 효과적이라는 취지로 추가적 견해를 피력했다.[8] 그러나 전문 어디에도 "한국 측이 요구한 8개 대대에 대한 작전통제권"에 관한 언급이 없다.

북한의 대남 도발 의도

미국은 급증하는 북한의 대남 도발 의도에 대하여, ① 박정희 정부에 새로운 압력을 조성, ② (월남에 파병되지 못하도록) 한국군 주력을 묶어 놓

7 135. Telegram From the Embassy in Korea to the Department of State (Secret), "Subj: ROK Internal Security," November 29, 1967, *FRUS 2*.

8 Ibid., 주석 참조.

기(tie down), ③ 남한 내 공산주의 지하조직(clandestine apparatus) 강화, ④ 한국 내에서 발생하는 새롭고 중대한 사회불안 이용,[9] ⑤ 경제발전 속도 둔화, ⑥ 한국 내 긴장 조성[10] 등으로 분석했다.

1967년 12월 초, 본스틸 사령관은 맥나마라 장관에게 김일성이 '체 게바라'가 제안한 노선을 따라 분쟁을 급격히 증가시키는 방책을 택했다는 확정적 첩보가 있다고 보고했다.[11] 김일성은 미국이 베트남에서의 1개 전쟁 외에는 동시에 다른 전쟁을 지원할 수 없다는 체 게바라의 이론에 따라, ① 한국이 월남에 더 이상의 군대를 파병하지 못하도록 막고, ② 한국 경제에 치명적 손상을 입히고, ③ 미군 철수를 촉발하여, ④ 궁극적으로는 한반도의 공산화를 완성한다는 것이다. 이를 위해 특수요원, 특공대, 한국의 여러 지역을 전담하는 게릴라 등 2만 5천 명에 육박하는 병력이 훈련을 받고 이미 한국에서 활동을 시작했다. 그로 인해 현재까지 침투 시도, 쌍방 교전, 유엔사 요원의 전·사상자 등이 작년부터 약 10배가량 급증했다.

한편, 김일성이 '체 게바라'의 주장에 동조하는 것과 관련하여, 유엔사는 북한의 의도를 ① 한·미 양국의 관심을 월남으로부터 한반도로 전환, ② 한국 경제성장 교란(harassing), ③ 남한 내 혁명 분위기 조성 및 통일 달성 등 세 가지로 분석했다.[12]

---

9 130. Special National Intelligence Estimate (Secret), "North Korean Intentions and Capabilities with respect to South Korea," September 21, 1967, *FRUS 2*.

10 133. Memorandum of Conversation (Secret), "North Korean Harassment and U.S. Commitments," November 13, 1967, *FRUS 2*.

11 138. Memorandum From the Director of Defense Research and Engineering (Foster) to Secretary of Defense McNamara (Secret), December 7, 1967, *FRUS 2*.

12 146. Telegram From the Commander in Chief of the United Nations Command and of United States Forces, Korea (Bonesteel) to the Chairman of the Joint

2. 청와대 기습과 푸에블로호 납치사건

청와대 기습사건(1 · 21사태) 발생

1968년 1월 21일, 청와대 습격을 노린 북한의 최정예 특수부대 요원 30명이 남한에 침투하였다. 교전 끝에 한국 민간인과 경찰이 여러 명 사망하고, 30여 명의 북한군 게릴라의 대부분이 사살되고 그중에서 최소한 2명이 생포 및 구금되는 사건이 벌어졌다. 이들의 임무는 청와대에 진입하여 경호원들과 마주치면 이들을 살해한 다음, "박정희 대통령의 목을 자르고, 건물 내 핵심 측근들을 쏘아 죽이는 것"[13]이라고 했다. 청와대 습격사건이 발생한 지 48시간도 지나지 않은 1월 23일, 미 해군 첩보수집선인 푸에블로호가 북한군에 납치되었다.

한국 정부는 이 두 사건을 유엔 안보리에 회부하는 한편, 한국전에 참여했던 미국 및 15개 국가들이 1953년 정전협정에 명시된 바에 따라 한국에 대한 방위공약을 재확인해 주도록 요청했다. 미국은 한국에 대한 공약을 선언할 용의를 표명하면서도, 다른 국가들도 그렇게 하도록 압박하는 것에는 반대했다. 이유는, 미국이 볼 때 그간 국제환경이 변화하여, 휴전협정의 재확인을 지지하기 위한 만장일치 선언이 성사될 가능성이 낮고 또 바람직스럽지도 않으며, 유엔에서 한 · 미의 입지에 대한 국제적 지지가 부족하다고 북한과 공산국가들이 주장할 빌미

Chiefs of Staff (Wheeler) (Secret), January 24, 1968, *FRUS 2*.

13 원문: "...to chop off President Pak Chung Hee's head and to shoot to death his key subordinates in that building."

를 줄 수 있다는 것 때문이었다.[14]

미국의 보복 금지에 대한 박 대통령의 반발

1월 24일 오후, 박정희 대통령은 포터 대사를 불러, 총리를 통하여 미국이 북한에 보복하지 말라고 요구한 것에 '강력히 반발(reacted strongly)' 했다.[15]

박 대통령은 미국이 북한의 사과와 푸에블로호의 즉각 송환을 요구한 것을 언급하면서, 다시는 한국 영토에 이런 종류의 도발이 벌어지지 않을 것이라는 보장을 받아야 한다고 말했다. 포터가 판문점에서 북한에 이 문제를 따질 것이라고 하자, 박 대통령은 이렇게 말했다. "만약 북한이 청와대 습격을 단지 인민들의 봉기(uprising)에 불과하다며 관련설을 부인하고, 푸에블로호 납치사건에 대한 사과 및 함정·승무원의 송환을 거부할 경우에는, 문제가 심각해질 것이다. 그런 일

14 144. Editorial Note (작성일시 不明), *FRUS 2*.

15 원문: "He was not undoubtedly in an alert posture, and there were many reasons why we should not accommodate him. It was this which led us to make representations to the Prime Minister this morning on subject of reprisals." 원문에 "not ... in an alert"로 되어 있는데 'not'은 명백한 오타로서, 삭제되어야 문맥에 맞다. 'Make representations to'란 '정부당국에 공식적으로 항의'하는, 비교적 높은 수준의 외교적 경고·항의의 표현이다. 무엇 때문에 포터가 한국 총리에게 오전부터 '거세게 항의'했을까? 아마도 한국 내 미국 정보망에 한국군의 보복작전이 임박했다는 징후를 포착했기 때문일 것이다. 그렇지 않고 미국이 북한에 대한 보복에 소극적인 데 대해 한국이 불만을 갖고 있다는 이유로 'make representations' 하는 행위는 하지 않았을 것이기 때문이다.

이 벌어진 다음에 사태의 여파를 최소화하려 한다면, 미국 측의 체통(prestige)이 크게 손상될 것이다". 박 대통령의 이런 발언에 대해, 포터는 다음과 같이 기록했다. "그는 의심할 여지도 없이 경계태세(an alert position)에 있었으며, 우리(미국)는 여러 이유에서 그의 입장을 수용하지 말아야 한다. 바로 그러한 박 대통령의 태도 때문에 우리가 오늘 아침 북한에 보복하지 말도록 총리에게 강력히 항의(make representations)했던 것이다."

그러자 박 대통령은 격렬한 어조로 말했다(said vehemently). "왜 미국은 북한으로부터 '사과와 배상을 받을(getting satisfaction)' 생각은 하지 않고, 한국 정부의 보복을 더 우려하는 모습을 보이는가? 한국은 유엔사령부, 그리고 동맹국인 미국의 희망을 존중하여 이번에는 일방적 보복을 하지 않을 것이나, 이 점을 분명히 밝히고자 한다. 만일 북한이 한국을 한 번만 더 공격하면 보복은 불가피해질 것이다. 북한은 대통령과 그 가족을 죽일 목적으로 기습 공격했고, 거의 성공할 뻔했다. 북한은 비슷한 훈련을 받고 비슷한 목적을 가진 2,400명의 요원들을 보유하고 있다. 이들 훈련소는 북한 내 6개 장소에 분산되어 있는데, '한방에 이놈들을 깡그리 없애버리고 싶은(strike them and eliminate entire unit in one blow)' 마음이 굴뚝 같다. 단언컨대, 조만간 그렇게 하지 않으면, 이들이 자꾸자꾸 이곳에 내려와 많은 목표물들을 공격할 것이다."

박 대통령은 이어서 이렇게 말했다. "만일 미국이 푸에블로호 사건에서 만족할 만한 사죄와 배상을 받지 못한다면, 우리(한 · 미)는 북한 공군력을 먼저 무력화한 다음 동해안을 따라 북한 함정을 타격해야 한다. 한국 정부는 '이런 모험에 기꺼이 협조할 것(be glad to cooperate in such a venture)'이다. 박 대통령이 잠시 숨을 고르는 틈을 타, 포터 대사가 재빨리 끼어들었다.

> "각하의 친구인 존슨 대통령께서는, 각하가 북한에 일방적 보복을 하지 않을 것이라고 다짐했다는 보고를 받으면 기뻐하실 겁니다. 각하께서 엄청난 북한의 도발로 상심해 계시다는 것을 우리도 알고 있습니다. 그러나 각하는 어려운 시기에 자제력을 보여 주셨다는 점에 대해, 미국 정부와 비(非)공산국가들로부터 (높이) 평가받게 될 것입니다."

그러나 박 대통령은 멈추지 않고 포터 대사에게 이렇게 말했다. 다시 말하지만, 선박의 즉각 송환과 사과를 요구한 것에 북한이 보인 태도를 보건대, 우리(한 · 미)는 '뭔가 조치를 취해야(have to do something)' 한다. 어쨌거나 한국 정부에 다시는 북한의 기습이 없을 것이라는 보장이 반드시 있어야 한다. 설령 우리가 북한에 보복조치를 취하더라도, 중공은 내부 사정으로 인해, 자신들의 영토에 아무런 위협도 없을 것이라는 보장이 있을 경우에는 반발하지 않을 것이다. 포터 대사는 보고서 코멘트에 이렇게 기록했다. "일단 그(박정희)에게서 우리가 원하는 대로 일방보복을 하지 않겠다는 보장을 받아 내긴 했지만, 또 다른 북한의 도발이 벌어지면 '만사 도루묵(all bets are off)'이 될 것이다."

한편, 유엔사령부는 청와대 습격과 푸에블로호 납치사건을 비(非)재래전(unconventional warfare), 지속적인 선전선동 반복, 심리전, 전복 및 사보타지(sabotage) 등이 결합된 고도화된 '침투전쟁(porous warfare)'의 일종으로 판단했다. 이런 패턴은 김일성이 1967년 8월 체 게바라가 주장한 '많은 베트남(Many Vietnams)'[16]에 제시된 개념을 따르기로 작심했음을 명백히 보여 준다. 월남에 대한 미국의 군사지원이 과도히 신장된

---

16 체 게바라는 「Message to Tricontinental(3개 대륙에 보내는 메시지, 1967. 4. 16.)」에서 "제2, 제3의 베트남이 출현하여 미국, 일본, 프랑스 같은 제국주의 국가들에 항거해야 한다."라고 선동했다.

(extended) 상태이므로, 미국은 '핵무기'를 사용하지 않고는 한국을 제대로 도울 수 없을 것인바, 미국 내 반전(反戰) 분위기와 여론 악화로 인해 그러지 못할 것으로 김일성은 판단하고 있다. 그래서 김일성은 월남전이 진행 중인 상황에서, 동시에 미국이 한국에서 반응을 보이지 못할 것이라는 '심각한 오판(serious miscalculation)'을 하고 있다. 만일 명백한 도발에 대한 미국 억제력의 신뢰성이 계속 의심을 받는다면, 이는 진정한 위험의 전조가 될 것이다. 이와 관련, 유엔사는 북한의 의도를 ① 월남으로부터 관심 전환, ② 한국 경제성장 흔들기, ③ 남한 내 혁명 분위기 조성 및 통일 달성[17] 등 세 가지로 분석했다.

1월 25일 미국 정부는 거센 한국의 보복 요구를 누그러뜨리기 위해, 250~300대가량의 항공기를 한국과 인접지역에 즉각 배치하기로 결정했다. 미국은 이런 조치가 한국 정부에 '최소한 진정효과(a calming effect)를 가질 것'으로 기대했다.[18] 즉, 항공기의 한반도 추가배치라는 공군력 증가는 북한에 대한 무력시위나 방위태세 보강보다는, 박정희 정부의 보복심리를 완화시키는 데 더 큰 목적이 있었던 것이다.

박정희 대통령뿐 아니라 한국군도 청와대 기습과 푸에블로호 사건에 상이한 기준을 적용하는 미국의 이중적 태도에 불만을 표출했다.[19] 한국 합참의장은 본스틸 사령관에게, '대한민국의 상징'인 청와대에

---

17 146. Telegram From the Commander in Chief of the United Nations Command and of United States Forces, Korea (Bonesteel) to the Chairman of the Joint Chiefs of Staff (Wheeler) (Secret), January 24, 1968, *FRUS 2*.

18 147. Telegram From the Department of State to the Embassy in Korea1 (Top Secret), January 25, 1968, *FRUS 2*.

19 148. Telegram From the Commander in Chief of the United Nations Command and of United States Forces, Korea (Bonesteel) to the Chairman of the Joint Chiefs of Staff (Wheeler) (Secret), January 27, 1968, *FRUS 2*.

대한 습격은 푸에블로호 못지않게 중요한 사건이라고 강조하면서, 다음 사항들을 지적했다.

구두로 항의하는 것으로는 한국 국민의 여론을 달랠 수 없다. 북한 도발에 필요한 대침투장비를 찔끔거리며 한국에 보낼 것이 아니라 즉각 항공기로 공수하고, 구축함 인도에 대한 확고한 약속 같은 가시적인 조치를 며칠 이내에 취해야 한다. 김일성에게는 따끔한 교훈을 가르쳐 주기 위한 '응징 조치(punitive action)'를 취하는 것이 중요하다. 미국은 푸에블로호 승무원들의 귀환에 대대적인 노력을 경주하면서도, 전복전쟁의 중단을 보장받기 위해 북한을 계속 압박하려고 하지는 않는다. 항모전단이나 항공기가 현재 배치되었지만, 푸에블로호 사건이 해결되면 철수될 것이 우려된다. 이는 한·미관계에 중대한 악영향을 미치고 공산주의자들을 이롭게 할 뿐이다.

이상이 한국 합참의장이 본스틸 사령관에게 보낸 메시지의 핵심이었다.

박 대통령, 포터 주한 미국대사에게 강력한 불만 표출

2월 초, 포터 대사는 국무부에 청와대의 요청으로 박정희 대통령과 회동한 결과를 다음의 요지로 보고했다.[20]

박 대통령은 다음과 같이 언급했다. 북한이 도발행위를 중단(desist)

20 150. Telegram From the Embassy in Korea to the Department of State (Secret), February 3, 1968, *FRUS 2*.

하고 더 이상 사고를 일으키지 않을 것이라는 보장을 받지 못한다면, 한국 정부는 보복조치를 취할 것이다. 공산주의자들이 한・미 간 분열(a split)을 바란다는 점과, 미 의회와 국민이 협조되지 않은(uncoordinated) 조치를 못마땅하게 여길 것임을 잘 알지만, 엄연한 사실은 북한을 준엄하게 응징하지 않는 한, 이들은 계속해서 말썽을 일으키고 한국 국민들을 죽일 것이라는 점이다.

이에 대해 포터는 이렇게 대꾸했다.

한국 정부가 어떠한 도발을 당하더라도, 우리(미국)는 한국이 어떤 조치를 취하기 전에 '완벽하게(full and complete)' 사전에 협의해 줄 것으로 기대한다. 협조되지 않은 조치를 취한다면, 상호 신뢰가 손상되고 부정적 효과가 특정 사건을 넘어 지속되는 결과를 초래할 것이다.[21]

박 대통령은 푸에블로호와 승무원들이 풀려난 후에도 북한이 남한에 대한 도발을 계속할 경우, 한국 정부가 어떤 입장을 취해야 좋을지 걱정된다고 말했다. 회견이 끝날 무렵, 포터는 다시금 박 대통령으로부터 현 상황에서 일방적 조치를 취하지 않겠다는 다짐을 받았다. 포터 대사는 전문의 말미에 이렇게 기록했다.

> "대통령도 속에 있는 말을 털어 놓았고, 나도 속에 있는 말을 털어 놓았다(He was telling me and I was telling him). 한국 내에 약간의 불평불만이 남아 있지만, 우리가 MAP 프로그램을 이행하고, 또 시간이 좀 지나면 사그라질 것이다."

---

21 이 대목에서 포터는 존슨 대통령이 백악관 기자회견에서 박 대통령의 '자제력을 칭찬'했다는 발언으로 약간의 효과를 보았다.

한편, 미국이 북한에 대한 보복에 미온적이라는 한국 측의 불만에 대해, 정작 '대단히 열을 받은(deeply disturbed)' 것은 미국의 워싱턴 관계자들이었다. 러스크 국무장관은 포터 대사의 보고에 불편한 심기를 토로했다.[22] 러스크가 보기에 미국은 이따금 '극동의 아일랜드인(Irish of the Far East)'[23]으로 불리는 '유별나게 까다로운 민족(an especially sensitive people)'[24]인 한국 국민을 상대하고 있었다. 워싱턴이 도저히 참을 수 없는 것은, 미국의 진정한 동기와 목적에 한국인들이 의구심을 갖고 있다는 점이다. 미국은 17년간 한국에서 6만 3천 명의 전·사상자 발생이라는 값비싼 희생을 치렀고, 60억 달러 이상을 투자하여 한국에 경제적·군사적 지원을 제공했는데도 말이다. 그래서 러스크는 포터 대사에게 다음과 같은 지침을 하달했다.

> 귀하(포터)는 이런 기록(record)에 한국인들이 의심을 갖고 있다는 사실을 미국인들이 도저히 이해하지 못한다는 점을 분명히 알려 주기 바란다. 그러한 한국인의 의구심에 대해 우리는 깊이 분노하고 있어, 양국에 '파멸적인 결과(disastrous results)'가 초래될 가능성도 있는바, 이는 실로 위험한 일이다.

22 157. Telegram From the Department of State to the Embassy in Korea (Secret), February 6, 1968, *FRUS 2*.

23 러스크가 한국인을 '극동의 아일랜드인'이라고 불렀던 이유는, 아일랜드가 800년간 자신들을 핍박했던 영국에 대해 뿌리 깊은 반항심과 증오심을 갖고 있음을 빗댄 것으로, 한국인이 '반항적이고 의심 많다'는 것을 꼬집어 말한 것이다. 한편, 아일랜드의 영국에 대한 감정과 태도는, 한국의 일본에 대한 감정·태도와 비슷하다고 보면 될 것이다.

24 즉, 한국인.

존슨 대통령의 '친서' 효과

2월 초, 존슨 대통령은 1·21사태로 충격을 받았을 박 대통령에게 따뜻한 위로의 메시지가 담긴 친서를 보냈다.[25] (이하, 발췌·요약)

> 각하와 각하의 가족, 그리고 우리 미국대사를 암살하려 했던 시도는 최근 들어 북한 공산주의자들이 귀국에 저지른 행위 가운데 가장 충격적인 만행입니다. 저는 이처럼 형언할 수 없이(unspeakable) 극악한 음모가 실패한 것에 하나님께 감사드립니다. 각하께 우리가 증가되는 북한의 도발에 맞서 한국군의 장비를 강화하는 방안을 긴급히 고려하고 있다는 점을 말씀드리고자 합니다.

존슨의 친서를 받은 박정희 대통령은 즉각 포터 대사를 불렀다. 포터는 대화 내용을 이렇게 전했다.[26]

> 박 대통령은 친서에 깊은 감동을 받았다. 본인(포터)은 지금까지 그가 이처럼 감동을 받는 모습을 본 적이 없으며, 그는 존슨 대통령이 자신과 자신의 가족을 배려(solicitude)해 준 것에 대한 감정을 조금도 숨기려 하지 않았다. 때로 그를 미소 짓게 만들고 심지어 웃길 수는 있지만, 존슨 대통령의 친서를 받고 그랬던 것처럼 그의 감정이 요동치는 것을 보는 일은 드물다. 그는 장장 2시간 동안 본인을 붙잡고 오랫동안 이야기했

25 151. Telegram From the Department of State to the Embassy in Korea (Secret), February 4, 1968, *FRUS 2*.

26 152. Telegram From the Embassy in Korea to the Department of State (Secret), February 4, 1968, *FRUS 2*.

다. 박 대통령은 무수한 사례를 통해 북한 스스로 자신들이 믿을 수 없다는 점을 입증했다는 점에 우리(한 · 미)가 유념해야 한다고 말했다. 그에 의하면, 이들이 노리는 목표는 미국을 능멸(humiliation)하는 것이며, "미국의 위신은 한국의 위신(your prestige is ROK prestige)"이다.

박정희 대통령은 존슨 대통령이 한국군의 월남 파병의 보상으로 함정, 무기 및 대(對)침투 장비 등을 지원해 준 것[27]에 감사하는 친서를 보내면서, 다음의 요지로 북한의 도발 근성과 응징의 필요성에 관한 견해를 피력했다.[28] (이하, 발췌 · 요약)

공산주의자를 다룸에 있어, 평화적 해결을 위한 '무한정의 노력(indefinite effort)'은 우리(한 · 미)가 아닌 그들에게만 이익이 될 것입니다. 한국의 경험으로 볼 때, 공산주의자들에게는 어떠한 도발행위도 상응하는 징벌을 피할 수 없다는 교훈을 가르쳐야 합니다. 만일 우리가 과거에 정전협정을 위반할 때마다 북한의 위반을 응징했더라면, 우리는 이러한 위반행위들로 인해 벌어지는 상황을 예방할 수 있었을 것입니다.

다시 말해서, 오늘날에 직면한 상황은 우리가 북한의 협정 위반에 효과적으로 대처하지 못한 결과로 인한 것으로 생각됩니다. 따라서 우리는 그들이 도발에는 반드시 응징이 따른다는 점을 인식하도록 우리의 단호한 입장과 결의를 보여 주어야 합니다. 우리는 오로지 이 방법만이 북한의 습관적인 도발(habitual aggressiveness)을 바로잡는 수단이라는 점을 기억해야 할 것입니다.

27 154. Memorandum From the Under Secretary of State (Katzenbach) to President Johnson (Secret), "Airlift of Counterinsurgency Equipment," February 5, 1968, *FRUS 2*.

28 155. Letter From President Pak to President Johnson, February 5, 1968, *FRUS 2*.

푸에블로호 귀환을 위한 미·북 간 직접 접촉의 문제점

1968년 2월 초, 푸에블로호를 둘러싸고 한국이 배제된 채, 미·북 간 직접 및 비밀·비공개 회담이 이루어지고 있는 데 대하여, 한국 정부의 불만이 고조되기 시작했다. 포터 대사와 본스틸 사령관은 한국 총리, 국방·외무장관 등을 만난 자리에서 한국 측으로부터 전해들은 불만의 목소리를 다음과 같이 보고했다.[29]

판문점에서 벌어지는 미·북 간 협상에 관해 박정희 대통령은 포터 대사로부터 진행상황을 보고받지만, 일반 국민들은 모르고 있다. 국민들은 유엔(유엔사)이 한국의 주권과 안보를 지키기 위해 존재하는 것으로 생각한다. 북한은 한국 정부를 전복하기 위해 도발을 계속하고 있다. 그럼에도 불구하고, 한국 영토에서 미·북 간에만 협상이 진행되고 있는 것이 정상적인 상황인가?

지금까지 북한이 무수히 정전협정을 위반한 반면, 오직 한국만 국제조약을 준수했다. 그러나 유엔사가 한국 정부의 손을 묶어 놓아, 한국군은 북한에 보복을 할 수가 없다. 미·북 간 회담에 한국 국민들은 의심하고 있다. 만일 쿠바가 워싱턴을 습격하고 백악관을 공격했을 때, 만일 한국이 쿠바와 별도의 회담을 시작했다면 미국은 이런 상황에서 어떤 태도를 취했겠는가?

우리(한국)는 공개회담을 선호하지만, 반드시 비공개회담이 필요하다면 미국은 한국 정부와 사전에 협조해야 한다. 회담 주제도 푸에블

---

29 156. Telegram From the Embassy in Korea to the Department of State (Secret), February 6, 1968, *FRUS 2*.

로호에 국한될 것이 아니라, 그보다 먼저 발생한 청와대 습격사건도 포함시켜 우선적으로 논의되어야 한다. 박 대통령은 미래에 대한 보장, 즉 장차 북한의 도발이 재발되지 않을 것이라는 보장을 요구한다. 미국은 만일 박 대통령이 중단하라는 명령을 내리지 않았다면 한국군이 '제한된 목표에 대해(on limited basis)' 보복했을 것임을 알아야 한다. 만일 북한이 청와대 기습에 성공했더라면 '전면전(all-out war)'이 벌어졌을 것이다.

청와대 습격 및 푸에블로호 사건을 둘러싼 한·미 간 갈등 심화

청와대 습격과 푸에블로호 사건을 둘러싼 한·미 간 갈등은 점차 그 범위와 수위가 확대되는 양상을 보였다. 미국은 두 사건에 분명하게 선을 그었다. 즉, 이 둘은 전체적으로 하나의 문제이지만, 서로 다른 방법으로 해결해야 한다는 것이다. 푸에블로호 함정·승무원의 석방이라는 당면 문제에 관해서는 비밀협상으로 해결할 수 있는 가능성을 마지막까지 모색해야 한다. 그러나 북한의 대남 도발 억제는 비밀협상이나 판문점에서의 말다툼으로 해결될 수 없는 문제로, 장기적으로 한국군의 대비태세를 가시적으로 증강시킴으로써 달성될 수 있다.[30]

30 158. Telegram From the Department of State to the Embassy in Korea (Secret), February 7, 1968, *FRUS 2*.

사실 '청와대와 푸에블로호 분리론'이란 것은 미국 입장에서 북한에 억류된 승무원들의 안위에 대한 위험부담을 극소화시키는 동시에, 이들이 송환될 확률을 극대화시킬 수 있는 합리적 논리였지만, 한국 입장에서는 이런 미국의 태도로 인해 국가의 상징이자 심장부에 해당하는 청와대를 습격한 북한의 도발에 아무런 대응조치도 취하지 못하고 속수무책으로 인내해야 하는 고통스러운 방책이 아닐 수 없었다. 한국 측의 불만이 쉽사리 가라앉지 않을 것임을 감지한 미국 측은 존슨 대통령이 박정희 대통령에게 친서를 보내 '청와대와 푸에블로호 분리론'에 대한 양해를 구하는 한편, MAP 증액, 무기 · 장비 지원, 항공모함을 동원한 무력시위 등으로 한국 측의 불만을 달래기에 부심했다. 한 가지 특이한 점은 미국 문서에서 처음으로 한국이 불만의 표시로 월남 파병 한국군 부대를 철수시키려 한다는 소문에 대하여, 익명의 국무부 전문 작성자는 이렇게 덧붙였다.

> "귀하가 적절하다고 판단되는 표현을 구사하여, 박 대통령에게 이렇게 전달하기 바란다. 월남 파병부대 중 일부를 철수시키겠다는 소문이 한국에서 나돌고 있는데, 이런 소문에 워싱턴의 심기가 대단히 불편하다고."[31]

존슨 대통령은 박정희 대통령에 친서를 보내, '청와대와 푸에블로호 분리론'의 당위성을 설명하면서 다음과 같이 양해를 구했다.[32] (발

31 Ibid.

32 159. Telegram From the Department of State to the Embassy in Korea (Secret), February 7, 1968, *FRUS 2*.

췌 · 요약)

푸에블로호 문제 같은 민감한 협상은 공개적으로 진행하기 어렵습니다. 협상을 공개할 경우, 판문점 군사정전위원회(MAC: Military Armistice Commission) 회의 특성상 상호 선전과 주장의 장(場)으로 변질될 것입니다. 한국 정부의 대표가 참석하는 문제도 북한이 동의하지 않을 것으로 예상되는바, 이 때문에 회담 자체가 파경에 이르는 위험을 감수할 수는 없습니다.

푸에블로호 납치는 당면한 문제이지만, 북한의 도발은 한국의 안보와 관련된 장기적인 문제이므로, 양자는 다른 시각으로 접근해야 합니다. 푸에블로호 납치에 대해 미국은 즉각적이고 단호히 대응해야 합니다. 이 문제를 다루는 수단이 한국에 대한 북한 도발에 대응하는 수단과 반드시 동일할 필요는 없습니다. 미국이 즉시 해법을 찾아야 하는 푸에블로호 사건과 달리, 북한의 도발은 연속적인 문제(a continuing problem)입니다. 만일 우리가 푸에블로호 납치문제의 해결과 한국안보의 강화에 모두 성공을 거둔다면, 우리는 공동목표를 달성할 수 있게 될 것입니다.

이를 위해 미국은 3,200만 달러의 대침투 '패키지', 구축함 2척, 8인치 자주포 대대, UH-1D 공격헬기 중대, 추가적인 1억 달러의 한국군에 대한 군사지원 등을 제공할 것입니다.[33]

그런데 존슨이 친서를 보낸 것과 같은 날, 본스틸 사령관은 샤프 태평양사령관에게 보낸 전문에서, 한반도 위기사태와 관련하여 문제

33 사실 미국의 지원목록을 보면, 대부분 월남 파병의 대가로 제공하겠다는 기존의 약속을 반복한 것에 불과한 것으로 보인다.

의 소지를 남기는 언급을 했다.[34]

본스틸에 의하면, "한국이 고의로 전쟁을 도발할 경우, 미국은 한국을 방위할 책임이 없다(US was not obligated to defend the ROK, should the latter deliberately provoke war)." 또한 그는 한국 내 분위기를 가리켜, 한국 정부가 의도적으로 부추기는 '난잡한 감성주의(orgy of emotionalism)'라고 혹평했다.

영어로 'orgy'는 한국말로 '난잡하게 흥청망청 먹고 마시는 술자리'를 말한다. 이는 유엔사령관이자 주한미군사령관으로서 적절한 표현이라고 보기 어렵다. 또한 **"한국이 도발한 전쟁에 대해서는 한국을 방위할 책임이 없다."[35]라**는 것도 비록 '간접적으로(obliquely)' 언급했다고 하지만, 문제의 소지가 있어 보인다. 사실, 원칙을 말하자면 적대국으로부터 공격을 받은 주권국이 이에 자위권을 행사하는 것은 유엔헌장과 국제관습법에서도 용인되는 가장 기본적 권리다. 그러나 본스틸 사령관이 한국군에 대한 작전통제권을 행사하는 유엔사령관·주한미군사령관으로서, 한국의 자위권 행사를 '도발'로 간주하는 듯한 태도를 보인 것은 문제가 있다. 청와대 습격은 국제법상 '무력공격'에 해당하는 국제법 위반행위, 즉 유엔헌장 4조 2항의 '무력사용금지원칙'을 위반한 명백한 위법행위다. 푸에블로호 사건 발생 직후에 나온 미국의 목소리도 '공해자유의 원칙'에 위배되는 '국제법 위반' 행위라는 항의였다. 유엔헌장 51조는 "이 헌장의 어떠한 규정도 무력공격 발생 시, 안보리가 국제평화·안전을 유지하기 위해 필요한 조치를 취할 때까

---

34 160. Telegram From the Commander in Chief, United States Forces, Korea (Bonesteel) to the Commander in Chief, Pacific (Sharp), February 7, 1968, *FRUS 2*. 주석 참조.

35 원문: "U.S. was not obligated to defend the ROK, should the latter **deliberately provoke** war."

지, 개별적 · 집단적 자위의 고유한 권리를 침해(impair)하지 아니한다."
라고 명기되어 있다. 결론적으로, 이런 면에서 본스틸 사령관의 이같
은 언급은 대단히 부적절했던 것으로 보인다.

3. 포터 주한 미국대사에 대한 박 대통령의 문초 사건

아무튼 청와대 습격 및 푸에블로호 납치를 둘러싸고 수면 밑에서 부글거리던 한 · 미 간 긴장과 갈등은 마침내 2월 8일에 폭발하고 말았다. 당일, 청와대에 불려가 2시간 30분 동안 박정희 대통령으로부터 혼쭐이 난 포터 대사는 국무부에 면담결과를 이렇게 보고했다.[36]

대통령은 2시간 반에 걸쳐 그동안 '참았던 감정(pent-up emotions)'을 폭발시켰다. 그는 미국의 군사지원 확대에 고마워하면서도, '김일성 같은 인간'을 다루는 데 군사력 증강만으로는 '무용지물(useless)'이라고 했다. 박 대통령에 의하면, 미국의 정책은 푸에블로호와 승무원의 귀환 및 한국군 전력증강으로 구성된 것으로 보인다. 이는 지속적인 도발을 당한 한국에게 '잠자코 가만히 있으라.'라는 것이다. 지금까지는 한국 정부가 전쟁을 원치 않았기 때문에 국민들의 분노를 통제할 수 있었다. 그러나 그럴 가능성이 높기도 하거니와, 또 다른 사건이 발생

36 Telegram From the Embassy in Korea to the Department of State (Secret), February 8, 1968, *FRUS 2*.

할 경우에는 '잠자코 가만히 있기(remain passive)'는 불가능할 것이다. "이렇게 되면 한반도에서 다시 전쟁이 일어날 것이다(That will start a war in Korea again)."

박 대통령은 계속 말을 이어갔다.

한국군·유엔군의 대비 및 준비태세를 면밀히 살펴보면 북한군에 비해 전쟁준비가 되어 있지 않은 것이 분명하다. 이렇게 되면 전쟁 초기에 막대한 피해를 입을 것이지만, 만일 공격을 기다리고 예방조치(preventive measures)를 취하지 않으면, 더욱 큰 피해를 당할 것이다. 그러나 한국이 북한에는 일방적 보복조치를 취하지 않을 것이고 사전에 미국과 협의할 것이다. 유엔사의 권위와 능력을 신뢰하지만, "전투태세 미흡에 심기가 편치 않다(lack of combat readiness disturbs him)." 본스틸 사령관이 전쟁임무를 부여받지 않은 것을 알지만, 한·미 군대 전체의 실상을 보면 김일성의 도발을 부추기는 것과 다름이 없다. 한 가지 예를 들면, 한국에 미군 항공기 200대가 들어왔지만, 이들을 수용할 수 없는 것만 봐도 전쟁준비가 되어 있지 않은 것을 알 수 있다. 한국 공군은 북한군보다 열세인데, 전투기를 이륙시키는 것이 문제가 된다. MIG-21기는 버튼만 누르면 이륙할 수 있는데, F-5는 보조장비가 없으면 시동도 걸지 못한다. 그런데도 가만히 앉아 공격을 기다리는 것은 '한심한 일(bad thing)'이다.

박 대통령은 여기서 그치지 않았다. 포터 대사가 끼어들 틈도 주지 않고 발언을 이어갔다. 그는 당시 푸에블로호 사건 후 동해에 긴급 배치되었던 엔터프라이즈 항모가 임무를 마친 듯, 남쪽으로 이동을 개시한 데 대해 '강력한 비난(strong denunciation)'을 퍼부었다. 엔터프라이즈는 남쪽으로 갈 것이 아니라, 더 북쪽으로 이동해서 원산항 외곽에 진주했어야 옳다. 그리고 "우리가 푸에블로호와 승무원들을 되찾을 때까지 원산항은 폐쇄한다."라고 선언했어야 했다. 이렇게 해도 북한이 아무 반응도 보이지 않으면, 그때는 원산항으로 쳐들어가 푸에블로호를 되찾아야 한다. 그렇게 해도 중공이나 소련이 감히 개입하지 못할 것이다. 박 대통령은 미국의 협상태도도 문제 삼았다. 미국은 한국의 가까운 맹방이지만, 최근의 협상전술은 오직 한국 국민들을 더욱 고통스럽게 만들도록 김일성을 부추길 뿐이다. 김일성이란 자는 해적이자 도둑놈이다. 그는 함정을 납치하고 청와대를 습격한 범죄자일 뿐이다. 이제 미국은 북한과 대화를 해서 뭔가를 얻으려 한다. 왜 미국은 이런 전술이 북한에 먹혀들어갈 것으로 생각하는가?

2시간 이상 박 대통령의 호통에 시달리던 포터는 전문의 말미에 이렇게 기록했다.

> "한국에 고삐를 채워야 하는 가장 중요한 문제에 대해, 우리는 북진의 필요성을 주장하던 이승만에게 한때 그러했듯이 (박 대통령에게도) '금지명령(injunction)'을 내려야 할 필요가 있는지 검토해야 할 시점에 와 있다."[37]

여기서 포터가 'injunction'이란 용어를 구사한 대목은 의미심장하다. 'Injunction'이라는 법률용어는 법원의 판결로 특정 대상자가 특정한 행위를 하지 못하도록 금지하는 것이다. 그런데 'injunction'은 '만

37 원문: "(W)e may well be at point where we should repeat injunction to Syngman Rhee who at one time also felt need to go north."

일 명령을 위반할 경우에는 이에 상응하는 처벌이나 응징이 따른다.' 라는 점을 명시적으로 경고하는 의미를 담고 있다. 혹시 미국은 더 이상 박 대통령이 '보복공격'이나 미국이 반대하는 이야기를 입 밖에 꺼내지 못하도록, 그 옛날 이승만에게 그랬던 것처럼 '재갈을 물려야 할 시간'이라고 판단했던 것일까?

박 대통령에 의한 '포터 대사 문초사건'이 벌어진 직후, 그동안 존슨 대통령 특사가 방한하여 비상사태 수습의 실마리를 모색할 필요가 있다는 한국 정부의 제안에 '시큰둥(cool reception)하던' 미국 정부는 부랴부랴 한국에 특사를 파견하는 방안을 '긴급현안으로 고려'하기 시작했다. 2월 9일, 존슨 대통령은 박 대통령에게 밴스가 특사로 임명된 사실을 통보해 주었다. 그 무렵 마침내 국무부는 청와대 습격과 푸에블로호 납치가 한국 정부, 특히 "DMZ를 넘어 북한을 타격하려는 열망에 갈수록 집착하는 박 대통령의 정신적 분노를 유발하고, 한국 국민들을 경악케 했다."라는 점에 주목하면서, 불과 짧은 시간에 한·미관계가 심각할 정도로 악화되었다는 사실을 인식했다. 이런 배경에서 존슨 행정부가 한국에 대한 특사파견을 서둘렀던 것이다. 특사의 목표는 한국과의 긴장완화와 한·미관계 복원이었다. 다급했던 국무부는 한국의 중요성을 감안하여, 중요한 이슈가 다른 일들로 희석되지 않도록, 귀로에 일본이나 월남을 경유하려던 계획을 수정하여 임무 종료 후 미국으로 곧장 귀국하도록 조치했다.[38]

밴스 특사의 방한(訪韓) 목적 가운데 핵심은 박정희 대통령의 '강요된 자제력(forced restraint)'에 칭찬을 늘어 놓아, 박 대통령의 대북 보복의

38 164. Editorial Note, *FRUS 2*.

지를 더욱 더 희석시키는 것이다. 이는 밴스 특사가 부여받은 임무 및 특별지침을 명시한 문서에 잘 드러나 있다.[39]

(동 지침에 의하면) 지역 내 긴장과 전쟁 위험의 신속한 감소를 위해 푸에블로호와 승무원들의 즉시 석방이 요구된다. 미국과 의회는 박정희 대통령이 청와대 습격에도 불구하고 대북 보복을 자제했던 것처럼, 또 다시 푸에블로호 납치라는 엄청난 도발에 직면해서도 자제력을 보여준 것을 환영한다. 만일 함정·승무원이 조기에 송환되지 않으면, 이는 미국·북한 간 매우 심각한 문제일 뿐 아니라, 미국의 정계에도 대단히 중대한 사안이 될 수 있다. '비밀대화채널(private meetings channels)'만이 현 시점에서 이들의 석방을 확보할 수 있는 유일한 길이며, 우리는 결실을 맺을 수 있도록 이 방안에 모든 기회를 부여해야 한다. 우리는 푸에블로호 함정·승무원이 풀려난 다음에도 한국을 '버리지(abandon)' 않을 것이며, 그 전보다 한국에서 더욱 강력한 군사태세를 유지할 것이다.

39 167. Paper Prepared in the Department of State (Top Secret), "Mission of Cyrus R. Vance: Special Instruction," *FRUS 2*. 밴스 특사의 방한기간은 2월 9~15일이었다.

4. '형식적'인 미국의 대북 보복계획 검토

갈수록 한국의 인내심이 바닥을 드러내고 있음을 감지한 미국은 '한·미연합 비정규전 기획참모단(a combined ROK-US unconventional warfare planning staff)'을 발족시키고 '흑색공작(black operations)'을 전개할 경우, 더 이상 미국에 심각한 문제를 일으키지 않고 비판적 여론이 가라앉을 수 있는지의 여부를 검토했다.[40] 이 문제의 검토에서 핵심 질문은 두 가지였다. ① 미국은 1953년 정전협정에 대한 한국군의 고의적 위반에 공모(collaborate)해야 할 필요가 있는가? ② 만일 그렇다면, 북한에 대한 비정규전 작전이 성공할 합리적 가능성이 있는가? 이러한 질문에 대해 비정규전 기획단이 장단점을 검토한 결과를 요약하면 아래와 같다.

장 점

- 한국은 이미 비정규전 능력을 보유하고 있고, 이를 일방적으로 사용 가능
- 비정규전 작전은 순수한 방어수단보다 인원 · 물자 · 예산 면에서 유리
- 북한은 보복 가능성을 인지하여 도발을 자제할 수도 있음
- 연합기획단 창설로 한국 수뇌부에게 미국의 북한 도발 불용 의지를 입증
- 한국 지도부가 설득될 경우, 한국 내 호의적인 여론 조성 가능
- 통제된 '흑색작전'이 적대행위(hostilities)를 위협할 가능성이 낮음

40 165. Telegram From the Commander in Chief, Pacific (Sharp) to the Chairman of the Joint Chiefs of Staff (Wheeler) (Top Secret), February 9, 1968, *FRUS 2*.

단 점

- 연합 비정규전 기획단이 신설되는 경우, 미국은 결국 비정규전 작전수행에 연루될 것임
- 흑색작전 수행은 정전협정 위반임
- 가장 효과적인 비정규전은 북한 내부로의 '종심 깊은 침투(deep penetration)'를 요구하는바, 이렇게 되면 성공확률이 매우 낮음
  - 1963년, 한국군 작전 지원을 위한 미군들의 모든 정보침투작전이 취소된 이유는 침투요원 손실비율이 50%를 넘기 때문임
  - 1964년 말 재개된 한 · 미 연합정보작전은 손실비율을 감소시켰으나, 과거 3년 동안에, 오직 한 차례만 종심침투작전이 성공했음
- 1966년 10월 이후 한국군 단독으로 실시한 6회의 압박식(piston-type) 보복작전 결과는 알려지지 않았으나, 이런 작전이 북한의 대남 도발을 중단시키지는 못했음
- 미군의 작전이 북한의 대남 도발을 단념시킬 가능성은 없으며, 한 · 미 비정규전 작전이 복수심의 동기로 유발될 우려가 있음
- DMZ를 넘어가는 한국군의 비정규전으로 인해 북한이 경계태세를 강화할 경우, 한 · 미 정보작전이 타격을 입을 수 있음
- 비정규전 작전은 미국 정책, 그리고 '벨벳장갑 속의 강철주먹(iron hand in the velvet glove)'을 지향하는 현행 미 합참 · 태평양사 정책에 반(反)함
- 비정규전 작전이 노출될 경우 소련과의 관계가 악화될 우려가 있음

결 론

- 한 · 미연합 비정규전 기획단에 미국이 참여함으로써 얻는 이득은 한국 지도부를 만족시키는 것이어서 그 가치가 제한될 것으로 보임
- 비정규전 작전보다, 한 · 미 방위태세 격상이 미국의 의지에 대한 신뢰를 회복하는 데 보다 효과적임
- 북한의 경계망 속에서 의미 있는 비정규전 작전이 성공할 확률이 낮음
- 미국의 한반도 정책, 인내심, 굳건한 결의 등이 지난 15년간 한국전의 재발을 방지하고, 제3차 세계대전의 가능성 감소에 결정적인(instrumental) 역할을 수행했음
- 동시에, 한국 지도자들에게는 '미국의 지원이 없으면 어떻게 될 것인지'를 경고해야 함
- 한국 정부가 김일성 정권의 불법 도발행위에 국제여론을 집중시킴으로써 얻을 수 있는 이득에 확신을 갖도록 유도해야 함

건 의

- 태평양사령부는 한 · 미연합 비정규전 기획단의 발족을 유예(held in abeyance)시키고, 현 시점에서는 승인하지 말 것을 건의함

군사적 관점에서 이런 검토는 다소 애매하다. 예컨대, 보고서가 적진 깊숙이 침투하여 목표물을 타격한 뒤 생환할 확률이 50%에 미달됨을 강조한 것은 "이런 작전에 목숨을 걸 이유가 없기" 때문이다. 원래 이런 작전을 예하부대에 맡겨 가능성의 여부를 묻기보다는 "이런 목표물을 언제까지 타격 · 폭파 · 파괴 · 제거하라."하고 명령하는 것이 옳다. 이 검토에서 빠진 것은, 불타는 결의와 의욕, 위험을 무릅쓰는 감투정신, 공산주의자들의 의지를 반드시 꺾겠다는 적개심이다. 이런 것이 결여된 상태에서, 보고서가 무사귀환을 검토기준의 척도 중 하나로 삼은 것은 2%가 부족하다는 인상을 준다.

5. 문제의 본스틸 사령관 보고서

본스틸 사령관은 밴스 특사의 방한 직전에 샤프 태평양사령관에게, 당시 한국 정부 내에서 벌어지고 있는 급박한 분위기에 대해 이렇게 보고했다.[41] (발췌 · 요약)

> 본인(본스틸)은 지난 며칠간 한국 정부 내 일각, 특히 박정희 대통령 자신이 '갈수록 비합리적(growing irrationality)' 행태를 보이는 모습에 아연실색하고 있다. 어제 입수한 첩보에 의하면, 박 대통령은 '거의 비이

41 168. Telegram From the Commander in Chief, United States Forces, Korea (Bonesteel) to the Commander in Chief, Pacific (Sharp), February 9, 1969, *FRUS 2*.

성적으로 당장 북한을 공격해야 할 필요성에 집착(Park is almost irrationally obsessed with need to strike now at North Koreans)'하고 있다. 미 · 북 간 비밀협상에 충격을 받아 마치 '될 대로 되라는 식(apres moi le deluge)'[42]이다.

이런저런 첩보를 종합해 보면, 북한 도발 시 즉각보복을 위한 계획을 수립하라는 지시가 한국군에 내려졌다는 징후가 포착된다. 한국군 첩보에 의하면, 어느 한국 공군장교는 자신이 일방적인 공습을 하라는 명령을 청와대로부터 받을지 몰라 두려워하고 있는데, 그는 그런 명령이 '자살행위'라고 생각한다. 본인은 가능한 모든 예방조치를 강구하고 있으나, 100%를 보장할 수 없다. 본인은 북한으로부터 '격렬한 도발'을 당하지 않는 한, 긴밀한 대화를 통해 한국군 참모총장들을 잘 구슬러 그런 명령에 불복종하도록 유도하려는 생각, 또는 적어도 그런 희망을 갖고 있다.[43]

그러나 워싱턴의 입장에서는 아무리 대북 보복에 대한 박정희 대통령의 병적인 충동이 '정신 나간(unreasonable)' 짓으로 보일지라도, 솔직히 말해서 우리(미국)는 박 대통령에게 우리가 어떤 의도를 갖고 있는지 또는 어떤 대안을 갖고 있는지에 대해 "전혀 아무런 언질도 주지 않았다."라는 점을 말하고 싶다. 따라서 지금의 상황은 대부분 우리가 스스로 자초한 결과라고 생각한다.[44]

본인의 생각으로는, 우리가 각군 참모총장들을 포함한 한국군 특정 인사들에게, 우리가 무엇을 의도하는지와 관련된 전략 개념을 알려

42 불어로서, 영어와 한국어로 번역하면 'After me, the deluge', 즉 '내가 죽은 다음에 지구에 홍수가 나든 말든 무슨 상관이 있느냐?'라는 것이다.

43 원문: "I feel, or at least hope, ROK Chiefs of Staff would disobey such orders, due to numerous talks with them, except after violent NK provocation."

44 원문: "I believe we have brought large part of it on ourselves."

주는 것이 절대적으로 긴요하다. 한국군은 우리가 '우발계획(contingency plans)'을 수립하고 있다는 것을 알고 있다.[45] 그러나 그들은 우리가 무엇을, 어디서, 언제, 왜 그런 계획을 하는지 모르고 있기 때문에, 우리의 행동에 매우 큰 혼란을 느끼고 있다. 각 군 총장을 포함하여 한국군 지도부는, 최근 박 대통령의 감정이 격앙되고, 일부 측근들의 정신 나간 듯한 모습에 '겁을 먹고(are scared)' 있다. 이들은 미국의 진정한 도움이 없으면 한국이 생존하지 못할 것을 잘 알고 있다.

그러나 그들은 우리의 의도가 무엇인지 전혀 모르고 있다. 이는 단지 미국이 (북한과) 타협할지도 모른다는 두려움이 아니다. 이는 한국이 국민들의 안전을 위해 가장 기본적인 조치를 취하거나 군사력을 동원할 여유도 없이, 전쟁에 뛰어들게 되지나 않을까에 대한 두려움이기도 하다. 한국 측에 알려 준 계획이라고는 1단계로 푸에블로호 승무원들의 송환을 위한 평화적 시도, 그리고 2단계로 만일 푸에블로호가 송환되지 않을 경우 '모종의 조치(some sort of action)'가 취해질 것이라는 정도이다.

본인은 유엔사·주한미군사가 군사적 우발계획을 수립한 것을 알지만, 그 계획 속에 3천만 명의 한국 국민, 주택 및 산업을 돌보기 위해, 어떠한 동원(mobilization) 또는 민방위 계획이 수립·시행되어야 하는지 알 수 있도록 한국 측에 전략 개념을 알려 주었다는 어떠한 징후도(no inkling) 느낄 수 없었다.

우리가 이런 우발계획을 'no forn(no foreigner, 한국 측 접근금지)'으로 분류하는 것은 세 가지의 불확실성을 초래한다는 점을 인식하지 못한 결과이다. 첫째, 만일 한국이 일방적 (보복)조치를 취할 경우는 어떻게 할

45 여기서 말하는 '우발계획'은 제5장 '푸에블로호 관련, 미국의 대응'에 상세하게 기술되어 있다('미국의 대북 보복계획 검토' 참조).

것인가? 둘째, 북한이 고의로 한국의 일방적 보복을 도발할 경우는 어떻게 할 것인가? 셋째, 우리가 한국 측에 충분히 사전에 알려 주지 않은 미국의 행동이 의도하지 않은 북한의 행동을 도발하는 경우는 어떻게 할 것인가?

본인은 요 며칠간 'Mad Hatter's tea party' 같은 분위기 속에 있는 한국군 지도부들에게 품위 있는 '형식언어(formal language)'를 구사하려 노력했다. 밴스 특사가 한국에 오면, 한국 측의 여러 가지 질문에 답변할 준비가 되어야 할 것이다.

상기 본스틸 사령관의 보고서를 굳이 해설하자면 다음과 같다. 먼저 불어로 'apres moi le deluge'란 'after me, the deluge', 즉 '나 죽은 다음에 홍수(deluge)가 난들 무슨 상관있으랴?'라는 의미다. 둘째, 박정희 대통령이 일방적인 대북 보복조치를 명령하더라도, 자신의 작전통제권 하에 있는 각 군 참모총장들을 구슬려서 '명령불복종'하도록 만들겠다는 것은 본스틸이 자신의 본분을 망각한 위험한 발언이다. 셋째, 'Mad Hatter's tea party'는 『이상한 나라의 앨리스』라는 동화책에 나오는 장면으로, '쓸데없는 소리를 끝없이 지껄이는 대화(an endless string of pointless conversation)'를 비유한 것이다. 본스틸의 보고서에서 그나마 다행인 것은, 당시의 어려운 상황에 대해 '미국이 스스로 자초한 결과'임을 인정했다는 대목일 것이다. 요컨대, 미국 비밀해제 자료에 기록된 자료를 기초로 본스틸 사령관을 평가해 보면, 때때로 자신의 본분과 직책을 벗어난 언행을 서슴지 않았던 인물로 보인다. 특히 위에 언급한 본스틸의 전문은 여러 면에서 문제의 소지를 남기고 있다.

본스틸 사령관의 보고에 태평양사령관은 다음의 요지로 답변했다.[46]

우리는 푸에블로호 승무원의 귀환을 위하여 "어떠한 군사적 방책도 취할 의도가 없다". 왜냐하면 군사작전으로는 이들의 생환에 대한 어떠한 보장도 없기 때문이다. 우리는 한국 측과 우리의 전략을 논의하라는 승인을 받지 못했다. 왜냐하면 그러한 논의는 우리의 신중하고 의도적인 행동방책을 '손상(upsetting)'시킬 위험이 있기 때문이다. 미국은 군대의 전 역량을 월남에 투입하고 있으므로, '제2의 전쟁'에 개입할 준비가 되어 있지 않다. 우리는 한국이 원하는 전쟁에 끌려들어 갈 의도가 전혀 없다. 한국이 개시한 군사행동에 우리가 참여하는 것은 '자동적(automatic)' 의무조항이 아니다.

6. 밴스 특사의 방한

밴스 특사의 임무

밴스 특사의 임무와 관련하여 국무부가 작성한 메모에는 다섯 가지 사항이 두드러지게 나타난다.[47]

46 172. Telegram From the Commander in Chief, Pacific (Sharp) to the Commander of United States Forces, Korea (Bonesteel) (Top Secret), February 10, 1968, *FRUS 2*.

47 169. Memorandum Prepared by the Department of State (Secret), "Themes for

① 박정희 대통령에게, 우리(미국)가 한국에 대한 북한의 도발에 대하여 푸에블로호 및 승무원의 귀환에 부여하는 것과 마찬가지의 중요성을 부여한다는 점을 확신시킬 것

② 박 대통령에게, 한국에 대한 북한의 도발은 한국뿐 아니라 한 · 미 양국의 문제이며, 푸에블로호 사건은 우리의 문제일 뿐 아니라 해결을 위해서는 한국의 협조가 필요함을 이해시킬 것

③ 박 대통령에게, 우리가 두 가지 사안의 해결에 있어 평화적 수단을 사용할 것이라는 결의(commitment)를 설명해 줄 것

④ 한국군이 본스틸 사령관의 권위와 지휘계통(chain of command)을 '절대적으로 준수(absolutely observed)'할 것이라는 다짐을 확보할 것

⑤ 박 대통령에게, 조직적이건 자발적이건 간에, 미국과의 완전한 사전 협의 없이 한국의 어떠한 일방적 보복행위도 발생하지 말아야 하고, 그러한 행위가 미국과 세계 여론을 소외시키고(alienate), 북한 도발과 푸에블로호 사건에 대한 양국의 입지를 무력화시키며, 한 · 미동맹에 대한 지지를 위태롭게 만드는 결과가 초래된다는 사실을 주지시킬 것

특사의 방한에 즈음한 박 대통령의 친서

밴스 특사의 방한에 즈음하여, 박정희 대통령은 존슨 대통령에게 친서를 보내, 청와대 습격사건과 푸에블로호 사건에 관한 자신의 견해

the Mission of Cyrus Vance," February 9, 1968, *FRUS 2*.

를 아래와 같이 분명하게 밝혔다.[48] (이하, 발췌 · 요약)

본인은 푸에블로호가 각하에게 긴급한 당면 현안이며, '다소 상이한 관점에서(in somewhat different perspectives)'에서 다루어져야 한다는 각하의 견해를 이해합니다. 그러나 북한 특수부대원의 청와대 습격사건은 우리 국민에게 특별하고 심각한 충격을 주는 것이어서, '외국인(an alien)' 입장에서는 이를 충분히 이해할 수 없을 것이지만, 북한 공산주의자들에 대한 한국 국민들의 분노(indignant feeling)가 극에 달했습니다.

만일 각하께서 푸에블로호 승무원의 귀환을 위해 북한과의 비공개 회담을 지속하는 것이 절대적으로 필요하다고 판단하신다면, 마찬가지로 우리에게 다음 사항들에 대한 각하의 보장이 필요합니다.

- 북한 무장공비의 서울 습격 문제는 푸에블로호 사건과 별도로 가까운 장래에 군사정전위(군정위)에 회부
- 한 · 미가 북한에 항의하고, 도발행위 시인과 이에 대한 사과 및 재발방지 약속 등을 하도록 북한을 압박
- 만일 북한이 이를 거부할 경우에는
  - 유엔군이 즉각적인 보복조치를 취할 것이며,
  - 동시에, 그들에게 앞으로 그런 행동을 계속 자행할 경우에는 유엔군이 즉각 보복할 것임을 공식적으로 경고

본인은 상기 사항이 한국의 안전보장을 위한 최소한의 조치라고 생각합니다. 우리가 북한의 도발행위를 단념시키는 동시에, 국민의 분노

48 173. Telegram From the Embassy in Korea to the Department of State (Secret), February 10, 1968, *FRUS 2*.

를 완화하기 위해서는, 북한에 우리의 결연한 의지를 완전히 인식시키고, 어떠한 도발행위에도 즉각적인 보복이 따를 것임을 보여 주어야 합니다.

요약하면, 본인은 한국의 안보가 ① 방위역량을 강화하여 북한에 대한 절대적 우위(absolute supremacy)를 유지하고, ② 도발행위에 즉각적이고 가혹한 응징조치가 뒤따를 것임을 북한에게 주지시키는 두 가지 사항에 기초해야 한다고 생각합니다.

만일 북한이 아무 처벌도 받지 않고(with impunity) 도발할 수 있다고 믿는다면, 우리의 방위역량이 아무리 증가하더라도, 우리의 근본적(cardinal) 문제에 대한 해결책, 즉 북한의 재침에 대하여 효과적인 보장을 제공해 주지 못할 것입니다.

박정희 대통령, '한국군에 대한 작전통제권'의 문제점 제기

박 대통령은 밴스 특사의 방한을 계기로, 작전통제권과 보복조치에 관한 문제를 중점적으로 거론했다.[49] 그렇지 않아도, 얼마 전 한국 국무총리와 국방・외무장관 등 한국 측 지도급 인사들은 포터 대사와 본스틸 사령관에게, 유엔사의 작전통제권과 관련된 문제점들을 일일이 지적한 바 있다. 유엔사의 작전통제권은 한국의 안전을 보장하는 데 그 목적이 있다. 만일 유엔사가 계속해서 대북 보복을 거부하면서

49 174. Telegram From the Embassy in Korea to the Department of State (Secret), "Subject: ROKG Plans for Vance Visit," February 10, 1968, *FRUS 2*.

'미온적(passive)' 태도를 고수한다면, 이것이 과연 현명한 방책인가? 모든 한국 정부 각료들은 북한에 의한 청와대 습격사건이 발생한 후, 이에 대한 보복으로 김일성의 소재지를 폭격해야 한다는 '강렬한 충동(strong impulse)'을 느꼈다. 안보에 대한 아무 보장도 없는 상태에서, 한국 정부는 그저 북한의 목숨을 연장해 주어야 하는가? 아니면 정면대결(showdown)을 피하지 말아야 하는가? 또다시 이런 사건이 벌어져도 여전히 가만히 있어야(stand still) 하는가?[50]

이처럼 한국 정부의 수뇌부가 유엔사의 작전통제권 행사와 관련된 문제점들을 지적하는 상황에서, 이번에는 박정희 대통령 자신이 포터 주한 미국대사에게 이 문제를 다음과 같이 정면으로 거론했다.

한국은 유엔사령관이 한국군에 대한 작전통제권을 보유해야 할 필요성을 이해하고 있으나, '게임의 법칙(rules of game)'에 일부 변화가 있어야 한다. 한국 입장에서, 침략자가 한국 영토 깊숙이 쳐들어온다면, 한국군 지휘관은 유엔사령관으로부터 침략군을 격파하기 위해 한국군 사용에 대한 승인을 요청할 수 있어야 한다. 즉, 한국군 지휘관이 즉각 침략군에 대항하여 부대를 배치하고, 유엔사령관에게 그러한 목적을 위해 한국군이 작전통제권으로부터 차출되었다고 통보할 수 있도록 시스템이 바뀌어야 한다. 나아가, 침략자가 한국 영토에 진입하고, 한국군・유엔군과 교전을 벌일 경우, '게임의 규칙'에 따라 '긴급추적의 원칙(principle of hot pursuit)'[51]을 적용하여 한국군이 MDL 이남에서 침략

50 156. Telegram From the Embassy in Korea to the Department of State (Secret), February 6, 1968, *FRUS 2*.

51 이는 13세기 영국 관습법에서 자기 땅을 침범하여 농작물을 훼손한 동물을 끝까지 추적하여 붙잡을 수 있는 권리에서 유래된 이래, 현대 국제해양법에서는 내

자에 대한 추적을 중단하지 않도록 허용되어야 한다.

박 대통령은 계속해서 이렇게 역설했다.

보복조치와 관련, 한・미 양국은 적과 전 세계를 대상으로, 북한이 보복의 두려움 없이 한국에 도발하도록 허용하지 않을 것임을 분명히 밝혀야 한다. 한・미 양국은 만일 침투가 계속되면, "침략의 근원을 타격함으로써(by striking at root source of NK aggression)" 북한을 징벌할 것임을 선언해야 한다. 북한 게릴라 훈련캠프가 적절한 타격목표이다. 설령 이 훈련소들을 없애버리더라도, 전면전쟁은 고사하고 국지전쟁도 일어나지 않을 것이다.[52]

1968년 2월 말경, 본스틸 유엔사령관은 샤프 태평양사령관에게 한국 향토예비군(homeland reserve) 조직의 창설 및 조직 동향에 관해 보고했다. 최근 1주일 혹은 열흘 사이에, 박정희 대통령이 강조한 향토예비군의 발족이 빠른 속도로 진행되었다. 오랫동안 한국은 이스라엘 방위조직, 예비군, 키부츠(kibbutz) 등에 관심이 많았다. 지난 몇 주간 이스라엘 국방무관 및 군 장교들이 한국군 고위인사들을 방문했다.[53]

수・영해・접속수역・EEZ・대륙붕 내에서 불법행위를 저지른 외국 선박을 공해상으로 끝까지 추적하여 나포할 수 있는 권리로 정착되었다. 여기서는 한국 영토 내에 침투하여 도발행위를 저지른 북한 간첩・특수부대원・군대 등에 대해서는, 군사분계선 이북으로까지 추적하여 체포 또는 사살하는 방법으로 응징할 수 있어야 한다는 의미이다.

52 174. Telegram From the Embassy in Korea to the Department of State (Secret), "Subject: ROKG Plans for Vance Visit," February 10, 1968, *FRUS 2*.

53 183. Telegram From the Commander of United States Forces, Korea (Bonesteel) to the Commander in Chief, Pacific (Sharp) (Confidential), February 29, 1968, *FRUS 2*.

부쩍 박 대통령은 보다 자주적인 국방(more self-reliant defenses), 그리고 모든 국민들이 국방의 중요성을 인식하도록 도적적 · 정신적 교육을 강화시켜야 할 필요성 같은 국가생존의 기본적 측면을 동맹국들에게 의탁할 수 없다는 점을 강조하고 있다. 그는 연설에서 '보다 자주적인 국가방위'라는 용어를 사용했다. 최소한 현 시점에서 우리(유엔사 · 주한미군)는 이것을 '유엔사 작전통제권으로부터의 이탈(disengagement from UNC OPCON)'을 의미하는 것, 또는 명시적이고 대대적인 공산주의 침략에 대항하여 한국 방위를 위해 노력함에 있어 대미 의존도를 감소시켜야 함을 의미하는 것으로 해석하지 않는다.[54]

밴스 특사에 대한 국무부의 지침

러스크 국무장관은 방한 중인 밴스 특사에게 전문을 보내, 예상되는 주요 쟁점들에 대한 대응지침을 전달했다.[55]

만일 월남 파병 한국군의 참여를 감소시키는 문제가 거론되면, 귀하(밴스)는 주저하지 말고, 미국도 한국에서 미군을 줄여야 할 것이라고 응수해야 한다. 월남주둔 한국군 사단은 오로지 주한미군 사단으로만 대체될 수 있다. 나아가, 월남은 전쟁 중이므로 군사적 관점에서 북한의 침투도발 문제는 한국에 배치되어 있는 더 많은 한국군이 해결해야 한다. 물론, 만일 북한이 전면전을 감행한다면, 이는 전혀 '다른 사

54 Ibid.

55 175. Telegram From the Department of State to the Embassy in Korea (Secret), "Eyes only for Vance from Rusk," February 11, 1968, *FRUS 2*.

안(another ballgame)'이다. 그러나 한국에서 또 다른 전면전이 벌어지는 것은 한국에도, 미국에도 이익이 되지 않는다. 따라서 한국인들이 북한의 침투도발 문제를 전면전의 문제로 비화시키는 것은 '어리석은 짓(folly)'이다.

만일 박정희 대통령이 상호방위조약의 범위를 넘어선 공약을 '강요하고자(extract)' 시도할 경우에는, 대통령의 헌법적 권한 내에는 조약의 수정이 불가능하다고 간단히 답변해야 한다. 예를 들면 미국 대통령은 한・미상호방위조약으로부터 "헌법적 절차에 따라(in accordance with its constitutional processes)"라는 구절을 제거할 수 없다. 우리는 신의(fidelity)를 입증하는 과정에서 불과 열흘 동안 월남전에서 900명이 전사하는 시점에, 미국의 충성심에 의심을 품는 동맹국들의 비위를 맞출 여력이 없다.

한편, 국무부는 주한 미국대사를 통해 밴스 특사에게, 북한의 도발의도 및 한국 정부의 일방적 대북 보복과 관련된 추가지침을 전달했다.[56]

DMZ에서 침투・도발을 강화하는 북한의 의도는 첫째, 한국인들에게 공포심을 주입하여 월남 파병부대의 일부를 복귀시키거나 추가파병을 억제하는 것이다. 둘째, 한국의 사회적 및 경제적 발전을 방해시키는 것이다.

다음으로, 한국 정부의 보복 유혹은 이해할 만하나, 이는 아무런 결정적 효과도 거둘 수 없다. 북한을 겨냥한 보복・응징 공습은 한국에 대한 북한의 공중공격을 초래할 것이다. 만일 평양이나 다른 북한 내

56 177. Telegram From the Department of State to the Embassy in Korea (Secret), February 12, 1968, *FRUS 2*.

목표물이 타격을 받는다면, 어떻게 서울과 다른 곳에 대한 북한의 공격을 막을 수 있겠는가? 공격과 보복이 반복되면 DMZ 일대에서 격렬한 전투가 재개될 것이다. 그러나 양측이 보유한 군사력이 너무도 강력하여 상대편을 이 지역에서 완전히 몰아내는 것은 불가능하다. 최종적 결과(end result)로서, 양측은 서로 물리적 피해를 입고, 아무런 결정적 결과도 거두지 못한 채 DMZ에서 한동안 치열한 전투를 벌인 후에, 또는 전면전을 벌인 후에, 보복정책(reprisal policy)을 철회하는 것으로 귀착될 것이다. 이런 결과 중 어느것도 한국이나 미국에 이익이 되지 않는다. 미국도 언젠가 어쩔 수 없이 보복을 해야 할지도 모르나, 그렇더라도 의도적이거나 성급한 것이 되어서는 안 되며, 한국의 군대와 도시들은 발생 가능한 결과에 철저히 대비해야 할 것이다.[57]

밴스 특사의 방한 후 귀국보고 1

밴스는 대통령 특사로서의 임무수행을 마치고, 러스크 국무장관 · 맥나마라 국방장관 등이 배석한 가운데, 존슨 대통령에게 구두로 귀국결과를 보고했다. 귀국보고의 주요 내용은 ① 박정희 대통령이 미국에 분노하는 이유, ② 미국이 한국의 일방적 대북 보복을 금지한 데 따른 갈등, ③ 북한의 대남 도발 실태 등이다. 그런데 가장 눈에 띄는 것

57 이는 한마디로 말해서 '자기패배적(self-defeating)'인 소심한 논리다. 요약하면 '도발을 응징하기 위해 보복을 할 경우에는 상대방으로부터 보복을 당할 우려가 있으니 보복을 하는 것보다 잠자코 있는 것이 더 낫다.'라는 것이다. 미국의 속내는 단지 보복에 대한 경계심이 아니다. 남 · 북 간 보복사태가 비화될 경우, 자칫하면 미국이 전면전에 끌려들어 갈지도 모른다는 점을 두려워했기 때문이다.

은 밴스 특사가 ④ '북한 지역에 대한 한국군의 기습작전'에 관한 내용, 그리고 ⑤ 미국이 한국군의 일방적 보복을 한사코 반대하는 데 대한 불만으로, 한국이 "계속 미국이 반대하면 주월한국군을 철수시키겠다."라고 으름장을 놓자, 미국이 "그러면 우리도 주한미군을 철수시키겠다."라고 맞받아쳤다는 장면이다.[58]

존슨 박정희 대통령이 무엇 때문에 그렇게 화가 나 있지요?

밴스 우리가 청와대 공격에 대한 보복을 허용하지 않았기 때문인데, 그에 대한 앙금이 매우 큽니다. 그 사람들은 이것을 개인적 모욕이나 체면손상으로 생각합니다. 북한 게릴라가 박 대통령과 가족을 죽이려고 청와대 300미터까지 쳐들어왔다는 겁니다.

존슨 그래서 박 대통령이 우리를 비난하나요?

밴스 어느 정도는 그렇습니다. 공비들이 경비망을 뚫고 침입했기 때문이지요. 박 대통령은 강력히 보복하려 했는데, 포터 대사가 막았습니다. 한국 사람들은 푸에블로호에 대해서도 화가 났습니다. 우리가 원산에 쳐들어가길 바랐는데, 안 그러니까 미국의 체면이 상했다고 보는 겁니다. 국방장관이란 사람은 '정말 위험한 인물(absolute menace)'입니다. 휘하에 엘리트 침투부대를 조직해서 국경을 넘어 북한 지역을 습격하고 있습니다. 그러다 보니, 남·북이 서로 비난합니다. 박 대통령이 일방적 보복조치를 취하는 것은 대단히 위험합니다. 박 대통령이 전국을 장악하고 있습니다. 누구도 그가 듣기 싫어하는 것을 말하려 하

---

58 180. Notes of the President's Meeting With Cyrus R. Vance (Top Secret), February 15, 1968, *FRUS 2*.

지 않습니다. 박 대통령은 감정 기복이 매우 심하고, 과격하며 과음을 합니다. 그는 위험하고 불안한(unsafe) 사람입니다.

총리는 자제력이 있습니다. 본스틸 사령관이 한국의 각 군 총장들을 소집하여, 만일에 한국군이 일방조치를 취할 경우에는 주한미군 철수를 건의하겠다고 으름장을 놓았더니, 총장들이 조용히 듣고 있더랍니다. 총리는 제가 박 대통령을 만나면, 절대 일방적 조치를 취하지 않겠다고 말해 달라고 당부했습니다.

박 대통령이 말하기를, 만일 또다시 북한의 심각한 도발이 벌어지면 "격식을 갖출 것이나(go through the formality)", 협의는 형식적으로만 한답니다. 즉, 북한의 심각한 도발이 다시 발생하면 보복을 하겠다는 겁니다. (파월부대와 관련하여) 저는 박 대통령에게 만일 한국이 부대를 월남에서 철수하면, 우리는 주한미군을 철수시킬 것이라고 분명히 말했습니다. 요컨대, 미래 전망은 밝지 못합니다.

과거 한국은 미국의 '자랑거리(showcase)'였지만, 우리는 이제 현실을 직시해야 합니다. 더 이상 완벽한 '자랑거리'는 존재하지 않습니다.

존슨 박 대통령은 우리에게서 뭘 원하던가요?

밴스 장문의 목록을 내놓더군요. F-4 전투기 6개 편대, 대(對)침투부대 지원예산 100만 달러, 활주로 4개, 원조규모 대폭 증가, 현재 한국에 배치된 항공기 철수 불가 등입니다. 돈으로 치면 약 5억 내지 10억 달러어치입니다.

존슨 금년에 북한이 600회나 한국을 공격했다는데 어떻게 생각하나요? 한국에 큰 피해를 주었답니까?

밴스 청와대 습격을 제외하면 별로 그렇지 않습니다.

존슨 북한 게릴라가 미국대사도 노렸나요?

밴스 아뇨. 생포된 게릴라 중 한 명이 포터 대사를 노렸다고 했지만, 실제로는 그게 아니랍니다. 한국 중앙정보부와 수사관들이 미국이 행동에 나서도록 정치적 압력을 넣으려고 그런 자백을 강요했다는 거예요.

존슨 포터 대사가 만일 한국이 월남에서 부대를 철수하면 우리도 주한미군을 철수시키겠다고 말했나요?

밴스 아닙니다. 포터 대사가 그렇게 말했는지는 모릅니다. 저는 박 대통령에게 그런 태도를 고집해서는 안 된다는 점을 분명히 밝혔습니다.

카첸바흐(국무차관) 그 사람들은 여전히 우리가 원산에 쳐들어가야 한다고 생각합니까?

밴스 그렇습니다. 그 사람들은 무슨 일이 벌어지면 조치해야 된다면서 목록을 보여 주었습니다.

존슨 박 대통령은 소련이나 중공이 어떻게 나올지 걱정하지 않나요?

밴스 박 대통령은 북한이 1970년까지 남한을 집어삼키려는 것으로 확신합니다. 만일 다시 북한이 청와대를 공격하려 한다면, 반드시 보복할 것이며, 많은 피를 흘리게 될 것이고, 많은 사람이 고통과 괴로움을 당할 것이라고 말했습니다.

맥나마라(국방장관) 한국은 북한에 얼마나 자주 공격합니까?

밴스 한 달에 두 차례씩 공격합니다.

존슨 그 사람들이 뭘 했는지 우리가 잘 알고 있나요?

밴스 최근 한국군은 매달 두 차례씩 기습작전을 했습니다. 대침투부대는 국방장관 통제 하에 있습니다. 최근에는 북한군 사단 사령부를 급습했습니다. 늦어도 3월까지 DMZ를 넘어 북한을 공격하려는 계획을 갖고 있습니다. 한국군 내부에 이에 관한 이야기가 아주 많이 나돌고 있습니다.

숫자는 분명치 않지만, DMZ 일대의 각 사단에서 약 200명의 대침투요원들을 훈련시키고, 지금은 이 요원들이 훈련시킨 부대가 또 있다고 합니다.

러스크(국무장관) DMZ 일대에서 남·북 간에 약 570회의 습격이 발생했다는데, 만일 한국군이 북한을 공격했다는 첩보가 알려지면 우리 입장이 곤란해지지 않을까요?

맥나마라 우리는 이에 대해 적절한 첩보를 갖고 있지 않습니다.

밴스 여기의 목록을 보면, 한국군이 10월 26일부터 12월까지 11회에 걸쳐 습격한 것으로 되어 있습니다.

부통령 언제부터 한국군이 기습작전을 시작했나요?

밴스 잘 모르지만 약 1년 전에 시작한 것 같습니다.

존슨 기습작전의 목적은 무엇이랍니까?

휠러(합참의장) 북한에 대한 응징(punitive)입니다.

존슨 미군도 이런 작전에 개입하고 있나요?

휠러 아닙니다, 각하. 정전협정에 따라 일상적으로 한국군 대대가 DMZ에 투입되어 작전합니다. 본스틸 사령관에게 이런 행위가 위험하다고 말해 두었습니다. 저희는 한국군이 기습작전을 실시했다는 점도 입증하지 못하고 있습니다.

존슨 저 같으면 서둘러 입증하려 들지 않을 겁니다. 한국 국민들의 불안감은 어떻던가요?

밴스 실제로 크게 동요하고 있습니다. 한국 사람들은 자신들이 2류 국민 대접을 받는다고 생각합니다. 또한 유엔사(작전통제권) 때문에 자신들의 손이 묶여 있는 것으로 여깁니다.

존슨 추가로 건의하고 싶으신 한국에 대한 원조는 어느 정도로 추산하시나요?

밴스 내년도 원조로서, 약 2억 달러 정도가 요구된다고 생각합니다.

밴스 특사의 방한 후 귀국보고 2

밴스 특사가 임무종료 후, 존슨 대통령에게 구두로 귀국결과를 보고한 데 이어, 메모를 통하여 활동결과를 추가로 보고했다. 그중에서 특이한 사항으로는, 한국군이 DMZ를 넘어 북한군을 응징하기 위해 기습 공격한 사례를 상세히 기술하면서, 이를 '도발적 성격'으로 정의했다는 점이다.[59] (이하, 밴스 특사의 메모 보고 내용 발췌 · 요약)

59 181. Memorandum From Cyrus R. Vance to President Johnson (Top Secret), February 20, 1968, *FRUS 2*.

박정희 대통령은 매우 감정이 격한 상태에 있었다. 그는 1월 21일 청와대에 대한 북한의 기습과 1월 23일 푸에블로호 납치에 격분하였다. 그는 청와대 기습에 미국도 부분적 책임이 있다고 하면서, 그 이유는 미군이 방어하는 DMZ를 넘어 침투했기 때문이라고 주장했다. 그는 푸에블로호가 북한에 납치되었어도 한·미가 이런 도발을 저지할 능력이 없음이 입증되었기 때문에, 이 사건을 한국에 대한 모욕(affront)으로 여긴다고 말했다.

박 대통령은 한반도 공약에 대한 미국의 결의를 의심하고 있는데, 부분적으로는 미국의 동남아시아(즉, 월남전) 개입, 그리고 부분적으로는 한국군에 대한 군사장비 제공과 한국군 현대화가 지연되고 있기 때문이다. 그는 판문점에서 진행되는 미·북 간 양자대화에 반대한다. 그는 이를 한·미 양국의 위신을 떨어뜨리는 행동이자 한국 주권에 대한 침해로 여긴다.

박 대통령은 한국 국민을 위해 많은 것을 이룩한 걸출한 지도자(distinctive leader)이다. 그러나 청와대 습격은 그에게 불행한 심리적 영향을 미쳤다. 그는 자신과 한국이 체면을 잃었고, 자신과 가족들의 안전이 크게 위험해진 것으로 여긴다. 박 대통령은 본인(밴스)으로부터 제2의 청와대 기습이나, 기타 한국의 중요한 경제·정부·군사시설이 공격을 당할 경우, 미국이 즉각적인 응징 및 보복조치를 취할 것이라는 약속을 받아 내려 했다. 그는 한국에 대한 또 다른 심각한 공격이 가해질 경우, 미국의 대응이 '자동적'으로 이루어질 것이라는 보장을 원했지만, 본인은 그런 확답을 거부했다.

DMZ를 넘어 한국군이 북한을 기습하는 것에 대해 대다수의 한국 정부 각료들은 모르고 있었다. 그 이유는 국방장관이 개인적으로 침투부대를 통제했고, 이들의 활동은 한국 정부 내에서도 극비로 되어 있었기 때문이다. 지난 7개월간 한국군은 월 평균 2회꼴로 작전을 수행한 바, 우리는 이런 공격의 '도발적 성격'을 강조했다. 우리는 한국 측에, 부분적으로 북한의 심각한 대남 도발은 북한에 대한 한국군의 습격, 특히 1967년 11월 북한 인민군 사단사령부에 대한 습격사건에 대한 보복이라는 점을 암시했다. 12명의 한국군 특수대원들은 인민군 사단사령부를 폭파시키고 한 명의 사상자도 없이 전원 생환했다. 우리는 한국군의 습격이 김일성에게 징벌적 효과(chastening effect)를 미쳤다는 증거가 없음을 지적했다.[60]

김일성은 약 2만 명의 침투부대를 양성했으며, 그중 2,400명은 7~31명의 소규모 정찰·타격팀으로 운용된다. 작년에 이들 팀 가운데 상당수가 동해안과 서해안에 40명의 무장병력을 탑승시킬 수 있는 고속정으로 상륙했는데, 북한군은 현재 이런 고속정을 24~40척 보유하고 있다.

한편 한국 정부도 자체 침투부대를 조직 및 운용 중인바, 그중 일부가 DMZ를 넘어 북한을 습격했다. 이런 맥락에서, 한국인이라는 인종 가운데는 '비둘기(doves)'나 '매(hawks)'는 거의 없고, 온통 '호랑이(tigers)'들뿐인 것 같은 인상을 받았다. 한국 정부는 '박정희'라는 1인이 통치하고 있다. 비서실장인 이후락을 제외하면, 어느 정부 관리도 박정희에게 대들거나 심기를 어지럽히는 조언을 하지 않는다. 한국 국방장관은 충동적이며, 자신의 정책이나 행동이 미칠 수 있는 정치적·군사적 파급효과를 간파하는 능력이 결여되어 있다.

본인은 박 대통령과 각료들의 여러 요구를 거부했다. 우선 장차 북

60 당시 이진삼 대위가 3회에 걸쳐 '응징보복작전'을 수행했다는 언론 보도(인터뷰 기사 등)가 있으나 공식적으로 확인된 사실은 아니다.

한이 정전협정을 위반할 경우, 미국이 '즉각적인 응징 · 보복 행위'에 개입할 것을 약속하는 '보복정책 합의'를 거부했다. 또한 한 · 미상호방위조약의 조건(terms)을 확대 또는 개정하자는 제안을 거부했다. 아울러, 1958년 덜레스(Dulles) 장관이 필리핀에 제공했다고 한국 측이 거듭해서 주장하는 바에 따라, 미국의 '자동적 보복행위'를 약속하는 비밀회의록(secret minute)에 합의하자는 요청도 거부했다.

7. 포터 주한 미국대사의 장탄식

1968년 2월 27일, 포터 주한 미국대사가 번디 국무부 동아시아 및 아 · 태담당 차관보에게 보낸 서한에는 푸에블로호 사건에 대한 포터 대사의 시각이 상당히 변화하고 있다는 사실이 나타난다. 이는 미국이 이 사건으로 인해 직면한 딜레마의 일면을 보여 주는 것이기도 하다.[61]

그에 의하면 푸에블로호 사건은 미국의 비효과적 대응 때문에 동맹국들에게 상당한 불안감(disquiet)을 주었을 뿐 아니라, 미국인들의 의식 속에 치욕적인 상흔을 남겼다. 미국은 '전쟁에 준하는 도발(provocation-short-of-war)'의 희생자가 되는 신세를 감수하면서도, 막상 선제도발을 감행하는 자들에 대해서는 동일한 전술을 사용하지 않았다. 오늘날의 세계에서, 미국은 국제적 반대여론으로 사용이 금지된 핵무

61 182. Letter From the Ambassador to Korea (Porter) to the Assistant Secretary of State for East Asian and Pacific Affairs (Bundy) (Secret), February 27, 1986, *FRUS 2*.

기의 위력과, 제대로 대비하지 못한 게릴라 전쟁의 틈바구니에 끼어 있다. 미국의 재래식 군사력은 게릴라 전쟁에서 승리를 가져다주지 못한다. 제정신이 있는 사람이라면 푸에블로호에 대한 보복으로 전면전을 주장하지는 않을 것이나, '전쟁에 준하는 수단(measures short of war)'은 적대국에 경종을 울림으로써, 미국이 유사한 재난을 당하지 않도록 예방해 줄 것이다.

차관보실은 본인(포터)보다 푸에블로호 위치에 관해 더 나은 첩보를 갖고 있을 것으로 기대한다. 확실히 기술적 지식이 짧고 정치적 이해가 부족한 본인 같은 사람이라도, 청와대 습격 직후에는 푸에블로호 같은 정보 수집함을 신속히 북한 인접 해역에서 벗어나도록 이동시켰을 것이다. 아무리 본인의 기술지식이 적더라도, 도대체 이 함정을 그처럼 위험한 해역에 진입시킬 필요가 무엇이었는지 강력하게 따지고 싶은 심정이다. 여기서 얻어야 할 교훈은 명백하다. 우리(미국)는 책임 지역 주변이나 상공을 항행·비행, 또는 통과하는 모든 함정·선박에 대해 그 위치를 알고 있어야 한다는 것이다. 그랬더라면 우리가 이처럼 모진 고통을 당하지 않았을 수도 있었을 것이다.

이 무렵 미국은 한국의 일방적 보복을 단념시키려는 노력이 역효과를 내고 있음을 간접적으로 인정하는 듯한 뉘앙스를 풍겼는데, 1968년 2월 말 특별정보판단서에 그 내용이 들어 있다.[62] 이 문서에 의하면, 북한은 아마도 미국이 한국에 '자제력을 강요(impose restraints)'했고, 한반도에서 자신들이 저지르는 소행을 미국이 비화시키기를 주저할

62 184. Memorandum to Holders of Special National Intelligence Estimate Number 14.2−67 (Secret), February 29, 1968, *FRUS 2*.

것으로 믿고 있다. 북한은 이제 한・미관계를 더욱 악화시킬 수 있는 지속적이고 유리한 기회를 맞이했다. 북한은 미국이 월남전에 몰입한 나머지 손발이 묶여 있는 상황, 그리고 중공 및 소련과 각각 체결한 상호방위조약의 억제효과에 크게 의존할 것으로 보인다.

제5장 푸에블로호 관련, 미국의 대응

1. 미 · 소 간 막후 채널

미국, 소련 채널에 처음부터 '올인'

미국은 푸에블로호 사건이 발생한 직후부터, 소련과의 대화 채널에 '다 걸기(all-in)'를 했다. 쿠바 미사일 위기를 겪은 이후 미 · 소 간 일종의 '적대적 공생관계(hostile symbiosis)'가 형성된 것처럼 보였다. 미국은 푸에블로호 사건 발생 직후부터, 헬름스 CIA 국장의 제안에 따라, 소련과 쿠바 미사일 위기 당시와 비슷한 '스칼리-포민(Scali-Fomin)' 유형의 막후 채널을 구상했다. 소련 측 상대는 워싱턴 주재 KGB 책임자 쿨레비야킨(Kulebiakin), 그리고 미국 측 상대는 국무부 대변인으로 정했다. 국무부는 이 문제를 일단 소련 측에 비밀로 하고, 주소(駐蘇) 미국대사에게 이런 방식이 바람직한지의 여부를 타진했다. 그러나 헬름스의 아이디어가 실제로 가동되었는지의 여부는 알 수 없다.[1]

푸에블로호 사건 발생 직후, 미 국무부가 가장 먼저 취한 조치 중 하나는 주소(駐蘇) 미국대사관에 훈령을 하달하는 일이었다. 러스크 국무장관은 톰슨(Llewellyn E. Thompson) 대사에게 당장 그로미코 소련 외무상이나 최고위급 관리를 만나 "소련이 북한을 접촉하여 함정을 풀어주고 부상자를 적절히 치료하도록" 강력히 요청하라고 지시했다.[2]

1 238. Telegram From the Department of State to the Embassy in the Soviet Union (Top Secret), January 28, 1968, *FRUS 2*.

2 212. Telegram From the Department of State to the Embassy in the Soviet Union (Secret), January 23, 1969, *FRUS 2*.

사고 당일, 백악관 NSC 오찬회의에서 존슨 대통령은 미국이 선택할 수 있는 대안으로, 군사력으로 북한 타격, 나포 경위에 대한 북한의 철저한 해명(a thorough explanation), 북한 선박 중 한 척을 나포하는 방안 등이 포함되어야 한다는 지침을 하달했다. 맥나마라 국방장관은 푸에블로호가 북한 영토에서 15마일 벗어난 공해상에 위치하고 있었다는 사실 이외에는 설명할 것이 없다고 답변했다. 러스크 국무장관은 정전협정상 '공해(international waters)'의 정의를 파악 중이며, 사건발생 당시 푸에블로호의 정확한 위치가 어디였는지는 알 수 없다고 말했다.

미국의 메시지에 대한 소련의 최초 반응은 "사태의 조기 해결을 원하거든 북한을 위협하거나 압력을 행사하지 말라."라는 경고였다. 예컨대, 그로미코는 톰슨 대사에게 "만일 미국이 푸에블로호 사건의 해결에 관심이 있다면, 북한에 압력을 가하지 말 것이며, 그런 압력은 해결을 방해 및 지연시킬 뿐"이라는 메시지를 전했다.[3] 그는 만일 북한을 압박하지 않는다면, "사건 해결에 이르는 모종의 조치가 취해질 가능성을 배제하지 않겠다."라고 말했다. 그는 반복해서, 만일 미국이 해결을 바란다면, 북한에 대한 압력을 포기하라고 말했다. 미국은 푸에블로호 사건에 국가의 체면이 걸려 있다고 생각하지만, 북한도 마찬가지라는 것이다. 따라서 소련은 전에 언급했던 것과 마찬가지로, '압력의 부재(the absence of pressure)'가 분위기를 개선해 줄 것이라면서, '평화적이고 조용한 해결'의 필요성을 강조했다.

3 240. Telegram From the Embassy in the Soviet Union to the Department of State (Secret), January 29, 1968, *FRUS 2*.

한편, 미국의 주소(駐蘇)대사 톰슨은 직접 접촉을 통해 소련 지도부의 의중과 동향을 면밀히 관찰·보고하는 핵심적인 대소련 접촉창구로서, 1월 25일 전문에서 소련의 움직임과 관련하여 다음과 같이 보고했다.[4]

> 미국이 원산항 인근에 해군함정을 배치할 경우, 북한에 의한 푸에블로호 함정·승무원의 송환 가능성은 사라질 것이며, 이러한 무력시위(show of force)는 소련이 중재자(an intermediary)로 나서거나, 위기사태의 완화를 위해 북한에 조용히 압력을 행사하지 못하도록 방해하는 걸림돌이 될 것이다.

미·소 정상 간의 커뮤니케이션

1월 25일 존슨 대통령은 푸에블로호 함정·승무원 송환과 관련된 소련의 협조를 촉구하는 친서를 그로미코 외무장관을 통해 코시긴 수상에게 발송했다.[5] (이하, 발췌·요약)

> 본인은 공해상에서 미국 함정 푸에블로호를 납치한 북한의 비이성

4 톰슨 대사의 보고에 대해, 존슨 대통령은 NSC 회의석상에서 그의 보고 내용을 거론하며, "고려할 만한 가치가 있다(that is worth considering)"라고 하며, 톰슨에 견해에 힘을 실어 주었다. 223. Notes of Meeting, "Notes of the Presidents's Breakfast Meeting," January 25, 1968, *FRUS 2*. 이 전문의 각주도 참조할 것.

5 224. Telegram From the Department of State to the Embassy in the Soviet Union (Top Secret), January 25, 1968, *FRUS 2*.

적 행동에 대한 귀하의 가장 심각한 개인적 관심을 촉구합니다. 북한에 의한 계획된 행동은 현대사에서 일찍이 글자 그대로 전례가 없는, 납득할 수 없는 사건입니다. 현재 동해(East Sea)에 최소한 1척을 배치한 것을 포함하여, 세계 여러 지역에 미국과 유사한 함정을 운용하고 있는 소련도, 북한이 자행한 이런 종류의 만행을 용납하지 않을 것입니다.

귀측이 톰슨 대사와의 대화에서 책임이 없는 듯이 이 문제를 무시(brush off)한 것에 대해 본인은 실망했습니다. 이는 분쟁예방과 긴장 감소를 위해 양국 정부가 짊어져야 할 진정한 책임을 반영하는 처사가 아닙니다.

본인은 북한이 이런 상황에서 어떤 저의를 갖고 있는지 모르나, 세계평화 유지가 양국의 공동이익에 부합된다는 사실을 확신합니다. 본인이 사전양해도 없이 이처럼 허심탄회한 메시지를 보내는 것은 귀측이 평양에 영향력을 행사하고, 이들로 하여금 푸에블로호와 승무원들을 즉시 석방하도록 압박하기를 희망하기 때문입니다. 귀측이 저의 우려사항에 호응해 주실 것을 기대합니다.

1월 28일 소련으로부터 주소(駐蘇) 대사관을 경유하여, 존슨 대통령에게 보낸 메시지에 대한 코시긴 수상의 답변이 접수되었다.[6] (이하, 발췌 · 요약)

우리(소련)는 푸에블로호 사건에 대한 귀측의 해석에 동의하지 않습니다. 우리가 입수한 첩보에 의하면, 미국의 첩보 수집함인 푸에블로호

6 230. Telegram From the Embassy in the Soviet Union to the Department of State (Top Secret), January 27, 1968, *FRUS 2*.

는 정보수집 활동을 수행하던 중, 공해상이 아닌 북한 영해에서 나포되었습니다.

사정이 이러하므로, 미국이 사건의 해결을 위한 방법을 모색하는 조치를 취해야 하며, 어떤 경우에도 행동으로 '사태를 악화(add fuel to the fire)'시키지 말아야 합니다.

그러나 이것이 어떻게 지난 며칠간 무책임한 인사들이 북한에 대한 '반격(return strike)'을 주장하고, 무력과 군사력 사용을 강력히 요구하는 귀측 사정과 조화를 이룰 수 있습니까? 그러나 미 해군함정이 외국의 영해를 침범한 과오로 나포된 상황임에도 불구하고, 모든 것을 기초로 판단해 볼 때, 미국 내에서는 정부의 지원 하에 '소란 캠페인(a noisy campaign)'이 벌어지고 있습니다.

귀측은 소련 정부가 이 사건과 관련된 귀하의 근심에 응답해 달라는 희망을 표출했습니다. 우리가 보기에, 이 사건을 해결하는 가장 간단하고 믿을 만한 방법은 성급한 행동에 나서지 않는 것인바, 이렇게 할 때 비로소 보다 유리한 분위기가 조성될 것입니다.

우리는 이 상황을 가능한 한 조속히 해결하는 것이 양측의 이익에 부합된다고 확신합니다. 물론 그러한 해결은 북조선인민공화국의 주권과 독립성에 대한 완전한 존중에 기초해야 합니다. 북한에 압력을 가하고자 기도할 경우에는, 문제 해결이 더욱 복잡해질 것입니다.

코시긴 수상의 친서에 대해 톰슨 주소(駐蘇) 대사는 자신의 견해를 이렇게 기록했다.[7]

---

7 213. Telegram From the Embassy in the Soviet Union to the Department of State (Top Secret), January 27, 1968, *FRUS 2*.

본인(톰슨)은 코시긴 수상이 "사건의 신속한 해결이 양국의 이익에 부합된다고 믿는다."라고 언급한 사실에 충격을 받았다. 그로미코 외상은 시종일관 푸에블로호가 북한 영해를 침범했음을 확신하는 태도를 보였다.

톰슨의 관찰에 따르면, 지금까지 사건을 처리한 방식과 전반적 상황을 고려해 볼 때, 소련이 이번 사건을 꾸민 당사자일 가능성이 있지만, 그렇지 않을 가능성도 있다는 것이다. 소련은 사건이 확대되어 행동의 자유(freedom of action)가 제한될 것을 우려하는 기색이 역력했다.

당시 푸에블로호 승무원들이 '인질'로 잡혀 있는 상황에서, 미국이 할 수 있는 일이라고는, 소련에 자신들의 목적이 단지 사건을 해결하여 무사히 함정과 승무원을 돌려받는 것이라는 점을 확신시키는 길뿐이었을 것이다. 톰슨에 의하면, 예컨대 소련 측의 확신을 얻는 데 도움이 되는 방법 중 한 가지는 코시긴에게 존슨 대통령이 답신을 보내면서, 미국이 '한국을 진정시키기 위한 조치(steps to calm down South Koreans)'를 취했다고 말하는 것이다. 이러한 톰슨의 견해는 미국 정부가 사건 해결에서, 향후 한국의 일방적 보복에 대한 자제를 '강요(impose)'하고, 군사적 수단이 아닌 외교채널을 통해서 문제를 해결하기로 가닥을 잡는 데 큰 영향을 미쳤던 것으로 보인다.

쿠바 미사일 위기 시, 미 · 소 간 '스칼리-포민(Scali-Fomin)' 비밀접촉

- 쿠바 미사일 위기가 발생한 지 11일째 되던 1962년 10월 26일 금요일, ABC News의 외신 담당 기자 존 스칼리(John Scali)는 '알렉산더 포민(Alexander Fomin)'이라는 사람으로부터 한 통의 전화를 받았다. 스칼리는 당시 케네디 대통령, 그의 동생인 로버트 케네디 법무장관, 그리고 딘 러스크 국무장관과 절친한 사이였다.

- 포민의 직함은 주미 소련대사관의 정무담당 참사관이었으나, 실제로는 워싱턴 주재 KGB 총책으로서, 소련 공산당 서기장 흐루시초프의 최측근이었으며, 본명은 '알렉산더 페크리소프(Alexander Feklisov)'였다.

- 포민은 전화로, 스칼리에게 점심식사를 제의했다. 두 사람은 백악관에서 불과 두 블록 떨어진 '옥시덴털 레스토랑(Occidental Restaurant)'에서 만났다. 웨이터가 음식을 주문 받고 자리를 뜨자, 포민은 다짜고짜 "전쟁이 곧 벌어질 것 같다. 이 상황을 피하려면 뭔가 조치를 하지 않으면 안 된다."라고 말했다.

- "글쎄요, 소련은 미사일을 쿠바에 들여 놓기 전에 전쟁이 벌어질지도 모른다는 생각을 마땅히 했어야 합니다."라고 스칼리가 대답하자, 포민은 다음과 같이 놀라운 제안을 했다. "한 가지 방법이 있어요. 만일 우리가 유엔의 사찰(inspection) 하에서 미사일을 제거하기로 약속하고, 후르시초프 서기장이 쿠바에 다시는 공격용 미사일을 들여오지 않기로 약속하는 대신, 미국 대통령이 쿠바를 침공하지 않겠다고 공개적으로 약속하는 것에 대해 어떻게 생각하십니까?" 스칼리는 "전 잘 모르겠습니다만, 기꺼이 방법을 찾아보겠습니다."라고 답변했다.

- 스칼리는 국무부 기자실의 사무실로 돌아오자마자, 포민과 대화한 내용을 메모하여, 국무부 정보조사국(Bureau of Intelligence and Research)의 국장인 로

저 힐스만(Rober Hilsman)에게 메모를 건네주었다. 메모의 중요성을 직감한 힐스만은 이를 곧장 러스크 국무장관에게 전달했고, 이는 다시 맥나마라 국방장관과 케네디 대통령에게 즉시 보고되었다.

- 그날 오후 6시 경, 스칼리는 러스크 장관에게 불려갔다. 러스크는 주머니에서 노란색 종이를 꺼내더니 그에게 뭔가를 읽어 줬고, 스칼리는 포민에게 그 메시지를 전해 주었다. 스칼리가 포민을 만날 무렵, 백악관에는 후르시초프가 보낸 장문의 서한이 도착했다. 편지를 번역하는 데만 11시간이 걸렸다. 메시지의 핵심은 다음과 같다. "쿠바로 향하는 소련 선박이 다시는 어떠한 종류의 무기도 운반하지 않을 것이다. 대신 미국은 쿠바를 무력으로 침공하지 않고, 쿠바를 침공하기 위한 어떠한 군대도 지원하지 않을 것임을 선언해야 한다. 그러면 쿠바에 있는 소련 군사전문가들은 사라질 것이다."

- 바로 그 시각, 미국의 쿠바 침공이 임박하다고 판단한 피델 카스트로는 후르시초프에게 급보를 전하며, 만일 쿠바가 침공을 당하면 "핵무기로 미국을 선제공격"해 줄 것을 호소했다. 아울러, 카스트로는 쿠바 군대에게 쿠바 영공이 진입하는 모든 미국 항공기를 격추시키라고 명령했다.

- 이튿날 아침, 미국과 소련은 핵전쟁의 위기가 해소되었음을 확인했다.

- 옥시덴털 레스토랑의 동판에는 이런 글귀가 새겨져 있다. "쿠바 미사일 위기가 발생한 긴장된 순간에, 바로 이 테이블에서, Mr. X로 알려진 어느 러시아인이 ABC-TV 기자 존 스칼리에게, 쿠바로부터 미사일을 철수할 것을 제안했다. 이 만남을 기초로 핵전쟁의 위험이 사라질 수 있었다."

2. 일련의 NSC 회의와 대북 보복계획 검토

미국의 최초 상황판단 · 조치 및 한국의 반응

헬름스 국장이 맥나마라 장관에게 보낸 메모에 의하면, 푸에블로호 나포는 북한이 이례적으로 드라마틱하게 미국을 끌어들인 사건이다. CIA는 청와대 습격과 함정 나포가 상호 연관된 계획에 따라 저질러진 것이 아니라고 보았다. 북한은 청와대 기습을 위해 틀림없이 사전에 상당한 계획을 세웠을 것이나, 북한이 1월 10일 이후 순찰활동을 개시한 푸에블로호의 나포 시점을 청와대 공격 시점과 일치시킨 것으로는 보이지 않는다는 것이다. 그러나 두 사건은 북한의 고의적인 도발이라는 공통점이 있다. 북한은 한국이 '독자 결정에 따라(of its own motion)' 청와대 습격에 대한 보복으로 DMZ 일대에 모종의 격렬한 조치를 취할 것임을 알고 있을 것이다. 이런 가능성으로 인해, 아마도 북한은 향후 사태를 처리하는 데 '다소 신중한 태도'를 보일 것이다.[8]

휠러 합참의장은 미국이 '적대행위(act of aggression)'를 저질렀다고 적반하장으로 비난하는 북한의 태도를 지적했다. 맥나마라 장관은 미국이 채택할 수 있는 대안에 DMZ를 북한군 부대의 점령 또는 함정 나포, 주한미군 보강, 추가적 해군력 투입 등을 포함시킬 것을 제안했다.[9]

---

8 215. Memorandum From Director of Central Intelligence Helms to Secretary Defense McNamara (Secret), January 23, 1968, *FRUS 2*.

9 212. Telegram From the Department of State to the Embassy in the Soviet Union (Secret), January 23, 1969, *FRUS 2*.

한편, 미국은 판문점 군정위에서 푸에블로호 납치에 대해 다음과 같은 네 가지 요지로 북측에 강력히 항의했다. ① 푸에블로호는 북위 39도 25분 05초, 동경 127도 54분 09초의 공해상에 위치했다. ② 함정 나포는 국제법에 대한 노골적인 위반이다. ③ 함정과 승무원들은 신속히 송환되어야 한다. ④ 미국은 국제법에 따라 배상을 요구할 권리를 유보한다.[10]

존슨 대통령이 한국의 반응을 질문하자, 러스크는 한국 국방장관이 청와대 피습 시 보복하지 말도록 압력을 가한 것에 대해 미국을 '질타(chided)'하면서, 미국이 이런 지경에 처한 것은 한국군의 대북 보복에 한사코 반대했기 때문이라고 답변했다. 대통령이 어떤 대안을 갖고 있는지 묻자, 맥나마라는 북한이 함정 승무원과 청와대 습격 당시 생포된 무장공비와의 '교환(trade)'을 요구할지도 모른다고 답변했다. 헬름스 CIA 국장에 의하면, 소련도 중공을 감시할 목적으로 한국 해안 인근에 푸에블로호와 유사한 2척의 함정을 배치하고 있었다.[11]

1~8차 대책회의

푸에블로호 사건 발생과 관련하여 백악관에서는 1월 24일 오전부터 1월 26일 오전까지 48시간 동안, 총 8회에 걸쳐 주요회의가 개최되었다. 1회는 대통령이 주관한 NSC, 2회는 대통령이 참석하지 않은 상

10 216. Telegram From the Department of State to the Embassy in Korea (Secret), January 23, 1968, *FRUS 2*.

11 212. Telegram From the Department of State to the Embassy in the Soviet Union (Secret), January 23, 1969, *FRUS 2*.

태에서 관계부서 협조회의 형식, 그리고 나머지 5회는 대통령이 주·야간 및 조찬·오찬 등에 주재한 회의들이다. 8회에 걸친 회의결과를 요약하면 아래와 같다.

❶ 1차 회의(1968.1.24. 10:30~11:45, 대통령 불참)

1차 회의의 핵심 주제는 푸에블로호를 납치한 북한의 의도에 관한 논의였다. 참석자들은 북한 의도에 대해, 월남전에 전념하고 있는 미국의 관심과 역량을 한반도로 분산시키기 위한 속셈으로, 푸에블로호라는 '임기표적'을 공격한 것이라고 판단했다. 헬름스 CIA 국장은 북한이 청와대 기습공격을 위해 최소한 2년간 치밀하게 계획했을 것이라고 언급했다. 로스토 대통령 특보는 유엔 안보리 활용, 유엔 사무총장에게 협조 요청, 소련과 막후 접촉 등의 외교적 방안을 거론했다. 박정희 대통령이 당장은 대북 보복을 하지 않을 것이나, 북한의 도발이 증가할 경우에는 미국이 만류하더라도 단독으로 보복공격에 나설 것이다. 군사적 대응방안으로 북한 선박 나포, 항구·해상활동 봉쇄, DMZ 일대의 북한군 초소 습격, 북한 지역에 대한 사진정찰 등이 논의됐다. 푸에블로호 함정·승무원 구출작전은 원산항의 낮은 수심과 원산항 주변의 강력한 대공망으로 인해 추진하지 않기로 했다. CIA는 고고도 초음속 정찰기인 '블랙쉴드(Black Shield)'[12] 투입계획을 설명했다.

12 '브랙쉴드(Black Shield)'란 U-2를 대체하여 1965년 11월 실전배치에 성공한 A-12를 운용하는 첩보수집활동을 의미하며, CIA는 A-12의 발진기지인 카데나 공항의 시설보완을 위해 1965년까지 총 400만 달러를 투입했다. 블랙쉴드는 월맹 지역에서 성공적으로 운용되었다. 푸에블로호 사건과 관련해서는 총 15회 계획되었으나, 기상악화 등을 이유로 1968년 1월 26일, 2월 19일, 5월 6일 등 3회에 걸쳐서만 블랙쉴드가 실시되었다. 중공산(産) 레이더가 A-12를 탐지했으나, 미사일을 발사하지는 않았다. 블랙쉴드는 고고도 정찰비행으로 원산항에 정박된 푸에블

❷ 2차 회의(1968.1.24. 13:00, 대통령 주관 NSC)

2차 회의의 핵심은 푸에블로호가 납치될 당시의 상황에 대한 논의이다. 맥나마라 국방장관은 북한이 함정 납치를 모의했을 가장 이른 시기를 1월 10일이라고 적시했다. 휠러 합참의장은 납치되었을 당시의 시각을 보고하면서, 푸에블로호가 북한 함정의 접근을 통상적인 '교란작전'으로 간주하고 대비에 소홀했을 가능성을 언급했다. 대통령은 푸에블로호가 납치될 시간에 항공기 지원이 없었던 점을 거론했는데, 이에 대하여 당초 일본의 제5공군 사령관이 항공기 급파 명령을 하달했다가, 야음이 임박하고 원산항 일대의 방공망 및 우세한 북한 공군력 등을 이유로 취소했다는 답변이 나왔다. 미국은 북한이 함정 납치를 사전에 계획했고, 소련이 납치모의를 미리 인지했을 것으로 판단했다. 아울러 톰슨 주소(駐蘇)대사의 보고에 의하면, 그는 소련이 미국의 질문에 신속하게 답변을 내놓은 점을 미루어 볼 때, 소련은 푸에블로호 납치 사실을 미리 인지했을 것이라는 인상을 받았다고 한다. 다시 말해서, 이는 소련과 북한이 이러한 범행을 사전에 공모했음을 의미한다. 미국은 푸에블로호가 납치되기 직전 정확하게 어느 지점에 위치했는지 모르고 있었으며, 푸에블로호가 '실수'로 북한 영해에 진입했을 가능성도 조심스럽게 거론되었다. 푸에블로호 선장이 영해를 침범한 자신의 잘못을 '자백'했다는 보도에 대해서는, 소련인이 작성한 초안을 선장이 베껴 쓰도록 강요받았을 것으로 추정했다. 헬름스 CIA 국장의 분석에 의하면, 북한의 의도는 미국과 전쟁을 벌이는 월맹을 도우려는 것이다.

로호의 존재를 파악하는 등의 성과를 거두었다. 이러한 임무는 대통령의 직접 승인 하에 수행되는 등, 고도의 보안이 유지되었다.

③ 3차 회의(1968.1.24. 18:00, 대통령 불참)

우선 대통령 명령에 의한 군사력 소집, 군사력의 (한국으로의) 이동, 그리고 실제 군사력 사용 등 세 가지를 구분해야 할 필요성이 논의되었다. 향후 48시간 내에 취할 수 있는 외교적 조치에 안보리와 유엔 사무총장의 '주선(good offices)'을 활용하는 방안이 포함되었다. 미국은 안보리에 푸에블로호 사건을 회부하는 조치가 미국 국민들의 격앙된 감정을 가라앉히고, 외교적 노력이 실패했을 경우, 군사행동을 취하기 위해 필요한 '시간 벌기'에 유용한 것으로 판단했다. 쿠바 미사일 위기와 푸에블로호 사건 간의 차이는, 전자의 경우에는 국민들이 미사일의 존재를 미리 알지 못했으나, 후자의 경우에는 국민들이 기본적인 사실들을 모두 인지하고 있다는 점에 있다. 여전히 푸에블로호가 '혹시라도 북한 영해에 들어갔을 가능성'을 배제할 수 없다. 로스토는 유엔에 푸에블로호 사건을 상정하면서, 동시에 청와대 기습사건도 포함시킬 것을 제의했다. 클리포드는 푸에블로호 사건을 계기로 미국이 한반도에서 중대한 군사행동에 나설 가능성을 우려했다. 미국이 자위권(self-defense)을 취할 수 있는 효력은 시간이 지날수록 '손상(wear-out)'될 것이다. 포터 주한 미국대사는 월맹을 도우려는 의도를 갖고 있다는 면에서, 푸에블로호와 청와대 기습이 상호 명백하게 관련되어 있다고 보고했다. 푸에블로호가 납치된 장소에 배너호를 투입하는 방안이 논의되었다. 국무·국방장관은 이미 한반도에 투입된 항공기 250대 이외에, 추가로 승무원과 함께 250대의 항공기를 소집해야 할 필요성을 거론했다. 미국은 한국군이 미군을 배제한 채, 단독으로 대북 공격을 감행할 가능성을 우려했다.

❹ 4차 회의(1968.1.24. 19:50~20:25, 대통령 주관)

외교적 조치로서 안보리에 회부하는 방안, 유엔에 상정할 안건에 대한 한국의 동의를 확보하는 방안, 한국전쟁에 파병한 16개국들에게 협조를 요청하는 방안, 대북 무역제재를 위해 일본과 접촉하는 방안, 그리고 소련과 막후 채널을 가동하는 방안 등이 제시되었다. 대통령에게 공군·해군부대 일부를 소집(activate)하여 항공기 250대를 동원해 줄 것을 건의했다. 일부 이견이 있으나, 배너호를 투입하여 푸에블로호의 공백을 메우기로 결정했다. 옥스카트(Oxcart)와 무인기(drone)를 투입하는 방안이 논의되었다.

❺ 5차 회의(1968.1.25. 조찬, 대통령 주관)

푸에블로호 석방을 촉구하는 안보리 결의안 표결에 관한 안보리 회원국들의 동향(찬반투표 성향)을 점검하면서, 특히 파키스탄의 찬성표를 확보해야 할 필요성이 강조되었다. 그러나 기본적으로 안보리에서의 논의는 미국의 '시간벌기' 전술의 일환이었다. 대통령은 안보리에 사안을 회부하는 동시에 항공기들을 추가로 한국에 배치하는 조치가 상호 모순적인 관계에 있지 않을지를 우려했다. 맥나마라 국방장관은 대통령에게 예비군 부대를 소집할 수 있는 권한을 (국방장관에게) 부여한 대통령 명령에 서명할 것을 건의하면서, 소집될 332대의 항공기 가운데 303대를 한국에 파견할 것을 요청했다. 참석자들(특히 외교·국방부)은 군사력 소집을 일반에 공개할 것인지의 여부에 관해 이견을 보였다. 대통령은 한국에서의 군사력 증강이 베를린 같은 다른 지역에서 미국의 입지를 위태롭게 하지 않을지 우려했다. 인력의 부족 문제에 대한 해결책으로, 현역 복무기간 연장에 대한 권한을 의회에 요청하는 방안이 제시되었다.

❻ 6차 회의(1968.1.25. 오찬회의, 대통령 주관)

첩보에 의하면, 북한 항공기가 2명의 신병과 792파운드의 화물을 싣고 모스크바로 출발했다. 화물은 푸에블로호에서 떼어 낸 암호장비일 가능성이 높으며, 이는 사건의 배후에 소련이 있음을 반증한다. 푸에블로호가 해상에 투기한 암호장비 문제가 거론되었는데, 구축함과 잠수부를 동원하여 장비를 회수하는 것에는 과도한 위험부담이 수반되는 것으로 판단된다. 북한도 공군 전투기의 엄호 하에 잠수부를 투입하면서 장비를 수색하는 중이다. 의회에 대통령의 복무기간 연장 권한과 예비역 소집 권한을 요청하되, 단기적으로는 부대가 아닌 개별 예비군을 소집할 수 있는 권한에 국한하기로 한다. 복무기간 연장은 매일 전역하는 2,500명의 훈련된 군인들을 확보할 수 있는 최선의 방책이다. 카첸바흐는 푸에블로호 함정·승무원의 귀환을 확보하는 유일한 방법은 '오로지' 외교채널을 통하는 길뿐이며, 함정·승무원 구출작전이 현실적으로 불가능하다고 주장했다. 대통령은 B-22 폭격기 41대를 이동시키자는 건의를 수락했다. 클리포드 백악관 특별보좌관은 '대대적 군사력 증강'에 반대하면서 '아무것도 하지 않는 방안'을 제안했다. 러스크 국무장관과 휠러 합참의장은 '미쳐 버린 북한이 한국을 공격하더라도 우리가 할 수 있는 것이 많지 않다.'라는 점을 인정하면서, 군사적 대응에 유보적인 태도를 보였다. 클리포드는 한국에 항공기를 파견하는 방안에 반대 입장을 분명히 했다.

❼ 7차 회의(1968.1.25. 18:30~19:45, 대통령 주관)

휠러 합참의장은 북한 내 활주로의 무력화, 항구에 기뢰 부설, 연안항해 차단, 공군 또는 해군 함포 사격으로 북한 내 표적 타격, 푸에블로호를 다른 함정으로 교체 등의 군사적 대안을 제시했다. 카첸바흐는 미국의 위신이 손상되더라도, 북한의 자발적인 함정 · 승무원 석방을 이끌어 내야 함을 강조했다. 맥나마라는 미국이 '약한 모습을 드러내는 신호'로 해석될 수 있는 행동을 피해야 한다고 주장했다. 클리포드는 "승무원과 함정의 귀환이라는 목표 달성을 위한 최선의 방책은 무엇인가?"라는 중요한 질문을 제기하면서, 미국이 택할 수 있는 대안이 거의 없다는 점을 부연했다. 대통령이 한국군에 의한 대북 보복을 거론한 데 대해, 합참은 미국이 한국의 "자제를 강요하고 있다."라고 답변했다. 대통령은 푸에블로호의 함정 · 승무원 석방을 위해 노력하되, 소련 · 중공에게 '우리는 전쟁을 원치 않는다.'라는 메시지를 보내기를 원했다. 클리포드는 기본적으로 푸에블로호와 관련된 미국의 입지가 그다지 강하지 않다고 보았는데, 그 이유는 '납치 당시의 상황을 정확하게 알 수 없기 때문'이다. 그는 비록 체면이 조금 손상되는 한이 있더라도, 푸에블로호 납치가 '미국이 다른 전쟁에 끌려들어 갈 만한 가치가 있는 사건'이 아니라고 주장했다.

⑧ 8차 회의(1968.1.26. 11:08~12:02, 대통령 주관)

향후 7일 동안에는 어떠한 군사행동도 취하지 않도록 한다. 그 이유는 한국에 투입된 부대들이 전투준비를 갖추는 데 시간이 필요하기 때문이다. 푸에블로호가 북한 영해를 침범했을 확률은 '50% 미만'이다. 영해를 침범했을 가능성은 딱 한 가지로서, 양질의 감청을 위해 북한에 더 가까이 다가가려고 노력하는 과정에서 우발적인 실수를 저질렀을 때뿐이다. 국방장관은 대통령에게 복무기간 연장, 개별 예비군 소집, 한국에 대한 MAP 프로그램 1억 달러 증액 등을 건의했다. 대통령은 사건의 해결을 위해 쿠바 미사일 위기 당시와 유사한 조직을 가동하여 효과적으로 대처할 것을 지시했다.

1차 회의: 1968. 1. 24. 10:30~11:45[13]

(이하, 회의 내용 전문)

회의가 시작되기 전, 백악관 공보담당 크리스티안은 언론대응 문제를 제기했다. 미국이 소련에게 북한으로 하여금 푸에블로호 및 승무원을 귀환시키도록 압력을 넣으라고 요청한 문제에 대해 기자들이 질문할 때 어떻게 답변할 것인지에 대해, 참석자들은 "미국이 소련과 접촉 중이나, 소련의 답변은 만족스럽지 않으며, 차후 또다시 소련과 접촉할 예정"이라는 요지로 답변할 것을 제안했다. 또한 푸에블로호 사건에 대한 미국의 반응(reaction)과 관련해서는, "푸에블로호 납치가 대단히 엄중한 사안으로서, 대통령이 방책(course of action)을 결심하기에 앞서 이 사안을 면밀히 검토 중"이라고 답변하기로 의견이 모아졌다.

맥나마라 금일 회의의 목적을 분명히 규정하고, 후속조치를 위한 조직운용(organizational arrangements) 문제를 결정하는 것이 중요합니다. 우리는 다음 세 가지 질문에 대해 답변해야 합니다. ① 북한이 푸에블로호 납치를 통해서 무엇을 얻고자 하는가? ② 한국(남한)인들이 장차 어떻게 행동할 것으로 예상되는가? ③ 이 사건에 미국은 어떻게 대응해야 하는가?

---

13 217. Summary Minutes of Meeting (Top Secret), "Summary Minutes of *Pueblo* Group," January 24, 1968, *FRUS 2*. 참석자: 맥나마라(Robert McNamara) 국방장관, 니체(Paul Nitze) 국방부 부장관, 와른케(Paul Warnke) 국방차관보, 스테드만(Richard Steadman, 직책 미상), 휠러(Earle G. Wheeler) 합참의장, 카첸바흐(Nicholas Katzenbach) 국무차관, 버거(Samuel Berger) 국무부 부차관보, 헬름스(Richard M. Helms) CIA 국장, 로스토(Walter Rostow) 대통령 특보, 클리포드(Clark Clifford, 1968년 2월 말에 국방장관에 임명), 크리스티안(George Christian) 백악관 공보담당 등.

우리는 '쿠바 위기(Cuban crisis)' 당시에 설치되었던 것과 유사한 조직이 필요합니다. 현재 이 사건에 대해 우리가 모르고 있는 부분을 신속히 보완하고, 회의 참석자들의 의견을 취합하여 금일 자정 전까지 대통령에게 방책을 건의해야 합니다. 우리가 북한의 행동에 확고하고 신속하게 대응해야 한다고 생각합니다.

카첸바흐 버거 국무부 부차관보를 의장으로 하여, 그 예하에 부서 간 그룹(interdepartmental group)을 설치하는 방안을 제의합니다.

맥나마라 (로스토의 질문에 대해) 북한은 확실히 푸에블로호를 조만간 석방하지 않을 것이기 때문에 이 사안은 대단히 심각합니다.

헬름스 북한이 푸에블로호를 납치한 동기(motivation)는 ① 한국군의 월남전 파병 방해(hinder), ② 미국의 월남전 수행 교란(harass) 등 두 가지입니다.

몇몇 공산진영 국가들로부터 들어온 보고에 의하면 한반도에 '제2의 전선(a second front)'을 형성하려는 음모가 공산국가들 간에 논의되고 있습니다. 중국도 한반도에서의 전쟁 재개를 바란다는 보고가 있습니다. 현재 우리가 추정한 바에 의하면, 북한은 전쟁 재개를 기도하지 않을 것이나, 가급적 미국이 견디기 어려울 정도로 상황을 악화시키려 궁리할 것이 예상됩니다. 본질적으로 이는 미·북 간 '의지의 싸움'과 관련된 문제입니다.

맥나마라 북한의 목적이 한국군의 월남 파병을 방해하려는 것인지 의문입니다. 자유세계에서 파병된 120만 군대가 한국전쟁에 참전했는데, 만일 북한이 한국군의 월남 파병을 1만~1만 5천 명 수준으로 묶어 두려는 의도를 가졌다면 푸에블로호 납치는 이런 목적에 비해 너무 위험 부담이 큽니다. 아마도 북한은 또 다른 목표, 예컨대 미국의 손을 (한반도에) 묶어 놓으려는 훨씬 더 심각한 목표를 가지고 있지 않나 생각됩니다.

헬름스 북한이 노렸던 목표 중 하나가 미국의 '행동의 자유(freedom of action)'를 제한시키기 위해 제2의 전선을 형성하는 모습을 보이려는 것이라는 점에 동의합니다.

로스토 소련도 중동지역 위기사태에서 이런 목표를 노렸지만 별 소득을 거두지 못했지요.

헬름스 소련 외무성 관리인 쿠즈네초프(Kuznetsov)가 톰슨 주소(駐蘇) 미국대사로부터 북한에게 미국의 우려를 전달해 달라는 요청을 받았을 때 보였던 반응에 주목해야 합니다. 이런 요청에 대해 쿠즈네초프는 다른 사람을 언급하거나 자기 상관과 협의해 보겠다는 약속도 없이 즉석에서 '부정적으로(negatively)' 답변했습니다. 이런 행동으로 미루어 볼 때, 소련이 북한에서 어떤 일이 벌어지고 있는지를 알고 있는 것이 분명합니다.

맥나마라 제가 보기에도 소련 사람들이 북한 사정을 잘 알고 있는 것 같습니다.

버거 틀림없이 소련은 우리가 북한의 도발에 별로 효과적으로 대응하지 못할 것이라고 예상하고, 북한 영해 부근에 활동하던 푸에블로호를 '임기표적(臨機標的, target of opportunity)'으로 간주하여, 이를 납치하도록 북한을 충동질했을 것이 뻔합니다.

맥나마라 우리가 대응할 수 있는 방법은 기뢰 부설, 검역(quarantine) 작전, 북한으로의 선적 차단(blocking) 등 여러 가지가 있습니다.

버거 아마도 북한은 제2의 월남전을 획책하려는 심산인 것으로 보입니다. 이들은 우리가 북한의 청와대 습격에 보복하려고 안달이 나 있는 한국의 '고삐를 조이고 있다(holding down)'라는 사실을 알고 있습니다.

맥나마라 · 헬름스 아마도 북한이 그런 동기를 갖고 있었을 겁니다.

로스토 북한은 도발을 하더라도, 미국이 대통령 선거가 있는 해(election year)에는 예비군 소집 같은 조치를 포함하여 대대적인 대응에 나서는 데 소극적일 것이라고 판단했을 가능성이 있습니다. 아마도 북한은 우리에게 '할 테면 한 번 해보라.'라고 도전장을 내밀어 문제를 더욱 골치 아프게 만들려는 속셈일 가능성도 있습니다. 우리는 이미 북한의 푸에블로호 납치사건 때문에 월남으로 가던 엔터프라이즈호의 방향을 틀어 북한을 향해 동해로 이동시키지 않았습니까? 박정희 대통령을 암살하려던 시도는 이런 계획의 일부였을 것으로 보입니다.

카첸바흐 북한의 푸에블로호 납치는 '임기표적'에 대한 '계산된 공격(calculated attack)'으로 볼 수 있습니다. 북한은 1월 10일 전까지만 해도 푸에블로호가 북한의 영해 쪽으로 오고 있는지를 몰랐을 겁니다. 1월 10일 이후, 푸에블로호가 원산항 외곽에 위치한 것을 알아채고 납치계획을 세웠을 가능성이 있습니다. 앞으로 북한이 어떻게 나올 것인지는 미국이 이 사건을 어떻게 조치할 것인지에 따라 달라질 겁니다. 북한은 조만간 함정이나 승무원을 석방하지 않을 것으로 봅니다. 통신감청 결과에 의하면 북한은 승무원들을 심문하기 전에 최소한 10일간 억류해 둘 겁니다.

휠러 과거 사례를 보면 북한은 우리 조종사들을 1년간 붙잡아 두면서, 석방을 앞두고 이들을 거칠게 다뤘던 적이 있어요.

맥나마라 북한이 푸에블로호 승무원들을 억류하고 있다는 사실은 사태의 심각성을 더하는 것입니다.

니체 북한의 동기는 우리에게 압력을 가함으로써 월남전과 관련된 협상에서 우리의 입지를 약화시키려는 속셈일 수도 있습니다. 따라서 푸에블로호 사건에 대한 미국의 태도를 절대로 오해해서는 안 된다는 점을 소련에게 분명히 경고하려면, 의회가 행정부에게 군사행동을 취할 수 있는 추가적인 권한을 승인해 줄 필요가 있습니다.

맥나마라 만일 미국의 손발을 다른 지역(한국)에 묶어 두려는 것이 북한의 속셈이었다면, 푸에블로호 사건이 해결되기 전까지 우리가 베트남으로 이동할 수 없게 되었으니, 일단은 북한이 성공을 거둔 셈입니다.

크리스티안 · 로스토 수많은 미국 시민들이 백악관에 전보를 보냈답니다. 이 전보들은 미국의 즉각 대응을 요구하는 자발적인 메시지입니다.

로스토 북한의 푸에블로호 납치는 월맹의 '구정공세'와 때를 맞춰 발생한 사건입니다.

카첸바흐 양자 간에 그런 관계가 있는지는 의문입니다. 북한의 김일성은 월남전 협상에 반대합니다. 양자 간에 관계가 있다면 왜 소련이 북한에 대한 미국의 강경대응에 반대하는지 이해가 안 됩니다.

로스토 소련은 월맹의 구정공세를 미리 알았을 거예요. 그래서 베트남과 한반도 양쪽에서 우리에게 엄청난 압력을 가하는 겁니다.

헬름스 북한은 소련이나 중공이 시키는 대로 하지 않을 텐데요.

로스토 소련의 영향력은 월맹보다 북한에 더 효과적으로 먹힙니다. 현실성이 훨씬 떨어지기는 하지만, 북한의 행동은 월남전에 대한 협상에 혼선을 초래할 목적으로 중공이 부추긴 결과일 수도 있어요.

헬름스 북한도 박정희 대통령 관저에 대한 공격을 최소 2년간 치밀하게 계획했을 겁니다.

카첸바흐 가장 가능성이 높은 시나리오는 북한이 소련과 중공의 승인 하에 푸에블로호 사건을 일으켰다는 것입니다.

로스토 푸에블로호 사건은 태평양 지역에서 벌어지는 공산주의자들의 무수한 행위들과 관련이 있다고 봅니다. 소련은 푸에블로호에서 암호장비를 확보하는 데 관심을 가졌을 수도 있어요.

버거 북한은 온갖 교란작전에 열을 올리고 있습니다. 소련이 이러한 북한의 작전을 미리 알고도 간섭하지 않기로 작정한 거지요. (이때 참석자 전원은, 북한이 함정과 승무원을 석방하지 않을 것이며, 미국이 외교적 압력만으로 대응해서는 북한이 반응을 보이지 않을 것이라는 데 동의했다.)

로스토 저는 우리가 다음과 같은 외교적 조치를 취할 수 있다고 봅니다. ① 골드버그(Goldberg) 유엔대사가 오전 11시에 우탄트(U Thant) 유엔 사무총장을 만나, 푸에블로호 사건에 대한 해법을 강구하도록 관심을 촉구하면서도, 사무총장이 주선(good office)

에 나서도록 요구하지는 않는다. ② 유엔 안보리에 이 사건을 회부하여 시간을 벌고, 이 시간을 이용해서 우리가 어떤 군사 행동을 취할 것인지를 결정한다. 안보리 회의에서 해결책이 나올 것으로는 기대하지 말아야 한다. ③ 존슨 대통령이 우탄트에게 서한을 보내, 사태의 심각성을 알려 주도록 한다. 친서에서 청와대 기습사건을 포함하여 북한의 대남 침투 도발을 푸에블로호 납치사건과 연계시킨다. ④ 소련이 해결책 강구에 적극 나서도록 촉구하기 위한 두 번째 노력으로서, 코시긴 수상에게 존슨 대통령 명의의 친서를 보낸다.

맥나마라 우리는 먼저 무엇을 할 것인지를 결정해야 합니다.

버거 비록 박정희 대통령이 당장은 대북 보복을 하지 않는 데 동의했지만, 북한의 대남 도발이 지속적으로 증가할 경우에는 우리가 뭐라고 말하든 상관없이 북한에 보복을 할 겁니다.

휠러 주한미군사령관은 벌써 걱정이 태산 같습니다. 현 상황에서 (대북 보복을 주장하는) 한국인들을 두둔해야 하는지 아니면 말려야 하는지 저에게 묻고 있습니다. 당장 특정한 군사행동을 건의할 준비는 안 되어 있지만, 우리가 다음 중에서 한 가지는 택할 수 있다고 봅니다. 첫째, 한반도와 주변지역에서 군사력을 증강시키는 방안입니다. 우리는 한국과 한국 인근지역에 공군력과 해군력을 추가로 보낼 수 있습니다. 한 가지 의문은 우리가 군사력 강화를 위한 활동을 하는 데 있어 일본 내 시설을 사용할 수 있는지의 여부입니다. 그것이 가능하다면, (군사력 강화에) 상당한 차이를 만들어 낼 수 있습니다.

버거 우리는 일본 내 시설을 사용할 수 있습니다.

카첸바흐 사토(Sato) 수상에게 존슨 대통령의 친서나 대통령 특사를 보내는 방안을 고려해야 합니다.

휠러 계속 말씀드리겠습니다. 둘째, 우리는 극동지역 내 육상·해상에 대한 해군력의 우세를 활용하여 다음과 같은 조치를 취할 수 있습니다. ① 해상에서 북한 선박을 물색하여 나포 혹은 격침시키는 방안으로, 해상을 돌아다니는 '북한의 재산'을 노획하거나 파괴시키는 것이 그 목적입니다. ② 북한 항구를 표준형 기뢰 혹은 MARK 36 핵폭탄으로 봉쇄하는 방안인데, 항구 봉쇄에 잠수함을 투입할 수 있습니다. ③ 북한의 해상 원양수송 활동을 응징하여, 이러한 모든 해상활동을 봉쇄시키는 방안입니다. ④ 원산항은 방어 상태가 양호하기 때문에 공중·해상 공격이 곤란한 표적입니다. 철도와 유류 집적소(POL storage)도 표적으로 삼을 수 있습니다. ⑤ DMZ를 연하여 고립된 북한군 초소를 급습하는 방안으로, 저는 개인적으로 이 방안을 선호하지 않지만, 북한군 초소를 파괴 또는 점령하는 것도 고려해 볼 수 있습니다. ⑥ 마지막으로 다른 행동을 취하기 전에 사진정찰(photo reconnaissance)을 실시해야 합니다. 오키나와 방향으로 무인기[14] 부대가 이동했고, 현재 한국에 RF-4 항공기가 배치되어 있습니다. 기상 여건이 양호하면 이들을 운용할 계획입니다.

헬름스 '블랙쉴드'도 24시간 이내에 투입할 수 있습니다.

---

14 1968년 현재, 미국은 '블럼 비(Bumble Bee)'로 불리는 유인기(drone)를 운용하고 있었으며, 주로 C-130 수송기에 탑재한 다음, 목표지역 상공에서 분리하여 '나무 높이' 정도의 저고도로 비행하면서 포로수용소 등 지상 목표물을 근접 촬영했다. 이는 A-12, SR-71 같은 고고도 항공기로 식별이 곤란한 지상목표물 탐지를 위해 운용되었다. 북한 지역 상공에 유인기가 실제 투입되었는지의 여부는 확실치 않다.

맥나마라 제가 보기에 다음과 같은 두 가지 형태의 조치가 가능합니다. 첫째, 한반도 지역 전체에 군사력을 투입하여 미국의 의도를 과시함과 동시에 장차 어떤 일이 벌어질 것인지를 암시하는 방안입니다. 둘째, 예비군 소집을 포함하여 미국의 군사력을 증강시키고, 현재 군복무 중인 병력에 대한 복무연장 권한을 의회에 요청하는 방안입니다.

로스토 우리가 해야 할 일은 한국군에게 지시하여 엔터프라이즈 항모를 추적하고 있는 소련의 해상조사선을 나포하는 것입니다. 이는 북한의 행동과 대칭적(symmetrical)인 조치로서, 이렇게 되면 한국군도 사태 해결에 관여할 수 있게 될 겁니다.

니체 그런 행동은 소련의 대응사격(shoot back) 같은 노골적인 반발을 초래하게 될 것이 우려됩니다.

클리포드 만일 우리가 (힘으로) 푸에블로호 함정을 되찾으려 노력한다면, 그럴 만한 가치가 있는 건가요?

휠러 함정 구출 노력은 매우 어렵습니다. 왜냐하면 원산항 부근의 방공망이 삼엄하고 항구 내 수심이 얕기 때문입니다.

카첸바흐 함정을 탈취하려는 노력은 심리적 오해를 야기할 겁니다. 말하자면 이는 우리가 승무원보다 함정에 더 큰 가치를 부여함을 의미하기 때문이지요.

휠러 미군 함정이 적군에게 억류되어 있는 모습을 지켜보기가 괴롭습니다. 더구나 함정에는 여전히 컴퓨터 같은 암호장비가 남아 있는데, 이런 장비들이 적의 수중에 넘어가게 되었다는 것이 문제입니다. 잠수함을 보내 푸에블로호를 격침시키는 것은 원산항 수심이 너무 얕아 대단히 곤란합니다. 함정에 대한 공중 공격도 북한군의 삼엄한 대공망 때문에 어렵습니다.

맥나마라 우리가 대응조치를 취할 수 있는 분야는 ① 외교적 조치를 취하는 방안, ② 군 복무기간 연장 같은 기존의 대통령 권한을 활용하여 전체 군사력을 증강하는 방안, ③ 해외 선박의 이동 제한, 기뢰 부설, 항구 봉쇄 등, 한반도 지역에서 군사력을 사용하는 방안 등 세 가지입니다.

카첸바흐 한 가지 제안은 푸에블로호가 납치된 장소에 다른 미국 군함을 투입하고, 이 군함에 완벽한 공중 · 해상 엄호를 제공하자는 겁니다. 이런 조치는 우리가 푸에블로호를 그 지역에 운용할 권리가 있음을 확신한다는 신호를 보냄과 동시에, 미국의 위신(prestige)을 높이는 긍정적 효과도 기대할 수 있습니다.

휠러 배너호가 그 임무에 투입될 수 있습니다.

헬름스 우리는 지난 몇 주 동안 북한군의 동향을 탐지하려고 노력했지만, 국무부는 '블랙쉴드'의 투입에 반대했습니다. 현재의 상황으로 인해 이러한 최초의 (국무부) 판단에 변화가 생기지 않았나 생각됩니다.

로스토 우선 여러분들께서 이 사건에 대해 무엇을 알고 있고, 무엇을 모르는지를 서면으로(in writing) 통보해 주신다면, 그 다음 단계로서 정보기관은 푸에블로호 사건이 월맹의 구정공세와 관련이 있는지, 청와대 습격사건과 관련이 있는지, 그리고 북한의 동기가 미국의 관심을 베트남에서 한반도로 돌리려는 것이었는지 등의 여부에 초점을 맞출 수 있을 것입니다.

맥나마라 이러한 업무 추진방식에 동의합니다. 오늘 중으로 우리가 '블랙쉴드' 임무의 승인을 포함하여 (원산항 일대에 대한) 사진정찰을 계획해야 한다고 봅니다.

로스토 우리는 오후 1시 NSC 회의에서 기존의 대통령 권한을 포함하여 정보상황, 사진정찰 계획, 외교적 조치, 증원부대 이동 계획 등, 이미 추진된 사항에 대해 대통령께 경과를 보고 드리도록 준비해야 됩니다. 군사적 · 외교적 조치의 목적은 북한과 소련에게 그들이 푸에블로호가 미국에 미친 영향을 오판했음을 인식시키는 데 있습니다. 나아가 우리는 사건 현장에 군사력을 증강시키는 조치를 착수해야 합니다.

카첸바흐 우리는 이런 질문에 답변해야 합니다. "그런 다음에는?"

(회의 참석자들은 향후 어떤 조치를 취하기 전에, 그것이 어떤 결과를 초래할 것인지를 신중하게 고려해 보기로 했다.)

클리포드 북한은 푸에블로호가 북한의 영해로 들어왔다고 주장합니다. 함정이 국제수역, 즉 공해에 위치하고 있었음을 모든 사람들에게 입증할 수 있는 방법은 무엇인가요?

카첸바흐 한국은 북한 선박을 연안에서 40마일 떨어진 곳까지 쫓아가 나포한 적이 있지요.

휠러 이것은 '긴급추적(hot pursuit)'의 사례에 속하는 사항이므로, 푸에블로호 사건에는 적용될 수가 없어요.

(이어서 푸에블로호의 정확한 위치를 입증할 수 있는 방법을 논의했다. 함정은 1월 10일에 사전 보고된 항로에 위치하고 있었지만 무선침묵[radio silence]을 유지하고 있었다. 푸에블로호는 연안으로부터 13해리 이내에 접근하지 말라는 지침을 받았다.)

맥나마라 우리가 '모종의 심각한 조치'를 취해야 되기 때문에 그러한 통신감청 수단에 의존할 수밖에 없었습니다.[15] 우리가 푸에블로호 납치장소에 대한 정확한 증거에 기초하여 여러 조치를 취할 경우에는, 이런 조치가 완벽하게 정당하다는 점을 강조해야 합니다.

니체 북한은 83명의 승무원을 세뇌(brainwash)시켜 자백을 강요할 수도 있습니다. 사진정찰 문제와 관련하여, '블랙쉴드'를 한 번만 투입할 경우에는 안전하지만, 두세 차례 투입하면 위험해질 수 있습니다.

버거 만일 북한이 사진촬영에 투입된 '블랙쉴드'에 사격을 가한다면 어떻게 해야 하나요?

휠러 북한은 '블랙쉴드'가 운용되는 고고도의 표적에 발사하기 위해 SAM(지대공미사일)을 운용하고 있습니다. 무인기는 그런 문제를 일으키지 않지만 효과가 제한적입니다.

맥나마라 '블랙쉴드'는 반드시 투입되어야 합니다.

---

15 '모종의 심각한 조치'란 후술하게 되는 바와 같이, 미국의 북한에 대한 다양한 군사적 옵션을 의미하는 것으로, 이들 대안을 검토하기 위한 정보수집의 일환으로 푸에블로호 같은 통신감청 함정을 투입하는 것이 불가피했다는 것이 맥나마라 국방장관의 설명이다.

로스토 저는 오후 1시까지 완료되어야 할 업무, 그리고 오후 6시에 국무부에서 개최될 회의 참석자들에게 배포할 보고서를 검토해 보았습니다. 우선 헬름스 국장님은 사진정찰 계획을 준비하시고, 국방부는 한반도 지역에서 군사행동을 취하는 데 필요한 군사적 능력의 목록을 제시해 주세요. CIA는 왜 북한이 우리 함정을 납치했는지, 그들의 의도가 무엇인지에 대한 정보 보고를 준비하시기 바랍니다. 국무부는 외교적 옵션과 이 지역에서 어떤 결심이 필요한지 준비하시고, 전체 시나리오나 행동계획을 종합해 주세요.

클리포드 제가 보기에 문제는 과연 함정과 승무원의 손실이 북한과 본격적 군사대결을 벌일 만한 가치가 있는 것인지에 관한 것입니다.

맥나마라 금일 오후까지 우리는 군사적 압력을 가하기 위해 택할 수 있는 옵션의 범위를 좁힐 수 있을 것으로 봅니다. 아마도 북한의 추가적인 반응에 따라, 북한이 장차 어떻게 나올 것인지, 그리고 우리가 무엇을 해야 할 것인지에 대해 합의할 수 있을 것이라고 생각합니다. 그러나 북한에게 우리의 확고한 메시지를 즉각적이고 분명하게 전달하는 것이 필요합니다.

크리스티안 대통령께서 국민들에게 장차 우리가 무엇을 할 것인지를 알려 주는 것이 필요한지의 여부를 함께 생각해 보기로 합시다.

2차 회의: 1968. 1. 24. 13:00[16]

(대통령 주관 NSC / 이하, 회의 내용 전문)

대통령 국가안보회의라는 기구는 이번 푸에블로호 사건이 벌어지기 전에 설치된 것입니다. 맥나마라 장관께서는 참석자들에게 이 사건과 관련된 최신 현황을 설명해 주세요. 추가로 우리는 밴스와 배틀(Lucius Battle, 비서실장)에게도 사이프러스(Cyprus)에 대한 의견과 판단을 문의해 보았습니다.

맥나마라 여러분들께서는 배포된 자료의 내용을 알고 계실 것이므로 이에 대해서는 반복하지 않겠습니다. 우리는 북한이 이 사건을 사전에 모의했다는 점 외에는 현장에서 어떤 일이 벌어졌는지 모릅니다. 북한이 납치를 계획했을 가장 이른 날짜는 1월 10일인데, 이유는 북한이 푸에블로호가 그 일대에 나타났음을 인지한 최초의 시점이 1월 10일이기 때문입니다.

다음 세 가지 사항은 분명합니다. ① 이(함정 납치)는 미국의 대응 또는 무대응(lack of response)을 도발하기 위한 의도적 노력이다. ② 소련은 푸에블로호 납치 모의를 사전에 알고 있었다. ③ 북한은 함정과 승무원을 석방할 의도가 없다. 저는 이런 상황을 매우 심각하게 봅니다.

아직 답변을 구하지 못한 세 가지 질문이 있습니다. ① 왜 북한은 함정을 납치했나? ② 납치된 함정 · 승무원으로 무엇을 하

16 218. Notes of Meeting (Top Secret), "Notes of the President's Meeting With the National Security Council," January 24, 1968, *FRUS 2*. 참석자: 존슨 대통령, 휠러 합참의장, 맥나마라 국방장관, 로스토 대통령 특보, 러스크 국무장관, 마크스(직책 미상), 헬름스 CIA 국장 등

려는 것인가? ③ 우리는 어떻게 대응해야 하는가?

대통령 푸에블로호가 구조 요청을 했나요?

휠러 푸에블로호는 "이놈들이 작정을 하고 덤벼든다(These fellows mean business). SOS. SOS."라는 메시지 다음에, "놈들이 배에 올라오고 있다."라는 메시지를 마지막으로 보냈습니다.

정오에 북한의 첫 번째 함정이 푸에블로호와 접촉을 했습니다. 1시간 후, 3척의 다른 북한 선박들이 나타났고 상공에 미그기 몇 대가 날아다녔습니다.

여러분들이 기억해야 할 중요한 사항은 우리가 이런 종류의 교란작전을 당한 것이 어제오늘의 일이 아니고 늘 그래왔다는 겁니다. 그러다 보니 푸에블로호도 오후 1시에서 1시 45분 사이에 접근해 온 북한 선박을 예전과 같은 교란작전으로 간주했던 것이지요.

그러다가 1시 45분 푸에블로호 선장이 통상적인 교란작전과 상황이 전혀 다르다는 것을 인식하고, 구조신호를 보냈습니다.

동부 표준시각으로 환산하면, 첫 번째 접촉은 밤 10시에 발생했는데, 그 무렵 선장은 "정선하라, 불응하면 발포하겠다."라는 북한 선박의 명령을 받았던 겁니다.

밤 11시 45분, 북한군이 승선하고 있음을 알렸고, 11시 54분에 첫 번째 SOS를 보냈습니다. 그로부터 31분이 지나서는 푸에블로호와 교신이 두절됐습니다.

대통령 푸에블로호를 도울 준비가 되어 있었던 항공기가 근처에 없었나요? 오늘 아침 언론기사는 전부 불과 30분 거리에 우리 항공기가 있었다고 보도하던데요.

맥나마라 원산 지역 일대의 방공망은 삼엄합니다. 만일 우리가 항공기를 보내 푸에블로호 납치를 차단하기 위한 작전을 지원했더라면, 북한의 강력한 방공망이 잠자코 있지 않았을 것이고 한바탕 교전이 벌어졌을 것입니다. 아울러 그 당시 야음(夜陰)이 다가오는 것을 고려할 필요가 있었습니다.

휠러 항공기를 보내려면 공중급유가 필요했을 것입니다. 일몰시각이 오후 5시 9분이고, 야음이 시작되는 시각은 5시 38분이었으므로, 남은 일광시간은 3시간 30분에 불과했습니다. 제5공군 사령관은 항공기 급파명령을 하달했다가, 야음이 임박하고 납치지역 주변의 북한 공군력이 우세한 점을 고려하여 명령을 취소했다고 합니다.

맥나마라 원산에는 북한군의 대형 공군기지가 위치하고 있습니다.

로스토 당시 시간대를 통일시켜야 합니다. 최초에 푸에블로호가 연락한 시각은 밤 10시, 처음으로 SOS 신호를 보낸 건 밤 11시 28분인데, 맥나마라 장관은 11시 54분이라고 하고요. 제가 갖고 있는 첩보로는, 푸에블로호 교신이 단절된 시각은 밤 12시 32분인데, 맥나마라 장관은 밤 12시 25분이라고 합니다. 역사적 정확성을 기하기 위해 뭐가 정확한 시각인지 결정해야 합니다.

대통령 이 문제에 관한 모든 팩트(facts)를 정리해 주세요. 지금까지 받은 인상으로는, 그 함정이 구조(help) 요청을 안 했던 것 같아요. 내가 이 문제를 더 연구할 수 있도록 모든 관련사실과 문서들을 종합해 주세요.

러스크 북한과 소련의 부정적 반응은 예상했던 바입니다. 자기들은 책임 없다고 발뺌하는 태도, 어젯밤 판문점에서 나타난 북한의 반응 등은 모두 예상했던 일입니다. 여기서 도출된 결론은 두 가지입니다. ① 이 사건은 사전에 계획되었다. ② 소련은 북한이 무슨 일을 꾸미고 있다는 사실을 사전에 알았을 '수'도 있다.

대통령 그 이유는 뭐죠?

러스크 여러 가지 이유가 있습니다. 월남에 추가적 압력을 가하려 했을 수도 있고, 한반도에서 '제2전선(a second front)'을 조성하려 했을 수도 있습니다. 그러나 둘 중에 한 가지 목표를 갖고 있지 않는 한, '제2전선'은 별 의미가 없습니다.

대통령 상원에는 충분히 브리핑해 주었나요?

휠러 이미 합참이 러셀 상원의원에게 알려 주었습니다. 각하의 지시대로, 추가로 금일 중 먼트(Mundt), 도드(Dodd) 및 서몬드(Thurmond) 상원의원들께도 알려드리겠습니다.

러셀 의원께서는 합참이 설명 드린 내용에 만족하신 것 같습니다. 의원님은 총 한 방 쏴보지도 못하고 미군 함정이 납치당한 것을 못마땅해 하십니다. 하원 군사위원회는 금일 아침 정규회의에서 브리핑해 드렸습니다. 각하께는 의회에 알려 준 사항에 관해 가급적 빨리 종합하여 보고 드리겠습니다.

대통령 (의회) 모든 위원회들은 일단 상황이 진정되면 사건조사를 시작할 겁니다. 이런 상황을 미리 예방하려면 뭔가 조치를 취해야 되지 않을까요?

맥나마라 우리가 향후 무엇을 할 것인지 정확히 알게 될 때까지 의원들과 접촉하지 말 것을 건의 드립니다. 의원들은 어떤 일이 벌어졌는지보다는, 우리가 어떤 계획을 갖고 있는지에 더 관심이 많습니다.

러스크 제가 오늘 아침 하원 외교위원회 회의에 참석해 보니, 의원들은 북한의 만행에 분노하고 있었습니다. 이분들은 이 사건이 매우 심각하다는 점을 인식하고 우리 입장을 공감하면서도, 특정한 방책을 강요하지는 않았습니다.

대통령 사건 진상을 좀 더 정확히 파악하려면, 다른 방법이 있나요?

휠러 NSA가 무선감청 자료를 분석하여 제공하는 추가첩보를 계속 접수하고, 추가로 북한과 소련의 발언 내용들을 좀 더 검토해 보겠습니다.

마크스 북한의 언론보도를 보면, 그들의 목적은 세 가지로서, ① 한국 국민들 사이에 공포를 조성하고, ② 대남 침투공격이 증가되고 있다는 인상을 확산시키고, ③ 정작 북한에게 적대행위를 저지른 장본인은 미국의 '간첩선(즉, 푸에블로호)'이라고 뒤집어씌우는 것 등입니다.

헬름스 마크스의 견해에 공감합니다. 제가 보기에 이런 짓을 저질러 월맹을 도우려는 것 같습니다. 북한은 우리의 관심을 베트남으로부터 다른 곳(한국)으로 돌리려는 것입니다.

대통령 그들은 엔터프라이즈 항공모함도 납치하고 싶겠지요.

(대통령은 북한이 부처(L. M. Bucher) 푸에블로호 함장의 자백(confession)이라고 주장하는 로이터 통신의 기사를 읽어 내려갔다.)

러스크 테이프에 나오는 목소리가 부처 함장이 맞는지를 분석해야 합니다. 솔직히 말해 저는 어떻게 해서 미 해군 함장이 그렇게 자백하도록 만들어 놓았는지 이해할 수가 없습니다.

대통령 그 녹음 테이프 철저히 조사해 보세요. (휠러와 맥나마라는 그렇게 하고 있다고 답변)

맥나마라 기억해야 할 중요한 사실은 사건이 발생하기 전에 푸에블로호가 정확하게 어디 있었는지를 모른다는 점입니다. 가장 믿을 만한 보고에 의하면, 함정은 북한 영해(territorial waters) 바깥에 있었다고 합니다.

대통령 푸에블로호가 실수했을 가능성이 높은가요?

맥나마라 해군작전사령관인 무어러(Thomas H. Moorer) 제독에 의하면, 당시 시간대에 존재했던 일광조건이라면 실수했을 확률은 1% 미만입니다. 푸에블로호가 보고했던 지역과 동일한 장소에 있던 북한 항공기에서 감청한 무선교신에 따르면, 그 배는 해안으로부터 약 15.5~17.5마일 사이에 있었습니다.

헬름스 우리가 입수한 첩보에 의하면 15.5~17마일 사이입니다. 이곳은 모두 북한의 영해 외곽에 위치합니다.

맥나마라 푸에블로호가 일부 암호장비(classified equipment)를 파괴했지만, 전부는 파괴하지 못했습니다.

대통령 이것 때문에 얼마나 큰 문제가 생길 수 있나요?

맥나마라 이는 장비 문제라기보다 외교 문제이자 국가의 위신 문제입니다.

로스토 선장이 자백했다는 내용을 보면 소련 사람이 써준 것 같습니다. 이건 미국인 함장이 사용하는 언어가 아닙니다. 소련인들이 초안을 잡아 주었을 겁니다.

맥나마라 소련의 행동을 보면 이들이 사전에 알았을 것 같다는 예감이 듭니다. 톰슨 대사에 의하면 소련 측과 접촉하는 자리에서 즉각 답변을 받았다고 합니다. 만일 소련이 우리에게서 사건의 첩보를 처음 접수했다고 가정하면, 이 문제를 북한과 상의할 것입니다. 즉, 사건이 벌어진 것을 전혀 몰랐던 상태에서, 이처럼 신속하게 입장을 취하기는 불가능합니다. (주: 소련이 사전에 알았기 때문에 신속하게 입장을 보였다는 의미)

헬름스 이건 매우 심각한 사안입니다. 북한이 사건을 저지른 의도는 미국과 싸우는 월맹을 도우려는 것으로 보입니다. 현 시점에서 보면 북한과 소련이 공모(collusion)를 했던 것 같습니다. 작년 8월, 폴란드 군사 사절단이 북한을 방문했는데, 거기서 북한이 30명의 조종사들을 월맹에 파견했다는 사실을 알게 되었다고 합니다. 북한은 미그-21 전투기 10대를 월맹에 넘겨주었을 뿐 아니라, 월남을 지원하기 위한 한국군의 추가파병도 저지하려는 생각을 갖고 있습니다.

또한 소련은 월남에 대한 압력을 완화시킬 속셈으로 북한의 대남 도발을 사주하고 있습니다. 또한 소련은 2,500명의 북한군 장교들에게 남한에 대한 사보타지와 테러 훈련에 자문 역할을 하고 있습니다.

대통령 우리가 지금쯤 사건이 발생한 장소에 대한 정확한 첩보를 입수해야, 풀브라이트(Fulbright) 상원의원을 만날 때 자신의 발언에 좀 더 책임감을 갖도록 사건의 진상을 알려 줄 수 있지 않겠어요?

3차 회의: 1968. 1. 24. 18:00[17]

(이하, 회의 내용 전문)

맥나마라 각하께서는 현재 새로운 입법 없이는 군사인원(military personnel)의 복무기간을 연장할 권한이 없습니다. 대통령은 의회의 동의가 없어도, 그리고 국가 비상사태를 선포하지 않고도 예비군을 소집할 권한을 갖고 있습니다. 대통령 권한으로 육 · 해 · 공군 소속 항공기(100~300대)로 구성된 실질적 군사력을 한국으로 즉각 이동시키는 데 아무 문제가 없습니다. 이런 조치는 비교적 손쉽고 위험부담이 없으므로, 반드시 시행되어야 합니다. 우리는 군대의 이동, 예비역 소집 및 군사력 사용 면에서 상당한 융통성을 갖고 있습니다. 아울러 우리는 무역제한 또는 선별적 항구에 대한 기뢰 부설 등의 조치를 취할 수 있습니다.

카첸바흐 상징적 군사력 이동과 실제 군사력 사용을 구분하는 것이 중요합니다. 전자의 경우에는 그럴 필요가 없지만, 후자의 경우에는 전력투구해야 합니다.

맥나마라 우리는 병력 소집과 군사력 이동, 그리고 군사력의 실제 사용을 각각 구분해야 합니다. 병력 소집과 군사력 이동 사이에는 외교적 행동을 취할 시간적 여유가 있습니다.

(한국 공군의) 활주로 사정으로 제한된 숫자의 항공기만을 수용할 수 있으며, 최대 수용규모는 300대입니다.

17 220. Notes of Meeting, "Meeting on Korean Crisis Without the President," January 24, 1968, *FRUS 2*.

휠러 엔터프라이즈호는 계속해서 현재 위치에 배치될 수 있고, 29일까지 키티호크(Kitty Hawk) 항모가 증원될 예정입니다. 2척의 항공모함에는 총 130대의 항공기가 탑재되어 있습니다. 아울러 우리는 추가로 구축함과 순양함을 집결시킬 수 있습니다. 일부는 태평양을 횡단해야 하지만, 이 함정들이 모두 집결하면 실질적인 증원군(substantial augmentation)이 될 것입니다.

러스크 푸에블로호 선장의 자백이라는 것이 육성으로 보도되었나요?

헬름스 네. 그렇지만 오키나와에서의 녹음 상태가 양호하지 못합니다. 녹음 테이프가 워싱턴으로 전송되는 중입니다. 액센트로 보아서는 미국인 목소리지만, 어휘가 미국인이 사용하는 것 같지 않고 어딘가 모르게 어색합니다.

러스크 향후 48시간 이내에 우리가 채택할 수 있는 외교적 조치에는 유엔 안보리를 활용하는 방안도 포함되어 있습니다. 안보리 활용에는 어려움이 좀 있지만, 우리가 이런 생각을 갖는 데는 그럴 만한 이유가 있습니다. 유엔은 한국과 특별한 관계에 있으며, 한반도 문제와 관계를 맺은 오랜 역사를 갖고 있습니다. (유엔 회원국이) 군사행동을 취하려면 사전에 이 문제를 유엔에 회부해야 할 의무가 있습니다. 이런 의무가 정확하게 유엔 헌장에 명기되어 있지는 않지만, 이것이 헌장의 정신입니다. 우리는 쿠바 미사일 위기 당시에도 군사적 대결에 앞서 유엔에 이 사안을 회부했습니다. 유엔 회부는 며칠간 우리의 위신이라는 요인을 냉장고 속에 집어넣어야 한다는 것을 의미합니다. 안보리 토의는 심각한 체면손상을 걱정하지 않으면서 상대방과 접촉할 수 있는 프레임(framework)을 제공해 줍니다. 우리는 즉시 안보리에 사안이 회부되도록 외교력을 발휘해야 합니다. 우리는 먼저 군사적 조치를 취할 경우에 적이 보일 반응을 감당할 수 있는 준비가 되어 있지 않습니다. 아울러 안보리에서의 토의는 국민들이 감정을 가라앉힐 수 있는 귀중한 '숨 쉴 여유(breathing spell)'를 제공해 줍니다.

시스코[18] 우리는 두 가지 가능성에 관한 보고서를 작성했습니다. 첫 번째 가능성은 유엔 사무총장이 사적 대화를 통해 그가 무엇을 할 수 있는지를 파악하기 위해 '주선(good office)'을 발휘하는 것입니다. 그가 기꺼이 주선에 나서려 한다는 약간의 징후가 보입니다. 이런 과정에는 장기간의 시일이 소요되지만, 어떤 구체적 결과가 이루어질 것으로는 기대하기 곤란합니다. 이렇게 하는 동안, 우리는 안보리에서 우방국들이 푸에블로호 함정과 승무원의 석방을 촉구하는 성명서를 발표하도록 노력할 수 있습니다. 이는 우리가 향후 이틀간 안보리에서 추진하려는 방안으로서, 유엔이 다른 행동을 취하지 않고 오직 우방국들이 일련의 성명서를 발표하도록 유도하는 것입니다.

두 번째 가능성은 함정 · 승무원의 석방을 요구하는 안보리 결의안 채택을 목적으로 하는 것으로서, 이럴 경우 아마도 사무총장은 이 문제에 직접 개입해야 할 것입니다. 후자의 방책을 택한다면 많은 어려움이 뒤따를 것입니다. 우리가 확보한 찬성표는 7표입니다. 투표를 한다면 과반수 달성이 문제가 될지도 모릅니다. 소련은 우리에게 거부권을 행사할 겁니다. 이렇게 되면 우리의 행동의 자유가 방해받거나 박탈될 것입니다. 아울러 우리가 적절한 대응조치를 취하지 않아 한국이 '격분(up

18 시스코(Joseph J. Sisco): 국제기구담당 국무부 차관보

in arms)'하지 않도록 조심해야 합니다.

러스크 이번 사건과 쿠바 미사일 위기 간에는 약간의 차이가 있습니다. 당시 미사일의 존재는 일반 국민들에게 알려지지 않았습니다. 그래서 우리가 어떤 행동을 취할 것인지를 발표하는 시간에 미사일의 존재를 알릴 수 있었습니다. 이번 사건의 경우, 푸에블로호와 관련된 기본적 사실들은 이미 공개되었습니다. 우리는 유엔과 협력하는 동안에만 행동을 취하지 않을 의무를 부담하는 방향으로 유엔과 조율할 수 있습니다. 어쩌면 우리가 소련의 거부권 행사를 필요로 할지도 모릅니다.

시스코 이번 푸에블로호 납치는 '통킹만 사건'에 더 가깝습니다. 당시 우리는 안보리를 소집하고 성명을 발표하면서도, 아무런 공식적 행동도 요구하지 않았습니다.

휠러 사무총장을 개입시키지 않은 상태에서, 아무런 공식적인 행동을 요구하지 않으면서도 안보리를 소집하는 것이 가능한가요?

시스코 네. 그러나 일부 국가는 사무총장을 개입시키려 할 겁니다.

러스크 안보리 회원국들에게 우리가 공식적 행동을 원하지 않는다고 말하지는 않을 것입니다. 우리는 실제로 안보리 결의안을 밀어붙여 소련의 거부권 행사를 이끌어 내야 할 수도 있습니다.

로스토 문제는 만일 그런 방책이 효과가 없다면 어떻게 이번 사태를 해결할 나갈 수 있느냐는 것입니다.

카첸바흐 쿠바 미사일 사태가 발생했을 당시, 미주기구(OAS: Organization of American States)는 유엔의 영향력을 차단해 주었습니다.

러스크 푸에블로호 사례의 경우, 유엔에서 우리의 입지가 강력한가요?

미커[19] 그렇습니다. 국제법에 의하면 우리는 푸에블로호 사건에서 납치를 막기 위해 어떠한 무력도 사용할 수 있었습니다. 어떤 법률이론도 전적으로 만족스럽지 못하지만, 이 점에서 우리가 먼저 유엔에 사안을 회부한다면 '자위(self defense)'에 입각한 근거가 더욱 강력해집니다.

맥나마라 저는 영해 문제, 즉 충분한 증거가 없어 납치 당시에 푸에블로호가 북한 영해에 있었는지의 여부를 확인할 수 없는 것이 우려됩니다. 우리는 1월 10~22일 동안의 기록을 갖고 있고, 납치되는 순간에 영해로부터 안전한 거리에 위치하고 있었다는 점을 설명할 수는 있습니다. 그런데 선장이 자백했다는 진술에 의하면, 그는 영해에 들어가 있었습니다. 그렇다면 우리가 '긴급추적'에 대한 논쟁을 걱정할 필요가 있나요?

카첸바흐 '긴급추적'은 이번 사안에 해당되지 않습니다.

러스크 우리는 푸에블로호 선장을 안보리 회의에 참석시키도록 요구할 수도 있습니다. 그러나 만일 빼앗긴 문서에, 예컨대 소련의 총구에 굴복하여, 승무원들이 북한에 대한 영상을 실제로 촬영했다고 자백한 내용이 포함되어 있으면 우리가 곤경에 빠지게 될 것입니다.

맥나마라 혹시라도 푸에블로호가 어느 시점에 북한 영해에 들어가지나 않았을지의 여부를 알 수가 없습니다. 항해기록에 함정이 영해에 들어갔음을 보여 주는 내용이 포함되어 있을 가능성이 우려

19 미커(Leonard Meeker): 법률고문(Legal Advisor)

되지 않나요?

러스크 물론 (그것이 얼마나 쓸모가 있는지와 무관하게) 우리가 (영해에 들어가지 말도록) 명령을 하달했다는 기록을 만들어 낼 수는 있어요.

최소한 유엔에서 북한이 사태를 해결해야 한다는 압력 정도는 있을 겁니다. 그리고 우리가 직접 전함을 몰고 들어가 승무원들을 구출하지 않는 한, 사태가 해결될 가능성이 있을 것으로 믿는 사람은 아무도 없습니다.

휠러 이 문제를 해결하는 데 기여하도록 소련에 압력을 넣을 수는 있나요?

러스크 네, 하지만 소련이 한반도에 제2의 전선을 형성하려는 의도가 없는 한에서만 그렇습니다.

니체 맥나마라 장관께서 건의한 처음 두 가지 행동, 즉 군사력 소집과 유엔 안보리에 사안을 회부하는 행동을 취하는 데는 어떠한 상충적인 요소도 없습니다.

러스크 동의합니다. 우리는 어떤 상황도 헤쳐 나갈 수 있도록 만반의 대비를 해야 합니다. 군사력 소집은 우리의 외교활동에 신뢰도를 더해 줄 것입니다. 예컨대, 예비군 소집은 베를린 위기 당시, 소련에게 직접적인 영향을 주었습니다.

만일 우리가 유엔에서 해법을 모색한다면, 상대방은 팔짱을 끼고 아무것도 하지 않는데, 결국 우리만 원하는 행동을 취하지 못하는 함정에 빠질 가능성은 없나요?

시스코 유엔에서 발생할 수 있는 이러한 위험은 관리가능한(manageable) 것임이 입증될 것입니다. 아마도 우리가 당면할 수 있는 최대의 위험은 우리의 행동을 일반적 용어로 제한하는 결의안 정도일 테지만, 우리는 그런 상황도 피해야 합니다.

로스토 만일 우리가 유엔에 의존한다면, 박정희 대통령을 암살하려 시도했던 사건도 반드시 포함시키는 것이 긴요합니다.

러스크 오늘 밤 가장 먼저 취해야 할 조치는 한국에 전보를 쳐서, 두 가지 사안이 동시에 안보리에 회부되는 데 동의한다는 서한을 우리에게 보내도록 요청하는 것입니다. 그런 다음에 주 유엔대표부와 안보리 소집시기를 협의해 보기로 합시다.

클리포드 우리는 그동안 분출되었던 감정들을 차분히 가라앉히는 기간이 필요합니다. 안보리에 회부하는 것은 이렇게 할 수 있는 최선의 방안입니다. 저는 우리 케이스가 얼마나 강력한 것인지는 알 수 없습니다. 북한은 아마도 계속해서 우리가 자신들의 영해를 침범했다고 주장할 겁니다. 그들은 우리보다 더 나은 케이스를 들고 나올지도 모릅니다. 만일 군사력으로 성급한 조치를 취한다면, 우리 케이스의 입증이 곤란해질 수도 있습니다. 안보리에 우리 케이스를 회부하는 것은 우리가 뭔가를 하고 있고, 국제기구를 인정한다는 제스처를 보이고, 미국 국민들에게 향후 4~5일간 감정을 가라앉힐 여유를 준다는 면에서 가치가 있는 것입니다. 아마도 이번 일은 장차 벌어질 일련의 사건들 중 첫 번째에 불과할 수도 있습니다. 푸에블로호 납치는 저의 예상을 뛰어넘을 정도로 심각한 사건은 아닙니다. 다음에 더 뚜렷한 사건이 발생할 것에 철저히 대비해야 합니다.

저는 이 사건이 우리가 중대한 군사행동을 취하는 근거로 사용될 것에 걱정이 됩니다. 리버티호(USS Liberty) 사건[20]의 경우와 마찬가지로 확실치 않아요. 만일 우리가 체면을 상하지 않고 출구를 찾을 수 있다면, 마땅히 그렇게 해야 합니다. 나중에 더 나은 케이스가 생길 수가 있더라도 말이지요.

러스크 만일 북한이 우리 함정의 영해 진입에 대한 결정적 근거를 갖고 나온다면, 안보리에서 그런 행동에 유감을 표명하고, 이제 우리가 유감을 표시했으니 이제는 북한이 승무원과 함정을 석방해야 할 차례라고 주장할 수 있을 것입니다.

버거 박정희 대통령의 암살을 기도했던 사건은 어떻게 하지요?

러스크 우리는 북한에 그런 행동을 중단하라고 촉구할 겁니다. 푸에블로호를 둘러싼 유엔에서의 토론이 베트남전쟁에 대한 논쟁으로 번지더라도 별 상관이 없습니다.

카첸바흐 푸에블로호는 거의 아무런 무장도 하지 않은 함정입니다. 만일 우리가 어떤 과오를 범했다면 북한 측이 먼저 항의할 수도 있었을 겁니다. 우리는 그들에게 아무런 위협도 가하지 않았어요. 과거 리버티호 사례의 경우, 이스라엘은 리버티호로부터 즉각적인 위협을 느꼈을 가능성이 있습니다.

맥나마라 우리가 유엔에서 이 사안을 얼마나 오래 끌고 가야 하나요?

---

20 1967년 6월 8일, 미 해군의 함정 리버티호(USS Liberty)가 시나이 반도 인근 해상에서 이스라엘 전투기와 어뢰정의 공격으로 격침된 사건을 말한다. 승무원 중 34명이 사망하고 173명이 부상을 입었는데, 리버티호는 미국-이스라엘 간 의사소통이 잘못된 나머지 적군으로 오인한 이스라엘군의 우군사격(friendly fire)으로 피격을 당했다. 어떻게 해서 이처럼 이스라엘군이 리버티호를 오인사격을 하게 되었는지의 여부는 여전히 수수께끼로 남아 있다.

시스코 이는 부분적으로 유엔에서의 토론에만 노력의 범위를 한정할 것인지의 여부에 달려 있습니다. 만일 결의안 도출이 목표라면 시간이 더 걸릴 수 있습니다.

와른케 자위권(Self-defense) 조항은 시간이 지나면 효력을 상실하나요?

미커 일정 시간이 지나면 그 조항은 '손상(wears out)'됩니다. 신선도가 떨어지기 시작한다는 겁니다.

러스크 우리 케이스는 클리포드가 암시한 것보다 더 분명합니다. 그러나 우리가 만일 유엔에 이 사안을 회부한다면, 방어적으로 나가지 않는 것이 중요합니다.

맥나마라 저는 우리가 얻을 것이 무엇이고 잃을 것이 무엇인지를 알지 못하는 한, 군사력을 사용하는 것에 선뜻 나서는 데 동의하지 않습니다. 저는 우리의 입장이 양호하다고 믿습니다. 만일 국민이 그렇게 믿고 있는데도 대응조치를 취하지 않으면, 베트남 상황에 심각한 여파가 미칠 겁니다. 유엔에 사안을 회부한 다음에 어떤 조치를 취해야 할지 분명치 않습니다.

카첸바흐 유엔에서 소요되는 시간을 값어치로 환산한다면 다른 어떤 방법을 택할 경우보다 더 저렴할 것입니다.

러스크 우리가 압박을 받고 있는 것은 원산항에 우리 승무원과 함정이 납치되어 있다는 사실 때문입니다.

맥나마라 만일 유엔에서의 토론에 2개월이 걸린다면, 우리가 군사력을 사용하기는 불가능합니다. 토의를 질질 끌지만 않는다면 유엔에서 사안을 다루는 것도 좋습니다.

로스토 우리는 유엔 회담이 실패할 것에 대비한 대응세력(counter force)으로서 행동에 나설 수 있도록 군사력을 한국으로 이동시켜야 합니다. 우리는 우리가 자위의 원리에 입각하여 행동할 것임을 소련이 깨닫도록 해야 합니다. 자위의 원칙은 만일 북한의 사과와 배상을 받지 못할 경우, 부분적으로는 푸에블로호 사건에서 우리가 어떤 행동을 취해야 할지를 결정하는 데 역할을 수행할 것입니다.

러스크 주한 미국대사인 포터가 발송한 전문에 의하면, 푸에블로호 납치사건과 청와대 습격사건은 명백하게 서로 관련이 있습니다. 북한은 앞으로도 한국을 괴롭히기 위한 교란작전을 지속할 것입니다. 따라서 북한은 함정과 승무원들을 석방할 것이지만, 가능하면 최대한 미국에게 수모를 안겨 주는 조건에서 그렇게 할 것입니다. 이는 월남에 대한 미국의 지원을 약화시키는 결과를 가져올 것입니다. 포터 대사는 북한에 의한 대남 침투와 전복활동이 증가될 것으로 예상합니다.

버거와 시스코 두 사람은 우리가 내일 안보리에 회부할 수 있도록 서울에 보낼 메시지의 초안을 작성하셔야 됩니다. 우리는 서울의 한국군 · 주한미군에게 회람시킬 전문을 보내야 합니다. 만일 이번 사태로 남 · 북 간 전투가 재개된다면, 우리는 남 · 북한 모두에게 긴장해야 할 것입니다. 우리는 이런 사태를 참전 16개국들에게 상세히 알려 주어야 합니다.

버거 우리는 이따금 16개국들에게 상황을 브리핑 해줍니다.

러스크 좋아요. 서한도 보내세요. 우리는 사토 수상에게 미리 알려야 합니다. 우리는 또한 새로운 각도에서 소련에 접근해야 할지도 모릅니다. 우리는 영국의 윌슨 수상이 상세한 보고서를 가져다 줄 때까지 기다릴 수 있지만, 보고서가 만족스럽지 못하거나, 윌슨 수상이 은밀히 소련과 손을 잡는다면, 다시금 이들을 강력히 압박해야 할 것입니다.

카첸바흐 문제는 사토 수상에게 어떻게 통보를 할 것이냐입니다. 우리가 중대한 군사적 조치를 취한다면 일본의 시설을 사용해야 하기 때문입니다. 필요하다면 테일러(Max Taylor) 대통령 특보가 사토 수상에게 직접 알려 주는 드라마틱한 방법도 있습니다.

버거 사토 수상에게 접근하는 방식과 관련하여, 일본에 요청하여 소련에게 우리의 우려를 전달할 수도 있어요.

러스크 이제 다른 방책도 논의해 봅시다. 배너호는 어떤 종류의 함정이지요?

휠러 배너호는 통신정보(COMINT: communication intelligence) 수집함으로서, 일본 연해 서쪽에 위치하고 있습니다.

니체 배너호가 현 위치에서 한국 근해로 이동하려면 약 4일이 걸립니다.

휠러 우리는 충분한 해상호위나 공중엄호 없이 이런 조치를 취하면 안 됩니다. 만일 이런 상태에서 어떤 사태가 벌어진다면 우리가 유리할 것입니다. 현재 배너호는 암호를 교체하느라 일본 항구에 기항 중입니다.

러스크 푸에블로호를 배너호로 교체하는 것은 우리가 일종의 제스처로서 취할 수 있는 조치입니다.

맥나마라 우리는 납치된 함정을 다른 함정으로 교체한다는 사실을 공표하여 시간을 끌어야 합니다. 그런 행동으로 위험이 증가하겠지만, 적에게 푸에블로호 납치로 겁먹지 않았다는 메시지를 전해줄 수 있습니다.

러스크 우리는 배너호를 엔터프라이즈 항모와 합류시킬 수도 있습니다.

카첸바흐 배너호를 푸에블로호가 활동하던 장소에 투입하면 우리가 그렇게 할 권리가 있고, 또 그렇게 할 힘이 있다는 사실을 과시하는 효과를 거둘 수 있습니다. 그러나 이런 조치로 사람들이 불안해할 경우에는 유엔 회원국들에게 부정적 영향을 미칠 수도 있다는 단점이 있습니다.

니체 그런 행동은 안보리에서의 우리 입장에 도움이 될 겁니다.

러스크 준비동작으로 우선 B, C 및 G를 고려해 봅시다.[21] 최종상태(the end of trail)에 관한 한, 군사력 사용은 우리의 기분을 후련하게 해줄지 모르지만, 그렇다고 해서 함정과 승무원들이 돌아오는 것도 아닙니다. 할 수만 있다면 제2의 전선을 회피하는 것이 상책입니다. 원산항에 대한 수동적 방해(passive interference)를 고려할 필요가 있습니다.

맥나마라 기뢰설치로 '수동적 방해'가 가능하지만, 이럴 경우에는 긴장이 고조될 수 있습니다.

21 회의시간에 외교적 조치 이외에 제의된 대안들은 다음과 같다. Ⓐ 배너호 투입, Ⓑ 공군·해군력 배치, Ⓒ 북한 상공에 정찰비행 투입, Ⓓ 북한의 선적활동 방해, Ⓔ 선별적 북한 항구를 폐쇄, Ⓕ 선별적 표적에 대한 공중공격 실시, Ⓖ 예비군 소집 및 복무기간 연장.

러스크 군이 군사력을 사용하지 않더라도 함정과 승무원을 송환시킬 수 있는 더 좋은 기회가 있습니다.

맥나마라 배너호를 투입하는 것은 손상된 체면을 회복시키는 동시에, 승무원과 함정의 구출을 시도하지 않는다면 군사력 사용의 필요성을 감소시켜 줄 것입니다. 배너호 투입을 지연시키면 효과가 더 줄어들 것입니다.

러스크 우리는 아직 북한의 의도를 모릅니다. 배너호를 보호하기 위한 공중엄호가 필요합니다. 또 다른 재난(배너호가 피격 · 납치되는 사태)을 피해야 합니다. 제가 알기로 북한의 공군력이 상당하기 때문에 배너호에 대규모 공중엄포가 필수적입니다. 예비군 소집으로 모을 수 있는 항공기가 몇 대인지요?

맥나마라 우리 목표는 무력시위이므로 상당수의 항공기가 필요합니다. 우리가 소집할 수 있는 항공기는 최소 250대인데, 쿠바 미사일 위기 때는 400대가 소집됐어요.

로스토 저라면 그런 방안을 건의하지 않을 테지만, 제 생각에 가장 대칭적인 방안(symmetrical suggestion)은 한국군이 소련 선박을 나포하는 겁니다. 그 지역에 푸에블로호와 유사한 소련 선박이 돌아다니고 있거든요.

러스크 하지만 그렇게 할 경우, 우리도 북한처럼 '포악하게(outrageously)' 행동하게 되는 거지요.

로스토 항구를 폐쇄하는 것은 전쟁행위와 마찬가지입니다. 고작 유엔에 가서 도움을 구걸하는 모습만 보인다면 국민들이 우리를 나약하다고 생각할 겁니다.

맥나마라 월트(로스토의 이름)가 말씀하신 요지에 공감합니다. 우리는 미국 국민들뿐 아니라 아시아 사람들의 반응도 고려해야 합니다. 북한은 박정희 대통령의 암살을 시도하고, 푸에블로호를 납치하고, 선장을 모욕했습니다. 소련은 푸에블로호와 비슷한 활동을 하는 함정을 보유하고 있는데, 우리는 그것에 대해 아무 조치도 취하지 않고 있습니다. 이렇게 계속해서 손을 놓고 있을 수는 없지 않나요?

휠러 (러스크 장관의 질문에 대해) 한국 DMZ 일대에서는 상당한 공중정찰이 실시되고 있습니다. 또한 전자정찰(ELINT: electronic intelligence)과 사진정찰도 이따금 진행됩니다.

러스크 한국에서의 조치가 베트남전쟁에 지장을 주지 않을 것임을 분명하게 밝히는 것이 중요합니다. 우리가 북한 상선(merchant vessels)을 나포할 수도 있지만, 보도에 의하면 그런 선박은 몇 척밖에 없어요. 그러나 일본이 경제제재를 취하도록 영향력을 행사할 수는 있습니다.

맥나마라 경제제재는 정치적 효과가 있지만, 소련이 끼어들면 경제적 측면에서 효과가 거의 없을 겁니다.

러스크 우리는 우방국들을 앞세워 북한의 만행을 규탄하는 성명을 발표해야 합니다. NATO도 이런 일에 관심을 가져야 됩니다.

러스크와 맥나마라 우선 이미 그 지역에 투입된 항공기 외에 250대를 추가시키고, 승무원과 함께 250대의 예비 항공기(reserve planes)를 소집하는 조치로 시간을 벌도록(buy time) 합시다.

휠러 배너호는 엔터프라이즈 항모와 합류시키고, 북한 상공에 대한 공중정찰에 무인기와 '블랙쉴드'를 포함시켜야 합니다.

헬름스 1일 3회의 정찰비행을 실시하고 끝낼 것을 제안합니다. '블랙쉴드'의 1회 비행시간은 17분입니다.

맥나마라 우리가 군사행동을 고려한다면 정보의 공백(the gaps on our intelligence)을 메우는 것이 급선무입니다. 만일 최초에 3회의 비행임무를 부여한다면 기대 손실률이 매우 낮아질 겁니다. 3회 임무부여에 찬성합니다.

러스크 좋아요, 하지만 무인기는 별로던데요.

휠러 잘못 생각하시는 겁니다. 무인기가 촬영한 사진은 뛰어납니다. 지난 번에는 10회 중에서 8회가 성공했습니다. 한 번은 기계고장, 또 한 번은 격추당했어요.

맥나마라 무인기를 사용함으로써 얻을 수 있는 또 하나의 이득은 정치적인 것입니다.[22]

러스크 무인기가 찍은 사진이 더 낫던가요?

헬름스 약간 나아요.

러스크 원산만 내부를 빨리 들어다 보는 것이 좋겠어요. 대안 B, E와 F도 검토해서, 모든 방안들을 면밀히 분석했다고 말할 수 있어야 합니다. 우리가 대통령께 건의안을 제시할 준비는 아직 안

---

22 맥나마라 장관이 말한 '정치적 이득'이란, '블랙쉴드(Black Shield)'같이 고고도에서 초음속으로 비행하는 정찰기가 적에게 격추되었을 경우에는 상당한 정치적 후폭풍이 발생할 것이지만, 무인기 같은 것이 격추되거나 발각되어도 정치적인 면에서 큰 문제가 되지 않는다는 뜻이다.

되었지만, 적어도 건의사항과 관련하여 우리가 어디에 와 있는지는 알아야 합니다.

카첸바흐 현재 우리가 (이 자리에서 논의하고 있는 사항들에 대해) 한국 정부에는 함구하고 있지만, 우리가 얼마나 오랫동안 덮어 둘 수 있을지, 아니면 얼마나 오랫동안 덮어 두기를 원할지 알 수가 없습니다.

휠러 본스틸 사령관은 보복공격 계획을 세우고 있는 한국인들에게 보복을 자제해 달라고 촉구하고 있습니다. 한국군 장교들은 본스틸 사령관에게 이런 계획을 알려 주지 말라는 지시를 받았습니다. 현재 본스틸 사령관은 사태를 진정시키느라 진땀을 빼고 있습니다.

맥나마라 우리는 적어도 안보리에서 토의가 진행되는 동안에는 계속해서 한국인들을 진정시켜야 합니다.

로스토 우리는 박정희 대통령이 제안한 대로 북한의 무장공비 훈련기지를 공습하는 방안을 고려해야 합니다.

4차 회의: 1968. 1. 24. 19:50~20:25[23]

(대통령 주관 / 이하, 회의 내용 발췌 · 요약)

대통령 (존슨 대통령은 전 세계 언론보도 내용을 종합하여 저녁 6시 30분에 플레밍(Bob Fleming)이 메모로 보고한 내용을 읽으면서 회의를 시작)

---

23 221. Notes of the Meeting (Top Secret), "Notes of the President's Meeting," January 24, 1968, *FRUS 2*. 회의장소: 각료 회의실.

러스크　우리들은 오늘 초저녁에 회의를 가졌습니다. 포터 주한 미국대사가 보고한 메시지에 의하면 푸에블로호 사건과 청와대 기습 음모는 북한이 월맹을 지원하려는 의도와 연계되어 있다고 합니다.

우리는 다음과 같은 외교적 조치를 제안합니다. ① 유엔 안보리에 이 사안을 회부, ② 한국에 전문을 보내서 유엔에 상정할 안건에 대해 한국의 동의를 확보, ③ 한국에 유엔군을 파병한 16개국에게 호소, ④ 일본과 상당한 규모의 무역을 하고 있는 사토 수상을 접촉, ⑤ 소련에 연락하여 그들의 최초 대응이 우리에게 불만족스럽다는 것을 통보 등이 그것입니다.

대통령　골드버그 유엔대사를 내일 아침 8시 30분 조찬회의에 참석시켜야 할 것 같습니다. 다들 그 시간에 모일 수 있지요?

러스크　파울러(Fowler, 국무장관)와 저는 내일 밀스(Wilbur Mills, 민주당 하원의원) 의원을 만나기 전에 조찬을 하면서 입장을 조율하기로 선약이 되어 있습니다.

대통령　두 분 모두 조찬회의에 참석한 다음에 문제를 논의해 보시면 어떨까요? 딘(러스크), 골드버그(주 유엔대사)에게 대사의 견해와 건의사항을 적어달라고 연락하세요. 골드버그에게 나는 유엔을 신뢰하지는 않지만, 유엔대사는 신임한다고 전하세요. 나는 유엔대사가 없는 자리에서 유엔과 관련된 결정을 내리지 않을 것이라는 점을 골드버그에게 알리고 싶어요.

맥나마라 우리는 '시간벌기'를 위한 조치가 필요합니다. 그래서 다음 사항을 제안하고자 합니다.

첫 번째는 미 군사력을 타 지역에서 한국과 한국 해역(waters)

으로 이동시키되, 엔터프라이즈호에 탑재된 항공기 이외에 약 250대의 항공기를 한국으로 이동시킬 것을 제안합니다.

대통령 엔터프라이즈 항모는 그냥 월남으로 이동시키는 게 어때요? 우리가 월남으로 가야 할 전력(戰力)을 다른 곳으로 전환시킨다는 인상을 주면 안 되는 게 아닌가요?

맥나마라 엔터프라이즈호가 한국 해역에 남아 있어도, 월남에서의 우리 행동에 아무런 지장도 주지 않습니다. 엔터프라이즈호가 통킹만으로 이동하는 목적은 전력증강이 아니라 임무교대입니다. 교대하려던 항공모함을 베트남 연안에 그대로 두면 됩니다.

대통령 우리가 케산(Khesanh) 지역에서 벌어지는 상황에 대처하는 데 충분한 공군력과 지원부대를 보유하고 있는 게 확실한가요?[24]

맥나마라 문제가 좀 있기는 하지만, 저는 휠러 사령관과 웨스트모어랜드 사령관이 보고한 내용에 상당한 자신감을 갖고 있습니다.

대통령 북한의 공군력은 어느 정도인가요?

맥나마라 남한의 제트기가 200대인 데 비해 북한은 약 400대입니다.

대통령 우리가 한국에 보내는 항공기는 북한군에 비해 성능이 어떻습니까?

맥나마라 우리 항공기는 대부분의 북한군 항공기보다 우월합니다. 우

---

24 케산(Khesanh) 지역은 남·북 베트남을 가로지르는 비무장지대 바로 남단 북서쪽에 위치한 해발 450미터가량의 고산지대로서, 4차 회의가 워싱턴에서 개최될 무렵에는 이 지역을 통한 소위 '호치민 루트'로 월맹군이 대대적으로 투입되어 구정공세가 한창 벌어지고 있던 상황이었다.

리가 보내려는 항공기는 공군 F-4 63대, 해병대 F-4 33대, F-100 50대, A-4 50대, F-8 30대, F-105 22대, 그리고 다른 항공기도 좀 있습니다. F-4와 다른 비행기 대부분은 폭격능력을 보유하고 있습니다.

두 번째 건의사항으로, 각하께서 예비군 부대 소집령을 발동하여, 공군과 해군부대 중 일부를 소집(activate)해 주시기를 건의합니다. 이렇게 되면 200~300개 공군부대와 항공기 약 250대가 소집됩니다. 이들 부대는 고도의 준비태세(a high state of readiness)를 갖추고 있습니다. 이들은 한국에 파견될 400대의 제트기로 구성된 전략예비대의 일부가 될 것입니다.

대통령 국방장관의 건의대로 최초계획 수립, 한국에 항공기를 파견하기 위해 필요한 서류 작성, 그리고 공군부대 일부 소집을 승인합니다. 필요하다면 건의 받은 것 이상으로 승인할 것입니다. 저는 어떤 임무가 요구되더라도, 이를 완수하고도 남을 만큼의 전투력을 보유하는 방안을 선호합니다.

맥나마라 일부 이견(difference of opinion)이 있기는 하나, 첩보 수집함 배너(the USS Banner)호를 보내 납치된 푸에블로호의 공백을 보완하도록 조치할 것을 제안합니다. 현재 엔터프라이즈 항모가 배치된 지역으로 배너호를 이동시킬 계획을 수립 중이므로, 우리가 결심하면 그 지역에 배치할 수 있습니다. 만일 배너호로 푸에블로호를 대체하기로 결정한다면, 항공력 및 기타 지원부대로 엄호할 준비를 해야 합니다.

대통령 밥(맥나마라 장관의 이름), 배너호 이동준비를 갖추고, 내일 조찬을 마친 후에는 이 조치를 준비하는 데 필요한 잠정조치를 착수하고, 제게 건의한 것보다 많은 300대의 항공기를 한국으로 파견하도록 준비하시기 바랍니다. 오늘 회의가 끝나면 즉시 시행하세요.

맥나마라 아울러 내일 북한 상공에 옥스카트(Oxcart)[25]의 정찰비행을 건의합니다.

대통령 그렇게 하세요.

러스크 원산 상공에 무인기를 투입하는 방안도 고려하고 있습니다. 그러나 각하께는 아직 건의하지 않았습니다. 만일 우리가 배너호를 투입한다면, 적절한 엄호를 제공해야 합니다. 푸에블로호 대신에 투입한 함정에 또다시 사고가 발생한다면, 이건 재앙이 될 겁니다.

대통령 B-52를 투입하는 것이 어때요? 몇 대 보내야 하지 않을까요?

맥나마라 B-52는 오키나와에서 쉽게 이륙할 수 있고, 원산까지의 비행시간은 불과 2시간 30분밖에 되지 않습니다.

---

25 록히드(Lockheed) 사가 CIA의 요구로 제작한 첩보기로서 'A-12 블랙버드(Blackbird)'로 불렸으며, U-2기를 대체하여 1963~1968년까지 운용되었다. 2만 2천~2만 4천 미터의 고도에서 마하 3 이상의 초음속으로 비행하는, 당시에는 상상하기 어려울 정도의 성능을 보유한 유인 비행기(1인승)이다. 특히 월남전이 한창이던 1968년 당시 월맹지역 상공을 휘젓고 다니며 지상에 은밀히 배치된 지대공 미사일 진지의 위치를 낱낱이 탐지했지만, 해당 지역에서는 레이더 기지조차 가동되지 않았는데, 이는 월맹이나 중공이 이러한 첩보기가 월맹 상공을 수시로 드나든다는 사실, 또는 그러한 첩보기의 존재조차 인지하지 못했음을 보여 준다. 1월 28일 A-12는 일본의 카데나(Kadena) 공항을 출발, 북한 상공에 투입되어 원산항에 나포된 푸에블로호의 존재와 위치를 확인했다. 당시 CIA는 A-12가 북한 방공망에 발각되어 격추될 확률을 1% 미만으로 보았으며, 임무수행을 위한 1회 비행시간은 17분이었다. A-12는 1968년 후반기부터 SR-71기로 대체되기 시작했다.

5차 회의: 1968. 1. 25. 조찬 시[26]

(대통령 주관 조찬회의 / 이하, 회의 내용 발췌 · 요약)

로스토 박정희 대통령이 보낸 메시지를 방금 접수했습니다. 그는 우리가 안보리에 푸에블로호 납치사건과 청와대 기습사건을 동시에 상정하는 것에 만족감을 보였습니다.

우리는 함정과 승무원의 조속한 석방, 북한의 38선 존중 촉구, 함정의 송환을 요구하는 결의안 통과 등을 유엔에서 촉구할 수 있습니다.

우리는 유엔에 모든 것을 의지하여 스스로 손발을 묶는 과오를 범하지 말아야 합니다.

골드버그 안보리에 상정하면 시간을 벌 수 있지만, 우리 행동의 자유가 제한될 위험이 있습니다. 또한 한국 정부는 유엔이 북한의 견해도 경청할 것이라는 점에 신경이 예민합니다.

대통령 유엔에 사안을 가져가면 어떤 위험이 따르나요?

골드버그 함정의 송환을 요구하는 결의안이 통과되도록 촉구하는 것이 최선입니다. 저는 유엔이 북한의 행위를 규탄하는 결의안을 밀어붙여야 한다고 건의하지는 않을 것입니다. 우리는 유엔이 정전협정으로의 복귀를 지지해 달라고 요청해야 합니다. 물론 소련이 거부권을 행사하겠지만, 이런 조치를 취하면 외교적 요구는 만족시킬 수 있습니다.

---

26 225. Notes of Meeting (Top Secret), "Notes of the President's Luncheon Meeting," January 25, 1968, *FRUS 2*.

오늘 소련 대표가 말리크(Yakov Malik, 주 유엔 소련대사)라는 점이 흥미롭습니다. 모두 기억하시겠지만, 말리크는 한국에 유엔군을 파견하는 투표에 기권했습니다. 아마 이번에는 말리크가 기권하는 일은 결코 없을 것입니다.

제가 파악한 바에 의하면 안보리에서의 찬반투표는 이렇게 예상됩니다. 미국-찬성, 영국-찬성, 중국-찬성, 캐나다-찬성, 덴마크-찬성, 브라질-찬성, 파라과이-찬성, 프랑스-?, 세네갈-?, 에티오피아-찬성, 인도-반대, 파키스탄-?, 헝가리-반대.

한국 문제에 관해 프랑스는 항상 미국을 지지했지만, 여전히 이번 사안에도 찬성할지의 여부는 의문으로 남아 있습니다.

대통령 파키스탄 대통령에게 메시지를 보내 이번처럼 중요한 문제에 대해서는 파키스탄의 지지가 절대적으로 필요하다고 전달하세요.

대통령 · 골드버그 (파키스탄이 중국과 문제가 있어 '반대'할 가능성도 있다고 언급)

대통령 '터너조이(Turner Joy)'호가 정보수집함이었나요?[27]

맥나마라 터너조이호와 푸에블로호는 동일한 함정이 아니지만, 모두 정보수집 장비를 보유하고 있습니다.

골드버그 다시 유엔 투표로 돌아가, 한국은 1950년부터 유엔에서 의제가 되어 왔습니다. 우리는 파키스탄의 찬성표가 필요합니다. 파키스탄은 안보리 의장국입니다. 파키스탄 의장은 어제 토의에서 우리에게 상당한 개인적 도움을 주었습니다. 그는 현재 미묘한 입장에 있습니다.

---

27 1964년 8월에 발생한 소위 '통킹만 사태'에서 '터너조이'호는 구축함인 '매독스(Maddox)호와 함께 월맹군으로부터 공격을 받았던 것으로 알려져 있다.

다른 대안이 있는데, 유엔 사무총장에게 '주선(good offices)'을 요청하는 겁니다. 우탄트 총장은 그렇게 하겠다는 다소간의 의지를 내비쳤습니다. 우리는 사무총장에게 시간제한(a time limit)을 부여할 수도 있습니다. 마찬가지로 안보리에도 시간제한을 둘 수 있습니다.

제가 내일 안보리에 의제를 상정할 예정인데, 안보리 긴급회의를 요청할 생각입니다. 안보리 결의안을 통과시키지는 못하더라도, 외교적 상황은 그런대로 모양새를 갖출 수 있습니다.

대통령 왜 소련은 북한에 우리의 입장을 전달해 주었을까요?

러스크 자기들 입장에서는 추가적 조치(added measure)인 셈입니다.

유엔 문제와 관련하여 미국 입장에 반대하는 결의안은 기껏해야 3~4표에 불과할 겁니다.

골드버그 안보리 결의안을 표결로 밀어붙일까요? 이렇게 하려면 찬성표가 9표는 있어야 합니다.

대통령 우리의 1차적 목표는 시간을 벌고, 모든 당사자들이 머리를 맞대고 합리적 해법을 모색할 기회를 부여하는 겁니다. 이 시간을 이용해서 소련은 마음만 먹으면 북한에 영향력을 행사할 수 있을 것입니다.

나는 항공모함 1척과 다른 항공기들을 파견하는 문제를 제기하려 합니다. 이런 조치가 적에게는 도전으로 인식되지 않을까요?

톰슨 대사의 전문 보고에 의하면 이런 행동은 '자가당착(paradoxical)'이라는 거예요. 이런 판단은 고려할 만한 가치가 있다고 봐요. 우리의 무력시위에 대해 북한, 소련 그리고 중공이 어떻게 반응할 것인가? 무력시위는 우리가 함정과 승무원을 돌려받을 가능성을 증가시키는 것이 아니라 오히려 감소시키는 것이 아닐까?

내가 생각하는 것은 이래요. 즉 이 모든 조치, 특히 유엔에서 취하는 조치의 목표는 무엇인가?

내 생각에 우리의 목표는 다음과 같습니다. ① 유엔이 보는 앞에서 우리가 택할 수 있는 행동방책을 나열하여, 이 문제가 얼마나 심각하고, 우리가 얼마나 부당한 대우(예를 들면, 북한의 푸에블로호 납치)를 받았는지를 보여 주고, ② 치밀한 계획을 수립하여 소련이 북한에 영향력을 행사할 수 있는 기회를 부여하고, ③ 전 세계에 우리가 호전적(bellicose)인 국가가 아니라는 사실을 과시하는 것입니다.

그러나 유엔 앞에서 이렇게 행동하면서, 다른 한편으로 한국에 새로운 항공기들을 보낸다면 두 가지 조치에 충돌(conflict)이 생길 겁니다.

엔터프라이즈호만 가지고 며칠 동안 사태를 장악할 수는 없나요?

맥나마라 우리가 공격받을 경우를 대비해서 더 많은 공군력을 보유해야 합니다. 제가 보기에는 이미 엔터프라이즈호를 현지에 위치시켜 공군력을 증가시키는 것과, 사태를 장악하기 위해 필요한 전투력을 현지에 투입시키는 것은 양자 간에 아무런 차이점도 없습니다. 우리는 이미 그 지역에 엔터프라이즈 항모를 배치하여 우리 입지를 강화시켰습니다. 톰슨 대사의 제안을 따르자면 엔터프라이즈호를 철수시켜야 합니다.

대통령 맥나마라 장관, 긴급사태 하에서 한국에 파견될 부대들을 소집하는 데 소요되는 최소한의 시간이 얼마인지 말해 주시겠소?

맥나마라 각하께서 말씀하신 사항과 관련된 모든 첩보를 갖고 있습니다. 추가로 각하께서 예비군 부대(reserve units)들을 소집할 수 있는 권한을 부여하는 대통령 명령(Executive Order)에 서명하시도록 준비했습니다.

아울러 크리스티안이 검토해 보고, 필요하다면 수정할 수 있도록 두 건의 언론발표문(press release)을 가져왔습니다. 첫 번째 발표문은 예비군 소집에 대한 것이고, 두 번째 것은 한국에 전투부대를 추가로 파견할 때 발표될 것입니다.

우리는 일반에 알리지 않고 은밀하게 키티호크 항모를 그 지역에 파견할 수 있습니다. 아마 이틀 후면 도착할 수 있습니다.

합참은 엔터프라이즈호를 현재의 위치에서 움직이지 말 것을 강력히 요청합니다. 이 항모를 다른 전함으로 교체한다는 것은 노력의 낭비가 될 것입니다. 우리는 332대의 항공기를 소집하여, 한국에는 303대의 항공기를 파견할 것을 제안합니다.

골드버그 예비군 부대 소집은 일반에게 공개하지 않는 방안을 건의합니다. 여기 계신 분들이 대외적으로 공개하지 않으면서 조치를 취하시면, 저는 저대로 유엔에서 이 문제가 외교적으로 해결되도록 최선을 다할 것입니다. 그러나 군사력 소집은 유엔에서 우리 입지를 강화시키고, 사태의 심각성을 알리는 데 도움이 될 것입니다. 저는 외교적 문제해결과 군사력 소집 사이에 아무런 상충관계도 존재하지 않는다고 생각합니다. 이런 점에서 저는 톰슨 대사의 입장에 동의하지 않습니다.

로스토 제가 보기에 국제법에 의하면 공해상에서의 함정 납치는 대응

수단과 보복조치를 정당화시킨다고 생각합니다.

대통령 월트, 내가 바라는 건 말싸움에서 이기고 장사에서 밑지는 게 아니에요(I do not want to win the argument and lose the sale).

(대통령은 톰슨 대사의 전문 보고를 다시 읽으면서 다음 문장을 강조했다. "공산주의자들은 항상 무력시위에 부정적으로 반응했다.")

로스토 각하, 이건 쿠바 미사일 위기나 베를린 위기에서 얻은 교훈이 아닙니다.

맥나마라 북한 공군력은 한국 공군력에 비해 현저하게 우세를 보이고 있습니다. 이 지역에서 문제가 발생하면 공군력을 보강해야 돼요.

대통령 그렇지만 우리가 함대를 보내면 소련이나 중공이 자기들의 형제국인 북한을 보호할 준비를 해야 한다고 말하지 않을까요?

이렇게 되면 실제로 긴장이 고조되지 않을까요? 우리가 이런 조치를 취하는 것은 한국 입장을 존중해서인가요? 항공기를 한국에 배치한 다음에는 우리가 뭘 하려는 거죠? 이 모든 조치로 무엇을 하자는 것인가요?

맥나마라 제가 보기에 군사력을 소집하는 것이 소집하지 않는 것보다 외교적인 문제해결에 더 유리합니다. 저는 오늘 군사력을 소집하실 것을 건의합니다. 저는 항공기의 실제 이동을 국민들에게 알려야 한다는 의견을 존중합니다. 여러분께 말씀드리자면, 저는 1만 톤의 폭탄을 월남에서 한국으로 전환시키도록 명령했습니다. 우리는 한국에 충분한 폭탄을 보유하고 있지 못합니다.

그러나 우리는 군사력 소집을 공개하면 안 됩니다. 이런 사실이 언론에 '유출(leak)'되도록 해야 돼요. 예비군들이 자택에서 소집되면, 이런 소식을 숨길 방법이 없을 겁니다.

러스크 (맥나마라의 주장에 정면으로 반대하면서) 저는 오늘 군사력 소집을 발표할 예정입니다. 그리고 안보리에 나가서 이 문제를 언급할 겁니다. 내일 저녁까지 우리는 한국에 실제로 파견하는 공군력에 대해 발표할 수 있을 것입니다.

골드버그 저는 일반에 공개하지 않고 대기조치(stand-by arrangements)를 취할 것입니다. 우리는 유엔에서의 외교적 논의와 함께 이런 노력들을 병행해 나갈 것입니다.

맥나마라 각하께서는 대통령 명령(Executive Order)에 서명하셔야 합니다. 일반에게 공개하지 않고 군사력을 소집하는 것은 불가능합니다.

크리스티안 일반에게 공개하지 않으려고 노력해 봐야 소용없을 겁니다.

러스크 아마도 북한은 한국에게 한 방 먹이려고 작정했겠지만, 북한이 감히 한국을 점령하려는 생각을 갖지 못하도록 혼을 내줘야 합니다. 우리가 군사력을 소집하면 북한은 한국을 공격하려던 계획을 포기할 것입니다.

대통령 밥(맥나마라 장관), 우리는 이 자들이 우리가 이것에 어떤 반응을 보일 것인지를 계산하고 있다는 점을 염두에 두어야 해요. 이런 행동(예비군 부대 소집 및 한국으로의 항공기 파견 등)이 세계의 다른 지역, 예컨대 베를린 같은 곳에서 우리 입지를 위태롭게 하지는 않을까요?

맥나마라 아닙니다. 우리는 한국에 다른 부대들도 보유하고 있고, 유럽에도 상당수의 부대를 주둔시키고 있습니다. 한국에 있는 항공기라도 마음만 먹으면 베를린으로 보낼 수 있습니다. 제가 보기에, 우리는 유리한 입장에 있습니다. 우리가 소집할 332대의 항공기는 '허접한(cats and dogs)' 수준이지만, 한국에 보내는 항공기 303대는 성능이 대단히 양호합니다.

대통령 우리가 의회에 이런 사실들을 알리려면 어떻게 하는 게 좋은가요? 만일 풀브라이트 같은 사람이 진정한 미국의 대표인지를 확인하려면, 이분들과 치열한 논쟁을 벌여야 할 겁니다. 지난번 통킹만 사건 당시에 우리가 이런 의원님들 때문에 얼마나 곤욕을 치렀는지 기억해야 합니다.

내 생각에 도드, 서몬드, 러셀 의원들은 풀브라이트와 맨스필드(Mansfield) 같은 분들의 입장을 상쇄시킬 수 있다고 봐요.

맥나마라 대통령 각하는 예비군을 소집할 권한이 있습니다. 입법부에 현재 군복무 중인 장병들의 복무기간을 연장시켜 달라고 요청하는 것은 그만 한 가치가 있습니다.

대통령 그런 입법이 통과되면 장병들은 우리의 반대편에 서게 될 겁니다. 우리는 이들을 우리 편에 서게 만들어야 해요.

맥나마라 우리가 의회에 요청할 수 있는 최선의 방안은 '비자발적 복무연장(involuntary extension)'입니다. 이렇게 되면 상당수의 우수인력들을 현역에 복무시킬 수 있습니다.

골드버그 의회 지도자들과 협의해 보았나요?

대통령 이 문제에 대해 의회와 상의할 필요가 있어요.

러스크 오늘 처치(Church) 의원이 발언한 내용만 보아서는 그 말을 한 분이 처치 의원인지 알 수가 없었어요. 마치 그분은 북한에 대해 선전포고라도 하는 것 같았습니다. 처치 의원은 한국의 열렬한 지지자입니다.

대통령 그분이 난리를 피우는 이유 중 하나는 납치된 승무원 중 한 명이 아이다호 주의 포카텔로(Pocatello) 출신이기 때문이에요.

내가 우려하는 건 이거예요. 우리가 일단 항공기를 한국에 파견하고, 여러분이 건의한 전투력이 전부 집결되었다고 칩시다. 그 다음에는 뭘 하죠?

맥나마라 군사행동의 가장 낮은 단계는 공군력으로 북한 항구에 기뢰를 부설하는 것입니다. 북한에는 상당한 가치를 가지는 항구가 몇 개 있지만, 원산항은 아닙니다. 원산에는 순양함이 있기는 합니다.

러스크 북한 함정 중 몇 척을 나포하는 게 어때요?

맥나마라 북한 선박을 발견할 수 없더라고요. 그들이 갖고 있는 선박은 4척인데, 별로 가치가 없습니다.

대통령 내가 보기에, 우리는 다음과 같은 조치를 취해야 해요. ① 우리의 안건을 파키스탄에 갖고 가서, 이 문제에 대한 협조를 요청한다. ② 박정희 대통령에게 메시지를 보내서, 만일 이 문제가 유엔에 제기되면 유엔은 북한국 측 주장도 듣게 될 것이라는 점을 알려 준다. ③ 밥(Bob)은 합참 관계자들과 머리를 맞대고, 무력시위를 지원하기 위해 의회가 명시적으로 취할 수 있는 조치에 관해 법안을 통과시키도록 요청하는 방안을 강구해 본다.

④ 코시긴 소련 수상에게 친서를 보내서, 우리 입장을 설명하고, 이 문제에 관해 소련이 무엇을 해야 하는지를 설명한다. ⑤ 일본의 사토 수상에게 메시지를 보내, 상황의 개요를 알려 준다. ⑥ 미국에 주재하고 있는 모든 대사들과 무관들에게 우리 입장을 설명해 준다.

우리는 내일 자정에 다시 모입시다. 나는 러셀 의원이 어떤 판단을 하고 있는지 알고 싶어요. 그분은 상원이 행정부의 조치를 지지한다는 기록을 번복시키는 것을 원합니다. 상원의원들로부터 우리가 의회와 사전 협의도 없이 전쟁을 벌이려 한다는 말이 나오면 안 됩니다.

딘(러스크 장관), 각료들을 소집해서 로스(Roth) 대사가 내놓은 새로운 제안을 협의해 봅시다. 내가 보기에 밀스 의원은 로스 대사의 아이디어에 넘어간 것 같아요. 나는 미국에 금융위기가 닥치지 않을까 걱정이에요.

맥나마라 장관과 휠러 의장은 키티호크 항모를 이동시키세요. 아울러 부대 지휘관들에게 경계태세를 발령하시고요. "세계적 위기가 벌어지면 언제든지 우리의 탱크에 연료와 탄약을 채우고, 모자를 눌러쓰고, 전투기를 대기시켜야 합니다. 준비가 제대로 되지 않았다는 비난을 받지 않도록 합시다."

6차 회의: 1968. 1. 25. 오찬 시[28]

(대통령 주관 오찬회의 / 이하, 회의 내용 발췌 · 요약)

(존슨 대통령은 박정희 대통령에게 보낼 서한의 초안을 검토했다.)

로스토 제가 '악마의 변호인(devil's advocate)'[29] 같은 질문을 몇 가지 하렵니다. ① 유엔에서의 행동에 얼마나 많은 시간을 소비했나? ② 우리가 유엔 논쟁에 개입하게 되면, '시간상황(time situation)'을 통제할 수 있나? (즉, 유엔에서의 끝없는 말싸움으로 오랜 시간을 허비하지나 않을지?) ③ 유엔에 나가서 일종의 굴욕을 당할 경우, 어떤 위험이 생기는가? (통과된 결의안에 미국에게 모욕적인 내용이 포함될 가능성은?) ④ 미국을 지지하는 결의안에 얼마나 많은 위험요인이 포함될 수 있나?

골드버그 현재 시점에서 우리는 상황을 전적으로 주도하지는 못하고 있습니다. 우리는 푸에블로호가 최상의 긴급성을 갖고 있는 문제라고 말할 수 있습니다. 우리는 24시간 동안 기다릴 것이며, 시간이 가장 중요한 요소라고 말할 수 있습니다. 우리는 합리적 범위 내에서 시간을 통제할 수 있습니다.

추가로 우리는 안보리 토의를 월요일이나 화요일에 끝낼 수 있습니다. 그런 다음 안보리 토의를 포기할지, 아니면 연장할지의 여부를 마음대로 결정할 수 있습니다.

---

28 225. Notes of Meeting (Top Secret), "Notes of the President's Luncheon Meeting," January 25, 1968, *FRUS 2*.

29 고의로 반론을 제시하여 논쟁을 주도하는 사람을 말한다.

로스토　결의안 통과를 목표로 삼지 않는다면, 주도권을 발휘하는 것이 제한적입니다.

러스크　우리도 시간이 필요합니다. 항공기를 소집하고, 전투력을 그 지역에 보내고, 의회와 협의하고, 소련이 북한에게 영향력을 발휘할 수 있도록 기회를 주는 데 시간이 필요합니다.

카첸바흐　안보리가 청와대 기습을 월남전에 연계시킬 것으로 생각하지는 않습니다. 비(非)공산국들은 이런 식의 논의를 원치 않을 겁니다.

골드버그　베트남 문제를 전적으로 배제시킬 수 있는 방법은 없습니다.

로스토　오늘 입수한 첩보에 의하면, 북한 항공기가 2명의 신병과 792파운드 화물을 싣고 모스크바로 출발했다고 합니다. 이 화물은 푸에블로호에서 떼어 낸 장비일 가능성이 있고, 그렇다면 이는 사건의 배후에 소련이 있다는 사실을 암시합니다.

카첸바흐　CIA가 원산항 일대를 촬영하여 위성사진으로 함정의 위치를 파악할 수 있나요?

헬름스　우리는 그 지역에 대한 촬영계획을 갖고 있습니다.

맥나마라　푸에블로호가 암호장비를 바다에 버렸다는 지점에 함정을 보내, 잠수부를 투입하여 장비를 회수해야 되지 않을까요?

휠러　무선교신을 감청한 결과에 의하면, 북한 잠수부가 현재 장비를 수색하고 있다고 합니다.

카첸바흐　잠수부들이 수색하는 지역의 지점과 해안선에 대한 사진증거를 확보할 수는 없나요? 이는 함정의 정확한 위치와 그것이 영해 밖에 위치했음을 입증하는 절대적 증거가 될 것입니다.

헬름스 우리가 그 지역에 항공기를 보냈다가는 교전을 각오해야 할 겁니다. 북한이 잠수부 엄호를 위해 미그기를 띄웠을 것이 틀림없습니다.

맥나마라 우리가 북한 상공에 띄울 '특정 항공기(particular plane)'는 그 비행기의 특성상 북한이 격추시킬 수 없을 겁니다. 물론 그들이 다른 비행기를 띄운다면, 우리 첩보기에 대한 공중요격(aerial interception)도 가능할 것입니다.

헬름스 우리(미국) 시각으로 오늘밤, 한국 시각으로 이른 아침 비행기(A-12 첩보기)를 출격시킬 겁니다. 어떤 첩보를 확보할 수 있을지는 기상조건에 따라 좌우될 것입니다.

카첸바흐 푸에블로호가 바다에 버린 암호장비는 아무런 쓸모도 없을 만큼 심각하게 손상되었을 거라고 생각합니까?

맥나마라 확신이 없습니다. 모르겠어요.

대통령 공군이 (푸에블로호 납치 당시) 출격명령을 취소한 이유가 뭐죠?

맥나마라 야음(darkness) 때문입니다. 어두워지기 전까지 시간이 얼마 남지 않아, 비행기가 도착해도 할 것이 별로 없었기 때문입니다. 또 현지에 적군의 세력도 만만치 않고 해서, 5공군 사령관이 출격명령을 취소했던 겁니다.

대통령 딘과 밥(국무장관과 국방장관), 이제 우리가 뭘 해야 하지요?

러스크 유엔 안보리로 안건을 가져갈 것을 건의 드립니다.

골드버그 제가 오늘 밤 안보리에 가서, 긴급회의(emergency session)를 소집토록 요청할 것입니다. 안보리 의장을 만나 서한을 전달하고, 그 서한을 언론에 공개하는 겁니다.

대통령 그런 다음에는 뭘 하지요?

러스크 우리는 이미 소련의 코시긴 수상을 접촉했고, 일본 사토 수상도 접촉했습니다. 이렇게 되면 유엔 사무총장도 개입하게 될 것입니다. 한국전쟁에 파병한 16개국들도 접촉하고 있는 중입니다.

대통령 어떻게 해야 함정과 승무원들을 송환할 수 있나요?

맥나마라 첫째 복무기간 연장(extend duty)에 대한 권한, 둘째 개별 예비군(reservist)을 소집할 수 있는 권한이 필요합니다.

이 권한을 확보하려면 의회에서 표결을 해야 합니다. 우리는 한국에 대한 지원을 늘리도록 특별권한(special authorization)을 요청할 수도 있습니다. 만일 수송수단이 부족하면 민간 항공기를 소집할 수 있는 권한을 승인해 주도록 의회에 요청하겠습니다.

대통령 클라크, 오늘 아침 의회 청문회는 어땠어요? (클리포드는 국방장관 지명자로서 의회 인준 청문회에 출석하라는 요청을 받았다.)

클리포드 오늘 아침 청문회에서 그런 대로 잘 증언한 것 같습니다.

맥나마라 복무기간 연장과 예비역 소집 요청은 좋은 아이디어입니다. 그런 법안이 통과되면 요긴하게 활용할 수 있습니다.

카첸바흐 그 법안이 부대를 동원할 수 있는 권한을 주나요? 아니면 법안 통과로 부대가 실제로 동원되는 건가요?

맥나마라 법안은 대통령에게 부대동원에 대한 권한을 부여합니다. 저는 예비역 15만 명을 소집할 수 있는 권한을 요청할 생각입니다.

카첸바흐 요청하신 1억 달러로는 그런 목적에 턱없이 부족할 텐데요.

대통령 모두들 말씀을 하셨는데, 제가 알고 싶은 건 어떻게 하면 우리 함정을 되찾을 수 있느냐는 겁니다.

맥나마라 당장 건의 드리고자 하는 사항은 부대(units)가 아니라 개별 예비역(individual reservists)을 소집할 수 있는 권한을 요청하는 것입니다.

러스크 우리는 북한의 청와대 습격사건도 다뤄야 합니다.

휠러 우리는 어떠한 '만일의 사태(eventuality)'에도 대처할 준비를 해야 합니다.

러스크 북한이 1961년 소련 · 중공과 동맹을 체결한 사실을 기억해야 합니다.

맥나마라 합참은 복무기간 연장을 원합니다. 해병대에서는 매달 1,600명의 훈련받은 장병들이 제대합니다. 대통령 각하, 매일 2,500명의 군인들이 전역하는데, 복무기간을 연장하는 것이 그 어떤 방법보다 군대의 질(the quality of armed forces)을 더 빨리 높이는 방법입니다.

대통령 병력들이 다 소집되고, 항공기들이 다 배치되고, 복무기간이 다 연장되고, 그런 다음에는 뭘 하지요?

맥나마라 각하, 오늘은 그런 건의를 드릴 준비가 되어 있지 않습니다.

헬름스 한국에 미군 장교들이 부족합니까?

휠러 육군 전체에 대위와 소령들이 전 세계적으로 부족합니다.

카첸바흐 각하, '푸에블로호와 승무원을 데려올 수 있는 유일한 방법은 외교채널을 통하는 길뿐'입니다. 우리는 북한에게 이것이 보다 현명한 방책이라는 점을 분명히 밝혀야 합니다. 오로지 외교채널을 통해서만 함정과 승무원들을 송환시킬 수 있습니다. 우리는 푸에블로호 사건이 지극히 심각한 사안으로서 반드시 함정과 승무원을 송환해야 한다는 의지를 보여야 합니다.

제 생각에 우리는 아주 천천히 조치를 취해야 합니다. 우리는 한국에 대한 보다 광범위한 권한을 요청하기에 앞서, 유엔에서 우리가 어떤 성과를 거둘 것인지를 검토해 보아야 합니다.

러스크 우리가 무력을 앞세워 쳐들어가서 함정과 승무원을 구출할 수는 없습니다. 공해상에는 우리가 나포할 수 있는 북한 선박이 없습니다.

헬름스 현재 우리 CIA가 보호하고 있는 유일한 한국인은 북한을 탈출한 조선중앙통신(North Korean news agency)의 2인자인데, 그의 견해에 의하면 북한은 사건을 실컷 우려먹은 다음, '인도주의적 이유(humanitarian reasons)'를 대면서 함정과 승무원들을 풀어 줄 것이라 합니다.

대통령 주한대사가 했던 말과 거의 똑같네요.

골드버그 북한 선박도 국가 간 운항을 하는데, 이들이 연안해역(coastal waters)을 벗어나는 순간에 한 척을 나포할 수는 없나요?

맥나마라 국가 간 운항이 가능한 북한 선박은 고작 4척이고, 별로 중요하지도 않은 배입니다.

골드버그 북한 소유물을 압수하는 것은 이런 행위(푸에블로호 납치)에 대한 제한적 보복으로서, 국제법적으로 허용되는 조치입니다. 그렇지만 '기뢰 부설(sowing mines)은 전쟁행위(act of war)'입니다. 이것은 보복조치로 간주되지 않습니다.

카첸바흐 군사적 행동만으로는 함정과 승무원을 되찾아 올 수 없습니다. 북한 선박 한두 척을 나포한다고 될 일이 아닙니다. 제가 보기에 북한은 우리가 어떤 조치를 취할 것인지를 더 우려하고 있습니다. 더욱 중요한 것은 우리가 택할 수 있는 대응이 무엇인지를 그들이 알 수 있도록 '모종의 제한적 조치(some limited action)'를 취하는 것입니다. 북한이 우리가 어떻게 나올 것인지를 모른다면 별 소용이 없습니다.

맥나마라 저는 일부 군사력을 그 지역에 이동시키려 합니다. 우리는 스스로 '페이스를 조절(pace ourselves)'해야 합니다. 합참은 B-52 폭격기 26대를 오키나와, 그리고 15대를 괌(Guam)으로 이동시키기를 원합니다.

대통령 즉시 B-52를 이동시키세요.

러스크 폭격기를 이동시키기 전에 사토 수상에게 미리 알려야 합니다.

로스토 골드버그 대사는 이를 '사건(incident)'이라고 부르더군요. 중요한 것은 북한의 정책은 무엇이고, 이런 정책의 배후에 어떤 속셈이 있는지를 간파하는 일입니다. 우리는 북한의 정책이 한국과 우리에게 새로운 압력이라는 사실을 알고 있습니다. 만일 우리가 어떤 조치를 시행하고자 한다면, 그들이 취할 수도 있는 어떠한 행동에도 대비가 되어 있어야 합니다.

대통령 밥, 다른 아이디어는 없어요?

맥나마라 그 지역에 다른 항공기도 이동시키려 합니다.

대통령 그럼 이동시키지 그래요?

맥나마라 항공기 이동을 연기하는 이유는 두 가지입니다. 하나는 유엔에서 이루어지는 조치들에 대한 효과를 감소시킬 것이고, 다른 하나는 우리가 당장 어떤 조치를 취하려는 생각을 아직 하지 않기 때문입니다.

대통령 우리는 군사력을 현지에 파견하여 국민들에게 (사태의) 위험을 환기시켜야 합니다. 우리는 이미 해외기지를 보유한 곳에 군대를 보낼 것이지만, 군대를 보내면서 대대적인 홍보는 하지 않을 것입니다. 본인은 군의 견해를 존중하면서 조치를 취할 것입니다. 자, 모두 우리의 방위태세를 굳건히 합시다. 북한은 푸에블로호 납치 이후 총동원(full mobilization)에 돌입했습니다. 본인이 B-52 폭격기를 보내는 이유는 북한을 폭격하려는 것이 아니라, 전비태세를 갖추기 위해서입니다. 합참도 우리가 군대를 움직여야 한다고 생각합니다. 이제 팔을 쭉 펴서, 가드(guard)를 잔뜩 올려야 합니다.

러스크 저는 주 유엔대사가, 군대의 이동이 유엔에서 우리의 외교노력을 뒷받침해 줄 것이라는 견해에 공감합니다. 이런 움직임은 사태의 긴박감과 심각함을 보여 줄 것입니다.

맥나마라 그렇다면 그건 쉬운 일이에요. 오늘 오후에 B-52를 보내지요.

러스크 저는 왜 국방장관이 항공기 편대를 찔끔찔끔 보내고, 우리 작전계획을 공개하는지 이해가 되지 않습니다.

맥나마라 우리가 정보를 주지 않으면 온 사방에 기밀이 유출(leak)될 겁니다.

대통령 클라크, 이런 전반적인 상황에 대해 어떻게 판단하세요?

클리포드 제 경험에 비추어 볼 때, 이런 유형의 사태가 발생하면 먼저 국민들은 격앙된(outraged) 반응을 보입니다. 그런 다음에는 생각을 바꿉니다. 저는 가급적 우리가 신중하게 접근해야 한다고 봅니다. 제가 볼 때, 푸에블로호를 둘러싼 상황이 애매(fuzzy)합니다. 우리가 '동원(mobilization)'이라는 용어를 구사하는 것이 걱정됩니다. 내일 북한이 동원태세를 발표한다고 상상해 봅시다. 그렇게 되면 우리가 이 상황을 '더 크게 만드는 것(build up)'입니다. "우리가 아무것도 하지 않는 게 어떤가요?(what if we do nothing?)" 저는 이처럼 대대적인 군사력 증강(military buildup)에 마음이 불편합니다.

이 사안이 유엔에서 논의되는 동안, 사태가 많이 진정될 수도 있습니다. 만일 우리가 북한을 위협하는 것처럼 보이고, 그런 다음 아무 조치도 취하지 않는다면, 대단히 어려운 입장에 처하게 될 겁니다.

러스크 설령 정신이 나가 버린 북한이 우리를 공격을 해 오더라도, 우리가 할 수 있는 것은 많지 않습니다.[30]

---

30 원문: "If North Korea goes crazy and launches an attack we couldn't do very much." 대통령이 주재하는 NSC 석상에서 국무장관이 이런 발언을 했다는 것은 중요한 의미가 있다. 미국이 월남전에 깊숙이 개입된 상황에서, 푸에블로호 사건을 둘러싼 위기국면에 처하여, 설사 북한이 군사적으로 공격하더라도 아무런 조치도 취할 수 없다는 발언은 북한에 대한 군사적 대응이 차후 고려대상에서 거의 배제될 것이라는 점을 암시한다.

휠러 저도 동의합니다. 한국 공군은 북한 공군에 비해 매우 약합니다.

맥나마라 그렇지만 엔터프라이즈호가 배치되면 상당한 전력으로 보복할 수 있습니다. 국무장관이 이런 군사력 증강에 관해 대단히 비판적 입장을 보일 만한 구석이 있기는 합니다.

대통령 그렇다면 우리가 뭔가를 해야 하나요? 아니면 아무것도 하지 말아야 하나요? 휠러 의장의 생각은 어때요?

휠러 건의 드린 대로 한국에 군사력을 배치하는 방안을 추진하려 합니다. 그 지역에 지상발진(land-based) 항공기 170대를 배치하고, 키티호크 항모를 북한 외곽에 주둔시킬 계획입니다. 키티호크호를 연안지역에 배치하면 300대의 함재기와 150대의 지상발진 항공기를 운용할 수 있습니다. 이렇게 되면 어떤 비상사태에서도 보호를 받을 수 있는 충분한 항공력을 보유하게 됩니다.

대통령 휠러 의장, 북한에 미치는 효과에 비추어(in light of), 우리의 조치를 어떻게 평가하시나요? 말하자면, (북한에 의해) 엄청난 도발로 간주될 수도 있는 '여분의 보장책(extra assurance)'[31]을 취할 만한 가치가 있다고 보는지요?

휠러 우선, 저는 월남에서 한국으로 B-52 폭격기를 전환할 수 있다고 생각하지 않습니다. 웨스트모어랜드 사령관은 매우 심각한 상황에 있습니다. 최근 전문을 보면, 그는 매달 120회의 B-52 폭격임무를 요구합니다. 우리는 2월 1일까지 그 수준에 도달해야 합니다. 현 시점에서 웨스트모어랜드 사령관을 지원하기 위

---

31 이는 키티호크 항모와 지상발진 항공기 170대 등을 한국으로 이동시키는 것을 가리킨다.

한 B-52 폭격임무를 줄이는 것은 현명치 못합니다. 그는 현재 월남전에서 가장 치열한 전투를 앞두고 있습니다. B-52는 전천후 능력을 갖고 있습니다. 만일 다른 항공기를 띄울 수 없다면, B-52는 우리 지상군을 지원하는 데 결정적으로 중요합니다.

보다 상위의 질문으로서, 모든 군사교육기관에서는 군사력이 외교정책 능력을 향상시키며, 미국의 국내안보(internal security)를 위해 존재한다고 가르칩니다.

제가 보기에 더 많은 군사력의 이동은 우리의 '최우선 과제(first order of business)'인 외교적 노력을 지원해 줄 것입니다. 그러나 우리는 필요에 의해, 부득이 다른 전선(戰線)(군사적 노력)으로 이동할 준비를 해야 합니다. 단언컨대, 어떤 사람은 이를 가리켜 '도발(provocation)'이라고 할 것입니다. 소련이 그렇게 주장할 겁니다. 우방국이건 적대국이건 불문하고, 이는 미국이 필요하다면 외교적 수단뿐 아니라 군사적 수단도 총동원할 것임을 입증하게 될 것이라고 저는 믿습니다.

국민 여론은 가변적이지만, 우리가 외교적 노력을 경주하는 동안에도, 필요시 뭔가 조치해야 할 준비를 갖추어야 합니다.

맥나마라 B-52 폭격기에 대기명령을 하달할 것입니다. 이를 공개하지 않고 명령을 내릴 것이며, 오늘 밤 대기명령을 하달하면 '선행시간(lead time)'을 줄일 수 있습니다.

대통령 휠러 의장의 요지는, 현재로서는 어떤 조치를 취해야 하는지 모르지만, 우리가 월남에서 B-52를 빼내는 방책은 적절치 못하다는 것이군요. 그래서 (북한군이) 공격할 경우에 대비하여 다른 군사력을 그곳에 이동시켜야 한다고 보는 것이군요.

휠러 맞습니다. 각하께서도 기억하시지만, 1950년 북한군은 DMZ 전역에 야포와 병력을 이동시켜 놓았습니다. 저는 이런 일이 다시 벌어질 가능성을 과소평가하지 않습니다. 그래서 B-52 폭격기와 전폭기들로 지상군을 보강하려는 것입니다.

대통령 의장의 견해는 북한군이 DMZ를 넘을 경우, 필요시 적군을 박살(pulverize)내기 위해 항공기들을 이동시키자는 것이군요.

휠러 그렇습니다, 각하. 아울러 북한은 계속해서 DMZ를 넘어 침투하고 있습니다. 가장 대표적 침투행위는 청와대 공격입니다. 박정희 대통령은 당분간 가만히 있을 것이라고 말했지만, 만일 청와대 습격 같은 사건이 다시 벌어지면 보복할 것입니다. 그리고 만일 외교적 노력이 실패하면, 북한에 보복하라는 압력이 거세질 것입니다.

따라서 저는 각하께 이른 시간 내에, 키티호크 항모를 4일 이내에 일본 지역으로 이동시키고, B-52 26대를 배치하며, 항공기 173대가 은밀히(covertly) 이동하도록 명령을 하달하는 등, 부대이동을 위한 조치를 승인하여 주실 것을 건의 드립니다.

골드버그 이런 군사적 행동은 유엔이 뭔가 조치를 취해야 한다는 긴박감을 조성할 것입니다. 유엔 대표라는 사람들은 반드시 해야 하는 경우가 아니면 움직이지를 않습니다.

클리포드 휠러 의장이 매우 논리적인 주장을 폈습니다. 그러나 그런 논리에 저는 대단히 마음이 편치 않습니다. 각하께서는 '가능성(possibilities)'이 아니라 '확률(probabilities)'에 기초해서 움직이셔야 한다고 생각합니다. 저는 북한이 대대적인 군사행동을 취할 능력이 있다고 생각하지 않습니다. 이들은 단지 교란작전을 펴고 있을 뿐입니다.

우리는 한국에 항공기들을 보내지 말아야 합니다. 제가 보기에 이는 잘못된 조치입니다. 이는 오히려 긴장을 고조시켜 사태를 악화시킬 것입니다. 만일 북한이 뭔가 중요한 일을 꾸미고 있다면, 이는 당연히 우리의 군사력을 이동시키도록 도발하는 행위입니다. 저 같으면 본토에서 항공기와 병력들이 대비하도록 조치하겠습니다. 그러나 만일 북한이 먼저 움직인다면, 우리의 도덕적 입지(moral posture)는 제고될 것입니다.

푸에블로호와 83명의 승무원의 납치가 매우 유감스럽지만, 저는 이번 사건이 한국전의 재발이라고는 생각하지 않습니다.

대통령 우리는 만일 북한이 공격한다면, 그리고 우리가 이들 항공기를 보유하고 있다면 무엇을 할 것인지를 알고 있습니다. 그러나 생각해 보아야 할 것은, 우리가 항공기를 보냈지만 북한이 공격하지 않을 경우에는 어떻게 할 것인지의 문제입니다.

7차 회의: 1968. 1. 25. 18:30~19:45[32]

(대통령 주관 야간회의 / 이하, 회의 내용 발췌 · 요약)

대통령 오늘의 건의사항이 무엇입니까?

휠러 저희는 네다섯 가지 군사적 가능성을 검토하고 있습니다. 제1방안은 원산항에 기뢰를 부설하는 것으로, 적절한 상황통제를

32 226. Notes of Meeting (Top Secret), "Notes on the President's Thursday Night Meeting on the *Pueblo* Incident," January 25, 1968, *FRUS 2*.

위해서는 상당한 공군력과 해당 북한 지역 내 활주로의 무력화(neutralization)가 필요합니다. 원산항 일대의 군사시설을 파괴시키려면 항공모함 탑재기의 지원이 필수적입니다. 제2방안은 2~3개 북한 항구에 기뢰를 부설하는 방안으로, 제1방안과 마찬가지로 공군지원이 요구된다는 문제가 있습니다. 제3방안은 연안 항해 차단(interdict)으로, 이를 위해서도 강력한 공군의 엄호가 필요합니다. 제4방안은 공군 또는 공군 · 해군 함포사격으로 북한 내 목표물 중 하나를 타격하는 것입니다. 오늘 밤 정찰 임무에서 북한 실상에 관해 더 나은 영상이 확보되기를 기대하고 있습니다. 제5방안은 푸에블로호의 임무를 충분한 항공 · 해상 전력의 엄호를 받는 다른 함정으로 대체하는 것입니다. 5개 방안 모두 상당한(substantial) 군사행동이 요구됩니다.

북한 함정의 나포도 검토했으나, 북한에는 대양을 항해하는 대형 선박은 한 척도 없습니다. 그리고 북한이 보유하고 있는 4척의 소형 선박들도 어디에 있는지 모릅니다.

대통령 한국에 보낼 항공기로 무엇을 하려는 겁니까? 이들은 더 큰 사건이 벌어질 경우를 대비해서 단지 방어적 목적만을 갖고 있는 건가요?

휠러 이들이 한국에 전개되는 것은 방어적 목적 외에도 북한에 대한 보복작전을 결정하는 경우에 대비한 것입니다.

맥나마라 만일 북한이 함정과 승무원들을 열흘여 만에 석방한다면, 우리가 당할 것이라고는 '모욕(humiliation)'뿐입니다. 만일 우리가 푸에블로호를 배너호로 교체한다면, 이를 엄호하기 위해 공군 지원이 필요합니다.

만일 푸에블로호 송환이 불가능해진다면, 각하께서는 모종의 '대대적인 대응(massive response)'을 위해 충분한 공군력을 원하실 것입니다. 제 판단으로, 기뢰 부설은 군사작전 중에서 최소 규모의 조치입니다.

카첸바흐 북한은 이미 이득을 챙겼습니다. 제가 보기에 이런 행동(푸에블로호 납치)은 저위험(low risk) 도박입니다. 그들은 자기들이 그렇게 할 수 있다는 사실을 과시한 겁니다. 헬름스 국장이 지적한 대로, 북한이 제2의 한국전쟁의 개시를 원한다는 증거는 없습니다. 이들이 자발적으로 승무원과 함정을 반환할 수도 있습니다. 북한은 함정에 탑재된 암호장비로부터 뭔가를 얻어 낼 수도 있습니다.

그러나 엄연한 사실은 그들이 "엉클 샘[33]의 수염을 잡아당기고도 무사했다(took a tug at Uncle Sam's beard and got away with it)."라는 점입니다. 저는 함정이 반환될 확률이 높다고 봅니다.

대통령 음, 그래서 지금 우리가 뭘 해야 하지요?

카첸바흐 저는 북한에게 "압력을 가해야 한다(see the screws turned on)."라고 봅니다. 저라면 내일 항공기 1개 대대(squadron)를, 그리고 토요일에 다른 항공기, 일요일에도 다른 항공기를 투입할 겁니다. B-52에 대해서는 이견이 있습니다. 만일 일반에 알리지도 않고 B-52를 한국에 보내면, 외교적 노력에 별 효과가 없습니다.

대통령 이렇게 하면 어떤 실질적 효과가 있나요?

카첸바흐 제 생각에는 항공기 투입이라는 이슈 자체가 신속히 소멸될 수

---

33 '엉클 샘(Uncle Sam)'이란 '미국'을 가리킨다.

있다는 겁니다. (북한이 한반도 공군력 증가에 항의할 가능성이 거의 없어진다는 의미) 즉 항공기를 점진적으로 보내면, 한꺼번에 보내거나 아니면 전혀 보내지 않는 것보다 더 큰 효과를 얻을 수 있습니다.

대통령 푸에블로호 납치는 단지 '바늘에 따끔하게 찔린 것(pinprick)' 이상의 사건입니다. 제 판단으로는 이것이 월남에서 벌어지는 상황과 연계되어(coordinated) 있다는 겁니다.

맥나마라 비록 그러한 연계에 대한 증거는 없지만, 저도 동의합니다. 사태가 대단히 심각해 보입니다. 우리가 반드시 피해야 할 더 큰 위험은 소련과 월맹이 이 사건을 미국이 '약하다는 신호(a sign of weakness)'로 해석하지 않게 해야 한다는 것입니다. 만일 우리가 약함을 드러내거나 확고한 모습을 보이지 못하면, 월남전이 장기간 연장될 것입니다.

클리포드 저는 이 사안을 달리 봅니다. 잠시 우리 목표가 승무원과 함정의 귀환이라고 가정합시다. 이런 목표를 달성하기 위한 최선의 방책은 무엇일까요?

만일 우리가 함정과 승무원들을 대대적인 군사행동 없이 송환할 수 있다면, 대통령께서는 '자제력을 보였다는 평판(get the credit for restraint)'을 얻게 될 것입니다. 비록 수염 중 한두 가닥이 뽑혀 체통이 손상될지 몰라도, 현 시점에서 우리 대안이 제한적이므로, 이런 희생은 각오해야 합니다.

우리는 다음 단계에 대비해야 합니다. 현재 우리가 택할 수 있는 대안은 거의 없습니다. 따라서 다시 묻거니와, 함정과 승무원들을 복귀시킬 수 있는 최선의 방법이 무엇이냐는 겁니다.

대통령 저는 유엔이 뭔가 생산적인 결과를 가져다 줄 것이라고는 기대하지 않습니다. 우리는 이번 사건이 대단히 심각한 사안임을 유엔에 보일 필요가 있어요. 북한과 그 동료 국가들에게 그들이 우리와의 대결을 피해야 한다는 점을 보여야 합니다. 유엔에 우리의 계획을 알려 주고, 이 계획을 뒷받침하기 위해 '완력을 과시(display some muscle)해야' 됩니다.

톰슨 대사에 의하면 공산주의자들은 결코 무력시위에 호의적 반응을 보이지 않는다는 겁니다. 이것은 중동지역과 쿠바 미사일 위기에서 배운 교훈과는 다릅니다. 우리는 그들이 우리의 힘을 오판하여, 이런 종류의 행동을 반복하도록 고무해서는 안 됩니다. 제 생각 같아서는 북한 선박 중 하나를 찾아내, 우리에게 저지른 것과 똑같은 조치를 취하고 싶습니다.

지금까지 논의하지 않았던 다른 대안, 즉 한국이 DMZ를 넘어 보복행동을 취하는 방안은 어떤가요? 북한이 그처럼 여러 차례 침투공작으로 남한을 괴롭혔다면, 보복하지 않을 이유가 뭔가요?

휠러 한국 정부는 북한이 침투하여 기습작전(hit and run)을 벌였던 것처럼, 북한에 쳐들어가기를 열망합니다. 그러나 우리는 화가 단단히 나 있는 한국 정부가 더 이상 주한미군에게 자신들의 계획을 알려 주지 않을 정도로, 한국의 자제를 강요하고 있습니다.

니체 각하, 우리는 푸에블로호가 암호장비를 바다에 투기한 사실을 논의했습니다. 다른 대안은 장비가 버려진 지역으로 구축함을 보내는 겁니다. 이는 완전히 합법적이지만, 북한이 우리가 투입한 구축함에 반발할 가능성이 있습니다. 만일 그렇게 나온다면, 우리는 전 세계 여론이 보기에 복수할 수 있는 좋은 입장에 놓이게 될 것입니다. 그러나 우리는 북한이 암호장비를 회수하려 들 것인지의 여부를 정확하게 모릅니다.

대통령 제가 알기로는, 그들이 잠수부를 동원하여 장비를 회수하려고 한다는 통신감청 자료를 입수한 것 같은데, 그렇지 않나요, 월트?

로스토 맞습니다. 그들이 그 지역에 잠수부를 투입했음을 보여 주는 감청자료를 오늘 접수했습니다. 이와 관련하여 우리에게 가용한 대안은 ① 함정을 되찾기 위한 행동, ② 함정 나포에 보복하기 위한 행동 등 두 가지입니다.

대통령 클리포드가 제기한 질문, 즉 어떻게 해야 함정을 되찾을 수 있는지의 질문에 답변해 보시겠어요?

로스토 함정을 되찾는 열쇠는, 북한으로 하여금 '함정을 내놓지 않으면 더 큰 곤란(trouble)에 직면할 수 있다.'라는 점을 확신하도록 만드는 것입니다.

그들은 우리 군사력이 과중한 압력을 받고 있고, 월남에 손발이 묶여 있는 것으로 생각합니다. 따라서 '신중한 무력시위(a measured show of force)'가 적절합니다. 저는 ① 어쨌거나 한국의 공중 전력을 증가시켜야 할 필요성, ② 만일 이런 노력이 실패하여 함정을 강제로 구출해야 할 경우에도, 여전히 삼엄한 공중 엄호가 필요하다는 점 등, 두 가지 이유로 추가적 공군력을 배치해야 한다고 봅니다.

대통령 귀하가 아는 것은 더 많은 항공기가 한국에 배치되어야 한다는 것뿐입니다. 이것이 클라크가 제기한 질문에 해답이 될 수 있나요? 톰슨 대사에 의하면, 이것은 북한 입장을 더욱 경직시킬 것이라던데요.

카첸바흐 제가 보기에 톰슨 대사의 의도는 우리가 "내놔! 그렇지 않으면 가만히 안 둘 거야(hand over or else)!"라고 북한을 윽박지르지 말라는 것입니다. 북한인들은 다루기 힘든 무뢰한입니다. 제가 보기에 신중한 무력시위가 외교적 노력을 뒷받침해 줄 것입니다. 공개적으로 우리가 한국에 구축함 2척을 주었다고 언급할 수도 있고, B-52 폭격기를 보낼 수도 있습니다만, 제 판단으로 이 모든 행동은 외교적 노력을 뒷받침하는 것입니다.

우리는 북한에게 2~3개 항구에 대하여 어떠한 북한 선박도 드나들 수 없다고 선언할 수 있습니다. 항구를 폐쇄하더라도 나중에 해제조치를 취할 수 있습니다. 다시 말해서, 이런 것들은 추가적 행동을 필요로 하지 않는 조치라는 겁니다. 우리는 안보리가 제시하는 방안이 우리가 이 사건을 다루려는 방식과 동일한 것으로 북한이 착각하도록 해서는 안 됩니다. 우리가 추가적 행동에 나설 준비가 되어 있고, 또 필요하다면 군사적 행동도 취할 준비가 되어 있다는 것을 그들이 알도록 해야 합니다.

대통령 카첸바흐 차관과 맥나마라 장관은 한국으로 항공기를 이동시키는 계획을 수립하세요. 클라크 클리포드의 질문에 대한 답변은 무엇이지요? 만일 이것이 우리의 목표의 전부라면, 우리가 뭘 해야 하나요?

맥나마라 우리는 북한과 월맹과 소련이 '미국은 약하다.'라는 생각을 갖도록 용인하지 말아야 합니다. 이를 위해서는 우리 스스로를 보호해야 합니다. 코시긴 수상을 언급하자면, 소련은 이 사건을 사전에 알았거나, 몰랐더라도 북한 행동을 좌지우지할 정도의 영향력을 갖고 있습니다. 공개적이고 호전적인(belligerent) 방식으로 북한을 다루진 않겠지만, 그들에게 함정과 승무원을 내놓는 것이 긴요하다(essential)는 사실을 보여 줄 것입니다.

헬름스 북한에게 하지 말아야 할 것은 "우리에게 특정 시점까지 함정을 내 놔라, 안 그러면 가만히 안 둘 것이다."라는 경고성 발언입니다.

대통령 이에 대한 간단한 답변은 "우리는 중공 · 소련과 전쟁을 원치 않는다."라는 것이지요.

휠러 전술항공 이동계획에 관한 제안입니다. 우리가 서태평양 군사력을 동원하려면 8일이 소요됩니다. 최초 3일간은 F-104 28대, 정찰기 14대 및 F-105 28대를 이동시키고, 그로부터 7일 후가 되면 최초 전투태세에 돌입하게 됩니다.

클리포드 대통령 각하, 제가 어제 국무부에서 한 가지 견해를 제시했는데, 어제 각하께서 계시지 않아 여기서 다시 말씀드리고자 합니다.

저는 푸에블로호와 관련된 우리의 입장이 강경하다고 생각하지 않습니다. 북한은 함정 위치에 대해 더 잘 알고 있습니다. 그들은 현장에 있었고, 우리는 현장에 없었습니다.

이것은 '첩보 수집함(spy ship)'입니다. 누군가가 간첩선을 붙잡으면 영해로 끌고 들어간다는 것은 전 세계적으로 공통된 행동입니다. 북한은 우리가 자기네 영해를 침범했다고 주장할 수 있지만, 우리는 그 점을 명백하게 입증할 수가 없습니다. 우리가 북한에게 최후통첩을 해서는 안 됩니다. 북한은 우리에게 "맘대로 해 보시지."라고 나올 가능성이 높습니다. 공갈협박

(blackmail)과 마찬가지로, 그것(최후통첩)은 공개하지 않으면 효과가 없습니다. 우리가 항공기를 이동시킨다는 사실이 공개될 것입니다. 북한은 뭔가 더 큰 일을 꾸민다는 점을 암시했습니다. 우리는 이 점에 철저히 대비해야 합니다. 저는 우리가 소련과 유엔을 접촉해야 한다고 봅니다. 그리고 저는 조용한 군사력 증강을 제안합니다. 우리는 코시긴에게 또 하나의 메시지를 보내야 합니다.

북한은 아마도 이 사건으로부터 그들이 할 수 있는 최대한의 이득을 챙긴 것으로 결론을 내렸을 것입니다. 솔직히 저는 또 다른 전쟁에 끌려들어 가기보다는, 우리 입장에서 약간의 타격을 입는 편이 더 낫다고 봅니다. 첩보 수집함을 되찾는 것은 또 다른 전쟁을 치르게 할 가치가 없습니다.

대통령 오케이, "느긋하게 움직입시다(let's get a spaced-put movement)."

8차 회의: 1968. 1. 26. 11:08~12:02[34]

(대통령 주관 / 이하, 회의 내용 발췌 · 요약)

대통령이 도착하기 전, 다음과 같은 의제에 합의가 이루어졌다.

① 헬름스 CIA 국장에 의한 정보상황 보고

② 카첸바흐 국무차관의 외교상황 보고

34 228. Notes of Meeting (Top Secret), "Notes on the President's Friday Morning Meeting on the *Pueblo* Incident," January 26, 1968, *FRUS 2*.

③ 맥나마라 국방장관과 휠러 합참의장에 의한 항공기 이동 및 여타 행동에 관한 군사적 제안 요약

④ 대통령에 의한 대국민 연설의 장점 토의

⑤ 클라크 클리포드가 목요일 제시한 질문, 즉 "만일 외교적 노력이 실패한다면, 푸에블로호 함정 · 승무원을 귀환시키는 최선의 방책은 무엇인가?"에 대한 추가적인 토의

맥나마라 앞으로 7일간은 어떠한 군사행동도 계획하지 말아야 합니다.

휠러 맞습니다. 우리 부대들을 이동시키고 전투태세를 갖추도록 하려면 그 정도의 시간이 필요합니다.

맥나마라 우리는 주기적으로 이 문제들을 논의하기 위한 회합을 가져야 합니다. 대통령을 모시지 않고도 회의를 진행할 수 있어요. 국무부가 이런 회의를 주관해 줄 것을 제안합니다. 하루에 한 번씩은 회의를 해야 합니다. 지난 쿠바 미사일 위기 당시와 마찬가지의 시스템을 구축하도록 협력합시다.

(11시에 대통령이 회의에 참석)

(제1부: 정보상황 보고)

헬름스 어젯밤 정찰비행에서, 소련과 북한 레이더가 '블랙쉴드'의 비행을 탐지했습니다. 그러나 '블랙쉴드'가 사진촬영을 위해 반복적으로 비행했지만 격추시키려고 시도하지는 않았습니다.

(제2부: 외교상황 보고)

버거 골드버그 대사가 발언할 내용의 초안이 아직 작성 중입니다.

① 일본을 접촉했으며, 이들은 이것이 심각한 사태라는 반응을 보였다. ② 우리는 오키나와에 B-52가 추가로 파견될 것이라는 통보에 대한 일본의 답변을 아직 듣지 못했다. ③ 인도네시아는 자국 주재 북한대사에게 함정을 반환하고 승무원을 석방할 것을 촉구했다. ④ 파키스탄은 우리에게 유엔에서 찬성표를 던질 것이라고 안심시켜 주었다. ⑤ 대다수의 국가들은 미국의 요청에 우호적으로 응답했다.

로스토 유엔 안보리는 오후 3시 30분에 개최됩니다.

대통령 골드버그 대사가 발언할 내용의 초안을 봅시다.

맥나마라 소련에서는 아직 답변이 없나요?

카첸바흐 네, 그로미코가 "노"라고 답변했습니다. 소련은 약간 우려를 내비쳐습니다. 그는 쿠즈네초프보다 덜 부정적인 모습을 보였습니다. 이들은 우리의 자제를 촉구하면서, 이것에 '오버'하지 말기를 바란다고 말했습니다.

대통령 소련 측과 협의한 내용에 관한 전문 보고를 볼 수 있나요? 푸에블로호가 북한 영해에 들어갔을 가능성이 있나요?

맥나마라 그럴 가능성이 있습니다만, 확률은 '50 대 50 이하'입니다.

휠러 함정에는 우리가 보유하고 있는 최신의 항해장비(navigational gear)가 장착되어 있습니다. 북한 해안은 지형이 험악합니다. 그래서 우리는 레이더로 선박 위치를 정확히 파악할 수 있습니다. 무어러 제독에 의하면, 푸에블로호는 그 함정이 위치해야 하는 장소로부터 1마일도 떨어졌을 가능성이 없다고 합니다.

추가로, 북한의 무선교신을 감청한 결과에 의하면, 푸에블로호를 납치한 북한군 함정들은 푸에블로호가 자신의 위치라고 보고한 바로 그 지점에 있었습니다.

맥나마라 푸에블로호가 북한 영해로 들어갔을 가능성은 딱 하나입니다. 이들이 너무도 양호한 통신 내용을 감청하고 있어서, 좀 더 양질의 감청을 위해 영해 가까이로 접근했을 가능성이 있습니다.

대통령 함정과 승무원들에 대해 더 보고할 것이 있나요?

맥나마라 이에 대해 더 보고드릴 사항이 없습니다.

헬름스 아직 보고할 사항이 없습니다.

휠러 북한 언론보도에 의하면, 승무원이 재판에 기소되어, 범죄자로 처벌을 받을 것이라고 합니다.

카첸바흐 우리는 이러한 보도를 예비역 소집에 대한 북한의 반응으로 해석하고 있습니다.

대통령 우리가 소련 함정을 괴롭히는 때가 있나요?

맥나마라 네, 그들도 우리를 괴롭히는 교란작전을 구사합니다. 이는 공해상에서 늘 벌어지는 일입니다.

대통령 앞으로 이런 문제에 좀 더 조심을 해야 합니다.

맥나마라 모든 사항들을 재평가할 겁니다.

카첸바흐 하이퐁 항구에 정박한 소련 함정에 우리 항공기가 접근한 사례가 있었던 것 같습니다.

맥나마라 그건 소련 함정이 피해를 입었는지를 살펴보려고 우리가 사진 정찰 임무를 수행하느라 그랬던 겁니다.

오늘 부대들에게 이동준비 명령을 하달할 예정입니다.

대통령 이것이 휠러 의장이 바라던 것인가요?

휠러 그렇습니다.

대통령 국무부도 여기 동의하나요?

카첸바흐 저희도 동의합니다.

대통령 클라크, 이 방안에 동의하세요?

클리포드 이의 없습니다.

대통령 이제 의회에는 뭐라고 하지요?

맥나마라 각하 앞에는 푸에블로호 사건과 관련하여 각하께서 의회에 요청하기를 원하는 일련의 승인목록이 놓여 있습니다. 그 내용은 다음과 같습니다.

① 모든 육군, 해군, 해병 및 공군의 정규군 및 예비군의 징집, 임명, 현역복무 기간 및 기타 의무복무 기간에 대한 연장 승인.
요청 사유: 비자발적 복무기간 연장은 요구되는 군사력 확장을 달성하는 첩경임. 그러한 연장으로 일일 2,200명의 훈련된 인력을 추가로 확보할 수 있음. 이는 상 · 하원 결의로 승인될 수 있는 사안임.

② 모든 개별 예비군의 소집을 승인.
요청 사유: 1967년 국방부 세출법은 대통령에게 준비된 예비군을 현역으로 복무하도록 명령할 수 있는 권한을 부여했음. 특별한 기술을 보유한 인원으로 부대의 현역병 부족을 메우기 위해서는 부대로부터 개별 예비군을

소집할 수 있는 권한이 필요함. 나아가, 개별 예비군을 소집대상으로 규정하지 않는 한, 현재 현역에 복무 중인 인원들에 대한 기간연장이 불공평해질(unequitable) 수 있음. 이 권한도 상 · 하원 결의로 승인될 수 있음.

③ 한국군 지원 프로그램을 1억 달러 증액.
요청 사유: FY 1968년의 MAP 요구액은 40%가 삭감되었음. 이로써 월남에 대한 파병 기여와 북한군의 교란작전 확대에 비추어 MAP 증액이 정당화됨에도 불구하고, 한국에 대한 군사원조를 확대시킬 수 없었음. 외국지원법에 의한 추가 세출이 이루어질 경우, 구축함 · 헬기 · 야포 및 대침투목적에 필요한 시설, 그리고 한국군의 항공기 · 차량 · 대공장비 및 정찰기의 방위능력을 제고시키는 데 필요한 현대화에 예산을 지원할 수 있음. 추가로, 탄약보유 수준의 증가에 필요한 재원도 제공할 수 있음.

대통령 징집 연장과 현역 복무기간 연장을 승인한 적이 몇 번 있었나요?

맥나마라 여러 번 있었습니다.

대통령 몇 번인지 횟수와, 각각의 경우가 어떤 이유였는지 알려 주세요.

맥나마라 그렇게 하겠습니다.

대통령 지금은 부대만 소집할 수 있나요?

맥나마라 그렇습니다. 우리는 부대만 소집할 수 있습니다. 이러한 요청에 따라, 부대에서 부족한 현역을 특수한 기술을 보유한 인원으로 보충하기 위해, 각 부대로부터 개인을 소집할 수 있는 권한이 각하께 부여될 것입니다.

대통령 이런 결정으로 몇 명이 영향을 받나요?

맥나마라 약 15만 명입니다.

대통령 한국에 대한 군사지원 프로그램은 얼마가 삭감되었지요?

맥나마라 FY 1968년 요구액 기준으로 40%가 줄었습니다.

대통령 닉(카첸바흐 국무차관), 우리의 한국에 대한 정책과 관련하여 의회에서 뭐라고 합니까? 조지(George Christian), 우리는 앞으로 언론발표가 나가기 전에 반드시 의회에 알려 주어야 돼요. 어제 발표한 현역소집을 사전에 통보받지 못했다고 화가 난 사람들이 몇 명 있더라고요.

맥나마라 리버스(Mendel Rivers) 의원이 화가 나 있었습니다.

대통령 맨스필드 의원도 투덜거리더군요.

외교적 노력이 실패할 경우의 문제에 대해 논의해 봅시다.

로스토 우리가 유엔에서 어떤 상황이 벌어질 것인지를 알기 전까지는 이 문제를 논의할 수가 없습니다. 게다가 우리는 사진정찰 결과를 판독해야 합니다.

대통령 당장 최우수 인력을 투입하도록 하세요. 우리가 취할 수 있는 것 중에서 경제제재는 없나요?

로스토 우리는 이 문제에 관해 특별 태스크포스(TF: Task Force)를 설치할 예정입니다.

대통령 이 문제에 최우수 브레인들을 투입하세요.

맥나마라 대통령 각하, 우리는 각하께서 회의에 참석하기 전에 우리가 논의했던 문제들을 상기시켜 드려야 할 것 같습니다. 즉 1주일 동안에는 어떠한 군사행동도 적절치 않다는 것인데, 그 이유는 투입된 부대들이 전투준비를 갖추는 데 시간이 필요하기 때문입니다.

대통령 주한 미국대사관과 긴밀한 접촉을 유지해야 됩니다. 박정희 대통령이 뭔가 일을 저지르면, 우리가 끌려들어 갈 수도 있어요. 대국민 TV 연설은 어떻게 되어 가지요?

크리스티안 모든 사람들의 관심의 초점은 대통령께서 이 문제에 관해 아무런 공식 발표도 하지 않았다는 것입니다. 개인적으로는 TV 연설을 현 시점에서 건의하지 않겠지만, 각하께서는 연설 속에 뭔가를 포함시키기를 원하시는 것 같습니다.

카첸바흐 앞으로 2~3일 후에 골드버그 대사가 TV에 출연할 것이라는 점을 기억해야 합니다. 따라서 행정부가 발언할 기회는 많습니다.

대통령 러스크와 골드버그에게 이 사람들이 어떤 것을 발언해야 하는지 개요를 알려 주려고 해요. 여러분들은 모두 우리가 소련 함정을 얼마 후에 석방시켜 주었다는 점을 기억해야 합니다. 이들은 벌금 50달러를 내고 석방되었어요. 우리 함정인 푸에블로호는 북한 영해에 들어가지 않았다고요.

우리가 1시간 반 후에 북한군에게 끌려 가는 상황을 막기 위해 어떤 조치를 할 수 있는 시간적 여유가 없었던 거지요. 『Time』지 같은 언론사의 기자들이 제기할 수 있는 모든 질문들에 대해 답변을 준비하고, 사실에 입각해서 답변해야 합니다.

크리스티안 모든 주요 질문들은 왜 푸에블로호가 보호를 받지 않았느냐는 것입니다.

대통령 그건 간단해요. 우리는 모든 선박들을 함대로 보호할 수가 없어요. 소련도 자기네 함정을 보호하지 않거든요.

크리스티안 또 다른 질문은 왜 한국에 더 많은 공중전력을 보유하지 않았느냐는 겁니다.

맥나마라 이런 종류의 함정을 보호하는 임무가 부여된 항공기는 없어요. 그래서 도발하는 측(the initiator)이 유리하다는 겁니다. 북한은 미그기도 상공에 띄웠어요.

휠러 우리가 원하기만 한다면 오늘이라도 6척의 소련 트롤선을 연안에서 나포할 수 있습니다. 소련은 이런 선박을 보호하지 않아요. 이런 일은 항상 벌어집니다.

클리포드 만일 이들 함정이 공중엄호를 받고 있었다면, 그 효과가 현저히 감소되었을 겁니다.

로스토 매년 약 50건의 교란작전이 발생하고 있습니다.

맥나마라 만일 푸에블로호가 영해에 들어갔다면 더욱 준비를 잘했을 것입니다. 선장이 증원부대를 요청할 준비가 되어 있지 않았다는 사실은 그가 영해를 벗어나 국제적 영토인 공해상에 위치하고 있었음을 의미합니다.

대통령 여러분들 모두는 정기적으로 모여, 쿠바 미사일 위기 당시와 마찬가지로 이런 상황에서 조직적으로 활동해야 합니다. 이 사건에 최고의 인력들을 투입하세요. 우리가 상황에 적절히 대처하지 못해 실패했다는 평가를 받지 않도록 합시다.

3. 푸에블로호의 북한 영해 침범 가능성

푸에블로호가 납치된 직후, 맥나마라 장관은 함정이 사건 발생 전에 북한 해안선 인근의 수역으로 '잘못 진입(strayed into)'했는지의 여부가 불분명하다고 언급했다.[35] 1월 26일 오전 회의에서 푸에블로호가 '혹시라도 북한 영해를 실수로 침범했을 가능성'이 논의되었다. 존슨 대통령이 '이 배가 영해에 들어갔을 가능성'을 묻자, 맥나마라 장관은 "그럴 가능성이 있으나 확률은 50 대 50 이하"라고 답변했다. 이러한 답변은 사건발생 초기에, "양호한 일광조건 하에서 그럴 확률이 1% 미만"이라고 판단했던 것과는 상당한 차이를 보였다. 휠러 합참의장은 북한의 해안선이 기복이 심하지만, 푸에블로호가 최신 항해장비와 레이더로 무장되어 있어, 자신이 판단한 지점과 실제 지점 사이에 1마일 이상 편차가 나는 것은 '대단히 불가능(very improbable)'하다고 말했다. 아울러, 휠러는 북한의 무선통신을 감청하여 분석한 결과에 의하면, 북한 함정이 푸에블로호를 나포한 지점이 푸에블로호가 마지막으로 밝힌 위치와 같은 장소라고 말했다.

맥나마라 국방장관은 푸에블로호가 북한 영해에 들어갔을 '유일한 가능성'을 거론하면서, 그것은 아마도 그 함정이 "대단히 좋은 내용을 탐지하고 있어, 더 나은 산출물을 얻기 위해 더 가까이 다가갈 필요를 느꼈을 수도 있다."라고 언급했다. 회의 말미에 맥나마라는 '가정법'을 사용하여, 다시 한 번 푸에블로호의 북한 영해 가능성을 간접적으로

---

35 212. Telegram From the Department of State to the Embassy in the Soviet Union (Secret), January 23, 1969, *FRUS 2*.

암시했다. 그에 의하면, "만일 푸에블로호가 영해에 진입했다면, 더욱 더 철저히 대비했을 것"이다. 그런데 나포될 때까지 무방비 상태에 있었다는 것은, 그 배가 영해를 벗어나 국제지역(international territory)인 공해상에 위치하고 있었다는 것이다.

1월 29일, 존슨 대통령과 고위급 대통령 자문단 간 오찬회의에서 '푸에블로호가 실수로 북한 영해를 침범했을 가능성'이 집중적으로 거론되었다.[36] 사건 발생 이래, 푸에블로호의 정확한 위치, 더 나아가 나포시점에 공해상에 위치하고 있었는지, 아니면 북한 영해에 들어가 있었는지에 대한 정확한 정보의 부족으로 인해, 대통령도 골머리를 앓고 있었다.

오찬회의에서 월트 로스토는 러스크 국무장관이 소련 외무장관 그로미코로부터 받은 서한에 대해 언급했다. 그로미코는 '푸에블로호가 북한 영해에 들어간 것을 확신'하고 있다면서, 그 증거로 함정의 선장이 "자필로 영해에 들어갔다."라고 자백한 것을 들었다. 미국은 그의 말을 믿지 않으면서도, 이를 부인할 수도 없는 딜레마에 처한바, 그 이유는 '선장의 항해기록(captain's log)'을 볼 수 없기 때문이다.

존슨 대통령이 '우리가 옳을 확률'에 대해 질문하자, 맥나마라 국방장관은 "우리가 옳을 확률은 3 대 1"이라고 답변했다. 즉, 맞을 확률이 67%, 틀릴 확률이 33% 정도라는 것이다. 그러면서 맥나마라는 선장이 북한에 영해에 들어가지 않았음을 확신하는 근거로, 푸에블로호가 보낸 무전이나 북한이 교신한 무전 내용을 보면 푸에블로호가 공해상에 위치하고 있었다는 점을 들었다.

36 244. Notes of Meeting (Top Secret), "Notes of the President's Luncheon Meeting With Senior American Advisors," January 29, 1968, *FRUS 2*.

그러나 카첸바흐 국무차관은 약간 다른 입장을 보였다. '설령 선장이 북한 영해에 들어갔더라도', 북한이 취한 행동은 '매우 적절한 것이 아니라는 것이다. 그러면서, 미국이 여전히 그 배가 영해에 들어갔는지의 여부를 확실히 알 수 없다고 말했다. 선장이 영해에 들어갔다고는 믿지 않지만, 특별히 보고할 사항이 있지 않는 한, 선장이 그 시점에 함정의 항해기록을 남기지 않았을 것이라고 부연했다. 통상적인 경우 함정의 항해기록은 매일 세 차례에 걸쳐 이루어진다.

월트 로스토는, 그로미코가 "북한이 영해를 침범했음을 인정하는 선장의 자필 자백을 갖고 있다."라는 말을 다시 반복했다. 그러자 존슨 대통령은 선장이 자신의 위치를 통보한 시각에 영해에 있지 않았으므로, 그가 영해에 들어갈 리 없다고 말하면서도, "정확하게 무슨 일이 벌어졌는지를 알기 전까지, 빠져나갈 구멍(a loophole)을 남겨 두어야 한다."라고 말했다. 그러자 클리포드는 이렇게 흥미로운 발언을 했다. "만일 우리가 앞으로 뭔가 매력적인 것이 나타난다면, 즉 만일 함정 · 승무원이 송환될 가능성이 나타난다면, 사소한 위반을 인정할 여지를 남겨 두어야 한다."

이에 대해 러스크 장관은 함정의 나포 상황을 상정하며 이렇게 설명했다. "우리는 선장에게 13마일 안으로는 들어가지 말도록 지시를 했다. 우리는 우리 측에서 1마일, 북한 측에서 1마일씩 항행오차를 범할 가능성을 염두에 두어야 한다. 설령 양측이 모두 오류를 범했다고 가정하더라도, 해안선으로부터 11마일 지점이 된다. 따라서 여전히 우리는 해안선에서 불과 7마일 떨어진 지점까지 들어갔다는 북한의 주장을 받아들일 수 없다."

1월 30일, 존슨 대통령과 외교 담당자들 간의 오찬에서 여전히 푸에블로호의 정확한 위치, 나아가 선장의 '북한 영해 침범 자백'이 토론의 중점이 되었다.[37] 존슨 대통령은 푸에블로호 함장인 '부처'가 자백한 이유를 물었다. 이에 휠러 합참의장은 북한이 함장에게 약물을 사용했을 가능성을 제기했다. 아마도 그들은 함장에게 보고 베낄 것을 내주고, 자필로 쓰도록 강요했을 것이다. 아마도 이는 앞으로 함정·승무원 석방을 위한 거래(deal)의 일환일 가능성이 높다. 그러나 대통령은 혹시라도 함장이 '배신'했을 가능성을 우려했다. 맥나마라 국방장관은 함장에 대한 신원조사가 철저하고, 그의 배경 중에서 문제될 것이 거의 없으므로, 그럴 가능성은 낮다고 보고했다. 이때 휠러는 대통령에게 혹시라도 소련이 유엔 무대에서 함정의 항해기록을 공개하면서, 북한의 영해침범 사실을 주장할 것이 염려된다고 언급했다.

그러자 존슨 대통령은 푸에블로호가 실수했을 가능성에 '좌불안석(jittery)'이라며 불편한 심기를 드러냈다. "이 함장은 도대체가 정상적이고, 신중하고, 정신이 또랑또랑한(alert) 장교 같지 않아요. 우리는 항상 우리가 잘못했을 가능성을 염두에 두어야 합니다." 클리포드는 '만일 미국이 잘못했다면' 어떤 입장을 취해야 하는지를 국무장관에게 물었다. 이에 러스크는 만일 그렇다면 '유감 성명의 교환(exchange a statement of regret)'이 있어야 할 것이라고 답변했다. 클라크 클리포드가 가정하여 이렇게 질문했다. "만일 우리가 실수로(by accident) 북한 영해에 들어갔다면 어떻게 하지요?" 러스크 장관은 "비록 우리가 영해를 침범했더라도 북한이 선박을 나포하는 것은 적절하지 못하다."라고 답변했다.

대통령이 재차 어려운 질문을 내놓았다. "만일 승무원을 송환시키

---

37 248. Notes of Meeting (Top Secret), "Notes of the President's Foreign Affairs Luncheon," January 30, 1968, *FRUS 2*.

지 못하면, 그 다음에는 어떻게 해야 하지요?" 러스크 장관은 비록 함정이 북한 영해를 침범했다 하더라도, 북한은 여전히 함정을 나포할 권리가 없다고 말했다. 아울러 러스크는 이렇게 말했다. 톰슨 대사가 보낸 전문을 보면, 그로미코는 북한에 대한 압력과 도전을 줄일 것을 요구하고 있다. 즉 미국이 엔터프라이즈호를 남쪽으로 이동시킬 것을 우회적으로 요구하는 것이다. 이와 유사한 맥락에서 군사적 대안의 강구에 대해, 휠러 합참의장은 어떤 군사적 대안도 "특별히 매력적이지 않다."라고 말했다.

4. 푸에블로호 관련, 미 · 북 협상

북한의 노림수: 푸에블로호 승무원=전쟁포로

북한의 군정위 수석대표 박중국(朴重國, Park Chung-kuk)은 푸에블로호 송환 협상을 앞두고, 중립국감시위원회(NNSC) 회원국인 폴란드 및 체코를 통하여 스웨덴 및 스위스에 전달된 메시지를 통해, 초반부터 미국을 상대로 강도 높은 압박을 가하기 시작했다.[38] 그는 만약 미국이 무력을 사용하거나 군사력으로 위협하면 함정과 승무원 문제의 해결

38 232. Telegram From the Embassy in Korea to the Department of State (Secret), January 27, 1968, *FRUS 2*.

은 불가능하다고 으름장을 놓았다. 만일 미국이 무력으로 함정을 구출하려 시도한다면, 승무원을 구하는 대신 오로지 '송장(bodies)'만을 가져가게 될 것이나, 만일 함정의 승무원들이 '전쟁포로(prisoners of war)'임을 인정하고, '정상적인 방법(in a normal way)'으로 협상 또는 협의할 용의를 보인다면 포로들을 되찾을 수 있다는 것이다. 이는 사건 초기부터 이미 북한이 미국과 '국가 대 국가'라는 '정상적인 방법'을 통하여 협상・교섭에 임하겠다는 구상을 염두에 두고 있었음을 반증한다. 이것이 내포하는 함의는 실로 중대한 것으로, 결국 푸에블로호 사건은 미국으로부터 북한이 국가로서 '사실상 인정(de facto recognition)'을 받게 되는 계기가 되었다.

비슷한 시간대에 주한 미국대사관이 폴란드 및 체코로부터 입수한 비공식 메시지에 의하면, 북한은 푸에블로호 선장이 '자신의 범죄행위(criminal acts)'를 인정했다고 주장했다. 북한은 승무원들의 건강상태가 양호하고, 비록 연안수역(coastal waters)에 침입하여 죄를 지었지만 부상자들이 치료를 받고 있으며, 사망자 1명의 시신을 잘 보관하고 있다고 전했다. 아울러, 북한은 승무원들의 상태에 대한 추가적인 세부사항은 '양측 간 직접접촉(direct contact)'을 통해서 얻을 수 있다고 말했다. 한 가지 흥미로운 사실은 불과 이틀 전, 박중국 북한 대표가 NNSC 회원국들에게 푸에블로호가 "설령 영해에 들어오지 않았더라도, 우리에게 적대적으로 행동했다."라고 언급했다는 점이다. 만일 북한이 푸에블로호의 영해 침범을 확고부동한 사실로 파악했다면, 박중국의 이러한 발언이 나올 가능성은 거의 없었을 것이다. 다시 말해서, 북한도 푸에블로호의 나포 지점이 영해인지 공해인지 분간하기 어려웠던 점을 적어도 부분적으로나마 암시했던 것으로 보인다.

북한이 푸에블로호 승무원들을 '전쟁포로'로 간주해야만 송환이 가능하다고 주장한 데 대해, 미 국무부의 로스토는 '그 방법이 최단경로(the quickest track)'이지만, 최근 한국에 이동한 항공기 중 일부를 한국에 인도하고, 한국의 안보증진을 위해 대(對)침투장비의 보강에 투입될 미국 예산을 증가시킴으로써, '한국 달래기(pacification of the South Koreans)'가 필요하다고 말했다. 이처럼 일련의 '당근'을 구상한 것은 만일 푸에블로호 승무원을 '전쟁포로'로 간주하여 미국이 북한과 '국가 대 국가'의 입장에서 송환협상을 벌이는 것을 인지할 경우, 한국이 반발할 것을 미리 예견했기 때문이다. 이에 대해 로스토는 존슨 대통령에게 보고한 메모에서 이렇게 언급했다. "각하, 희망이 보입니다. 문제는 어떻게 최대한의 위엄을 유지하면서 그렇게 할 수 있느냐는 것입니다(This is the break. The problem is how to do it with maximum dignity)."[39]

로스토의 언급은 "이제 미국이 한숨을 돌릴 수 있다."라는 희망에서 나온 말이다. 말하자면 북한이 푸에블로호 승무원들의 생존을 위협하지 않고 귀환시켜 줄 의사가 있음을 확인함으로써 '안도의 한숨'을 내쉰 것으로 볼 수 있다. 승무원들이 무사히 귀환할 수 있는 가능성이 열린 상태에서 이제 남은 중요한 과제는 한국을 달래는 일이다. 미국에 대한 박정희 대통령의 불만은 크게 보아 ① 청와대 기습에 대한 대북 보복공격을 미국이 한사코 저지한 일, ② 판문점 회담에서 한국 측을 배제시킨 상태에서, 미 · 북 간 비밀 · 직접 접촉으로 협상을 진행시키는 일 등, 두 가지였다.

그러나 미국은 북한이 언급한 '전쟁포로'라는 용어의 정확한 의미를 알 수 없었다.[40] 이는 푸에블로호 승무원들이 전쟁행위에 가담했음

---

39 Ibid.

40 234. Telegram From the Department of State to the Embassy in Korea (Secret),

을 인정하라는 의도일 수도 있고, (한국에 수감된) 북한인 죄수들과의 귀환을 흥정하려는 술책일 수도 있었다. 따라서 국무부는 '전쟁포로'라는 특정한 용어를 회피하고, "이들은 무력으로 억류되었으며, 적어도 1949년 제네바협약에 따른 보호를 받을 권리가 있다."라는 사실을 반복함으로써, 특정 용어를 인정 또는 사용하지 말고, 이를 둘러싼 이슈를 최소화하라는 구체적인 지침을 주한 미국대사에 하달했다. 사실 이는 골치 아픈 문제였으므로, 국무부는 북한 측이 이런 용어를 고집할 경우에는 "대단히 기술적이고 법률적인 사안이라서, 귀측의 의미를 명확하게 파악하려면 추가적인 연구가 필요하다."라는 말로 즉답을 회피하라고 부연했다.

푸에블로호 사건과 관련한 미국의 입장은, 함정·승무원의 동시 송환을 추진하고, 양자를 동시에 다루되, 억류된 승무원의 물리적 귀환에 우선순위를 부여하고, 함정 반환을 위한 복잡한 협의(arrangement)보다는 승무원들의 신속한 귀환을 위한 협의에 주력한다는 것이다.[41]

1월 26일, 국무부는 주한 미국대사관에 발송한 전문에서, 푸에블로호 사건과 관련하여 북측에 전달할 메시지에 대한 훈령을 하달했다.[42]

1월 26일 푸에블로호 함정·승무원에 대해 존슨 대통령은 미국의 정책을 이렇게 언급했다. "우리(미국)는 계속해서 문제의 즉각적이고 평화적인 해법을 모색하기 위해 가용한 모든 수단을 사용할 것이다." 푸에

January 28, 1968, *FRUS 2*.

41 Ibid.

42 223. Telegram From the Department of State to the Embassy in Korea (Secret), January 28, 1968, *FRUS 2*.

블로호 승무원은 미 해군소속이며, 미 해군의 명령에 따라 행동했다. 이 가운데 2명은 민간 과학자로서, 수로 업무(hydrographic work) 전문가이다. 귀측(북한)은 무력으로(by force of arms) 이 사람들을 억류했다. 최소한 그들은 귀측도 가입한 1949년 제네바협약(Geneva Convention)에 따라 보호를 받을 자격이 있다. 비공식 채널을 통하여 승무원들의 건강상태가 양호하고, 부상자들이 정상적인 치료를 받고 있고, 사망자의 유해가 보존되고 있다는 소식에 안도하고 있다. 추가적인 세부사항은 양측 간 '직접 접촉(direct contact)'을 통해 확보될 수 있을 것으로 기대한다. 따라서 군정위 합동당직장교(Joint Duty Officer)를 통해 부상자와 사망자의 명단과, 이 문제를 신속히 협의 및 해결하기 위한 양측 간 '고위급 회담(meeting of the Senior Members)을 요청하는 바이다. 우리는 비밀(private)회담이건 공개회담이건 관계없다.

미 · 북 협상을 위한 정지작업: 한국 달래기

푸에블로호 송환과 관련된 북한 측과의 직접 · 비밀협상이 임박해짐에 따라, 로스토 대통령특보는 존슨 대통령에게 보고한 메모를 통해, 포터 주한 미국대사에게, 청와대 기습사건에 관하여 박정희 대통령과 한국 정부를 '안심시키는(reassuring)' 문제를 거론하면서, 그 해법을 건의했다.[43] 로스토가 제시한 건의사항은 세 가지이다.

---

43 235. Memorandum From the President's Special Assistant (Rostow) to President Johnson (Secret), January 28, 1968, *FRUS 2*.

① 즉시 박 대통령을 만나되, 북한에 전달할 메시지에 대해서는 함구할 것

② 박 대통령에게 우리(미국)의 전략은 두 가지 이슈를 '한 번에 하나씩(one at a time)' 차근차근 해결하는 것이라고 말할 것

③ 훗날 (한 · 미 간) 회의에서, 북한 침투 및 한국에 대한 군사원조 증가 문제를 논의할 용의가 있다고 말할 것

존슨 대통령에게 보고한 메모의 첨부물에는 상기와 관련하여 주한 미국대사에게 전달할 훈령을 아래와 같이 상세하게 적시했다.[44]

박정희 대통령을 비롯하여 모든 한국 국민들은, 푸에블로호 사건 발생 후 우리(미국)의 행동과 발언이 청와대 기습과 전복공작 지속에 대한 북한의 결의로 대표되는 한국 정부의 국내치안(internal security)과 정치적 입장에 대한 '극도로 엄중한 위협(extreme gravity of threat)'을 제대로 인식하지 못하는 것으로 확신하고 있다.

우리는 한국 정부에 중립국감시위원회(중감위, NNSC: Neutral Nations Supervisory Commission)를 통해 미국이 북한과 접촉한 사실을 통보해 주지 않았다. 보안에 유의하고 있음에도 불구하고, 이 사실을 오랫동안 숨겨두기는 불가능하다. 이미 '비탄에 젖은(anguished)' 한국 외무장관이 우리를 접촉한바, 그는 우리가 바르샤바(Warsaw) 같은 다른 장소에서 북한을 직접 접촉하려 시도하고, 따라서 우리가 협상을 푸에블로호 및 승무원 송환에만 국한할 의도를 갖고 있는 것으로 의심하고 있다.

우리는 이러한 의심이 '최고위층(at highest levels)'에서 증가하고 있고, 일단 우리가 함정 · 승무원들의 송환에 성공한 다음에는, 증강된 군사

44 Ibid.

력을 철수하고, 한국 정부의 문제를 푸에블로호 사건 '이전의 상태(status quo ante)'로 방치함으로써, 박정희 대통령의 정치적 · 안보적 문제가 개선되지 않을 것으로 의심한다는 충분한(ample) 증거가 있다.

우리는 남 · 북한 간 적대행위가 재개될 가능성에 대한 우려, 그리고 주월한국군의 철수 등을 계기로, 한국인들이 자기들끼리 한국군에 대한 유엔사령관의 작전통제권을 철회(withdrawal)시킬 가능성을 논의하고 있다는 '광범위한 암시(broad hints)'를 받고 있다. 이것이 심각한 것으로 보이지는 않으나, 한국군 고위층에서 이런 문제가 고려되고 있다는 사실은 우리가 반드시 해결해야 할 '심리적 분위기(psychological climate)'를 암시하는 것이다.

만일 한국이 우리가 북한의 침투 문제를 동시에 해결하려는 노력을 기울이지 않고, '오직 푸에블로호 사건만'을 협의하기 위해 군정위 고위급 회담을 요구했다는 사실을 알게 된다면, 그 결과는 '폭발적(explosive)'인 것이 될 수 있다(주: '한국의 분노 폭발로 어떤 결과가 벌어질지 모른다'는 의미).

미 · 북 직접접촉 개시

판문점에서의 1차 미 · 북 접촉을 목전에 두고, 1월 28일 국무부는 재차 주한 미국대사관에 추가적인 첩보 및 지침을 전달했다.[45]

국무부에 의하면, 북한은 이제 자신들의 행동이 어떤 결과를 초래할 것인지를 깨달았으며, 소련이 북한에 '사태를 진정(defuse situation)'시

---

45 237. Telegram From the Department of State to the Embassy in Korea (Secret), January 28, 1968, *FRUS 2*.

키라고 충고한 것이 거의 틀림없다. 북한이 첨예한 긴장과 분노를 완화시키는 가장 손쉬운 방법은 푸에블로호 승무원, 그리고 희망사항이기는 하지만 함정까지 반환하는 것이다. 승무원・함정 송환을 어떠한 경우에도 방해하지 말고, 북한으로 하여금 가급적 손쉽게 '곤경에서 벗어나도록(get off hook)' 허용하는 것이 한・미 양국에게 이익이다. 성급하게도 국무부는 1차 미・북 접촉에서 승무원의 귀환이 이루어질 것으로 기대했다. 미국 측 대표인 스미스 제독(Admiral Smith)은 함정의 반환도 요구할 참이었다.

한편 국무부는 미국대사로 하여금 박정희 대통령에게 전달해야 할 메시지에 대한 지침을 다음과 같이 하달했다.

> 승무원이 송환되는 즉시, 아니면 석방이 장기간 지연될 경우, 미국은 북한의 대남 공격 가능성을 감안하여, 이 지역 내에 증강된 군사력을 유지할 의도가 있음을 선언할 것이다. 그리고 추가적인 MAP의 대폭 증가, 대(對)침투 및 한국군 능력 보강, 구축함 2척 인도 등, 일련의 조치를 취할 것이다.[46]

국무부는 미・북 접촉이 시작되기 전부터, 북한이 협상 시작부터 끝날 때까지, '우리의 죄를 고백(confessed our sins)'할 수 있도록 비밀회의(private meeting)를 원할 것으로 짐작했다. 이에 대해, 미국 측은 비밀 또는 공개접촉에 구애받지 않는다는 입장을 북한 측에 분명히 전달했다.

---

46 237. Telegram From the Department of State to the Embassy in Korea (Secret), January 28, 1968, *FRUS 2*.

미국 측은 양자 간 비밀 · 직접접촉이 불러올 파장을 염려했다. 그러나 한국의 문제를 충분히 감안하고, 한국의 요구에 부응하기 위해 상당한 수고를 아끼지 않을 것이지만, "우리(미국)는 스스로 한국의 위성국(satellite)이 될 수 없다."라고 분명히 선을 그었다. 다시 말해서, 한국 측의 우려와 불만을 수용하기 위해 최선의 노력을 경주하되, 그래도 한국 측 달래기에 성공하지 못할 경우에는 어쩔 수 없이 '나의 길(my way)'을 갈 것이라는 의지를 명확히 선언한 것이다.

미 · 북 접촉,
'정부 대 정부' 간 협상으로 격상

푸에블로호 함정 · 승무원 송환을 위한 판문점 군정위에서의 미 · 북 간 협상은 2월 2일 비공개 회담으로 시작되었다. 2월 4일 개최된 회담에서, 박중국은 '강요로부터 자유로운 분위기(an atmosphere free from compulsion)' 속에서 회의가 진행되어야 함에도 불구하고, 미국이 '억압적 환경(coercive atmosphere)'을 조성하고 있다고 날을 세웠다. 그는 미국이 푸에블로호를 자국 영해로 들여보냈으면서도 사과를 하지 않고, 오히려 군대를 앞세워 북한을 위협한다고 주장했다. 구체적으로 그는 엔터프라이즈 핵추진 항모를 비롯한 미 7함대가 북한 인근 해역에 집결하고 있다고 지적했다.[47]

박중국은 미국 측 수석대표인 스미스 제독이 지난 회담에서, 푸에

---

47 263. Telegram From the Embassy in Korea to the Department of State (Secret), "Subj: Summary of Panmunjom Meeting February 4," *FRUS 2*.

블로호가 유엔사령관(CINCUNC)의 지휘 하에 있지 않고, 미 태평양함대 소속의 부대라고 말했던 부분을 언급했다. 박중국은 이 사건이 양측, 즉 미국과 북한 간에 다루어지는 것으로 이해할 수 있는지를 문의했다. 그는 만일 이러한 이해가 옳다면, 미국 측 참석자들은 미국의 대표이며, 북한 측 참석자들은 북한의 대표라고 덧붙였다. 그는 스미스에게 "이에 대한 답변은 나중에 해도 된다."라며 여유를 부렸다.

회담장에서 북한은 눈에 띄게 공손하려고 노력했으며, 회담 기간 중 협조적 태도를 보였다. 북한의 요구대로 미국이 사과하지 않은 것에 짜증을 부리는 기색도 보이지 않았다. 박중국은 자신의 발언에 오해가 없도록 확인하는 데 공을 들였다. 그의 '의미심장한 발언(significant statement)'은 사전에 치밀하게 준비된 것이었다.[48]

2차 회담에서 제기한 북한 측의 요구에 대해 미국 측은 신속하게 반응했다. 버거 대사가 이끄는 '한국 태스크포스(KTF: Korean Task Force)'는 러스크 국무장관에게 보낸 메모에서, 북측이 말한 '억압적 분위기'를 해소할 수 있는 '가장 간단하면서도 안전한(the simplest and safest)' 제스처는 북한 인근 해역에 진주하고 있던 엔터프라이즈 항모단을 남쪽으로 이동시키는 것이라고 언급했다.[49] 이는 한국 정부에게 '덜 눈에 띄고(less visible)' 한국에 배치된 공군부대를 철수하거나, 미8군 또는 한국군 규모를 줄이지 않고도 시행될 수 있는 것이었다.

KTF의 보고서에 의하면, 북한은 푸에블로호에 관한 논의를 '정부

---

48 Ibid.

49 264. Memorandum From the Director of the Korean Task Force (Berger) to Secretary of State Rusk (Secret), "Pueblo—Policy Issues Raised at Second Meeting of Senior Representatives," February 4, 1968, *FRUS 2*.

대 정부(government-to-government)' 수준으로 격상시키려는 속셈으로 유엔사 문제를 지적한 것으로 보인다. 미국 정부가 이에 관해 일반적인 반대 입장을 갖고 있는 데 추가하여, 이는 한국 정부에 ① 북한정권 승인 및 북한의 지위 문제, ② 푸에블로호 납치사건을 분리시켜 군정위보다 높은 수준으로 격상시킬 경우, 군정위에서 한국 문제가 상대적으로 격하되는 문제점과 같은 두 가지 특별한 문제를 안고 있다.

따라서 KTF는 스미스 제독에게 차기 회담에서 발언할 훈령을 이렇게 명시했다. 미국의 지휘구조 속에서 푸에블로호는 유엔사령관 예하에 있지는 않으나, 동시에 미국 지역 내에 위치하고 있는 군사력의 일부이므로, 푸에블로호는 평화를 유지하려는 '유엔사령관의 노력을 수행하기 위해(in pursuance of the efforts of the CINCUNC)' 그곳에 있었으며, 1950년 7월 7일 유엔 안보리 결의안 이행을 위해 한국에 주둔한 유엔군의 통합사령부를 제공하는 당사자는 미국이다. 아울러 스미스 제독은 유엔사 군정위 수석대표로서, 한국의 평화와 안보와 관련된 군사력을 포함한 사안들에 대하여 미국 정부를 대표하고 있다.

그럼에도 불구하고 북한이 푸에블로호 문제를 다루기 위한 정부급 대표단의 임명을 요구할 가능성이 있다. 이런 경우에는 ① 스미스 제독에게 미국 측 특별대표라는 별도의 직책(hat)을 부여하거나, ② 판문점에 추가로 미 정부대표를 파견하여, 스미스 제독과 동석하면서 푸에블로호 회담에 참여시키는 등의 방법으로 이 문제에 관해 북측 입장을 부분적으로 수용하는 방안이 필요하다.

미국 측은 2차 회담 결과의 분위기를 '불길하다(ominous)'라고 표현하면서, 3차 회담이 소득 없이 제자리를 맴돌 경우, 코시긴 수상에게 서한을 보낼 계획을 세웠다. 자신들이 저지른 행동으로 현재의 긴장상태가 조성되었는데도, 북한이 오히려 미국 측을 '위협적(threatening)'이라고 몰아세우는 적반하장의 장면이 연출되었다는 데 불만을 나타냈다. 코시긴 수상은 미국의 자제를 요구했고, 이에 따라 미국은 자제력을 발휘했지만 별로 소용이 없다는 것이다. 추가적 제스처로서, 그리고 3차 회담의 성과를 보아가면서, 미국 측은 엔터프라이즈 항모단이 남쪽으로 이동할 계획임을 북한 측에 알려 주기로 결정했다.

한국의 주요 언론들은 판문점에서의 미・북 간 직접 접촉을 가리켜 한국 정부에 대한 '배신행위에 해당(tantamount to betrayal)'한다고 비난했다. 한국 언론은 한국 정부가 북한을 대하는 데 있어, 무한한 인내심을 갖고 있지 않다는 박정희 대통령의 발언을 인용하면서, 주월한국군의 철수를 요구하고, 한국군에 대한 작전통제권 회복(regain)을 권고하고, '한국 정부에게 필요하다면 독자적 보복행위를 취하라고 촉구'했다.[50]

2월 5일 개최된 제3차 회담의 주요 쟁점은 한 가지였다. 북측 대표 박중국은 스미스 제독이 푸에블로호 사건을 다루는 데 미국 정부를 대표한다고 발언한 내용을 언급했다. 그는 미국 측이 푸에블로호 사건을 미국과 북한 간에 다루어져야 할 사안으로 간주하고, 또 스미스가 미국 정부를 대표하는 것으로 이해해도 좋은지 다시 물었다. 스미스는 "내가 미국 정보를 대표한다는 데 동의한다."라고 답변했다. 박중국은 스미스의 발언을 인용하면서, "스미스 제독이 푸에블로호 사건을 다루기 위한 전권(full authority)을 갖고 있다."라고 발언했다고 반복했다. 명백히 이번 회담에서 북측의 주요 관심은 스미스로 하여금 '이 회담이 정부 대 정부의 협상'이라는 점을 인정하도록 유도하는 것이었다.

---

50 Ibid.

미국, 협상의 교착상태 타결을 위해 소련에 지원 요청

2월 중순까지 7회에 걸친 협상이 지지부진한 상태를 면하지 못하고 교착국면에 접어들 조짐을 보이자, KTF는 일련의 돌파구를 마련할 수 있는 조치를 모색하기 시작했다.[51] KTF가 고려한 방안은 ① 항공정찰: "블랙쉴드"에 극비 정찰임무 부여, ② 소련에 접근: 볼렌(Charles Bohlen, 국무부 정무담당 부차관) 대사로 하여금 도브리닌(Anatoly Dobrynin) 주미 소련대사를 접촉하도록 제안, ③ 전사 · 부상자 송환 요구: 소련 측과 먼저 접촉할 때까지 잠시 보류, ④ 외교적 조치: 다양한 계층의 미국 외교관들에게 현재의 진전상황에 대한 설문조사, ⑤ 차후 회담일시: 현재 입장 고수 등 다섯 가지이다.

상기 방안의 핵심은 ②번으로서, KTF가 러스크 장관에게 보낸 메모에는 대소(對蘇) 접촉 시 소련에 전달해야 할 메시지에 관해 구체적인 지침이 다음과 같이 명시되어 있다.[52]

51 278. Information Memorandum From the Director of the Korean Task Force (Berger) to Secretary of State Rusk (Secret), "Next Steps in Light of the Seventh Closed Meeting," February 16, 1968, *FRUS 2*.

52 미국이 소련에 보내려는 메시지의 전반적 어조는 거의 '호소'에 가깝다. '소련이 충고한 대로 따랐는데 북한이 푸에블로호 승무원 · 함정을 조기에 석방할 기미조차 보이지 않는 것에 대한 답답함'을 토로하면서 도움을 요청하고 있다. 냉전의 와중에 이처럼 미 · 소 간 긴밀한 대화와 협조의 창구가 유지 · 가동되고 있었다는 사실이 흥미롭다.

- 우리는 소련의 조언을 충실히 준수했음
- 우리는 '호전적(belligerent)' 태도를 취하지 않았고, 미국 정부와 주한 미국대사관은 (미국 · 소련 간 접촉에 관해) '철저히 함구(keep the lid on)'하고 있음[53]
- 우리는 추가적인 (군사력) 배치를 중단하고, 엔터프라이즈 항모 전단의 방향을 (남쪽으로) 돌렸음
- 우리는 북한으로부터 승무원을 서둘러 석방할 것이라는 어떠한 힌트도 받지 못했으며, 그들은 함정을 넘겨 줄 의도가 전혀 없다고 말했음
- 우리는 북한을 설득하고 북한에 양보할 수 있는 마지막 한계에 와 있음
- 끝으로, 한국을 방문한 밴스 특사는 일찍이 포터 주한 미국대사가 보고한 바대로, 한국 내에 존재하는 '대단히 위험한 분위기(very dangerous mood)', 그리고 DMZ 이남에 대한 지속적인 습격과 한국에 대한 공격이 사태를 악화시키고, 더욱 심각한 문제를 야기할 것이라는 점을 확인하여 주었음
- 이 메시지의 목적은 소련 당국에게 푸에블로호 사건을 둘러싼 문제들의 현주소를 알려 주려는 것임

53 원문에는 "...and have kept lid on in the United States and South Korea."로 되어 있는데, 핵심은 '미국과 소련과의 접촉에 관해 한국 측에게 비밀로 하여 함구하고 있다.'라는 의미로 해석된다. 한국 정부와 박정희 대통령이 이런 사실을 알게 될 경우의 파장을 우려한 조치일 것이다.

중공 · 소련, 푸에블로호 승무원 취조에 동참

2월 중순 무렵, 주한 미국대사관이 국무부에 보고한 전문에 의하면, 북한은 의심할 나위도 없이 푸에블로호 승무원들의 가치를 충분히 인식하고, 이들로부터 최면제(hypnotic drugs)와 다른 기구들을 이용하여 '대단히 귀중한 첩보(very valuable information)'를 뽑아내고 있었다. 미국은 이런 과정이 당분간 계속될 것이고, 따라서 판문점에서 '공손하게(cap in hand)' 북한의 처분을 기다릴 수밖에 없을 것으로 판단했다. 미국이 입수한 정보 보고에 따르면, 그 무렵 중공은 과거 중공 해안 일대에서 정보를 수집했던 17명의 승무원들을 따로 모아 심문하고, 또 소련은 푸에블로호 승무원들의 취조를 지원하기 위해 전자 및 암호해독 전문가들을 파견했다.[54]

미국, 협상의 교착 타개 위해 NNSC 회원국들에 지원 요청

2월 20일 개최된 제8차 회담에서 희미하게나마, 푸에블로호 승무원이 석방될 수도 있다는 희망의 가능성이 엿보이기 시작했다. 이제 북한은 '승무원 전원의 자백과 사과'는 미국이 '올바른 행동(appropriate action)'을 취해야 할 필요성을 나타내며, 승무원의 석방은 미국의 '적절

---

54 279. Telegram From the Embassy in Korea to the Department of State (Secret), "Text of Cable From Ambassador Porter (Seoul 4321)," February 18, 1968, *FRUS 2*.

한 사과(proper apology)'를 받고 난 후에 '쉽게 해결될 것(will be easily solved)' 이라는 입장을 보였다. 박중국은 북측이 미국의 '유감(regret)'도 '사과(apology)'의 표현으로 받아들일 용의가 있다고 말했다. 그 무렵 북한은 오로지 미국이 '무장 정보수집함(armed spy ship)을 북한 영해에 들여보내고, 첩보활동을 수행하고, 적대행위를 범한 사실을 사과하고, 다시는 그러한 범죄행위를 저지르지 않겠다고 확약'한 이후에라야 승무원들의 석방을 고려할 수 있을 것이라고 큰소리를 쳤다.[55]

그러나 제8차 회의가 아무 소득 없이 끝나자, 미국은 소련, 일본 · 영국, 그리고 중립국감시위원단(NNSC) 국가들인 스위스 · 스웨덴, 폴란드 · 체코에, 북한에 메시지를 전달하는 중재 역할을 요청하는 방안을 강구했다.[56] 그러나 정작 문제는 한국이었다. 당시까지 미국은 북한과의 비밀협상과 관련된 세부적인 내용은 물론, 소련과 막후 접촉하고 있다는 사실도 숨기고 있었다. 그런데 일본 · 영국 및 중감위 국가들에게 미국의 입장을 설명하도록 요청하려면, 이들 국가에게 '비공개 회담록 사본(transcripts of closed meetings)'을 제공해 주어야 할 필요가 있는지의 문제가 제기되었다. 이는 미국이 '한국에 제공했던 범위를 넘어서는 것'이었고, 만일 이들 국가의 입을 통하여 이런 사실이 한국에 알려진다면, 또 다른 '한국의 분노 폭발'이 우려되었다. 그래서 국무부는 소련, 영국, 일본 등에 회의록 사본을 주지 않고, 한국에 통보하는 문제를 어

55 281. Telegram From the Embassy in Korea to the Department of State (Secret), "Subject: Eighth Senior MAC Members Meeting at Panmunjom," February 20, 1968, *FRUS 2*.

56 282. Telegram From the Department of State to the Embassy in Korea (Secret), February 22, 1968, *FRUS 2*.

떻게 처리할 것인지 먼저 고민해 보기로 했다.[57] 당연한 일이지만, 미국은 만일 한국이 그때까지 미국이 취한 입장에 대해 '완전한 첩보(full information)'를 얻게 된다면 대단히 큰 불만을 제기할 것이고, 푸에블로호 사건을 북한의 우방국이 포함되고, 미 · 북이 '동등한 국가(equals)'로 간주되는 '조사위원회(investigation commission)'에 회부하는 방안에 한국이 '격렬히 반대(bitterly oppose)'할 것이라는 점을 잘 알고 있었다.[58]

포터 대사는 한국의 잠재적 불만에 대해서뿐만 아니라, 푸에블로호 사건을 둘러싼 북한의 이해득실에 관해서도 정확한 인식을 갖고 있었다.

그에 의하면, 북한은 이 지역에서의 안정이 오직 '자신들의 철천지 원수(their sworn enemies)'에게만 유리하게 돌아가고, 이처럼 북한에 불리한 안정을 뒤엎기 위해서는 '심각한 위험(serious risks)'을 감수해야 한다는 사실을 오래 전에 간파했다. 그들은 푸에블로호 납치와 청와대 습격을 '대단히 성공적인 작전(highly successful operations)'으로 간주하고, 결과적으로 미국은 최소한 '매우 높은 수준의 긴장'을 감수할 수밖에 없을 것이며, 아마도 그로 인해 한 · 미관계가 심하게 손상되는 동시에, 북한으로서는 한국이 미국의 통제를 벗어나 제멋대로 굴지 않는 한 보복의 위험이 거의 없다는 점 등을 꿰뚫어 보고 있음이 틀림없었다. 한국으로 치면, 설령 푸에블로호 승무원 · 함정이 미국이 제안한 조건에 따라 석방되었더라도, 한국의 불안과 울분과 불타는 복수심을 누그러뜨리지 못했을 것이다. 미국은 푸에블로호 승무원 · 함정의 귀환이 보

57 283. Telegram From the Embassy in Korea to the Department of State (Secret), February 23, 1968, *FRUS 2*.

58 Ibid.

복에 대한 한국의 열망에 별다른 영향을 줄 것으로는 기대하지 않고 있었던 것이다.[59]

장기전에 처한 미국의 딜레마: 굴욕 또는 회담결렬

3월 4일 제10차 회담이 무위로 끝나자, 바야흐로 미·북 간 협상은 장기전의 조짐을 보이기 시작했다. NSC의 알프레드 젠킨스(Alfred Jenkins)는 로스토 대통령특보에 보고한 메모에 푸에블로호 사건에 대한 자신의 고민을 토로했다.[60]

> 미국은 언제든지 회담에 응할 수 있는 준비를 갖추되, 빈번한 회담을 요구하는 모습을 보임으로써, 북한의 선전·선동 책동에 약점을 드러내고, 그들의 손아귀에 놀아나서는 안 된다. "과도한 열의는 약점이다(Over-eagerness is weakness)." 따라서 '아무리 속이 쓰리더라도(as galling as it is)', 푸에블로호 사건에 관해 미국은 "상처를 핥으면서 전열을 가다듬고, 승무원들의 석방을 기다리며, 유리한 여건이 조성될 경우에 행동을 취할 수 있는 호기를 노려야 한다." 아울러, 83명의 승무원 석방의 대가로 지불하는 '몸값(ramson)'으로서, 아무리 사과에 대한 유혹이 크더라도, 그러한 '기회주의적 이중성(opportunistic duplicity)'은 2억 명에 달하는 미국인

---

59 Ibid.

60 289. Memorandum From Alfred Jenkins of the National Security Council Staff to the President's Special Assistant (Rostow) (Top Secret), "Tactics in the Pueblo Case," March 4, 1968, *FRUS 2*.

들 모두의 궁극적 안보를 저해할 것이다. 무슨 말이냐 하면, '위엄을 유지하면서 신속하게 사과를 해야 하는 것이 타당한 경우'가 아니라면, 미국은 절대로 사과를 하지 말아야 한다는 것이다.[61]

제10차 회담에서 보인 북한의 입장은, 푸에블로호 사건에 대한 공정한(impartial) 조사 거부, 사과 요구, 사과를 할 경우 승무원 석방 가능성, 만일 조만간 사과하지 않을 경우, '모종의 다른 조치(some other measure)'의 위협 등으로 요약될 수 있다. 사실, 그 무렵 미국이 택할 수 있는 대안은 거의 없는 상황이었다. 예컨대, 궁여지책으로 내놓은 '공정한 사고 조사'는 북한이 일언지하에 거부했고, 중감위 국가들을 경유한 북한에 대한 '호소(appeal)'라는 것도 가망 없는 방책이었다.[62]

북측 수석대표 박중국은 1964년 헬기 추락사건을 언급하면서, 이것을 선례로 삼을 수도 있다는 암시를 주었다. 미군 헬기가 부주의하게 북한 영공으로 진입했던 그 사건에서, 북한은 미국이 영토 침범뿐 아니라 '범죄적 간첩행위(criminal espionage)'도 인정해야 한다고 고집했다. 헬기추락 사건에서, 미국 측 대표는 '범죄적 간첩행위와 불법 침범…'을 인정하고, '앞으로… 다시는 그러한 범법행위를 저지르지 않을 것'을 보장했으나, 이러한 혐의사실 인정(admission)을 그 다음날 취소(repudiated)했다. 당시 미국이 헬기 조종사의 석방을 위해 일시적으로 '과오를 인정'한 것에 대한 미국 내에서의 반발은 거의 또는 전혀 없었다.[63]

---

61 Ibid.

62 290. Memorandum From the Director of the Korean Task Force (Brown) to the Under Secretary of State (Katzenbach) (Secret), "Next Steps on Pueblo," March 4, 1968, *FRUS 2*.

63 Ibid.

제11차 회담이 종료될 무렵, 83명에 이르는 미국인들의 목숨을 손아귀에 쥐고 있는 북한을 상대해야 할 미국의 수중에는 '대안' 같은 것이 별로 남아 있지 않았다. 생각해 낼 수 있는 것이라고는, 기존의 입장을 무턱대고 반복, 푸에블로호가 영해를 침범했다고 주장하는 북한의 '증거'에 대한 반박자료 제시, 조건부 유감표명, 헬기사고 전례에 따라 '인수증(receipt)'에 서명, 북한 측 대표 박중국에게 북한이 요구하는 사과나 인수증의 '용어(language)'에 대한 문의 등이었다. 이때쯤에는 무력시위나 군사력을 앞세운 공격, 항구 봉쇄, 북한 선박 나포 등의 대안은 거의 논의되지 않았다. **그런데, 미국 측 대표가 '인수증에 서명' 하는 것은 미국에 '대단히 큰 굴욕'으로서, 북측이 노리고 있는 회심의 카드인바, 이를 한국이 알게 되면 '강력한 항의'가 제기될 위험이 있었다. 급기야 미국에는 오직 두 가지 중에서 양자택일을 해야 하는 길만 남게 되었다. 회담을 결렬시킬 것이냐? 아니면 굴욕적인 문서에 서명할 것이냐?**[64]

뜻밖의 돌파구:
크리스마스와 존슨 행정부의 퇴진

그 이후에 푸에블로호 승무원들이 석방될 때까지 추가로 이루어진 12차례에 걸친 회담 기록은 역사적 자료로서 가치가 조금 떨어진다. 즉, 3월 중순부터 12월 말까지 진행된 미・북회담은 통상적인 '양자

64 296. Memorandum From the Director of the Korean Task Force (Brown) to the Under Secretary of State (Katzenbach) (Secret), "Next Moves at Panmunjom," March 11, 1968, *FRUS 2*.

간 협상'에서 벌어지는 새로운 제안이나 역제안, 양보나 타협 같은 고전적 패턴이 아니라, 앞서 언급된 양상이 지루하게 반복되는 '지구전'의 모습을 보였다. 마땅한 대안이 없는 미국이 회담을 주도한다는 것은 생각하기 힘든 형편이었다. 유일하게 남은 과제는 '어떻게 하면 덜 치욕스런 모습을 보이고, 보다 더 체면을 유지하면서, 북한 측으로부터 승무원들을 인수받을 수 있는가?'였다.

뜻밖에도 12월 초 장기간의 교착상태에 빠졌던 양자회담에 돌파구가 열렸다. 차기 대선 불출마를 선언한 존슨 행정부의 활동시한이 목전에 다가온 것이었다. 북한으로서는 현 행정부에서 문제가 해결되지 못하면, 차기 행정부와 어쩌면 처음부터 다시 회담을 시작해야 하는 것이 부담으로 작용했을 것이다.

이런 호기를 맞이한 미국은 크리스마스가 다가오자, 오히려 회담 결렬의 가능성에 대한 부담을 크게 갖지 않고 북한에 '최후통첩'을 보낼 기회를 가질 수 있게 되었다. 그래서 회담 개최를 요구한 다음, 북한에게 '패키지 제안'을 내놓고 이렇게 큰소리를 칠 참이었다. "선택은 귀측의 몫이다. 이 제안은 크리스마스 전까지 승무원의 석방을 수용하는 전제 하에서만 유효하다. 만일 귀측이 거부한다면 현 행정부는 제안을 철회하고, 더 이상 추가 제안을 내놓지 않을 것이다." 설령 이런 계략이 실패하더라도, 미국 신 행정부는 자신들이 판단하는 방향에 따라 부담 없이 협상을 재개할 수 있을 것이다.[65]

한국 시각으로 1968년 12월 23일 오전 9시, 미국 측 대표 우드워

65 324. Action Memorandum From the Under Secretary of State (Katzenbach) to President Johnson (Secret), "USS Pueblo," December 3, 1968, *FRUS 2*.

드(Woodward)와 북측 대표 박중국은 마지막으로 회동(제23차 회담)했다. 마지막 회담장에서도 박중국은 미국이 합의를 위반하고 푸에블로호 승무원의 석방시각을 공개했다고 비난했다. 11시 30분, 2명의 승무원들이 납치 당시에 사망한 동료를 시신을 들고, 다른 80명의 동료들과 함께 일렬종대로 판문점의 '돌아오지 않는 다리(Bridge of No Return)'를 건너 DMZ 남쪽으로 넘어왔다. 기자회견장에서 푸에블로호 함장인 부처는 함정이 결코 북한 영해에 들어가지 않았고, 구금되어 있는 동안 구타와 폭행에 시달렸다고 말했다.[66]

1969년 1월 20일 캘리포니아에 소재한 해군특별조사위원회(Court of Inquiry)가 푸에블로호 나포와 관련된 모든 정황, 이 함정이 입은 손실, 그리고 타당한 것으로 인정될 경우에는 '유죄여부(culpability)'도 조사하기 위한 목적으로 소집되었다. 이 위원회는 부처 함장과 해리스 부함장을, ① 함정을 보호 및 방어하지 못하고, ② 원산항구로 이동하라는 북한의 요구에 순응하고, ③ 기밀자료를 파괴하도록 승무원들을 적절히 훈련시키지 못하고, ④ 암호자재가 적의 수중으로 넘어가도록 허용한 혐의로 군법회의에 회부할 것을 건의했다. 그러나 당시 존 샤페(John Chaffee) 해군장관은 이들 장교에 대한 기소를 각하(overrule)하면서, 푸에블로호 승무원들이 이미 북한에 억류되어 있는 동안 충분한 고통을 받았다고 언급했다.[67]

---

66 331. Editorial Note, *FRUS 2.*

67 Ibid.

5. 미국의 대북 보복계획 검토

1월 27일, 휠러 합참의장의 요청으로 미 육군은 아이젠하워 대장을 전화로 접촉했다. 휠러는 존슨 대통령의 지시에 따라, 푸에블로호 납치와 관련된 몇 가지 핵심적 질문에 대해 아이젠하워의 의견을 듣고 싶었다. 존슨 대통령은 만일 푸에블로호 석방을 위한 외교적 노력이 실패할 경우, 부득이 모종의 군사조치를 취해야 하는 상황을 우려했다. 그가 제기한 질문은 두 가지였다. '어떤 조치를 취할 수 있는가?' 그리고 '의회는 이런 조치에 대해 어떤 관련이 있는가?'[68]

아이젠하워는 먼저 미국이 뒷받침할 수 없는 조치를 북한에게 요구하거나 위협하지 않도록 신중할 것을 주문했다. 다음으로 그는 압록강 교량의 폭격 가능성을 거론했다. 미 육군은 이 교량이 중공과의 국경에 위치하고 있어, 폭격이 중공에 대한 도전으로 비칠 가능성을 우려하면서도, 압록강 남부의 보급로(communications routes) 가운데 결정적으로 중요한 지점을 표적으로 삼을 수 있다고 언급했다. 그에 의하면, 핵심적 질문은 ① 과연 미국이 원자폭탄을 사용할 준비가 되어 있는지, 예를 들어 특히 이것이 교량의 파괴를 보장하는지, 그리고 ② 민간인 피해가 발생하지 않는 지역에서 핵무기가 사용될 수 있는지의 여부였다.

아이젠하워가 말하기를, 만일 자신이 대통령 보좌관이라면, 모든 참모들을 동원하여 국가 원수가 고려・결심하는 기초를 제공하기 위

68 239. Memorandum for Record (Secret), "Telephone conversation with General Eisenhower, 27 January 1968," January 29, 1968, *FRUS 2*.

해 그 어떤 대안도 배제하지 않고, 가능한 모든 방법을 고려할 것이라 했다. 아울러 그는 이런 일로 '핵 재앙(nuclear holocaust)'이 벌어질 위험은 없을 것이라고 장담했다. 미 육군은 그에게 북한이 중공 · 소련과 군사 동맹을 체결하고 있다는 사실을 환기시켰으나, 아이젠하워는 중공 · 소련이 자국의 이익에 따라 행동할 것이므로, 한반도에 개입할 가능성이 낮다고 판단했다.

미 육군은 아이젠하워와 추가적 협의를 통해 ① DMZ 일대에 대한 방위태세 강화, ② 북한의 주요 보급로를 연한 결정적 목표물 가운데 일부를 공격, ③ 미 공군 증원부대를 한국으로 이동 등 세 가지 방안을 도출했다. 아이젠하워는 이런 조치들에 대하여 미 의회 지도부와 사전 협의해야 한다는 점을 조언했다.[69]

1968년 1월 29일, 대통령 자문단은 푸에블로호 사건의 해결과 관련하여, 총 11가지의 선택 가능한 방책들을 검토한 결과를 보고했다.[70] 이 시기에, 미국은 푸에블로호 · 승무원의 무사귀환 확률을 '60 대 40'으로 보고 있었다.[71]

- **소련에게 가능한 군사행동에 관해 통보**: 톰슨 주소(駐蘇)대사의 전문보고에 따라, 현재 비공식 접촉을 추진하고 있지는 않으나, 소련과의 의사소통 채널은 양호한 상태를 유지하고 있음

---

69 Ibid.

70 242. Report on Meeting of the Advisory Group (Top Secret), January 29, 1968, *FRUS 2*. 자문단: George Ball, McGeorge Bundy, Cyrus Vance, Secretary Rusk, CIA Director Helms 등.

71 243. Notes of Meeting (Top Secret), "Notes of the President's Meeting with the Joint Chiefs of Staff," January 29, 1968, *FRUS 2*.

- **공중정찰 실시**: 향후 수일간 북한 상공에 대한 정찰은 중단키로 결정함
- **배너호를 푸에블로호가 나포된 지역에 투입**: 당분간 보류키로 함
- **푸에블로호가 해상 투기한 암호장비 회수**: 장비 회수는 거의 불가능한바, 이 조치는 실행하지 않기로 결정함
- **원산항에 기뢰 부설**: 이를 위해서는 17소티(sortie)의 비행으로 기뢰 83발을 투하해야 함. 항구사용의 전면 봉쇄를 보장하기 위해서는 동일한 작전의 반복이 필요함
- **북한 선박 나포**: 푸에블로호 함정 · 승무원 귀환이 이루어지지 않을 경우, 공해상에서의 북한 선박 나포는 북한의 범죄에 상응한 처벌로 간주됨
- **북한에 대한 선택적 공습**: 이는 국제적 비난을 자초하고, 푸에블로호 및 승무원의 조기 석방 가능성을 감소시킴
- DMZ **일대에 걸쳐 북한 기습**: 이러한 응징작전은 위험부담이 따르며, 푸에블로호 및 승무원 귀환에 역효과가 우려됨
- **원산항에 대한 해상 봉쇄**: 군사적 · 경제적 효과가 제한적이며, 확전의 가능성이 높음. 일단 시작하면 무한정 개입하게 되어 정치적으로 입장이 난처하고 위기고조를 초래할 가능성이 있음
- **북한에 대한 자유세계의 경제적 압력**: 북한에 대한 자유세계 무역은 제한적 규모이므로, 자유세계에 의한 무역 · 선박 통제의 효과도 미미함
- **남한에서의 미군 폭격 연습**: 이는 외교적 노력을 뒷받침하기 위한 군사력 증강의 일환으로 간주되었으나, 일단 이 방안을 보류하고 좀 더 연구해 보기로 함

같은 날 회의에서, 상기 11가지 방책이 고려됨과 함께, 다음과 같은 10가지의 군사적 조치에 대한 시행 가능성이 검토되었다.[72]

- **공중정찰 실시**: 참석자들은 반대함. 옥스카트(Oxcart)가 촬영한 사진은 양호하며, 추가로 무인기(drone)를 투입하는 방안도 보류됨
- **배너호를 푸에블로호가 나포된 지역에 투입**: 참석자들이 반대함
- **푸에블로호가 해상 투기한 암호장비 회수**: 장비는 회수할 가치가 없으므로, 무용한 시도임
- **원산항에 기뢰 부설**: 이를 위해서는 17소티(sortie)의 비행이 필요하며, 이런 방안으로는 북한에 타격을 주기 어려움
- **북한 선박 나포**: 이는 오로지 푸에블로호 함정 · 승무원의 조기 귀환이 이루어지지 않을 경우에만 고려될 수 있음
- **북한에 대한 선택적 공습**: 참석자들은 '과도한 조치'라고 말함
- DMZ **일대에 걸쳐 북한 기습**: 너무 큰 위험부담이 수반됨
- **원산항에 대한 해상 봉쇄**: 북한의 보복 가능성이 높으며, 언제 봉쇄를 끝내야 할지 알 수 없음
- **북한에 대한 자유세계의 경제적 압력**: 북한에 대한 자유세계 무역이 소규모로서, 효과도 미미함
- **남한에 대한 항공기 증강**: 이는 양호한 방안으로서, 외교적 노력을 뒷받침하는 효과가 있음

72 Ibid.

그 이후 작성 시기는 확실하지 않지만, 러스크 국무장관이 존슨 대통령에 보고한 메모에는 갈수록 숫자가 줄어든 군사적 옵션을 검토한 결과가 포함되어 있다.[73] 아래에 제시된 각 대안의 선호도는 나열 순서이다. 이들 대안 중, 북한 선박 나포 및 제한적 해상 봉쇄는 너무 위험하다는 이유로 배제되고, 최종적으로 오직 공중정찰과 배너호 투입이 건의되었을 뿐이다.

- **북한 상공에 공중정찰 실시**: 공중정찰은 '블랙쉴드'에만 국한되며, 이는 북한에게 압력수단이 될 수도 있고, 장차 더 강력한 군사행동이 취해질 수도 있다는 위협이 될 수도 있음
- **배너호를 푸에블로호가 나포된 지역에 투입**: 공중 · 해상 전력의 호위를 받으며 북한 해안을 따라 항행하는 것은 납치된 푸에블로호의 임무를 지속할 권리와 의지가 있음을 과시하는 조치이며, 북한이 배너호의 납치를 시도할 가능성은 '제로'임
- **북한 선박 나포**: 이는 좀 더 큰 위험부담이 따르는 방책으로, 북한은 아마도 공군력 · 해군력을 동원하여 대항할 것으로 보임
- **제한적 해상 봉쇄**: 이는 일종의 정형화된 '약속동작(set-piece)'이기 때문에, 북한이 그 패턴을 세밀히 관찰한 후, 원하는 시간 · 장소를 골라 공세행동에 나설 가능성이 있음

---

73 258. Memorandum From Secretary of State Rusk to President Johnson (Top Secret), "*Pueblo* Seizure—Possible Military Options," undated, *FRUS 2*.

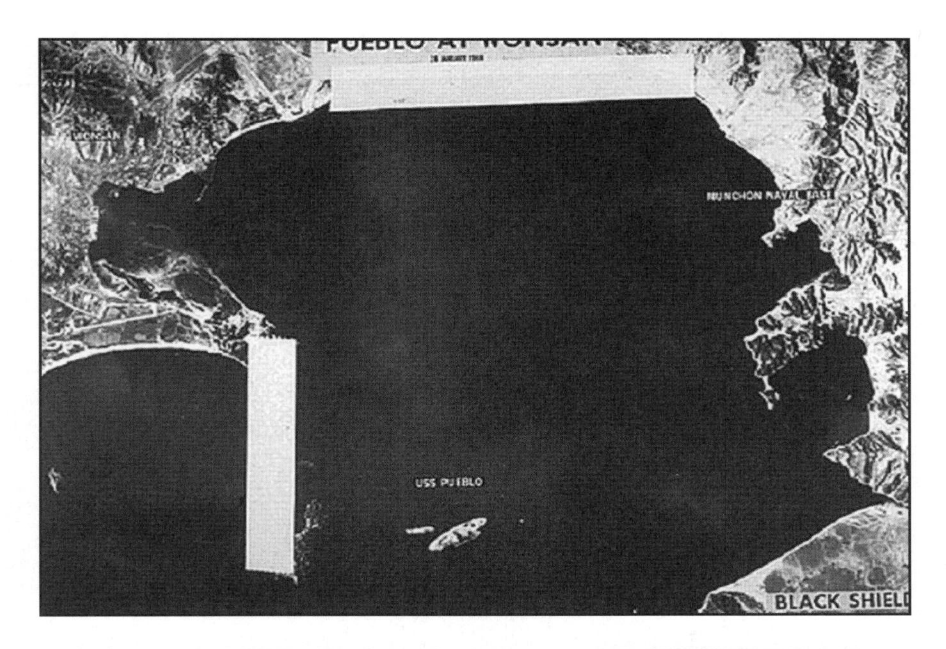

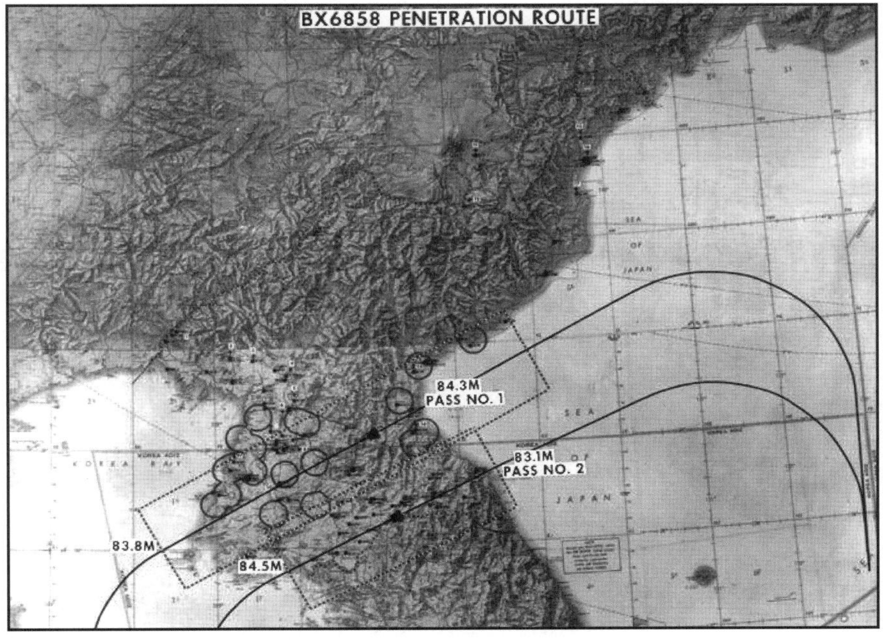

▲ '블랙쉴드'가 촬영한 원산항 내부 전경(푸에블로호가 식별됨)

▼ 북한 상공에 대한 '옥스카트(Oxcart)' 투입 경로

1968. 5. 14. 미 합참이 수립한 대북 공격계획(안[案])[74]

☐ **CINCPAC**(태평양사령부) **OPLAN**(작전계획) **27-Yr: 한반도 방위**

- 태평양사는 최근, OPLAN 27-65를 전면 개정 · 최신화한 CINCPAC OPLAN 27-69를 제출했음

- OPLAN 27-69는 매우 신축적(flexible) 계획으로, 핵 재래식 무기, 중공군 소련군 개입을 고려 또는 미(未)고려하여, 공격 · 방어 · 철수 등 상황을 상정했음

- 군사력 및 군수: 최대 12 1-3개 사단과 40개 전술폭격 비행대대가 소요되는바, 이들 부대는 동남아시아에서 차출하고, NATO 지역에서 추가로 부대를 철수시킴과 동시에, 훈련소 해체, 병력 · 부대 동원 또는 핵무기의 조기 사용이 필요함

☐ **푸에블로호 사건의 결과로, 태평양사는 북한 AOB**(Air Order of Battle, 공군전투서열) **무력화 계획을 준비하라는 과제를 부여받음**

- 태평양사가 작성한 '작계 Fresh Storm'은 합참의 검토를 거쳐, 1968년 5월 15일 어간에 태평양사로 회신 예정임

- 작계 Fresh Storm은 4개의 선제타격 방안 및 1개의 보복 방안을 포함함
  - ALPHA 방안: 미 전술공군

74 Memorandum for the Chairman, JCS (Top Secret), "Subject: Possible Responses to North Korean Attack on the ROK," DJSM-585-68, May 14, 1968, *FRUS 2*. 이 문서는 구체적인 작전계획이 아니라, 합참의장에게 한국 내 우발사태 계획과 관련된 '매우 비공식적이고 간략한' 특징들을 보고하기 위한 일종의 참고자료로 작성되었다.

- BRAVO 방안: 미 전술공군, 한국 공군
- CHARLIE 방안: 미 전술공군, 한국 공군, B-52 폭격기
- DELTA 방안: 미 전술공군, 한국 공군, B-52 폭격기
- ECHO 방안: 보복 방안, 미 전술공군, 한국 공군, B-52 폭격기

□ Freedom Drop(프리덤 드롭): 북한에 대한 핵무기 사용계획

● 푸에블로호 사건을 계기로 태평양사가 작성한 핵무기 사용계획의 윤곽에 대해, 합참은 작전 개념이 적절한 것으로 평가하고, 합참 검토를 거쳐 승인할 계획이라고 통보 → 이 계획의 명칭을 '**Freedom Drop**'으로 명명

- 미 전술공군 항공기 또는 'Honest Jone' 로켓 및 'Sergeant' 미사일 등을 사용하는 핵무기 투발계획을 조율
- 최대 70킬로톤의 핵무기를 투발하는 3개 방안은 몇 개의 군사목표로부터 북한의 모든 대규모 공격부대 및 군수지원목표 등에 이르기까지 다양한 표적을 타격
- 최초 'Freedom Drop' 계획은 태평양사가 수립된 원안대로 승인되었으나, 합참이 추후에 '적절한 투발시기(propitious time of release)'를 결정할 수 있도록, 합참의장의 지시로 승인이 철회됨

제6장 미국의 EC-121 정찰기 격추사건

1. 북한 미그기에 의한 EC-121 정찰기 격추사건 발생

1969년 4월 14일 새벽 4시 47분, 동해상에서 북한 지역을 정찰 중이던 미 해군소속 EC-121기가 북한의 미그기에 의해 격추되어, 총 31명의 승무원이 전원 사망하는 참사가 벌어졌다. 공교롭게 그날은 한국 시각으로 4월 15일로, 김일성의 생일이었다. 북한의 주장에 의하면 EC-121이 영공을 침범했고, 이 사실이 발각된 후 도주하려다 80마일 떨어진 해상에 추락했다는 것이다. 사건 발생 직후에 미 합참이 준비한 보고서에는 미국이 어떠한 조치를 취하건 간에 달성되어야 할 목표들을 다음과 같이 적시했다.[1]

- 불법적 항공기 격추와 승무원 사망에 대한 적절한 시정조치 확보
- 푸에블로호 납치, EC-121 격추 같은 사태의 예방에 요구되는 조치 시행
- 상기 목표가 달성된 범위 내에서, 이번 사건이 더 큰 분쟁으로 확산되지 않도록 방지
- 전 세계 다른 지역의 군사작전에 대한 지장(disruption) 최소화

---

1 7. Paper Prepared by the Joint Chiefs of Staff (Top Secret), "Analysis of Courses of Action," April 15, 1969, *Foreign Relations of the United States, 1969-1976, Vol. XIX, Part 1, Korea, 199~1972* (이하, *FRUS 3*). 푸에블로호 납치사건이 불과 1년 전에 발생하고, 또다시 31명의 승무원과 항공기의 손실이 발생하는 상황에서, 합참이 제시한 전략목표는 믿을 수 없을 정도로 온건하고 차분하다. 특히 '더 큰 분쟁으로 확산 방지'와 '타 지역 군사작전에 대한 지장 최소화'를 강조한 것은 당시에 어려운 상황으로 치닫던 월남전의 여파가 작용했기 때문으로 보인다.

한편 4월 15일, 키신저 백악관 안보보좌관은 레어드(Laird) 국방장관에게 메모를 보내, 북한의 목표물에 대한 군사작전에 관한 대통령의 지시를 전달하면서, 다음과 같은 군사작전에 관한 추가첩보를 요청했다.[2]

- 북한의 공격용 항공기가 이륙하는 공항에 미국이 보복하는 군사계획
- 원산항에 대한 해상 봉쇄를 위한 군사계획(a military plan)
- 원산항에 기뢰 부설을 위한 군사계획
- 영해 내 · 외부의 북한군 함정에 대한 잠수함 어뢰공격을 위한 군사계획
- 상기 군사계획과 관련하여, 예상되는 항공기 · 함정 손실 등

2. EC-121 정찰기를 격추시킨 북한의 의도 분석

EC-121 정찰기 격추사건 직후 CIA가 북한의 의도를 분석한 결과에 의하면, 특히 푸에블로호 사건 이후 북한 선전 · 선동의 '주요 주제(major theme)'는 북한처럼 작은 소국일지라도 단호하게 결심만 하면 미국 같은 '강대한 제국주의자(might imperialist)'도 굴복시킬 수 있다는 것이었다. 푸에블로호 사건으로 기고만장한 김일성이 자신의 생일인 4월

2 10. Memorandum From the President's Assistant for National Security Affairs (Kissinger) to Secretary of Defense Laird (Top Secret), "Military Operations Against North Korean Targets," April 15, 1969, *FRUS 3*.

15일 만행을 저지른 것은 아마도 EC-121 정찰기 격추를 '미국의 침략야욕'에 대한 선전공세 재개와 아울러, 지역 내 미국의 행동에 대한 신뢰도를 약화시킬 수 있는, 상대적으로 '위험이 낮은 기회(low-risk opportunity)'로 간주했기 때문일 것이다. 또한 이러한 공격은 북한 지도부 내 강경파들이 남한에 대한 '인민전쟁(people's war)'을 성공시키지 못하고, 남한의 경제성장을 따라잡지 못한 국내적 불만과 관심을 미국의 힘에 대한 도전으로 전환시키는 효과가 있었다.[3]

사건 이튿날 보고된 CIA의 정보 분석에 의하면, 북한에 의한 EC-121 정찰기 격추는 푸에블로호 사건과 마찬가지로 소련이나 중공에 미리 통보하지 않은 상태에서 저질러진 일방적 행위로 보였다. 푸에블로호 사건과는 대조적으로, 현재 상황에서 미국은 북한과 흥정이나 교환이 불가능했다. 또한 의미 있고 효과적인 미국의 행동방책을 발전시키는 문제는 북한 행동의 근저를 형성하는 동기(motivations)와 전제들로 인해 복잡해졌다. 김일성 정권은 이러한 위험부담을 감수함으로써 얻을 수 있는 잠재적 이득이 미국의 군사적 보복을 당할 위험보다 '훨씬 더 크다(far outweighed).'라는 계산을 사전에 끝내고 이런 짓을 계획했음이 틀림없었다. 이러한 판단, 그리고 장차 미국이 취하게 될 조치에 대한 북한의 평가는 아마도 푸에블로호 납치를 둘러싼 미국의 대응에 관한 한국의 해석에 의해 강력한 영향을 받았을 것인바, 김일성은 미국이 월남 및 다른 지역에 '과다신장(overextended)'되어 있다는 점, 따라서 그러한 의도적 도발을 자행하고도 '상대적으로 무탈(with relative

---

3 11. Briefing for Director of Central Intelligence Helms for a National Security Council Meeting (Top Secret), "The Situation in North Korea," April 16, 1969, *FRUS 3*.

impunity)'할 수 있다는 점을 확신했음이 틀림없었다.[4]

CIA의 판단에 의하면, 북한이 위험평가에 '자만하는(complacent)' 모습을 보이는 데는 두 가지 요인이 있다. 첫째, 김일성은 자신의 '혁명적' 태도를 자랑으로 삼으면서, 미국의 힘을 상대하는 데 소심함을 보이는 중공과 소련을 조롱했다. 북한의 선전 · 선동에 의하면, 특히 푸에블로호 사건 이후, 약소국이라도 단호한 결의가 있으면 '강성한 제국주의자'도 물리칠 수 있다는 것이다. 둘째, 항공기를 격추시킨 보다 구체적인 동기는 김일성이 지난 2년간 한국에서 '인민전쟁(people's war)'을 일으키는 데 실패한 과오를 만회하려는 욕구가 있었기 때문이다.

북한의 야심과 가정(assumptions)을 고려해 볼 때, 아래에 언급된 미국의 행동방책이 공언된 목표를 달성하거나, 또는 북한이 장기정책을 수정하도록 유도하는 데, 어떤 결정적이거나 항구적 효과를 가질 것인지는 의문이다. 예컨대, 푸에블로호 사건의 대응을 반복하는 무력시위를 벌일 경우, 북한은 이를 중대한 적대행위의 재개를 야기할 위험이 높은 어떠한 군사력의 직접적 사용에도 미국이 소극적 입장을 보일 것임을 나타내는 신호로 해석할 것이다. 아울러, 전투가 포함되지 않은 군사행동은 북한이 DMZ 지역 일대에서 교란작전이나 기타 압력을 증가시키지 못하도록 억제하는 효과를 거두지 못할 것이다.[5]

4 Intelligence Memorandum Prepared in the Central Intelligence Agency (Top Secret), "Communist Reactions to Certain US Actions," April 17, 1969, *FRUS 3*.

5 Ibid.

3. 푸에블로호와 EC-121 정찰기 사건의 차이점

대통령 군사보좌관인 헤이그(Alexander Haig)는 키신저 안보보좌관에게 보낸 메모에서 푸에블로호 사건과 EC-121 정찰기 격추사건 간의 중요한 차이를 이렇게 설명했다. 푸에블로의 경우, 대통령은 북한의 함정 납치에 대해 어떠한 보복조치에도 신중을 기해야 할 근거가 있었는데, 이는 바로 승무원들의 안위(welfare)였다. 그러나 EC-121 정찰기 사건에서는 푸에블로와 유사한 '금지사항(inhibitions)'은 '무대응(no-action)'을 설명하는 근거가 될 수 없다. 그러나 대통령의 군사적 대응은 최악의 시나리오를 극복할 수 있는 의지와 능력에 기초해야 한다. 이러한 의지와 능력을 보여 줄 수 있는 지표(indicators)는 다음과 같이 간단한 것들이다.[6]

1. 모든 요인들을 고려 시, 모종의 군사적 보복공격이 요구된다.
2. 보복의 계산에서 핵심적인 요소는 적에 의한 최악의 보복을 억제(contain)할 수 있는 능력이다. 북한은 우리의 공격에 대응하여, DMZ 이남 지역에 지상 또는 공중 공격을 개시할 수 있다. 우리는 합리적 성공의 확신을 가지고 북한의 공격을 억제할 수 있는 능력을 보유해야 한다. 더 중요한 것은 적이 반드시 우리가 이런 능력을 갖고 있으며, 사용할 의도가 있음을 알아야 한다는 점이다.

6 12. Memorandum From the President's Military Adviser (Haig) to the President's Assistant for National Security Affairs (Kissinger) (Top Secret), "Shoot-Down Incident," April 16, 1969, *FRUS 3*.

3. 만일 대통령이 필요하다면 대통령이나 미국이 한계를 뛰어넘을 것이라는 의도를 전달하기 위해 자신의 휘하에 있는 모든 신호기제(signalling devices)를 작동시키기를 꺼린다면, 본인(헤이그)은 북한 활주로에 대한 명시적 공격 같은 조치를 취하지 말도록 건의할 것이다. 이런 경우, 본인은 '잠수함 매복 전술(submarine ambush tactic)' 같은 방안을 고려하도록 건의할 것이다. 이를 실행에 옮기려면 며칠에서 몇 주가 소요될 것으로 보인다.

4. EC-121 정찰기 격추사건 관련 NSC 회의[7]

EC-121 정찰기가 북한 영공을 벗어난 지역에서 비행활동을 하던 중, 북한 미그기가 발사한 미사일에 피격되어 31명의 승무원 전원이 몰사한 참사가 발생했음에도 불구하고, 이 문제를 논의하기 위해 소집된, 새로 출범한 닉슨 대통령의 NSC는 '기이할 정도로 평온하고 차분한' 분위기 속에서 진행되었다. 창졸지간에 북한의 도발로 귀중한 생명과 재산(EC-121) 손실을 입은 국가라고는 믿을 수 없을 만큼, 회의시간 내내 어떤 긴박감이나 긴장감이나 위기의식 같은 것은 찾아보기 힘들다. 이처럼 맥 빠진 듯한 NSC의 분위기는 그 후에도 마찬가지였다. 미국 정부는 이 사건을 계기로 한국 정부가 다시금 '대북 보복'을 주장할까 봐 더욱 경계하는 모습을 보였다. 그러다 보니 사건이 발생한 지 며칠도 지나지 않아, "북한에 대한 징벌은 얻는 것보다 잃을 것

7 13. Minutes of a National Security Council Meeting (Top Secret), April 16, 1969, *FRUS 3*.

이 더 많다."라는 결론에 다다르면서, EC-121 피격사건은 역사의 망각 속으로 묻혀 갔다. (이하, NSC 회의 내용 발췌 · 요약)

참석자	닉슨(Nixon), 대통령 애그뉴(Agnew), 부통령 로저스(William Rogers), 국무장관 레어드(Melvin R. Laird), 국방장관 링컨(George A. Lincoln), 비상대비실(Office of Emergency Preparedness) 실장 리처드슨(Elliot Richardson), 국무부 차관 휠러(Earle G. Wheeler), 합참의장 헬름스(Richard Helms), CIA 국장 키신저(Henry A. Kissinger), 백악관 안보담당 부보좌관 브라운(Winthrop Brown), 국무부 부차관보 헤이그(Alexander Haig), NSC 직원 스나이더(Richard Sneider), NSC 직원 스티클리(Ralph Douglas Steakley), 합참 정찰담당 부국장(공군)

휠러 군사적 옵션에 대하여 보고 드리겠습니다. ① 무인기를 북한 상공에 투입, ② 전투기 엄호 하에 정찰비행, ③ 외교적 노력과 조율 하에, 48시간 동안 공군력 및 해군력으로 무력시위, ④ 북한 방공망에 대한 공중공격 - 북한의 공격을 유발하여 손실이 발생될 수 있음, ⑤ 북한 영공을 벗어난 북한 항공기 격추 - 가능성 희박하며, 효과 미미, ⑥ 48시간 동안 해상에서 해안포 공격 - 공중엄호 필요, ⑦ DMZ 인근의 북한군 목표물 공격 - '어니스트 존스(Honest Jones)' 로켓이나 재래식 포병으로 사격, ⑧ DMZ 북쪽에 대한 기습 - 정전협정 위반이며, 한국군도 이를 모방할 수 있음.

우리가 활주로 1~2개, 방공표적 등에 공중공격을 실시할 수 있는 조합(permutations)은 무궁무진하며, 괌이나 오키나와, 항모 등에서 발진한 24~250대의 항공기가 필요합니다. 성공확률은 탁월(excellent)하며, 손실률은 2~8%입니다.

작년 11월 이후 EC-121 정찰기는 총 11회에 걸쳐 임무를 수행했습니다.

로저스 외교적 대안입니다. 판문점은 '입씨름하는 곳'입니다. 그곳에서 시시비비를 따지면 우스운 꼴이 되므로, 이 방책은 제외합니다. 유엔에 문제를 제기할 수 있습니다. 안보리에 문서로 EC-121 사례를 제기하되, 행동을 취하는 것까지는 요구하지 않는 겁니다. 우리는 판문점과 유엔의 조합을 활용할 수 있습니다. 군사행동이 필요한 경우에는 국내적 지지를 조성하는 데 도움이 되나, 실효성은 별로 없습니다. 격추장소에 관해 함정에 빠지지 말아야 합니다. 즉 반드시 거론해야 할 경우에만 거론하자는 겁니다.

대통령 애매하게 말하지 말아요. 북한은 거짓말할 거예요. EC-121 격추사건과 푸에블로호 납치사건 간에는 중요한 차이가 있어요. 이번에는 일상적 임무를 수행하다가 벌어진 일이에요. 그래서 공중엄호가 없었던 겁니다. 왜 북한은 푸에블로호 사건이 벌어진 지 얼마 안 되는 지금 이런 짓을 저질렀을까요?

로저스 이번에는 이례적으로 추적비행(tracking)을 했습니다.

대통령 공역(air space)에는 국제법 같은 것이 적용되지 않아요.

스티클리 과거 패턴으로 볼 때, EC-121의 비행궤적은 이례적인 것이 아닙니다. 단지 이번에 계획된 패턴이 이상하다는 거지요.

대통령 비행패턴이 과거에는 정상이었나요? EC-121이 늘 그랬단 말이죠?

스티클리 그렇습니다.

애그뉴 제가 볼 때는 확실치 않아요. 우리는 EC-121이 어디서 격추되었는지 알고 있는, 소련도 눈치를 챘어요.

리처드슨 소련은 이 사건에 대해 뭐라고 하나요?

로저스 거짓말을 할 수가 없지요.

키신저 북한은 우리가 먼저 쐈다고 우깁니다.

휠러 제 생각에는 북한이 공대공 미사일을 쏜 것 같습니다. 미사일을 사격한 것이 맞을 거예요.

키신저 북한이 말하는 걸 들어 보면, 비행기가 바로 뚝 떨어졌다더군요.

리처드슨 남한의 반응은 어때요?

휠러 본스틸 사령관에 의하면 한국이 대단히 우려하고 있답니다. 과거 행동으로 보면 이것이 그들의 전형적 반응입니다. 한국은 우리가 아무 조치도 취하지 않을 것을 걱정합니다.

브라운 한국 언론은 우리가 강력히 보복해야 한다는 반응입니다.

대통령 그 사람들은 신경과민(jittery)이에요.

키신저 상호방위조약과 관련하여, 북한은 소련·중공과 동시에 방위조약을 체결한 유일한 국가입니다.

대통령 오늘은 여기까지만 합시다.

5. EC-121 정찰기 격추사건에 대한 '월남전' 효과

미국의 북한 대응과 관련된 근본적 이슈는 여론의 지속적인 지지를 '동원(mobilizing)'하는 문제였다. EC-121 격추사건과 관련하여 미국 국민들의 여론이 어떻게 변할지를 짐작할 수 있는 단서는 거의 없었다. 그때까지 보복을 요구하는 미국 국민들의 규모는 제한적이었으며, 푸에블로호 납치사건 직후보다 그 목소리가 더 작았다. 반면 보복에 대한 위험성을 경고하는 주장도 마찬가지로 미미했다.[8]

EC-121 사건과 관련하여 키신저에게 메모를 보고한 NSC의 스나이더(Richard L. Sneider)에 의하면, 가장 핵심적인 문제는 과연 월남전에 대한 국내 여론이 EC-121 문제와 어떤 상호작용(interaction)을 보일 것인지였다. 만일 북한에 강력하게 대응한다면, 협상을 통한 월남전의 종결방안을 모색하는 파리평화회담에 나오려던 '월맹을 화들짝 놀라게 만들어(bring the North Vietnamese up short)' 월남전의 지연(prolonging)에 대한 우려를 고조시킬 것이다. 반면, 이들은 미국 내 여론의 향배를 더욱 면밀히 주시할 것인바, 월맹은 미국 여론을 평화협상에서 상대방이 제 풀에 지치게 만들고 최종적 승리를 거둘 수 있는 '회심의 카드(trump card)'로 간주하고 있던 참이었다. 그러나 만일 북한에 대한 보복을 지지하는 국내 여론이 시들해지고, 이로써 월남전 개입을 반대하는 압력이 고조된다면, (북한에 대한 미국의 강력한 보복으로 인해) 월맹이 느끼게 될 최

---

8 16. Memorandum From Richard L. Sneider of the National Security Council Staff to the President's Assistant for National Security Affairs (Kissinger) (Top Secret), "The Korean Decision and Domestic Opinion," April 18, 1969, *FRUS 3*.

초의 충격도 가라앉게 될 것이다.

바로 이것이 대북 보복으로 초래될 수 있는 위험부담이다. 그러나 이는 무대응(inaction)으로 나갈 경우의 위험부담에 견주어 평가되어야 한다. 미국 국민들의 여론은 죽 끓듯 변덕스러운(volatile) 것이어서, 당시 시점에서는 그 향배를 판단하기 어려웠다. 다만 짐작할 수 있는 것이라고는, 너무도 많은 미국 국민들이 쿠바 미사일 위기 때만큼 EC-121 사건에 미국의 사활적 이익이 걸려 있지 않다는 결론을 내릴 것이므로, 한국에서의 적대행위 재발을 감수하는 위험부담을 충분히 정당화시킬 수 있을 정도로, 대북 보복에 대한 지속적인 지지를 확보하지 못할 것이라고 스나이더는 판단했다.

4월 18일, 레어드 국방장관은 닉슨 대통령에게 EC-121 격추사건에 대하여 미국이 취할 수 있는 행동방책을 보고했다.[9] 메모의 형태로 작성된 보고서는 크게 두 부분으로 구성되어 있다. 첫째는 채택할 수 있는 군사적 대안이고, 둘째는 그러한 대안의 '바람직함(desirability)'에 대한 평가이다.

우선 군사적 대안으로, 레어드 장관은 만일 군사적 조치를 취한다면 '공중공격(an airstrike)'이 여러 이유로 최선의 방책이라고 보았다. ① 미국에 대한 북한의 공격에 상응(즉, '눈에는 눈')하고, ② 장기간 지속될 필요가 없는 일회성 작전(a one-time operation)이고, ③ 북한 군사시설을 직접 공격함으로써 민간인 피해를 방지 또는 최소화시킬 수 있고, ④ 지상・해상 미군기지에서 발진하여 여타 국가들이 연루될 가능성을 회피할 수 있으며, ⑤ 북한 활주로가 여타 목표물들보다 접근하기 용이

9 17. Memorandum From Secretary of Defense Laird to President Nixon (Secret), "Alternatives Incident to EC-121 Shootdown," April 18, 1969, *FRUS 3*.

하다는 것이다.

레어드에 의하면 공습작전이 수행될 경우, ① B-52 폭격기 1대당 투하되는 30톤의 폭탄은 '대규모적이고 무차별적(massive and indiscriminate)' 인상을 줄 수 있으므로, 그보다 규모가 작은 탄약과 파괴효과가 더 바람직하고, ② 공습 중 피해가 발생할 경우, B-52의 손실보다는 크기가 상대적으로 작은 항공기의 손실이 더 낫고(인명 · 금전적 측면), ③ 공격 항공기(A-6 등)가 저공 · 심야 비행으로 정확성과 기습효과를 달성할 수 있고, ④ 폭격기보다는 공격 항공기의 기동성이 우수하며, ⑤ A-6 항공기의 공중 재보급이 가능하다는 등의 이유로, 항모에서 발진하는 공격이 지상발진 공격보다 선호된다.

다음으로, 레어드 국방장관은 그러한 대안의 '바람직함'에 대하여 평가했다. 그에 의하면, 만일 군사적 대안이 바람직하다면, 항공모함에서 발진하는 공격이 최선으로 보인다. 그러나 다음과 같은 이유로 국방장관은 대통령에게 "현 시점에서 군사적 대안을 사용하지 않는 편이 더 낫다(it would be better not to use military options now)."라고 보고했다. 그가 공습을 반대한 이유는 다음과 같이 요약될 수 있다.

> 무엇보다도 군사작전과 관련된 불확실성이 문제이다. 한마디로 말해, 공습을 위한 준비조치로서, 얼마나 많은 정찰비행이 필요한지 알 수 없다는 것이다. 아니면, 충분한 무장엄호 하에 정찰비행을 감행함으로써 북한의 '도발'을 유도하고, 공군에게는 북한 영공 · 영해를 벗어난 지역에 위치한 미군 함정에 접근하는 북한의 모든 항공기 · 함정을 격파하도록 대통령이 명령을 하달하는 대안도 있기는 하다. 그러나 북한을 징벌할 목적으로 수행되는 미국의 공중공격에는 이로써 얻을 수 있는 잠재적 이득(potential pay-off)보다 훨씬 더 큰 위험이 수반된다.

EC-121 정찰기 격추사건이 초반부터 유야무야 지나가게 된 미스터리의 실마리는 '월남전'에서 찾아볼 수 있다. 당시 미국은 대화와 협상을 통해 전쟁을 종결하기 위해, 소위 '닉슨독트린' 하에서 주월미군 주력부대를 철수시키고 파리평화회담의 테이블에 월맹을 끌어들일 계획을 세우고 있었다. 이처럼 큰 그림을 고려하다 보니, 자칫하면 EC-121 격추사건에 대한 미국의 보복공격이 월맹을 자극하여, 결국 조기에 종결시키려던 월남전이 연장될 위험이 있었다. 즉, 사활적 이해가 걸리지도 않은 EC-121 사건은 더 큰 미국의 국가이익을 위해 희생되어야 할 운명에 있었던 셈이다.

제7장
닉슨 행정부의 주한미군 감축

1. 한반도 우발사태 계획

닉슨 행정부는 출범 직후인 3월 말, 대통령 지시에 따라 '한국에서의 우발사태 계획수립(Contingenfy Planning for Korea)'에 착수했다. 이 연구는 북한에 의한 제한적 · 전면적 공격이나 북한 도발에 대한 한국의 일방적 보복의 결과로 한반도에서 적대행위(hostilities)가 발발할 경우, 미국이 선택할 수 있는 행동의 대안을 모색하는 것이 그 목적이다. 이를 위해 '동아시아 부서 간 그룹(East Asia Interdepartmental Group)'이 구성되어, 그 해 4월 25일까지 결과를 보고하라는 임무가 부여되었다. 보다 구체적 명칭으로서 '부서 간 한국특임단(IDKTF: Inter-Departmental Korean Task Force)'이 설치된바, 책임자인 브라운(Winthrop G. Brown) 대사 예하에 국무부 · 국방부 · CIA 등이 참여토록 했다.[1] 상기 연구 노력은 EC-121 격추사건으로 잠시 중단상태에 들어갔다.

EC-121 격추사태가 일단락되자, '한반도 우발사태' 연구가 새로이 조명을 받았다. 1969년 5월 2일~6월 11일까지 수행된 '임시부서간 한국특임단(IDKTF: Ad Hoc Inter-Departmental Korea Task Force)'의 연구결과는 다음과 같다.[2]

---

1 4. National Security Study Memorandum (Secret), "Contingency Planning for Korea," March 21, 1969, *FRUS 3*. 브라운 대사는 주한 미국대사를 역임한 후, 국무부 동아시아/아 · 태담당 부차관보로 재직 중이었다.

2 26. Draft Study Prepared by the Ad Hoc Inter-Departmental Working Group for Korea (Top Secret), "Summary for Korea Task Force," May 2-June 11, 1969, *FRUS 3*.

한국에 대한 미국의 이익

- 한국은 일본 · 동아시아 지역 안보에 전략적으로 중요함
- 미국은 상호방위조약에 따라 외부 침략으로부터 한국을 방위해야 할 의무가 있음
- 대한(對韓) 방위공약과 관련된 미국의 성과(performance)는 여타 동맹국 · 유엔에 대한 미국의 공약에 영향을 미침
- 현재 한국은 개도국 보호 · 지원에 대한 미국의 능력을 보여 주는 성공적 사례로 기록되고 있음

전제 및 가정

- 한반도 내 상대적 군사능력에는 현저한 변화가 없을 것임
- 미국은 여전히 동남아시아에 군사적으로 개입되어 있을 것임
- 소련 · 중공은 자국에 대한 즉각적 위협으로 인식되지 않는 한, 한반도 분쟁에 직접적인 개입을 회피할 것임
- 한국에서 유엔이 수행하는 역할의 본질에는 현저한 변화가 없을 것임

예상되는 우발사태의 유형

1. 미국에 대한 북한의 제한적인 저강도[3] 적대행위
2. 미국에 대한 북한의 제한적인 고강도[4] 적대행위
3. 한국에 대한 북한의 제한적인 저강도 적대행위
4. 한국에 대한 북한의 제한적인 고강도 적대행위
5. 북한에 대한 한국의 제한적 적대행위[5]
6. 한국군 · 미군에 대한 북한의 대규모 공격[6]

---

3 예: 미군의 납치 · 암살 같은 테러나 사보타지 행위, 사전 승인받지 않은 소규모 도발, DMZ 공격 등 경미한 도발

4 예: 공해 · 국제공역에 위치한 한국 항공기나 미군 함정을 공격 또는 나포, 한국에 위치한 미국대사관, 미군 · 상업 시설 등 공격, 1개 여단까지 규모의 부대가 DMZ 이남의 미군부대 공격 등 심각한 도발

5 예: 북한 해안을 따라 수륙양면 공격, 특수부대로 북한 시설 습격, MDL 이북에 대한 제한적 지상군 공격, 북한 시설에 대한 공중공격 등

6 예: MDL 넘어 최소한 사단급 부대의 남침 공격, 한국에 대한 대규모 공중공격, 또는 두 가지 도발을 동시에 자행

미국에 대한 북한의 제한적인 저강도 적대행위[7]

구분		내용
미국의 목표		• 모든 우발사태에 적용될 수 있는 광범위한 목표 • 미국의 국위 및 공약에 대한 신뢰성 유지 • 미래 북한의 적대행위 억제
선호되는 행동방책	정치적	• 시정 요구 • 유엔사 입장 전달을 위한 MAC 회의 소집 • 북한 정전협정 위반에 대한 NNSC 조사 요구
	군사적	• 북한 영해 · 영공 밖에서 공중 · 해상 정찰 증가 • 주한미군 전력 보강 • 지상 · 공중 · 해상 무력시위 실시 • 북한에 인접한 특정 수역 · 공역을 '위험지역'으로 선포 • 북한 상공에 대한 무인기(drone) 또는 유인기 정찰 • 북한 보급선(communications) 및 항해체계 방해 • 북한의 해외자산 압류 • 북한에 대한 심리전 강화 • 월남으로부터 한국군 전투부대 복귀 • 한국군의 은밀습격(covert raid) 지원 • MDL 이북에 포병 · 미사일 또는 박격포 사격 • 미군 또는 한국군의 기습상륙(amphibious raid) • 지역 내 1~2개소의 해협 폐쇄로 해상 격리(quarantine)
	기타	• 목표 달성에 바람직한 방책 - 유엔 안보리 의장을 통하여 북한 규탄 - MAC 회의 보이콧 - 일본 등 여타 국가들의 협조 요청 - 적대행위 확산 예방을 위해 소련의 협조 요청 • 목표 달성에 부정적인 방책 - 유엔 안보리 소집 요구, 경제제재 시행

7 여섯 가지 상황 중에서, 이 책에서는 한 가지만 예를 들어 설명하기로 한다.

한편, 시기는 미상이나, '부처 간 한국특임단(IKTF)'이 작성한 「한국 프로그램 메모(Korean Program Memorandum)」라는 제하의 보고서는 ① 제1부: 핵심 결정사항, ② 제2부: 미국의 대한(對韓) 정책환경, ③ 제3부: 미국의 대한(對韓) 정책목표 등 3부로 구성되어 있다.[8]

먼저, 미국이 한국에 관해 '전환점(a turning point)'을 맞이했다는 문장으로 시작되는 '제1부: 핵심 결정사항(Key Decisions)'은 한·미관계를 근본적으로 변화시킬 수 있는 일련의 중대한 정책결정이 이루어져야 함을 적시했다. 기본적으로, 한국에 '대한(vis-à-vis)' 미국의 행동은 적어도 '비(非)강대국 간 분쟁(lesser-power conflicts)' 발생 시, 아시아 국가들에게 자립(self-reliance)의 제고를 요구하게 될 것인바, 이는 미군 배치, 군사지원, 경제원조 및 여타 미국의 지출 등 다양한 프로그램이 비용 측면을 포함한 광범위한 관점에서 재검토될 것임을 암시하는 것이다.

IKTF에 의하면, 단기적 행동·의사결정이 필요한 사항은 다섯 가지이다. ① 북한의 침투 및 DMZ 일대에서 발생하는 사건: 미국은 200만 명의 예비군(약 2,600만 달러 소요)을 포함하여, 북한이 도발하는 사건에 대응할 수 있도록 한국의 계획을 보장·지원해야 할 것인가? (약 2천만~1억 5,800만 달러 소요), ② 미 지상군 배치 및 대비태세: 미국은 주한미군 2개 사단의 대비태세를 개선하고, 병력수를 8,500~1만 3,100명 증가시킴으로써 현재의 배치상태를 안정시켜야 할 것인가? (연간 약 1억 4천만~2억 2천만 달러 소요), ③ 한국에 미 전술공군 배치: 미국은 계속해서 한국에 임시 공중전력 증강부대(항공기 151대)를 유지할 것인가? (연간 약 2천만 달러 소요), ④ ND, ⑤ 한국에 대한 경제지원 지속 등이 그것이다. 그

8 27. Draft Study Prepared by the Interagency Korean Task Force (Secret), "Korean Program Memorandum (Draft)," undated, *FRUS 3*.

밖에도 IKTF는, 한국 지상군 전투력 개선(새로운 장비 구입에 9억 5천만 달러, 그리고 1974년 이후 연간 운용유지비 약 1억 3,500만 달러), 한국 공군 전투력 개선(현대화에 3억 7,500만~8억 7,500만 달러, 운영유지비로 연간 7,400만~1억 7,600만 달러)과 같은 중·장기적 결정이 요구되는 문제들도 제기했다.

'제2부: 미국의 대한(對韓) 정책환경'은 비록 박정희 정권이 1967년 선거에서 승리했지만, 두드러진 선거부정(election irregularities)으로 국민적 불신을 받고 있으며, 야당을 억압적 조치로 탄압하고 있다고 기술했다. IKTF 보고서 제2부는 한·미관계에 영향을 주는 가장 중요한 요소를 '미국의 대(對)아시아 역할 변화(the evolving US role in Asia)'라고 적시했다. 미국 내에서 일어나고 있는 '신고립주의적 감정(neo-isolationist sentiment)'이 아시아 안보에 대한 미국의 장기적 공약에 의문을 제기한다는 것이다.

IKTF는 '제3부: 미국의 대한(對韓) 정책목표'를 ① 대규모 남·북간 적대행위 예방, ② 한국에 대한 강대국 이익 사이에 안정적 타협을 유지, ③ 한국을 적대국들로부터 보호, ④ 한국의 방위능력 제고, ⑤ 한국의 경제발전 및 정치안정 고무, ⑥ 일본이 한국의 안보 및 번영에 더 많이 기여하도록 장려 등 여섯 가지로 정리했다.

1969년 7월 2일(오전 11시 42분~오후 12시 28분), 키신저 백악관 안보보좌관을 의장으로 하는 이른바 '워싱턴특별행동그룹(WSAG: Washington Special Actions Group)'이 제1차 회의를 개최했다.[9] WSAG는 한국, 베를린, 중동 등 3개 지역에 편성되었다. 키신저가 주관하는 이 회의에는 국무

9 28. Minutes of a Washington Special Actions Group Meeting (Top Secret), "Military Contingency Planning for Korea," July 2, 1969, *FRUS 3*.

부, 국방부, CIA, 합참, NSC 등이 참석했으며, 각 지역의 '우발사태 계획(contingency plan)'을 수립하는 것이 주된 목적이었다. 'Korean Task Force(KTF)'와 관련해서는, WASG가 일종의 '감시위원회(Watch Dog committee)'로서, KTF에 지침을 하달·감독하도록 했다.

회의 모두(冒頭)에, 키신저는 우발사태 계획과 관련된 대통령의 의중을 명확히 전달했다. 즉, 대통령이 원하는 것은 '일반적 진술(general statements)'이 아니라, 특정 상황에 사용될 수 있는 '행동방책(courses of action)'이다. 예컨대, 만일 대통령이 지정된 목표물을 B-52 폭격기 3대로 타격하기를 원한다면, 그 밖에 어떤 다른 조치를 취해야 하는가? 대통령은 그로 인해 영향을 받게 될 정부와 국민들이 보일 수 있는 반응을 알고자 한다. 정치적·군사적 의미에서 정확하게 어떤 일이 벌어질 것인가? 그는 자신이 해야 할 일들의 '점검표(a check list)'를 원하는 것이다.

키신저는 EC-121 사건을 거론하며 이렇게 말했다. 그 사건에서 얻은 결론은 '어떤 조치를 취하건 간에, 핵심 관건은 상대의 '역습(counter blow)'을 불가능하게 만드는 것'이다. 그가 EC-121 사건 이후에 닉슨 대통령에게 보고한 바에 의하면, "만일 향후 B-52로 폭격해야 할 사태가 벌어진다면, 대통령이 폭격기 3대를 동원한 대가로 치러야 할 대가나 25대를 동원했을 경우 치러야 할 대가나 별 차이가 없다."라는 것이다. 중요한 것은 '단호한' 모습을 보이는 것이며, 만일 반격(counter-responses) 예방이 목표라면, 그 조치는 '강력한 타격(a powerful blow)'이 되어야 한다. 만약 당장 비슷한 사태가 벌어진다면, 대통령은 아마도 '아무것도 하지 않거나, 아니면 가능성의 영역 가운데 극단적인 대안을 선택할 것'이다.

2. '닉슨독트린' 선언 직후의 한·미정상회담

1969년 7월 25일, 닉슨 대통령은 괌(Guam)에서 백악관 출입기자들과 가진 간담회를 통하여, "길지 않은 기간 동안, 미국은 세 번씩[10]이나 아시아에서 전쟁을 치르기 위해 태평양을 건넜다."라면서, 아시아 동맹국들의 자주국방능력 강화와 미국의 부담 경감의 필요성을 강조했다. 이런 인식을 바탕으로 수립된 소위 '닉슨독트린'[11]은 이듬해 2월 의회에 보낸 외교교서를 통해 전 세계적으로 공식 선포되었다.

닉슨 독트린이 발표된 지 불과 1주일도 지나지 않은 1969년 8월 2일, 박정희-닉슨 간 한·미정상회담이 샌프란시스코에서 열렸다. 그런데 회담 장소가 캘리포니아로 결정된 것은 남부 오렌지 카운티(Southern Orange County)에 소재한 산클라멘테(San Clemente)의 휴양지에서 여름휴가를 즐기는 중이었기 때문이다. 닉슨은 휴양지에서 약 700킬로미터 떨어진 샌프란시스코로 이동하여 회담에 참석했다. 때마침 공교롭게 정상회담장 주변에는 베트남전쟁에 반대하는 5천여 명의 시위대들이 몰려와 반전 구호를 외치며 소란을 피우고 있었다.

8월 2일(오후 4시 15분~6시 15분)에 개최된 정상회담은 양국 대통령과

---

10 일본과의 태평양전쟁, 한국전쟁, 그리고 아직 진행 중인 베트남전쟁.

11 ① 미국은 향후 베트남전쟁 같은 군사개입 회피, ② 미국은 아시아 국가들과의 조약을 준수하되, 강대국에 의한 핵위협을 제외하고는 아시아 각국이 자력으로 내란이나 침략에 대처, ③ 미국은 '태평양 국가'로서 역내에서 중요한 역할을 수행하되, 직접적·군사적·정치적 과잉개입을 지양하고, 아시아 각국의 자주적 행동을 측면에서 지원, ④ 아시아 각국에 대한 원조를 경제 중심으로 변화시키고, 상호원조 방식을 강화하여 미국의 부담을 경감, ⑤ 아시아 각국이 5~10년 내에 상호안전보장을 위한 군사기구를 설립하기를 기대.

통역만 참석한 '미니 회담'이었다. 아무튼 캘리포니아 회담에서의 최대 하이라이트는 닉슨 대통령이 "미국 국민들의 여론이 전 세계적 미군 축소를 요구하고 있음에도 불구하고, 김일성에게 경고하기 위해, 주한미군 감축을 추진하지 않을 것"이라고 약속했다는 점이다. 닉슨의 약속은 미국이 '아시아에서 손을 털고' 떠나려는 것으로 '오해'한다는 아시아 국가들의 우려를 전하면서도 내심 불안하게 생각하고 있었던 박정희 대통령에게는 큰 위안이 되었을 것이다. 아마도 박 대통령은 한국만큼은 '닉슨독트린'에서 예외로 인정받았다고 확신했을 것이다. 그러나 이런 기대는 얼마 가지 못해 커다란 실망감으로 변했다.

샌프란시스코에서 개최된 박정희-닉슨 간 한미정상회담 회의록[12]

(이하, 전문)

닉슨 오늘 자세한 대화에 들어가기 전, 한국에 대한 저의 새로운 정책에 대해 몇 가지 말씀드리겠습니다. 김일성 정권은 가장 공격적이고 비이성적인 공산주의 정권 중 하나입니다. 각하께서도 기억하시겠지만, 제가 대통령으로 취임하기 전에 푸에블로호 사건이 벌어졌습니다. 대통령 선거유세 기간 중, 저는 북한에 대한 한 번의 경고로 충분하다고 말했습니다. 만일 북한이 또다시 전쟁을 도발한다면, 우리는 대응할 것이고, 현재 대응

12 35. Memorandum of Conversation (Top Secret), "Talks Between President Nixon and President Pak," August 21, 1969, *FRUS 3*. 회담 내용의 중요성에 비추어, 회담 내용 전문(full-text)을 옮겼음.

할 준비가 되어 있으며, 적의 도발보다 더욱 가혹한 조치를 취할 것입니다. 이 메시지는 주미 소련대사에게 전달했고, 소련은 이것을 북한에도 알려 주었을 겁니다.

이제 아시아에 대한 저의 새로운 정책을 설명하겠습니다. 언론은 미국이 아시아 국가들에 대한 조약상 의무를 이행할 것이라는 취지로 언급한 저의 발언을 간과했습니다. 우리는 한·미 상호방위조약을 존중할 것입니다. 우리가 생각해야 할 것은 이러한 공약을 지키는 최선의 방법이 무엇이냐는 것입니다. 중공에 대한 여행과 중공산 제품에 대한 제한을 완화시켰지만, 우리는 중공을 여전히 호전적 국가로 간주하고 있습니다. 중공에 대한 미국의 정책은 변하지 않으며, 우리는 중공의 유엔 가입을 인정(admit)하지 않을 것입니다. 또한 이런 맥락에서 중·소 분쟁에 주목할 필요가 있습니다. 아시다시피, 소련은 중공, 북한, 베트남전쟁, 중동 등에 관한 사안을 해결하는 데 도움을 주지 않았습니다. 또한 소련은 북한에 군사적 지원을 제공하는 국가 중 하나입니다.

소련이 상호주의적(reciprocal) 행동으로 호응하지 않는 상태에서, 우리가 소련과 협조하는 일은 있을 수 없습니다. 이러한 상황에서, 중공에 대항할 목적으로 소련과 집단안보를 결성하는 발상은 무의미합니다. 소련이 먼저 진정성(sincerity)을 가지고 행동해야 합니다. 저는 공산주의 국가인 중공의 변방(periphery)에 위치한 비(非)공산국가들이 강화되어야 한다고 생각하는데, 그 이유는 이들이 중공, 북한, 월맹 등으로부터 위협을 받기 때문입니다. 소련도 현재 상태대로 방치될 경우에는 더 큰 위협이 될 것입니다.

다음으로 베트남에 대해 말씀드리자면, 우리는 한국이 월남에서 여러 가지 노력을 하고 있다는 점을 잘 알고 있습니다. 우리는 월남이 주월미군을 대체할 수 있는 능력을 갖추었다고 판단되는 시점에 월남에서 미군을 철수시킬 것입니다. 미리 알려드리지만, 저는 미드웨이(Midway) 회담에서 티우 대통령과 주월미군 2만 5천 명의 감소에 합의했습니다. 최근 티우 대통령과 대화하는 동안, 우리는 8월까지 더 많은 부대를 대체(월남에서 미군이 철수하고, 그 자리를 월남군대로 대체)하기로 결정했지만, 2주 전 발생한 베트콩들의 대대적 공세로 인해 그 조치를 유보하고 있습니다. 아마도 10일 이내에 티우 대통령과 아브람스(Abrams) 주월미군 사령관 및 다른 지도자들은 이 문제에 관해 다시 협의할 것입니다. 이들 부대의 철수 규모 및 일시에 관해 미리 각하께 알려드리겠습니다. 참전부대의 철수는 우리의 전투능력에 영향을 미치지 않는 범위 내에서 이루어질 것입니다.

파리평화회담과 관련하여, 저는 방금 로지(Lodge) 대사와 대화를 했는데, 아무런 진전이 없었다고 합니다. 아시겠지만, 11월 1일은 우리가 월남 폭격을 중단한 지 1년이 되는 날입니다. 만일 제가 작년 11월에 대통령이었다면, 폭격을 중단하지 않았을 것입니다. 각하께만 드리는 말씀이지만, 파리평화회담에 아무런 추가적 진전이 없으면, 우리는 대략 10월 15일 경에 상황을 재점검할 것입니다.

저는 군사적 · 경제적 자립을 이룩하려는 한국의 노력이 올바른 방향을 지향하고 있다고 믿습니다. 저는 한국이 다른 아시아 국가들의 본보기가 되기를 희망합니다. 미국이 계속적으로 아시아에서 중요한(great) 역할을 수행할 필요가 있습니다. 저는 자립 노력을 경주하는 한국 같은 국가들에 대한 경제적 · 군사적 지원이 계속되어야 한다고 생각합니다. 오늘 아침 각하께서 자립을 언급하신 것은 미국 국민들의 여론에 좋은 반향을 불러일으킬 것입니다. 평범한 일반 국민으로서, 또 정부 관리로서, 저는 태평양 지역을 대단히 여러 차례 여행했습니다. 각하께 확실히 장담하여 말씀드리거니와, 우리는 태평양 지역에서 철수하지 않을 것이며, 공약을 축소하지도 않을 것이지만, '현명한 정책(intelligent policy)', 즉 스스로를 도우려는 국가들을 지원하는 것이 필요하다고 생각합니다. 지금까지 저는 일반적 사항을 언급했습니다. 각하께서 군사장비나 경제개발과 같은 주제에 대해 질문이 있으십니까?

박정희 각하께서 한국, 아시아 전체 및 공산진영에 대한 확고한 정책을 말씀해 주신 것에 감사드립니다. 이런 사안들에 관해 저의 분명한 견해를 말씀드리고자 합니다. 아시는 바와 같이, 김일성은 지난 10여 년에 걸쳐, 한반도 무력통일을 위한 준비를 거의 마치고, 남침 기회를 호시탐탐 엿보고 있습니다. 그가 남침을 감행하지 못한 것은 한국에 대한 미국의 굳건한 공약, 그리고 주한미군의 존재 때문입니다. 김일성은 미국의 한반도 정책이 변화하거나 변화했다고 믿는 순간 전쟁을 도발할 것입니다.

전쟁 도발을 통하여 노리는 김일성의 목표는 월남에서와 마찬가지로 주한미군을 철수시키고, 한국과 미국의 관계를 이간질시키고, 미국으로 하여금 한국에서 어떤 일이 벌어지건 개입하지 못하게 하는 것입니다. 한국의 국방을 강화하는 것이야말로 김일성의 도발을 견제하고, 남한에 대한 무력침략의 야욕을 포기하도록 강요하는 길입니다. 미국은 전 세계적으로 다양한 공약을 가지고 있으므로, 이러한 목표를 달성하는 길은 주한미군을 강화하기보다는, 한국군의 장비 및 전투능력을 제고시키는 것입니다.

닉슨 만일 소련이나 중공이 한국을 침략한다면, 이는 '전혀 다른 상황(a different ball game)'이 될 것입니다. 각하가 군에 계셨기 때문에 드리는 말씀이지만, 제가 결정한 ABM 네트워크의 구축에 대해 설명 드리겠습니다. 정보에 의하면, 중공은 1976년까지, 미국을 사정거리에 둘 수 있는 25 내지 50기의 ICBM을 보유하게 될 것입니다. 현재 우리는 약 1천 기를 보유하고 있으나, ABM 네트워크가 없다면 핵무기로 무장한 중공이 아시아의 비(非)핵국가들을 대상으로 핵공갈(nuclear blackmail)로 협박하고, 미국을 위험에 빠뜨릴 수 있습니다. 그래서 ABM 구축이 자유세계의 안보와 방위에 그토록 중요한 것입니다.

박정희 저의 견해에 대해 계속 말씀드리자면, 한국전쟁, 대(對)간첩작전, 월남전 등은 미국의 도움으로 수행되었습니다. 한국과 관련하여, 저는 만일 우리 군의 장비가 더욱 보강된다면 각하께서 한국 문제에 근심하지 않으셔도 된다고 생각합니다. 만일 한국군의 장비가 강화된다면, 주한미군의 현 수준을 늘리지 않고도 북한 위협에 맞설 수 있다고 믿습니다.

닉슨 이런 맥락에서 우리는 현재 MAP, 그리고 패커드(Packard) 국방부 부장관의 방한 후속조치로서 귀측이 제기한 여러 요청들에 대해 긍정적으로 검토하고 있습니다. 저는 일부 한국군의 장비 중에서 2차대전 당시에 사용되던 무기가 있다는 것을 알고 있습니다.

박정희 각하께서 아시아에 대한 '닉슨독트린'을 설명해 주셔서 감사합니다. 저도 원칙적으로 새로운 정책, 특히 2차대전 이후부터 미국에 의존했던 국가들이 스스로 자립할 수 있도록 유도하는 측면에 대해 원칙적으로 동의합니다. 그러나 일부 아시아 국가들은 걱정하고 있습니다. 그들이 각하의 정책에 대해 잘못 이해하고 잘못 인식하기 때문입니다. 그들은 미국이 아시아에서 '손을 털고' 아시아인들에게 아시아의 문제를 남겨 둔 채 떠나려는 의도를 갖고 있다고 믿습니다. 이러한 우려는 각하의 새로운 정책을 완전히 이해하게 되면 자연스럽게 사라질 것입니다. 우리에게는 아시아 국가들이 스스로의 방위를 책임질 수 있도록, 미국의 부담을 점진적으로 감소시키기 위한 가이드라인과 연구 방법이 필요합니다.

현재 일부 국가들은 자신들의 능력을 초과하는 과도한 부담을 지고 있습니다. 한국과 일본이 좋은 사례입니다. 일본은 경제대국이면서도 아시아에서 자국의 몫을 좀처럼 부담하려고 하지 않습니다. 심지어 일본은 자국에 반환된 오키나와에 군사기지를 제공하는 것조차 거부하고 있어, 아시아의 단합을 해치고 있습니다. 한국 국민들뿐 아니라, 여러 아시아 국가들은 일본의 그러한 태도에 불만입니다. 저는 오키나와를 일본에 반환하기 위해 미·일 간 추진되고 있는 양자협상에 대한 자세한 사항을 알지 못합니다. 그러나 만일 그 섬이 일본으로 반환된다면, 오키나와가 반환되기 전에, 우선적으로 아시아에서 부담해야 할 일본의 몫이 더 커져야 한다고 봅니다.

닉슨 이것은 우리가 초안을 작성하도록 도와 준 일본의 평화헌법 때문에 민감한 이슈입니다. 오랫동안 저는 일본이 국방과 집단적 경제활동 면에서 지금보다 더욱 두드러진 역할을 수행해야 한다고 생각해 왔습니다. 경제 분야에서는 일부 진전이 이루어졌습니다. 각하께서도 아시는 바대로, 사토 수상이 오는 11월 미국을 방문할 예정인데, 우리는 사토 수상이 정치적으로 생존할 수 있도록 모든 노력을 다해야 합니다. 자유 한국은 자유 일본에 매우 중요합니다. 일본은 GNP의 1%만을 국방비에 사용하는데, 저는 이것이 너무 적다고 생각합니다.

박정희 일본은 한국과 일본의 방위와 안보가 상호 연계되어 있다고 말을 앞세우지만, 실제로는 아무것도 하지 않습니다.

닉슨 그렇습니다.

박정희 일본은 앞에는 한국이, 뒤에는 미국이 있기 때문에 아무것도 할 필요가 없다고 생각합니다. 일본은 이런 면에서 미국의 조언이 필요합니다. 예를 들면, 북한 게릴라들이 한국에 침투할 때 가져오는 대부분의 장비(equipment), 즉 무전기나 신발 등이 일본산입니다. 우리가 아무리 강력히 항의해도 일본은 계속해서 이것을 북한에 팔아 이익을 챙기고 있습니다. 그래서 한국 사람들은 일본에 좋은 감정을 갖고 있지 않습니다. 공교롭게, 미국이 월남에서 철수하기 시작한 후부터 다른 나라 군대들도 그 뒤를 따르고 있습니다. 저는 월남이나 미국으로부터 요청을 받지 않는 한 한국군 부대를 월남에 계속 주둔시킬 것입니다.

닉슨 파리평화회담에서 아무런 진전이 없고, 11월 1일은 폭격이 중단된 지 1년이 되는 날입니다. 각하께서는 우리가 어떤 전술을 택해야 한다고 보십니까? 미국이 폭격을 재개해야 한다고 생각하십니까?

박정희 그것은 전적으로 각하에게 달린 문제이지만, 저는 미국의 국민

여론으로 인해 그것(폭격재개)이 어렵다고 봅니다. 지난 11월, 포터 대사로부터 폭격중단을 전해 들었을 때, 저는 포터 대사에게 월맹의 약속이나 상호주의적 행동이 없는데 어떻게 그럴 수 있느냐고 반문했습니다.

닉슨 우리가 폭격을 재개한다면, 아시아 국가들의 반응은 어떨 것으로 보십니까?

박정희 아시아의 자유국가들은 환영할 것입니다. 그러나 그것은 각하께 달린 문제입니다.

닉슨 중・소 분쟁에 대해 어떻게 생각하십니까? 양국 간 갈등이 얼마나 깊고, 얼마나 오랫동안 지속될 것으로 보십니까?

박정희 우리는 상황을 대단히 면밀히 분석하고 있습니다. 양국 사이에 전쟁이 벌어질 확률은 50 대 50입니다. 일부에서는 양국이 전쟁으로 인해 서로 막대한 타격을 입고, 전쟁이 장기화될 우려가 있다는 이유로, 중・소 간 전쟁이 벌어지지 않을 것으로 믿습니다. 반면, 어떤 사람들은 현재의 갈등이 장기화될수록, 소련이 중공을 다루기 힘들어질 것으로 봅니다. 아울러 우리는 소련 군부가 강경한(hawkish) 태도를 취한다는 첩보를 갖고 있습니다. 그러나 한 가지 분명한 것은 현재의 중・소 분쟁이 가까운 장래에 해결되지 않을 것이라는 점입니다.

닉슨 저는 미국과 소련이 협력해서 중공을 견제해야 한다는 견해에 반대합니다. 소련과 중공은 모두 우리의 잠재적인 적국이므로 이런 견해는 말이 되지 않습니다. 만일 소련이 중공을 무너뜨린다면, 소련이 더 강해질 것이고, 이렇게 되면 아시아에 더 큰 위협이 될 것입니다.

박정희 저도 동의합니다.

닉슨 바로 이런 이유 때문에 우리가 여행과 교역에 대한 제한을 완화하려는 것입니다. 우리는 소련이 미국과 협력하여 중공에 대항하려는 환상을 버리도록 노력 중입니다. 그러나 우리는 자유중국을 계속해서 지원할 것이며, 중공에 대한 미국의 정책은 과거와 다름없이 동일할 것입니다.

박정희 우리에게는 어느 한쪽이 다른 쪽보다 더 강해지기보다는, 두 나라 모두가 없어지는 것이 더 낫습니다.

닉슨 한국, 일본, 싱가포르, 자유중국, 태국 같은 국가의 경제성장률이 세계 다른 국가들보다 높습니다. 이제 진정한 위험은 외부 세력이 국가전복(subversion)을 노리고 있다는 사실입니다. 예컨대, 이것은 38선을 두고 대치하는 남·북한 군사력으로 인하여 한국에서 특별히 첨예한(acute) 사안입니다. 각하께서도 아시다시피, 비록 미국 국민들의 여론이 전 세계적인 미군 축소를 요구하고 있습니다만, 저는 주한미군 숫자를 줄이는 방안에 반대했습니다.

저는 김일성에게 경고하기 위해 이 점을 공개적으로 분명하게 밝힐 것입니다. 저는 본스틸 사령관과 지난 번 NSC 회의 때 대화를 나누었는데, 그 자리에서 한국 해군에 대한 소형 함정 보급이 빠른 속도로 진척되고 있다는 보고를 받았습니다. 비록 미국의 금년도 국방비 사정이 빠듯하지만, 한국의 요구사항 중 일부를 수용할 수 있을 것으로 봅니다. 저는 김일성에게 미국이 한국 방위 책임을 감소시킨다는 그릇된 인식을 심어 주기를 원치 않습니다. 저는 각하께서 현재 여러 가지 경제개발 프로그램을 진행시키고 있다는 사실을 알고 있습니다. 앞으로 2~3주 내에 공개되겠지만, 저는 각하께 오늘 미국의 수출입은행(Export-Import Bank)이 한국에 발전소 및 원자력 발전소를 건설하는 데 7,300만 달러를 지원해 주기로 결정했다는 소식을 알려드리고자 합니다. 저는 한국이 다른 몇몇 아시아 국가들과는 달리 더 많은 민간투자를 원하는 것으로 알고 있기 때문에, 저는 이러한 투자를 장려할 계획으로 있습니다.

박정희 차 안에서(샌프란시스코 Presido로부터 St. Francis 호텔에 이르는 동안) 각하께 말씀드린 대로, 한국은 경제발전을 위해 미국에 의존하고 있습니다. 몇 년 전까지만 해도 한국의 '경제자립도(financial independence rate)'가 불과 50%였지만, 내년에는 94.8%가 되고, 후년에는 100%가 될 것입니다. 그러나 우리(한국)는 당분간 미국의 잉여 농산물이 필요합니다. 우리는 더 많은 외화획득과 민간투자 유치를 위해 수출을 장려하고 있습니다. 한국 국민들은 경제자립 달성을 위해 노력하고 있습니다. 각하께서 향후 수년 이내에 한국이 이런 목표를 달성할 수 있도록 지원해 주시기를 희망합니다.

닉슨 저는 1953년 한국을 처음 방문한 이래 똑같은 생각을 갖고 있습니다. 금년에 미국의 예산 사정이 어렵지만, 한국은 예외가 될 것입니다.

박정희 미국은 섬유수입품에 제한을 가하고 있습니다. 그러나 각하께서 한국이 경제자립을 달성할 수 있도록 한국에 예외를 허용하여 주시기 바랍니다.

닉슨 이 문제는 주로 일본과 관계된 것입니다. 한국은 불과 몇 년 전에 섬유시장에 진입했습니다. 저는 한·일 두 나라를 만족시킬 수 있는 합리적 해법을 희망합니다. 우리가 내일 이 문제를 상세히 논의할 수 있지만, 이는 쉽게 해결할 수 있는 사안이 아닙니다. 저는 한국이 처한 문제를 신중하게(discreetly) 대할 것입니다.

박정희 저는 마음속에 생각했던 주제들을 모두 말씀드린 것 같습니다.

닉슨 주월미군 문제와 관련하여, 만약 내일 미국과 월남 정부 사이에 어떤 결정이 이루어진다면 각하께 말씀드리겠습니다. 우리는 공동의 투쟁에 동참한 파트너입니다. 저는 인구비율 면에서 한국이 미국보다 더 많은 군대를 월남에 파견한 것을 알고 있습니다. 저는 베트남과 관련하여 계획하고 있는 모든 조치들에 대해, 진행되는 대로 각하께 알려드리겠습니다.

박정희 여러 다양한 주제들에 대한 각하의 고견을 듣게 되어 감사드립니다. 저는 한국 문제들에 대한 각하의 말씀에 고무되었습니다.

닉슨 바깥이 (월남전 반대 시위로) 좀 소란스럽지만, 98%의 미국인들이 한국인들의 친구라는 점을 부디 기억해 주시기 바랍니다.

3. 닉슨 대통령 주관 NSC 회의와 주한미군 철수계획 본격화

1969년 8월 중순, '한국 문제'를 주제로 닉슨 대통령이 주관하는 NSC 회의가 개최되었다.[13] 당시 미국은 한국에 주한미군 2개 사단 6만 3천 명과 항공기 137대를 보유하고 있었다. 닉슨이 주관한 NSC 회의의 목적은 하나였다. 즉, 연간 10억 달러의 예산이 소요되는 현재 규모의 주한미군을 앞으로 5년 후에도 유지할 수 없으므로, 지금부터 5개년 계획을 수립하라는 것이다. 특별히 닉슨 대통령은 박정희 대통령에게 '주한미군과 관련해서 어떤 약속도 하지 말도록' 입단속을 시켰다. 그런데 닉슨은 이미 불과 얼마 전인 8월 2일 한・미정상회담에서 "주한미군을 감축하지 않겠다."라고 약속한 바 있다. 닉슨이 왜 지키지도 못할 약속을 자발적으로 했으며, 자신의 공개적인 약속에도 불구하고 "박 대통령에게 주한미군과 관련하여 어떤 약속도 하지 말라."라고 참모들에게 입단속을 시켰는지는 수수께끼가 아닐 수 없다. 아무튼 바야흐로 이번 NSC 회의를 계기로, 닉슨 행정부의 주한미군 감축 계획은 급물살을 타기 시작했다. (이하, 회의 내용 발췌・요약)

대통령 소련은 북한을 중국에 대한 '균형추(counterweight)'로 사용하나요?

헬름스 네, 그렇습니다.

13 34. Minutes of a National Security Council Meeting (Top Secret), "NSC Meeting on Korea," August 14, 1969, *FRUS 3*.

레어드 한국군은 미국이 공군·해군 및 군수지원을 제공해 주면 북한의 공격을 막을 능력이 있습니다. 북한군·중공군 연합으로 공격할 가능성은 낮지만, 이런 경우 한국은 미 증원군이 도착할 때까지 방어할 수 있습니다.

대통령 우리가 극동지역에 충분한 해군력을 보유하고 있는지 궁금합니다. 북한군 함정이 한국군 함정보다 빠르다고 해서 깜짝 놀랐습니다. 우리 군은 말하자면 '치고 빠지기 식'의 전쟁 같은 것이 벌이지면 적절히 대처할 능력이 있나요? 연안 경비대(Coast Guard) 함정 중에서 20년 이상 묵은 것도 있다던데, 참 믿을 수가 없네요. 소련 해군은 우리보다 나은가요?

휠러 최근까지 소련군은 '천해(淺海) 해군(a shallow water Navy)'이지만, 미 해군은 '대양(大洋) 해군(a blue water Navy)'입니다.

레어드 한국에 대한 MAP는 올해 1억 6,300만 달러이고, 내년에는 1억 6천만 달러입니다. 한국 정부는 M-16 소총 제조공장을 세우는 데 관심이 있습니다만, 콜트(Colt) 사가 반대하여 골치가 아픕니다.

대통령 그 회사에 쓸 수 있는 지렛대(leverage)는 없나요? 망할 회사 같으니. 그것(한국에 M-16 공장을 세우는 것)이 우리에게 이익이라면, 그렇게 합시다.

레어드 우리는 한국군의 역량을 강화해서 (한국 방위의) '한국화(Koreanizing)'를 달성해야 합니다. 가급적 빨리 MAP 이관 프로그램을 재개해야 하고요. MAP의 전반적인 강조점이 바뀌어야 합니다.

대통령 지금은 바꿀 때가 아닙니다. 1970~1975년 기간 동안에 우리가 한국에 5~6만 명을 주둔시키는 것이 필요한지 검토해야 합니다. 의회가 지지하더라도, 수동적으로 가만히 있으면 안 됩니다.

레어드 주한미군이 현 상태로 주둔한다면, 32억 달러의 예산이 소요됩니다.

대통령 현재의 상황을 변경시키려면 5개년 계획을 세워야 합니다. 지금 당장 현상 변경을 서둘러서는 안 됩니다. (주한미군을 줄이라는) 압력을 받아서가 아니라, 그렇게 하는 것이 우리의 이익이기 때문이지요.

로저스 제4의 대안으로서, 주월한국군이 주한미군을 대체할 수도 있지 않나요? 이건 자연스런 전환(transition, 주한미군을 복귀하는 주월한국군으로 대체・전환) 같은데요.

대통령 아울러, 우리는 해・공군력을 최대한으로 유지하는 방안을 생각할 수 있을 겁니다.

레어드 한국 정부는 더 많은 부대를 월남에 파병하기를 원합니다. 급여가 한국보다 10배나 되니까요.

대통령 우리는 항상 한국 정부에 "지금은 안 된다(not now)."라고 말하지요. 그러나 지금부터 5년 후에도 한국에 5만 명의 미군을 주둔시킬 수는 없다는 사실을 직시해야 합니다. 그러면서도 특히 해・공군 전력은 상당 규모로 유지해야 합니다.

레어드 의회가 주한미군 주둔을 지지하는 이유는 그것이 궁극적으로 주한미군의 '단계적 철수(phase-down)'에 기초하기 때문입니다.

대통령 잘 들으세요. 박정희 대통령에게 (주한미군과 관련해서) 어떤 약속도 하면 안 됩니다(With Park, listen now, not make any commitments).

레어드 주한미군 유지에 (매년) 10억 달러를 소비하고 있습니다. 예산이 문제입니다.

로저스 박 대통령은 5만 명을 '매직 넘버(magic number)'로 간주합니다. 지금 당장(대선이 열리기 전) 주한미군을 감축하지 않는다고 말하면, 박 대통령은 기뻐할 겁니다. 포터 대사가 말하기를, DMZ를 맡고 있는 미군을 한국군으로 대체해야 한다던데요.

휠러 전 별로 그럴 필요성을 못 느낍니다. 그 이유는 99%가 심리적이기 때문이지요(군사적 유용성보다는 미군의 DMZ 주둔에 의한 심리적 효과가 더 크다는 의미).

대통령 일정 기간에 걸쳐 그렇게 하되(DMZ 미군을 한국군으로 대체), 공군력을 보강하세요. 한국 사람이 좋아한다면 소총도 좀 판매하고요.

리처드슨 우리 주한미군 2개 사단은 한국에 '붙박이'가 되었어요. 그러다 보니 2개 사단이 다른 곳으로 갈 수가 없어요. (휠러도 맞장구) 예산 절감은 부대를 해체(deactivated)해야만 실현될 수 있는 겁니다. (주한미군을 철수시키면 부대를 해체할 때만큼) 비록 예산을 절감하지 못하더라도, 유연성(flexibility)을 확보할 수는 있습니다.

레어드 주한미군을 본토로 철수시키면 (연간) 2억 2,500만 달러를 절약할 수 있어요.

대통령 한국에 대한 제대로 된 5개년 계획을 세웁시다. 경제 분야와 군사 분야도 포함해서, 한국 대선이 끝나면 즉각 착수하세요. 현 시점에서 생각을 하되, 미리 계획을 세워 (미래를) 대비해야 합니다. 그렇지 않으면 임시방편밖에 안 될 겁니다.

4. 닉슨 대통령의 주한미군 감축 지시

닉슨, 주한미군 규모를 절반으로 감소시키는 방안 검토 지시

1969년 11월 말, 닉슨 대통령은 직접 키신저에게 메모를 보내, "이제는 주한미군을 감축해야 할 시간"이라는 지시를 하달했다. 좀 더 일찍 착수했어야 하는데, EC-121 정찰기 격추사건으로 지연되었다는 것이다. 미국이 계획한 종류의 보복작전을 수행할 수 있는 수준의 해·공군력을 유지하되, 미군 숫자를 절반으로 줄이라는 것이 닉슨의 지침이었다.[14]

1970년 1월 말, 김동조 주미대사는 레어드 미 국방장관을 면담하는 자리에서 MAP 및 주한미군과 관련하여 다음과 같은 몇 가지 주목할 만한 발언을 전해 들었다.[15]

- 주한미군 감축에 대한 압력이 강화되고 있다.
- 한국군은 미군 철수가 시작되기 전에 현대화되어야 한다.
- 해당국에 주둔하는 미군의 감축이 이루어질 수 있도록 일부국가에서 MAP가 증가하는 것은 닉슨독트린의 일부이다.

14 45. Memorandum From President Nixon to the President's Assistant for National Security Affairs (Kissinger), November 24, 1969, *FRUS 3*.

15 49. Telegram From the Department of State to the Embassy in Korea (Secret), "Subject: MAP and U.S. Force Levels," January 29, 1970, *FRUS 3*.

1월 21일, 김동조 대사는 그린 국무부 차관보와 전화로 접촉하여, 레어드 장관이 병력철수에 관해 언급한 내용을 문의한 결과, 다음과 같은 요지의 답변을 받았다.

> "레어드 장관의 발언은 미국 정부 입장이 아니며, 미군 철수가 임박했다는 것도 아니었다. 우리(국무부)는 현 시점에서 병력 철수와 관련된 어떠한 제안도 가지고 있지 않다. 우리는 언제나 이처럼 중요한 사안에 관해서는 한국 정부와 협의하고 있으며, 미군 병력수준을 감축하는 어떠한 조치에 대해서도 틀림없이 사전에 협의할 것이다."

답변 내용에 만족했는지 몰라도, 김동조 대사는 상기 미군 철수 발언 및 국무부와의 접촉 결과에 대해서는 본국(한국)에 보고하지 않을 것이라고 말했다. 그러나 국무부의 답변을 '사실'이 아니다. 이미 오래 전부터 미군 철수 문제가 본격적으로 논의되고 있고, 연초부터 닉슨 대통령이 '주한미군 규모를 절반으로 감축하라.'라는 지침을 주었기 때문이다. 국무부가 김 대사에게 답변한 내용, 요컨대 현 시점에서 어떠한 미군병력 철수와 관련된 제안도 가지고 있지 않다는 것, 미군 감축같이 민감한 사안에 대해서는 당연히 한국에 미리 알려 주겠다는 것은 '사실'과 다른 '거짓말'이다.

한편, 키신저는 닉슨 대통령에게 보고한 메모를 통해, 한국에 제공하게 될 FY 1970년(1970 회계연도) 경제지원 규모와 주한미군 감축에 관해 간략하게 언급했다. 자세히 보면, 미군규모 감축이 당시 눈부시게 가시화되기 시작한 한국의 경제성장과 긴밀한 관계를 갖고 있음을 알 수 있다. 키신저에 의하면, 국무부는 FY 1970년의 대한(對韓) 경제지원

계획을 위해 1억 2,800만 달러를 요청한바, 이는 식량원조 9,300만 달러, 개발차관 2천만 달러, 그리고 기술지원 500만 달러 등으로 구성되며, 목적은 한국의 대대적 방위력 증강 노력 및 경제개발 프로그램을 지원하는 것이다.[16]

키신저는 한국의 GNP는 1964년 이후 11%의 '경이적(spectacular)' 비율로 증가하고, 대한(對韓) 지원 프로그램이 한국의 경제성장에 따라 지속적으로 감소 추세를 유지하고 있음에 주목했다. 키신저는 대통령에게 NSC가 다음 달, 주한미군 주둔 규모, 군사・경제지원 프로그램, 무역정책 등, 한국에 대한 미국의 '장기적 태세(long-range posture)'에 대해 논의할 예정이라고 보고했다.[17]

키신저 주관 NSC에서 한국군・주한미군 감축 규모 검토

1970년 2월 초, 키신저 안보보좌관 주관으로 개최된 NSC의 '검토그룹회의(Review Group Meeting)'에서, 한국군・주한미군 감축 규모가 구체적으로 거론되었다.[18] 합참은 주한미군 2개 사단이 계속 주둔한다는 가정 하에, 북한군・중공군 연합군대가 남침할 경우에는 한국군 19개

---

16 50. Memorandum From the President's Assistant for National Security Affairs (Kissinger) to President Nixon (Secret), "Economic Assistance Program to Korea for FY 1970," undated, *FRUS 3*.

17 Ibid.

18 51. Minutes of a National Security Council Review Group Meeting (Secret), February 6, 1970, *FRUS 3*.

사단이 요구된다는 입장이었다. 합참은 MAP 증가를 포함한 향후 사태의 진전에 따라 이 숫자가 줄어들 수도 있다는 데 동의하면서도, 현 시점에서 19개 사단 이하로의 감축은 전쟁 발발 시 '패배'의 위험을 안고 있다고 주장했다.

합참은 기존 장비와 비교하여, '현대화된(modernized)' 장비의 효과와 의미에 대해서는 정밀하게 분석하지 못한 상태였다. 합참은 현대화된 장비를 갖춘 16~18개 사단이 기존의 장비를 보유한 23개 사단과 맞먹는다고 했다. 합참은 한국전에서 17개 한국군·미군 사단이 100만 명의 북한군·중공군을 패배시켰음을 언급하면서도, 17개 사단의 절반이 미군 사단이고, 유엔군이 제공권(air supremacy)을 장악하고 있었다는 점을 지적했다. 합참의 추정에 의하면, 한국군 18개 사단의 현대화 비용은 8억 달러에 육박한다.

이 회의에서 키신저는 합참이 여러 분석자료에서, "한국군 21개 사단이 북한군의 공격을 막을 수 있다고 했다가, 또 한국군 23개 사단이 북한군·중공군 연합군대의 공격을 방어할 수 있다."라고 주장한 것에 마땅치 않은 반응을 보였다.[19] 한편, 예산국(Bureau of Budget) 부국장인 슐레진저(Schlesinger)는 만일 주한미군 1개 사단을 본토로 철수시키면 5억 5천만 달러어치의 무기·장비 재고가 한국군에게 인계될 수 있을

19 즉, 키신저는 미 합참이 "한국군 21개 사단으로 북한군 단독공격을 방어할 수 있다."라는 주장과 "한국군 23개 사단이 북한군·중공군 연합공격을 막을 수 있다."라고 주장한 맥락에 이견을 보인 것이다. 왜냐하면 21개 사단이 북한군의 단독공격을 막을 수 있다고 가정하더라도, 불과 2개 사단만이 추가된 상태에서, 최대 60만 명의 중공군 투입이 예상되는 북한군·중공군 연합공격으로부터 한국을 방어할 수 있다는 논리에 문제가 있다는 것이다. 말하자면, 이러한 결론에 도달하게 된 합참의 '사고과정(a thought process)'을 이해할 수 없다는 것이 키신저가 갖고 있던 불만의 핵심이다.

것이라고 했다. 또한 일부 참석자(Lindjord)는 미군 2개 사단을 한국에서 철수시키면 '유연성이 제고될 것(increased flexibility)'이라고 언급했다.

주한미군 · 한국군 감축 관련, 미 합참과 KTF 간의 갈등

주한미군 · 한국군 규모 감축과 관련하여 미 합참과 KTF(Korea Task Force)는 KTF 연구결과를 놓고 이견을 드러냈다.[20] 합참은 12~14개 한국군 사단이 북한의 공격을 버틸(hold) 수 있다는 KTF의 판단에 동의하지 않았다. 당시 합참은 북한의 공격으로부터 한국을 방위하기 위해 적합한 목표치를 '전투준비가 완료된(combat-ready)' 21개 사단(한국군 19개, 미군 2개)으로 잡고 있었다. 약간의 위험부담(한국군 장비의 노후화)을 고려하면, 한국 내 지상군(한국군 17개 사단, 해병대 1개 사단, 미군 2개 사단)은 전면전을 억제(deter)할 수 있고, 긴장된 상황 속에서 비교적 안정된 상황을 유지할 수 있다는 것이 합참의 판단이다. 이들 부대는 북한군 · 중공군 연합군의 공격을 저지(stemming), 또는 추가적 지원을 기다리는 동안 지연전술을 구사할 수 있는 것으로 간주되었다.

합참의 견해에 의하면, 감소된 숫자의 개선 · 현대화된 사단이 좀 더 많은 숫자의 비(非)현대화 사단과 맞먹는다는 전제(premise)는 일견 타당하지만, 특히 보병사단의 경우에는 장비개선이 병력감소를 상쇄(offset)할 수 있는 데 한계가 있다는 것이다. 한국의 특수한 환경을 감안

20 52. Memorandum From the Joint Chiefs of Staff Representative to the National Security Council Review Group (Unger) to the Chairman of the Review Group (Kissinger) (Secret), "US Policy for Korea," February 17, 1970, *FRUS 3*.

해 볼 때, 한국 지상군을 18개 사단 이하로 줄이는 방안은 고려될 수 없으며, 공군·해군 전투력의 현저한 개선이 요구된다. 또한 합참은 미군 철수의 타이밍도 부적절하다고 보았다. 지시에 따라 철수해야 한다면, 한반도에서 기존의 억제력 및 안정을 유지하기 위한 '최소한의 군사태세(a minimum posture)'를 미군 1과 1/3개 사단 및 현대화된 18개 한국군 사단, 그리고 한국 공군·해군력의 보강이라고 했다. 합참의 의하면, 미군 1/3개 사단과 한국군 19개 사단이 상기 부대들과 동일한 전투력을 발휘하지만, 주월한국군이 철수되기 전에 미군 감축을 고려하는 것은 '경솔(imprudent)'하다고 주장했다.

상기 내용들은 한반도에서 미군·한국군 군사태세와 관련된 군사적 고려사항을 바라보는 합참의 견해를 보여 주는 것이다. 그러나 주한미군 철수 제안은 다른 중요한 정치적·심리적·경제적 요인들도 염두에 두어야 한다. 주한미군은 한국의 방위는 물론 동북아 전체에 대한 미국 공약의 상징인 것이다.[21]

주한미군·한국군 규모를 놓고 미 합참과 KTF 보고서('Korea Study')가 첨예한 이견을 보이자, NSC는 이에 관한 내용을 메모로 정리하여 키신저에게 보고했다.[22] 코리아 스터디는 총 6개의 '군사태세(Posture)'를 검토한 결과, '군사태세 3(Posture 3)'이 최적의 방안이라는 결론을 도출

21 Ibid.

22 53. Memorandum From Laurence E. Lynn, Jr., of the National Security Council Staff to the President's Assistant for National Security Affairs (Kissinger), "ROK Force Capabilities," February 26, 1970, *FRUS 3*. 보고서에서는 Korea Task Force가 제출한 보고서를 "Korea Study"라고 표현했다.

했다. 참고로, 추후 상세하게 살펴보겠지만, 닉슨 대통령 주재로 3월 4일 개최된 NSC 회의에서 키신저는 검토대상 '군사태세(Force Postures)'를 5개로 한정시킬 것을 제안하면서, 5개 군사태세를 이렇게 언급했다.

- 군사태세 1: 미군 2개 사단 + 18개 한국군 사단
- 군사태세 2: 미군 2개 여단 + 18개 한국군 현대화(improved) 사단
- 군사태세 3: 미군 1개 사단 + 18개 한국군 현대화 사단
- 군사태세 4: 미군 1개 사단 + 16개 한국군 현대화 사단
- 군사태세 5: 미군 잔여부대(1/3개 사단, 즉 1개 여단) + 18개 한국군 현대화 사단

그런데, 코리아 스터디는 최초 6개의 군사태세를 대상으로 검토했는데, NSC 회의를 앞두고 그중 하나가 삭제되었던 것으로 보인다. 이런 이유로, NSC 직원이 키신저에 보고한 메모에는 6개의 군사태세가 언급되어 있었다.

NSC 메모에 의하면, 코리아 스터디의 결론은 첫째, 주한미군 1개 사단을 감축하고, 18~19개 한국군 사단을 유지하는 것은 '상당한 정도의 군사적 위험을 전혀 초래하지 않는다(involves no military risks of any significance)." 둘째, 현존하는 또는 장차 발생할 것으로 예상되는 북한군에 대항하도록 한국군에게 독자력 방위능력을 제공하기 위해, 전체 18~19개 한국군 사단을 '현대화'할 필요는 없다.

이 NSC 메모는 코리아 스터디가 작성한 '군사태세 3'의 검토 과정 및 결과를 상세하게 작성 · 정리한바, 그 내용은 아래와 같다. (이하 발췌 · 요약)

군사태세 3의 지상군 구성 요소

- 미군 1개 보병사단은 전투병력 1만 5천 명과 지원병력 1만 5천 명으로 편성
- 현대화된 전투장비와 지원장비를 보유한 한국군 16개 현역(active)사단 → 사단별 1만 3,200명이므로, 총 전투병력은 42만 9천 명
- 사단별 총 3천 명의 기간요원으로 구성된 한국군 5개 예비(reserve)사단, 그리고 사단별 1,500명의 기간요원으로 구성된 한국군 5개 후방(rear)사단 → 동원령이 선포될 경우, 예비사단은 15일 이내, 동원사단은 30일 이내에 완편되어, 총 13만 5천 명이 늘어나며, 추가로 예비군 최대 200만 명을 동원할 수 있음

한국에 대한 군사위협

- 사단별 9,200명으로 구성된 25개 북한 보병사단을 중심으로, 전투지원부대를 합칠 경우 북한군은 총 28만 1천 명을 실전에 투입할 수 있음
- 45개 북한군 · 중공군 연합부대(북한군 25개 사단 포함)는 총 66만 6천 명을 실전에 배치할 수 있음

역사적 경험

- 1950년 6월 한국전쟁 개전 초기, 무기 · 장비가 열악했던 한국군 8개 경보병사단(총 병력 8만 5천 명)은 기습 남침한 북한군에 DMZ 일대에서는 2 대 1, 전반적으로는 1.5 대 1의 열세를 보였음
- 1951년 80만 명 이상의 북한군 · 중공군 연합전력은 535만 명의 유엔군과 32만 명의 한국군에 의해 저지됨
- 유엔군은 55만 명의 전투력으로 70만 명의 북한군 · 중공군 연합부대를 역습
- 1951년 이후, 유엔군은 병력의 50% 이상을 실전에 투입했으나, 북한군 · 중공군은 열악한 군수지원으로 실전에 투입된 병력이 1/3에 불과
- 상기 사례를 기초로 판단할 때, 군수 · 장비에서 우위를 갖고 있는 한국군은, 현저한 소규모(한국군 10개 사단이면 충분)의 군사력으로도 북한군의 전면공격을 '저지(hold)'할 수 있고, 동수의 군사력으로는 공격부대를 '패배(defeat)'시킬 수 있음
- '군사태세 3'의 전투력으로, 한국군은 43만 명을 배치하고 21만 5천 명을 실전에 투입할 수 있으며, 개전 1개월 이내에 실전배치 병력이 27만 5천 명으로 증가됨
- 한편, 북한군의 공격부대는 개전 초기 18만 명이며, 1개월 이내에 증원될 수 있는 병력은 11만 5천 명에 불과함
- 따라서 '군사태세 3'의 군사력으로도 한국군은 북한군에 비해 '명백한(clear)' 우위를 유지할 수 있으므로, 주한미군과 한국군 예비사단은 투입될 필요가 없으나, 다만 이들이 투입되면 한국군의 우세를 더욱 증가시킬 수 있음

한국군 · 미군과 북한군 · 중공군의 군사력 비교

- 양측 간 각각의 무기 형태(type)를 상호 비교하기 위해 다음 사항을 고려
  - 양측 전투부대가 보유한 무기의 총 숫자(aggregate number)
  - 주요 무기별 전투(combat) 능력, 예컨대 미군 M-16 소총과 북한군 AK-47 소총이 주어진 정비, 보급, 교리 등의 조건 하에서 발휘할 수 있는 능력
  - 수량(quantity), 품질(quality) 및 정비지원 등을 고려한 양측 간 전반적 전투효과비율(combat effectiveness ratio)

- 상기 지표를 기준으로 양측을 비교할 경우, 현재 현대화된 한국군 18개 사단은 거의 모든 주요 무기범주(weapon categories)에서 북한보다 강력하며, 심지어 현대화가 되지 않고, 한국군 현역사단의 전력이 현저히(considerably) 감소하더라도, 이러한 한국군의 우세는 유지될 것임
  - 한국군은 소총, 로켓, 무반동총, 트럭, 통신장비 등에서 북한군보다 유리
  - 한국군은 기관총, 박격포, 야포, 탱크, 자주포 등에서 북한군과 거의 비슷

- 따라서 한국군 무기 · 장비는 현대화되지 않더라도 북한군보다 유리하며, 현대화될 경우에는 상대적 유리함이 더 증가될 것임
  - M-1 소총을 M-16 소총으로 교체할 경우, 한국군의 화력은 2배가 되며, 북한군에 대한 우위가 더 증가될 것임
  - 한국군에 탱크 · 야포를 제공할 경우, 현재 북한군과 동등한 상태에서, 북한군보다 상대적으로 유리해질 것임

- 그러나 이러한 현대화는 바람직하지만, 만일 북한군이 소련 · 중공으로부터 대대적인 지원을 받아 향후 5년간 북한군이 완전한 현대화를 이룩하지 않는 한, 북한군 공격에 대비하여 적절한 방어능력을 유지하는 데는 반드시 필요하지 않음

전반적인 한국군의 능력

- 연구 결과를 종합하면 다음과 같은 사실을 확인할 수 있음
  - 현대화되지 않은(unimproved) 한국군 12~14개 사단은 북한군의 전면 공격을 저지할 수 있음
  - 현대화되고 규모가 커질 경우, 한국군은 현대화된 16~18개 사단으로 서울 북방에서 북한군 · 중공군 연합전력 공격을 최소한 30일 이상 저지할 수 있음

- 결국 '군사태세 3'이 상정하는 현대화된 한국군 16개 사단은 북한군의 기습공격을 쉽사리(easily) 패배시키고, 개전 후 15일 이내에 참전한 중공군의 합류로 형성되는 북한군 · 중공군의 연합공격을 저지할 수 있음

- 상기의 어떤 위협에 대해서건, 심지어 현재의 한국군 전력구조가 현대화되지 않은 상태에서도, 한국에 미 지상군이 주둔할 군사적 필요가 거의 또는 전혀 없음

- 만일 한국군이 현대화된 19개 사단으로 증가되면, 미 합참이 주장한 바와 같이, "100% 장담하건대(with complete confidence)" 한국군이 북한군을 공격할 수 있으며, 중공군이 참전하더라도 공격을 버틸 수 있음

- 만일 미군이 상당 규모로 지원될 경우, 한국군은 심지어 북한군 · 중공군 연합부대를 격파하고 통일을 달성할 수 있음[23]

---

23 상기에서 살펴본 바와 같이 소위 '코리아 스터디'는 미리 결론을 내려놓고 보고서 내용으로 결론을 정당화 · 합리화하려는 의도가 엿보인다. '쉽사리(easily)' 북한군을 패배시킬 수 있다거나, '100% 장담하건대' 등의 표현은 이 보고서가 전쟁에서의 불확실성, 무기체계나 첨단 장비로 설명될 수 없는 무형적 요인(예컨대, 정신력, 사기 등)을 제대로 고려하지 못하고, 냉철한 객관성과 균형감각을 상실했음을 반증한다. 또한 한국군이 현대화된 19개 사단을 보유할 경우, '100% 확실히' 북한을 침공할 것이라는 우려를 드러낸바, 이는 한국군 전력의 현대화 · 첨단화가

키신저 · 포터 vs 미 합참 간 이견[24]

키신저 백악관 안보보좌관을 만난 자리에서 포터 대사는 로저스(Rogers) 국무장관과의 회동 결과를 알려 주면서, 로저스 장관이 주한미군 감축에 대해 "1차로 2만 명을 줄이고, 파월 한국군 사단이 복귀하면 2차로 2만 명을 더 줄이자."라고 제안했다고 말했다. 로저스의 생각은 한국에 충분한 전투력을 남겨 두되, 이런 식으로 밀어붙여 합참 지도부가 숫자를 갖고 이러쿵저러쿵 개입할 여지를 주지 말자는 것이다. 이는 주한미군 사단 중에서 2/3를 미 본토로 불러들이는 것을 의미한다. 포터에 의하면 국무부 입장은 한국군 중에서 18개 사단이 아니라 16개 사단만 현대화시키자는 것이다.

키신저는 합참의 논리를 도저히 이해할 수 없다며 불만을 토로했다. 키신저에 의하면, 합참의 입장은 한국군 18개 사단이 북한군 · 중공군 연합공격을 저지할 수 있지만, 한국군 16개 사단과 주한미군으로는 "아무것도 할 수 없다(couldn't do a thing)."라는 것이다. 한국군 사단의 현대화가 전투력을 대폭 강화시킬 수 있다는 포터 대사의 발언에 대해, 키신저는 이렇게 말했다.

한국군의 우세를 '더욱 확대'시킴으로써, 결과적으로 '한국이 주도한 북한 공격'에 미군이 연루될 수 있는 상황을 미연에 예방하기 위해서라도, 한국군에 대한 현대화 추진이 곤란하다는 논리를 제기한 것으로 볼 수 있다. 현대화된 19개 한국군 사단이 상당한 규모의 미군 지원을 받을 경우에는 '북한군 · 중공군 연합전력을 격파하고, 한반도 통일도 달성할 수 있다는 주장'은 객관성과 타당한 근거가 결여된 성급하고 과장된 결론으로 보인다.

24 54. Memorandum of Conversation (Secret), "Ambassador Porter's Comments on US Troop With-drawals from Korea," March 3, 1970, *FRUS 3*.

합참은 미군 2개 사단과 현대화되지 않은 한국군 18개 사단, 또는 미군 1개 사단과 현대화된 한국군 18개 사단이 필요하다고 주장한다. 그런데 주한미군 1개 사단과 16개의 현대화된 한국군 사단으로는 '임무수행이 불가'하다고 한다. "이 말은 사실일 수가 없다(This could not be true)." 합참이 제시한 숫자들 간에는 내적인 일관성이 있어야 한다. 내(키신저)가 그 숫자들을 검토해 보았지만, '어떤 사고과정(thought process)'을 거쳐 그러한 결론에 도달했는지 도통 알 수가 없다.

포터 대사는 이렇게 말했다.

미국이 마지막으로 주한미군을 철수한 것은 1954년과 1955년의 일인데, 그 기간 동안 총 6개 사단, 2개 군단 사령부 및 기타 부대들을 철수시켰다. 당시에는 1개 사단이 4만 명으로 되어 있었다. 지금은 1개 사단의 규모가 1만 2천 명이다.

이에 대해, 키신저는 닉슨 대통령과 본스틸 주한 유엔군사령관과의 회동 결과를 전하면서, 닉슨 대통령이 본스틸에게 힘이 되어 주려 했지만, 본스틸의 보고를 받고는 "역정을 냈다(turned off)."라고 말했다. 그러자 포터는 키신저에게, 본스틸 사령관이 주장하는 논조는 주한미군을 줄이는 것이 아니라 유지하는 것이며, 그는 단지 미국의 대한(對韓) 방위공약에서 노른자위를 차지하는 데만 관심이 있다고 거들었다.

키신저는 포터 대사와 군부 사이에 한반도에서 유지해야 할 한국군·미군 전력의 규모에 관해 이견이 있음을 이해한다고 말했다. 이에 대해 포터 대사는 군부가 판문점 같은 특정 장소에 충분한 병력, 즉 1개 여단을 상시 배치하기를 원하지만, 자신이 보기에는 판문점 MAC 회의장 경비에 관한 책임을 이행하는 데는 1개 대대 규모로 충분하다고 생각한다는 요지로 언급했다. 접견 말미에 포터 대사는 키신저에게 한 가지 부탁을 했다. 한국군 · 주한미군 규모 조정 문제와 관련된 사안을 처리할 수 있는 권한을 주한미군사령관에게 부여해 달라는 것이다. 대사에 의하면, 이러한 권한을 갖게 될 경우 주한미군사령관은 매사를 처리함에 있어 '습관적으로(customarily)' 미 합참의 견해를 추종하는 태평양사령관과의 관계에서 상대적 입지를 굳힐 수 있을 것이다. 말하자면, 포터 대사는 비록 미 합참이 소극적인 입장을 보이더라도 자신과 주한미군사령관이 주한미군 감축을 밀어붙일 수 있도록 힘을 실어 달라는 것이었다. 그러나 이러한 요청에 키신저가 어떻게 답변했는지는 알 수 없다.

닉슨 주관 NSC 회의에서 주한미군 감축 확정

1970년 3월 4일, 닉슨 대통령이 주관한 NSC 회의에서 주한미군 부분감축이 '기정사실'로 굳어졌다. 헬름스 CIA 국장의 정보판단에 의하면 가까운 장래에 북한이 전면남침을 감행할 의도가 없으며, 소련 · 중공도 북한을 지원할 가능성이 거의 없다. 키신저 안보보좌관은 주한미군 2개 사단 중 1개 사단의 감축이 가능하다는 입장이었고, 국무부는 한 발 더 나가 구체적으로 '2만 명'의 감축을 제시했다. 부통령과 합참이 다소 유보적 입장을 보였지만, 명시적으로 반대하지는 않았다. 닉슨 대통령은 주한미군을 감축하되, 최선의 방책으로 '박정희 대통령이 스스로 감축을 요구하도록 유도하는 방안'을 제시했다. 이로써 닉

슨 행정부의 주한미군 감축은 '돌아올 수 없는 다리'를 건너게 되었다.[25]

참석자	닉슨(Nixon), 대통령 애그뉴(Agnew), 부통령 로저스(William Rogers), 국무장관 리처드슨(Elliot Richardson), 국무부 차관 패커드(David Packard), 국방부 부장관 링컨(George A. Lincoln), 비상대비실(Office of Emergency Preparedness) 실장 무어러(Thomas H. Moorer), 합참의장 대리 헬름스(Richard Helms), CIA 국장 키신저(Henry A. Kissinger), 백악관 안보담당 부보좌관 포터(William J. Porter), 주한 미국대사 그린(Marshall Green), 국무부 차관보 기타, NSC 직원

헬름스 북한은 1966~1968년 사이에 소련이 제공한 장비로 현대화를 추진하여 해군력 · 공군력이 현저히 향상되었습니다. 북한 지상군은 주로 노후화된 소련군 장비로 무장하고 있습니다. 이들이 보유한 총 25개 사단 중 DMZ를 연하여 14개 사단이 전진 배치되어 있습니다. 북한은 GNP의 15~20%를 국방비에 할당하고, 북한 성인 남성의 20%가 군복무를 하고 있어 노동력의 부족이 심각합니다.

북한은 '가까운 장래에(in the foreseeable future)' 남한을 공격하려는 의도가 없으며, 소련이나 중공도 그러한 재래식 군사작전을 부추기지 않는 것으로 평가됩니다. 1969년은 1964년 이후 급증한 대남 도발기간 중에서 가장 낮은 건수를 기록했습니다.

25 Draft Minutes of a National Security Council Meeting (Secret), March 4, 1970, *FRUS 3*. 회의는 오전 9시 38분부터 10시 45분까지 진행되었다.

한국은 이제 북한의 비(非)재래전(unconventional warfare) 도발에 과거보다 더욱 잘 대비하고 있습니다. 한국군은 해안 감시 능력을 획기적으로 개선하고, 효과적인 예비군(militia)의 지원을 받는 대침투대대 20개를 창설했습니다.

대통령 키신저 박사, 주한미군의 미래와 관련한 대안들을 검토해 보기로 합시다.

키신저 한국의 방위태세와 관련하여 현재 2개의 연구가 동시에 진행 중입니다. 하나는 부서 간(interdepartmental) 연구이고, 다른 하나는 합참이 수행하는 체계분석(system analysis) 형태의 연구입니다.

양자의 결론은 동일하지 않으나, 거의 유사합니다. 현재 주한미군 규모는 6만 4천 명입니다. 한국군은 '20과 1/3개 사단'을 남한에 보유하고, '2와 1/3개 사단'을 월남에 파견했습니다. 따라서 현재 전투력은 한국군 18개 완편(完編, active) 사단과 미군 2개 사단입니다. 비록 북한은 한국보다 공중전력과 해상전력에서 우세하지만, '한 · 미 연합전력은 북한군에 비해 거의 2 대 1의 비율로 우세'합니다.

전투부대에 대한 지원 역량은 한국군이 북한군보다 약 2배입니다. 저희가 수행한 연구는 2개의 시나리오를 상정하고 있습니다. 하나는 북한군 단독 공격에 대한 방어가 요구될 경우의 군사력입니다. 다른 하나는 북한군 · 중공군 연합전력의 공격에 맞서기 위한 요구조건을 상정하고 있습니다. 북한군 단독 공격의 경우, 한 · 미 전력은 북한의 공격을 견뎌내고, 서울 북방에서 공격을 저지할 수 있습니다. 북한군 · 중공군의 연합 공격의 경우, 한국군 18개 사단은 미군 2개 사단과 함께, 증원전력이 전개될 수 있을 때까지, '충분히(sufficiently)' 공격을 지연시킬 수 있습니다.

북한군 단독 공격에 대항하여 방어능력을 유지하는 데 필요한 한국군 사단의 실제 숫자에 관해 일부 이견이 있습니다. 합참은 19개 사단이 필요하다는 입장인 데 비해, 일부는 더 적은 숫자로도 충분하다고 생각합니다.

현재 검토 중인 '군사태세(force structure)'는 총 다섯 가지입니다. ① 군사태세 1: 미군 2개 사단 + 한국군 19개 사단, ② 군사태세 2: 미군 2개 여단 + 현대화된 한국군 18개 사단, ③ 군사태세 3: 미군 1개 사단 + 현대화된 한국군 18개 사단, ④ 군사태세 4: 미군 1개 사단 + 현대화된 16개 한국군 사단, ⑤ 군사태세 5: 미군 잔여부대(1/3개 사단, 즉 1개 여단) + 현대화된 한국군 18개 사단 등이 그것입니다.

합참은 군사태세 4와 5에 이견을 갖고 있습니다. 이런 이견은 순수한 군사력뿐 아니라 정치적 함의(overtone)에도 관련되어 있습니다. 주한미군을 1/3개 사단으로 줄이고, 현대화된 한국군 19개 사단과 함께 군사태세를 유지하는 방안도 가능합니다. 그러나 문제는 대북 억지력(deterrents)에 미치는 영향, 그리고 대북 억지를 보장하는 데 필요한 주한미군의 규모와 관련이 있습니다. 두 번째 요인은 비용의 문제입니다. 비용에 영향을 주는 또 다른 요인은 한국에서 철수한 주한미군의 지위(status)와 관계된 문제입니다. 예컨대, 2만 명의 주한미군을 줄이고, 이들 부대를 현역(active duty)으로 유지한다면, 2천만 달러의 예산절감을 실현할 수 있습니다. 반면에, 만일 이들을 '해체시킬(deactivated)' 경우에는 예산절감이 4억 5천만 달러로 증가합니다.

당분간 한국군을 월남에 남겨 두어야 하는데, 한국군에 대한 우리의 조치가 월남주둔 의지에 영향을 미칠 수 있습니다. 추가로 문제되는 것은 감축된 주한미군 잔여부대의 배치와 관계됩니다. 현재 주한미군 1개 사단이 전방, 1개 사단이 후방에 주둔하고 있습니다. 문제는 우리가 2개 사단을 DMZ로부터 (후방으로) 철수시켜 마찰의 소지를 줄일 것이냐, 아니면 전방과 후방에 위치한 2개 사단 모두를 (본토로) 철수시킬 것이냐는 것입니다. 대다수는 DMZ 주둔부대의 규모를 줄이되, 일부 전투력을 판문점 남부에 남겨 두는 데 반대하고 있습니다. 판문점에 남겨 둘 부대에 대해 국무부는 1개 대대를 선호하는 반면, 합참은 1개 여단 규모를 선호합니다.

끝으로 우리의 대간첩 프로그램의 규모에 대한 문제가 남아 있기는 하지만, 최대의 관건은 ① 주한미군 규모, ② 한국군 사단의 현대화 정도, 그리고 ③ 주한미군 철수 시기 등 세 가지입니다.

모든 관계자들은 특히 월남에 한국군이 파병된 상황을 고려하여 한국과 협의해야 한다는 데 동의합니다. 그러나 정확한 협의 시기는 한국 대통령 선거 이전에 시작할 것인가, 아니면 이후에 시작할 것인가의 결정과 관련이 있습니다.

무어러 '최소한의 미군 군사태세(the minimum US posture)'에 관한 합참의 입장은 주한미군 '1과 1/3개' 사단 + 현대화된 한국군 18개 사단 + 한국군의 공군력 · 해군력의 현대화 및 유지입니다.

로저스 국무부는 주한미군 전력의 2단계 감축을 희망합니다. 1단계는 즉각적인 감축이고, 2단계는 주월한국군이 귀국한 이후의 추가적인 철수입니다. 국무부는 지정된 사단 또는 부대별 감축이 아니라, 병력 숫자에 기초한 감축을 선호합니다. 아울러 국무부는 한국 정부와 당장 협의하기를 원합니다. 감축될 병력의 숫자는 우리가 한국군 현대화에 제공하는 지원의 규모, 그리고 의회가 지원할 수 있는 수준과 정도에 따라 좌우될 것입니다. 국무부 입장을 요약하면 ① 주한미군 감축에 대한 원칙을 결정하고, ② 한국 정부와 협의를 시작한 다음, (감축규모를) 최종적으로 결정하되, ③ (이 문제에 관해) 의회와 협의를 개시하자는 세 가지입니다.

우리는 박정희 대통령에게 이 문제에 관해 처음부터 끝까지 상세히 알려 주어야 합니다. 그 이유는 이것이 '닉슨독트린'이 발표된 이후의 첫 번째 조치이며, 박 대통령의 지원이 필수적이기 때문입니다. 대통령 선거가 1971년 5월이므로, 우리는 당장 협의를 개시해야 합니다. 포터 주한 미국대사도 같은 입장입니다.

부통령 지난 번 마닐라에서 한국 측과 대화해 보니, 한국 사람들은 주한미군이 감축되지 말아야 한다고 강력히 주장하던데요. 사실 그들은 만일 우리가 한국에서 미군 전력을 줄이지 않으면, 월남에 더 많은 부대를 파견할 용의가 있다고 하더군요. 끝으로 그들은 우리가 다른 지역에서 단계적으로 군사력을 줄이는 것을 보고는, 미국 정부가 필요로 하는 한국 내 추가시설을 '무료로(free of charge)' 제공하겠다고 합니다.

패커드 중요한 것은 의회가 한국군 현대화에 관해 18개 사단을 지원할 것인지, 아니면 19개 사단을 지원할 것인지의 문제입니다. 만일 우리가 지금 미군 전력을 줄인다면, 한국군의 현대화를 지원해 주지 않으면 안 됩니다. 합참은 신중한 접근을 원합니다. (그러나) 저는 만일 주한미군을 2만 명가량 대폭 줄이지 않는다면, 과연 의회가 한국군 현대화를 지원해 줄 것인지 걱정됩니다.

로저스 국무부도 2만 명 감축을 원합니다. 의회는 이처럼 주한미군을 대폭 줄이고, 그 결과로 예산절감이 실현된 다음에야 움직이려 할 것입니다.

무어러 예산절감을 실현하려면, 회계연도 초반에 감축해야 합니다.

키신저 현대화의 일부는 월남에서 철수하는 미군들이 보유한 장비를 한국군에 넘겨주는 것으로 해결될 수 있습니다.

대통령 지금까지 논의한 핵심사항들을 정리해 보면 이렇게 되겠군요.

① 주한미군 일부를 철수해야 한다. 우리는 한국에 영구히 6만 4천 명을 주둔시킬 수 없다.

② 우리는 신중하게 계획을 수립하고, 이것을 4월에 결정하게 될 월남으로부터의 다음 번 (미군)철수 문제와 연결시키자.

③ 우리의 (해외) 주둔 규모에 관해 의회에서 벌어질 토론에서 주도권을 잡자.

④ 미군 철수와 함께 한국군 현대화가 추진된다는 점을 강조하여, 우리가 (한반도 방위) 책임을 감소시키는 것이라는 인상을 주지 말아야 한다.

요약하면, 바람직한 방책은 4월에 추진될 주월미군의 철수, 박정희 대통령과의 협의 필요성과 시기, 그리고 의회의 역할을 두루 고려하자는 것입니다.

부통령 리콴유(Lee Kuan Yew) 싱가포르 총리가 말하기를, 미국의 방위공약 실천에 대한 신뢰가 가장 핵심적인 포인트라고 합니다. 레토릭(rhetoric)으로는 충분치 않다는 겁니다.

대통령 부통령의 발언은 대단히 적절(pertinent)합니다. 우리가 아시아 지역을 떠난다는 인상을 주어서는 안 됩니다. 따라서 이를 어떻게 할 것인지를 신중히 생각해야 합니다.

로저스 박정희 대통령은 닉슨독트린에 찬사를 보내면서도, "내게는 그렇게 하지 마시라(Don't to it to me)."라고 덧붙였습니다.

리처드슨 우리는 주한미군을 세계 다른 곳에 투입될 수 있는 가용부대로 생각해서는 안 됩니다.

대통령 주한미군 감축을 달성하는 최선의 방책은 박정희 대통령이 그것을 요구하도록 만드는 것입니다. 포터 대사, 이것이 가능한가요?

포터 그렇습니다. 만일 한국군 현대화에 대한 보장을 해줄 수 있다면, 아마 박 대통령이 그렇게 하자고 호응하도록 유도할 수 있을 겁니다.

대통령 우리는 1953년 이후 6만 4천 명의 주한미군을 유지해 왔는데, 누군가가 지금쯤 이 문제를 검토해 보았어야 합니다. 우리는 더 이상 이 사안에 시간을 끌지 말고, 장기적 관점에서 바라보아야 합니다. 요컨대, 우리의 목표는 주한미군 철수가 아니라, 장기적이고 실행가능한(viable) 수단을 통해서 한국에 주둔할 수 있는 방법을 찾는 것입니다. 우리는 갈수록 국내에서의 재정지출을 증가시키라는 압력을 받고 있습니다. 따라서 우리가 전투력을 얼마간 줄이는 역할을 지속하는 방안을 모색하지 않으면, 의회는 어떤 것도 지원해 주지 않을 것입니다.

5. 닉슨 행정부의 주한미군 2만 명 철수 결정

키신저, 닉슨 대통령의 주한미군 철수관련 지침 전달

3월 20일, 키신저 안보보좌관은 국방장관, 국무장관 CIA 국장, 합참의장, 예산국장에게 주한미군 철수와 관련된 대통령 지침을 하달했다.[26] 3월 초에 이루어진 NSC 검토 및 미국의 대(對)한반도 정책·프로그램 등에 대한 후속조치로서, 닉슨 대통령은 FY 1971년까지 2만 명의 주한미군을 철수시키기로 결심하면서, 이 결심의 이행을 위해 우선적으로 취해야 할 조치들을 네 가지로 명시했다.

첫째, 박정희 대통령과의 협의이다. 닉슨은 이 협의를 통해 박 대통령에게 자신(닉슨)의 의도를 전달하고, 철수의 시기·조건을 타진해 보라고 지시했다. 닉슨 대통령은 한국군의 현재 전투력, 그리고 장차 한국군의 현대화가 이루어져야 할 필요성을 감안하여, 미군 철수가 박 대통령의 주도로 이루어질 수 있는 분위기를 조성하는 것이 협의의 목표가 되기를 희망했다.

둘째, 협의 조건으로서, 닉슨 대통령은 박 대통령과의 협의가 세 가지 조건에 기초하고 있다고 판단했다. ① 의회의 승인 여부로서, 미국은 FY 1971~1975년에 걸쳐 매년 2억 달러의 군사지원을 제공하려 노력하고 있다. ② 미국은 식량원조 지속을 포함하여, 한국에 대한 경제

---

26 56. National Security Decision Memorandum 48 (Top Secret), March 20, 1970, *FRUS 3*.

지원을 증가시킬 예정이다. ③ 현재로서는 2만 명을 초과한 주한미군의 대폭 감축은 계획하지 않는다.

셋째, 협의 준비로서, 닉슨은 박 대통령과 협의를 시작하는 동시에, ① 국무부·국방부는 상기에 언급된 수준으로 한국에 대한 MAP를 증가시킬 수 있는 가능성에 관한 계획을 수립하고, ② 국방부는 상기 언급된 주한미군 철수, 그리고 판문점의 유엔 지역에 대한 경비 책임을 지속하면서도, DMZ 내 미군의 주둔을 최소화시키는 방향으로 잔여 전투력을 배치하는 방안에 관한 계획을 수립하라는 두 가지 지시사항을 하달했다.

넷째, 한국 프로그램 각서(the Korean Program Memorandum)이다. 닉슨 대통령은 박정희 대통령과의 최초 협의 이후에, 대한(對韓) 미국 정책·프로그램에 관한 「5개년 한국 프로그램 각서」를 작성토록 지시했다. 여기에는 ① 한국군, ② 주한미군, ③ 기타 미국의 프로그램 등이 포함되어야 한다.

다급해진 박 대통령, 닉슨에게 '1차 서한' 발송

4월 23일 포터 주한 미국대사는 박정희 대통령이 닉슨 대통령에게 보내는 친서를 전달하기 위해 찾아온 김동주 주미 한국대사를 만났다.[27] 김 대사는 박 대통령이 친히 기록한 것이 틀림없는 장문의 서한

---

27 57. Telegram From the Department of State to the Embassy in Korea (Top Secret), "60605. For Ambassador from Alexis Johnson. Subject: U.S. Troop Reductions," April 23, 1970, *FRUS 3*.

을 들고 있었다. '말할 수 없는 비탄에 젖은(in real anguish)' 김 대사가 포터에게 전하려는 메시지의 요지는 대략 세 가지였다. 첫째, 과거 포터 대사, 국방장관 등과의 대화를 통해, 김 대사는 미국의 주한미군 감축 가능성에 관해 보고하고 있었지만, (본인은) 현 시점에서는 전혀 그런 조치가 없을 것이라는 확신을 갖고 있었다. 따라서 미국이 주한미군 감축을 추진한다는 소식은 '엄청난 충격(profound shock)'이다. 둘째, 월남이나 NATO와 관련된 상황과는 달리, 박 대통령이나 김 대사는 주한미군 감축에 대해 의회의 압력이 있었다는 징후는 전혀 인지하지 못했다. 셋째, 닉슨독트린을 한국에 적용하는 논리와 원칙은 수용하지만, 핵심 관건은 '타이밍의 문제(a question of timing)'이다. 한국군에 대한 현대화가 완료되기 전에 주한미군 감축을 발표할 경우, 한국 국민은 이를 이해하지 못할 것이며, 심각한 정치적 후폭풍이 발생할 것이다.

이에 대한 포터 대사의 답변은 다음과 같다.

> 주한미군의 일부 감축 없이는 한국군 현대화를 위한 추가적 MAP 자금을 확보할 수 있는 정치적 가능성이 전혀 없다. 이는 절대로 한국으로부터의 전면 철수나, 한국에 대한 '방기(abandonment)'로 해석되어서는 안 되며, 보다 즉각적으로 투입될 수 있도록 일부 군사력을 단지 '재조정(realignment)'하는 것에 불과하다. 잔여 미군과 미국의 신속한 증원 능력은 계속해서 효과적인 억지력으로 작용할 것이다. 한국 방위의 유일한 방법이 대(對)아시아 닉슨독트린으로부터 한국을 예외로 간주하는 길만은 아니며, 또 그렇게 할 수도 없다. 주한미군 철수 발표가 상호 신뢰에 기초하여 합의된 조치라고 한·미 합동으로 발표할 경우, 한국에 미칠 것으로 우려되는 심리적 효과가 감소 또는 제거될 수 있을 것이다.

박 대통령 '1차 서한'에 대한 닉슨 대통령의 답신

박정희 대통령의 친서를 접수한 닉슨 대통령은 즉시 다음과 같이 답장을 보냈다.[28] (이하, 발췌 · 요약)

제가 포터 대사를 통해 1971년 6월까지 주한미군 2만 명을 감축시킬 계획을 알려드린 데 대하여 각하께서 언급하신 내용을 4월 20일 접수하여 면밀히 검토했습니다.

작년 8월 캘리포니아 정상회담에서 저는 미국의 대(對)아시아 정책을 설명 드렸고, 당시 각하께서 (닉슨독트린의) '근본적 특징(fundamental features)'에 동의해 주신 데 대해 깊이 감사드린 바 있습니다. 조약상 의무의 유지가 이 정책의 기초입니다. 특히 한국에 관한 한, 미국은 무력공격이 발생하는 경우, 한 · 미상호방위조약에 따라 귀국을 방위할 것임을 약속했습니다.

아울러 저의 정책은 동맹국이 능력과 역량의 증가에 따라 자국의 국방에 더 많은 책임을 부담해야 한다는 논리를 합리적인 것으로 간주합니다. 월남에 대한 귀국의 군사적 기여는 이처럼 놀라운 발전을 입증하는 것입니다. 한국의 경제력 및 군사력이 증가했지만, 주한미군의 숫자는 한국이 국방의 부담을 주도적으로 감당할 능력이 훨씬 부족했던 시기에 존속되었던 수준에서 감소되지 않았습니다. 사실 오늘날 주한미군의 숫자는 지난 10년간의 특정 시점에서 유지되었던 규모보다도 약간 많습니다.

---

28 58. Letter From President Nixon to Korean President Park (Top Secret), May 26, 1970, *FRUS 3*.

저는 각하가 서한에서 언급하셨던 1949년 당시와 같이 주한미군을 완전히 철수할 것을 제의하지 않습니다. 반대로, 감축될 2만 명은 주한미군 현재 병력의 1/3에 미달합니다. 이들 부대는 미국의 막강한 군사적 능력을 제공할 뿐 아니라, 미국의 공약에 대한 분명한 증거가 될 것입니다.

의회의 승인이 필요한 사항이지만, 저는 FY 1971~1975 기간 동안 한국군의 현대화에 대폭적으로 증가된 군사적 지원을 제공하도록 제의했습니다. 저는 아시아와 자유세계의 안보에 중요한 국가로 간주되는 한국에 부정적 영향을 미칠 것으로 믿었다면, 주한미군 감축을 제안하지 않았을 것입니다. 따라서 각하께서 저의 제안이 양국의 이익에 부합된다는 점에 동의하여 주실 것으로 기대합니다.

박정희 대통령이 닉슨 대통령에게 보낸 서한에 대한 답장을 받아 쥔 포터 주한 미국대사는 5월 29일 11시 15분부터 약 1시간 30분간 박정희 대통령을 예방했다. 포터의 요청으로 접견은 통역을 제외한 두 사람으로만 진행되었다. 이하는 포터 대사가 국무부에 보고한 전문을 대화 형식으로 재구성한 것이다.[29] (이하, 전문 내용 발췌 · 요약)

대통령 (포터 대사가 닉슨 대통령의 답장을 읽어 준 다음) 왜 이 편지에는 과거 미국이 발언했던 사항에 대해서는 언급이 없나요?

포터 이 편지는 기본적으로 각하께서 제기하신 사항들을 신중하게 고려하여 작성한 답변입니다. 제 생각에 양국이 협조적이고 전향적으로 협력해야 한다고 봅니다.

---

29 Telegram From the Embassy in Korea to the Department of State (Top Secret), May 29, 1970, *FRUS 3*.

대통령 한국군 강화와 관련된 제안에 대해 말씀드리자면, 이런 계획은 우리가 언제든지 세울 수가 있어요. 그러나 나는 미국이 바라는 대로 주도적 역할을 수행할 수 있는지의 여부를 판단하기 전에, 미국이 얼마만큼 한국을 지원하려는 계획을 갖고 있는지를 알아야 합니다. 본인이 현대화의 성격과 범위를 파악하지 못하는 한, 주한미군의 어떠한 철수에도 동의할 수가 없습니다.

포터 말씀에 동의합니다만, 각하께 요청드리는 것은 한국에 대한 지원 프로그램을 수립하고 추진할 수 있도록, 우리가 의회와 국민들에게 잘 설명할 수 있게 도와달라는 것입니다.

대통령 미국은 제 입장을 이해해야 합니다. 만일 내가 미국이 얼마만큼을 언제 지원해 줄지 모르면서 미군 철수를 시작하는 데 합의한다면, 국민들이 그런 질문을 해도 난 답변을 할 수가 없어요. 만일 그저 '적절한 프로그램(adequate program)'이 있을 거라고 막연하게 말할 수밖에 없는데도 미군이 철수한다면, 한국 국민들은 불안해할 것이고, 제 입장이 곤란해집니다.

1년 전 우리가 (미국에게) 프로그램을 제안했어요. 만일 미국이 그것을 수용하여 받아들였더라면, 지금쯤에는 미군 철수시한을 1975년에서 앞당길 수 있는지의 여부를 생각해 볼 수 있었을 겁니다. 그 프로그램을 다시 검토해 보세요. 제가 보기에 '미지수(unknowns)'가 너무나 많습니다. 무기 · 장비는 중요한 것이기 때문에 얼마나 많은 돈이 들지는 얘기할 필요가 없습니다. 현재 상태로는 미군 철수 문제에 내가 앞장 설 수 없어요. 제가 편지에서 미군 철수를 1975년까지 재고해 주도록 요청했지만, 만일 1969년 4월 닉슨 대통령께 보낸 서한에 언급된 한국 지원 프로그램이 승인된다면, 그때 가서는 내가 주한미군 가운데 일부를 언제 철수시킬 것인지의 시점을 변경시키는 방안을 생각해 볼 겁니다.

포터 각하께서 지금 말씀하시는 대로 하자면, 향후 5년간 수십억 달러의 예산이 더 소요되는 엄청난 규모의 프로그램이 되는 겁니다.

대통령 이제 양국은 한국 국민들과 마주 앉아, 미 의회에 보내기 전에 대한(對韓) 지원 프로그램을 구상해 보아야 합니다. 그렇게 할 수만 있다면, 1975년 이전에도 미군 철수가 가능할 겁니다.

포터 각하, 우리(미국)는 주한미군 철수에 대한 각하나 한국 정부의 승인을 요청하는 것이 아닙니다. 우리가 그렇게 해야 할 의무는 없습니다. 우리는 각하와 협의하라는 지시를 받았고, 그래서 지금 협의를 하고 있는 것입니다.

대통령 내가 알기로는 미군이 철수하기 전에, 내 승인이나 동의가 필요하도록 되어 있어요.

포터 분명히 말씀드리지만, 아무리 한국처럼 우호적인 동맹국이라도, 우리는 어떤 국가의 정부에게도 우리 군대의 이동과 관련된 통제권을 부여할 수는 없습니다. 그 점에 일부 오해(misunderstanding)가 있는 것 같은데, 지금 그런 오해가 생기는 것도 무리는 아닙니다. 우리가 '협의'를 해야 할 필요가 있는 것은 맞지만, 이것(승인 또는 동의를 받는 것)은 다른 문제입니다.

이제 다른 문제를 말씀드리겠습니다. 현대화 프로그램은 주한미군의 일부를 철수시키더라도, 한국 정부와 국민들이 안보를 걱정하지 않도록 안심시키기 위한 미국 정부의 소망이 반영된 결과입니다. 따라서 현대화 프로그램과 미군 철수는 서로 연계되어 있지만, 상호 종속관계에 있지 않습니다. (박 대통령은 이

에 대해 언급하지 않음)

대통령 경제 분야를 언급하자면, 이제 막 일(경제개발)이 시작되었고 여전히 1인당 평균 국민소득이 고작 연간 200달러에 불과해요. 한국은 엄청난 국방비 부담을 지고 있는데, 1975년이 되면 연간 미국의 MAP 지원분 가운데서 1억 5천만 달러가 넘는 것도 전부 떠맡도록 되어 있어요. 미군 철수 문제를 보자면, 이것은 한국에 비해 미국에서는 그다지 심각하지 않은 사안이에요. 지금처럼 결정적인 시점에 우리는 미국이 인내심을 갖기를 바랍니다.

포터 우리는 한국 국민들의 신뢰를 손상시킬 정도로 과격한(drastic) 조치는 전혀 고려하지 않고 있습니다. 우리는 강력한 군사력이 한국에 여전히 주둔할 것이고, 근본적 방위공약은 불변이라는 사실을 한국 국민들이 명확히 인식하는 방식으로 추진해야 한다는 점을 각별히 명심하고 있습니다.

대통령 만일 우리 한국 국민들이 먼저 현대화 문제를 거론하면 어떻게 하시겠소?

포터 그렇다면 워싱턴은 먼저 의회 지도부와 접촉하기를 바랄 것이고, 빠른 시간 내에 접촉이 이루어질 것입니다. 현 시점에서 우리가 할 수 있고 또 하려고 하는 것은, M-16 공장의 (한국 내) 신축에 관한 대화를 시작하는 일입니다.

대통령 M-16 공장이 현대화 프로그램의 일부로 간주된다는 건가요?

포터 그것이 여타 프로그램들과는 다르게 취급되겠지만, 결국에는 현대화 계획으로 간주될 것입니다.

대통령 내가 주한미군 철수를 계속해서 반대하더라도, 미국은 M-16

공장을 신축할 생각인가요?

포터 각하께서 반대하신다면, M-16 공장이건 다른 프로젝트건 간에, 특히 의회에서 쉽게 풀리지 않을 것입니다.

대통령 언제 한·미 양측이 현대화에 관해 논의할 수 있을까요?

포터 의회 지도부에 브리핑을 마친 직후에 가능하겠지만, 워싱턴에 문의해 본 다음, 추가로 말씀드리겠습니다. 그동안에라도 M-16 공장, 또는 전반적 프로그램의 일부로서 한두 가지 사안에 관해, 협의를 시작해 볼 수 있지 않을까 생각됩니다.

박정희 대통령의 불만에 대한 미국의 불만

포터 주한 미국대사는 박정희 대통령과의 접견을 마친 후 얼마 지나지 않아, 미군 철수를 반대하는 박 대통령 문제에 관해 국무부에 전문을 보고했다.[30] 포터 대사는 국무부에 이렇게 건의했다.

> 미국의 제안에 대한 박정희 대통령의 '강경한 저항(hard line resistance)', 그리고 이 사안과 관련된 미국의 국내문제에 대한 박 대통령의 '둔감성(lack of sensitivity)'을 고려해 볼 때, 그와 추가적인 협의를 갖는 식으로 서둘러 대응하지 않는 것이 좋겠다. 냉정한 자세를 유지하면서 (주한미군 철수) 계획을 계속 추진하되, 외형상으로는 미국이 박 대통령과 협의해야

---

30 60. Telegram From the Embassy in Korea to the Department of State (Top Secret), "2788. For Ambassador Brown," June 1, 1970, *FRUS 3*.

할 의무를 다한다는 모양새를 갖추자는 것이다. 박정희 대통령의 '반항적인 고집(recalcitrance)'은 미래의 전망에 대한 현재의 인식을 반영한 것이다. 우리(미국)는 그의 의도에 부응해야 한다. 우리의 문제는 비록 주한미군 병력이 관련되어 있더라도, 한국에서 돈이나 시장이나 물질을 통제하는 것이 아니다. 박 대통령은 "내 승인 없이 미국은 절대로 주한미군을 줄일 수 없다."라는 메시지로 국민들을 안심시키면서, 대단히 의도적으로 선거운동을 밀어붙이고 있다. 만일 각료들이 선거운동 과정에서 국회와 국민들에게 솔직하게 털어 놓지 않는다면, 그는 내년도 대선에서 어쩌면 패배할지도 모르는 '최초의 진정한 위협(first real threat)'을 자초하는 셈이 될 것이다.

조만간 박정희 대통령은 워싱턴에 사절단을 보내, 미국과 담판을 지으려고 할 것이다. 아마도 그는 그러한 목적에 총리와 국방장관을 파견할 것이다. 만일 그들이 미국의 입장을 바꾸는 데 실패한다면, 한국 정치의 속성에 따라 '실패'에 대한 책임을 지게 될 것이다. 국무부는 '만일 그런 상황이 발생하거든, (한국 정부가) 그런 아이디어를 입 밖에 꺼내지 못하게 좌절(discourage)'시켜야 한다.

이것이 국무부에 대한 포터 대사의 주문사항이었다.

박 대통령, 닉슨 대통령에게 '2차 서한' 발송

1970년 6월 중순, 박정희 대통령은 닉슨 대통령에게 친서를 보내 다시 한 번 주한미군 철수에 대한 자신의 의도를 분명히 천명했다.[31] (이하, 친서 내용 중 일부를 발췌 · 요약)

> 해외주둔 미군을 전반적으로 축소한다는 정책(닉슨독트린)에 따라 주한미군 일부를 감축하겠다는 각하의 제안에 관한 한, 저는 그러한 감축과 관련된 입장과 문제점을 분명하고 솔직하게 밝히는 것이 양국 정부에게 이익이라고 생각합니다.
>
> 주한미군은 잠재적 침략자에 대한(against) 가장 효과적인 억지력(deterrent)인 동시에, 북한의 무력침공에 대비한 방위태세 유지에 필수불가결한 요소입니다. 그러므로 주한미군 감축이 방위능력이나 억지력을 약화시키는 결과를 초래하지 않으려면, 감축의 부정적 효과를 상쇄하도록 한국군을 강화시키기 위한 긍정적 조치가 수반되어야 합니다. 아울러 그러한 조치의 전부는 아닐지라도 대부분은 미리 시행되어야 한다는 점을 부연합니다.
>
> 전력강화를 위한 효과적 수단으로서 한국군을 현대화시키는 문제와 관련하여, '대침투 · 게릴라 부대 개선요구'와 '한국군 개발목표 계획'이 1969년 1월 9일과 6월 7일부로 각각 미국 정부에 제출되었습니다. 저는 2개의 계획을 단일 5개년(1971~1975) 현대화 종합계획으로 통합시키도

---

31 61. Telegram From the Embassy in Korea to the Department of State (Top Secret), June 15, 1970, *FRUS 3*.

록 국방장관에 지시했고, 주한미군 사령관을 경유하여 그 계획이 현재 미국 정부에 전달되는 과정 중인 것으로 알고 있습니다.

주한미군의 어떠한 부분적 감축에 있어서도, 철수 규모 · 시기는 물론, 주한미군의 현재 구조의 유지 문제도 협의 대상이 되어야 합니다. 동시에 한국 인근의 미군 해 · 공군력의 배치를 강화시켜야 할 필요성도 고려되어야 합니다.

주한미군이 감축되는 어떠한 경우에도, 대한민국 국민들에 대한 정치적 · 심리적 측면에서의 부정적 효과를 예방 또는 제거하는 데 목적을 둔 효과적인 외교적 보장(diplomatic assurance) 수단이 강구되어야 합니다. 또한 미국은 한반도에 침략이 또다시 발생할 경우, 지상군의 증원과 파견을 포함하여, 효과적이고 신속한 조치를 취할 것이라는 결의를 재확인해야 합니다. 미국의 그러한 결의에 대하여 잠재적 침략자에게 명확하고 단호하게 경고해야 합니다.

서한에 언급했듯이, 저는 1971년 6월 말까지 주한미군의 부분감축이 이루어지는 것을 용인하도록 한국 국민들을 설득시킬 수 없습니다. 그 이유는 시한이 촉박하고, 또 그로 인해 한국 국민들이 예상치 못한 충격을 받을 것이기 때문입니다. 이 문제와는 별도로, 만일 상기에 언급된 사항들이 확고한 합의에 이를 수 있다면, 한국 정부는 "1975년 말까지 주한미군의 어떠한 철수에도 반대한다."라는 기본입장에 대해 일부 융통성을 가지고 협의에 임할 용의가 있습니다.

주한미군 철수통보와 관련된 '데드라인' 소동

7월 2일, 국무부는 주한 미국대사에게 주한미군 철수와 관련된 지침을 하달했다. 전문을 통해 존슨 국무부 차관은 포터 대사에게, 7월 초까지 철수계획이 승인을 받는다면, 포터가 마이클리스 사령관과 함께 호놀룰루 회담 이전에, 적절하다고 판단되는 만큼 자세하게 한국 측에 통보해 줄 수 있을 것이라고 통보했다. 물론 미국이 지원할 수 있는 현대화 계획에 관해 아무런 구체적인 약속도 받지 못한 상태에서, 이런 통보는 한국 측에게는 '쓰라린 고통(bitter pill)'일 것이다. 그럼에도 불구하고, 존슨 차관은 이러한 조치가 '우리가 말한 것은 진담(we mean business)'이라는 것, 그리고 1971년 6월이 '데드라인'이라는 것을 한국 측에 알려 주기 위해 필요하다고 믿었다. 그러면서 이 사실을 통보해 줄 경우, 한국 정부의 주도적 행위가 MAP 증가에 대한 의회의 지원을 제고시킬 수 있을 것이라는 점을 재차 강조하도록 포터 대사에게 조언했다.[32]

그런데 박정희 대통령에게 통보한 '데드라인'을 둘러싸고 한바탕 소란이 빚어졌다. NSC 직원인 홀드리지(John H. Holdridge)는 키신저 안보보좌관에게 이 소동의 전말을 메모로 보고했다.[33]

---

32 62. Telegram From the Department of State to the Embassy in Korea (Top Secret), "106164. For Ambassador from Brown. Ref: Seoul 3400.2," July 2, 1970, *FRUS 3*.

33 63. Memorandum From John H. Holdridge of the National Security Council Staff to the President's Assistant for National Security Affairs (Kissinger) (Secret), "U.S. Troop Reductions in Korea: Possible Bureaucratic Dispute over Who

7월 6일 사이공에서 올라온 전문을 보면, 로저스 국무장관이 최규하 한국 외교장관과 대화하던 과정에서 최규하가 로저스에게, 박정희 대통령이 포터 대사로부터 주한미군 철수가 개시되는 '데드라인'을 전해 듣고 충격에 빠졌다고 한다. 홀드리지에 의하면, 국무부가 박 대통령에게 이런 식으로 통보하도록 포터 대사에게 지침을 준 적이 없었으므로, 로저스는 포터의 이런 행동을 누군가, 예컨대 백악관이 지시를 했기 때문일 수도 있다. 박 대통령의 성정(temperament)과 미군 감축에 대한 강경한 반대입장을 고려해 볼 때, '데드라인'을 둘러싼 문제는 골치 아픈 사안(troublesome issue)이 된 것이다.

여러 첩보들을 종합한 결과, 일련의 사태를 일으킨 핵심 장본인(the prime mover)은 로저스 장관 자신이다. 예컨대, 6월 3일 사이공에서 발송한 전문을 보면, 미국은 이미 주한미군 감축을 결정했고, 포터 대사는 '세부사항에 관한 지침'을 받았으며, '병력 감축에 관해 즉시 합의하는 것이 필요하다.'라는 요지로 로저스 장관이 최규하 장관에게 발언한 대목이 나온다. 따라서 이미 '세부사항에 관한 지침'을 받은 포터 대사의 입장에서는, 로저스 장관의 지시를 '진격명령(marching orders)'으로 간주하여, 스스로의 판단에 따라 박 대통령에게 접근할 충분한 시간적 여유를 가졌을 것이다. 로저스 장관이 6월 3일 언급한 모든 발언은 박 대통령이 주한미군 감축의 개시와 관련된 '데드라인'으로 해석한 것과 일맥상통한다. 포터 대사는 대개 '경솔히 처신(jump the gun)'하거나 지침을 받지 않고 멋대로 행동하는 인물이 아니지만, 아마도 그는 이미 자신이 지시를 받았으므로 이행해야 할 필요가 있다고 판단했을 것이다. 로저스 장관은 최규하 장관에게 미국의 입장을 대단히 분명하게 알려 준 것이다.

Instructed Porter to Inform Park of "Deadline" in Effectuating Reductions," July 6, 1970, *FRUS 3*.

박 대통령 '2차 서한'에 대한 닉슨 대통령의 답신

7월 7일 닉슨 대통령은 박정희 대통령이 6월 15일에 보낸 친서에 대한 답장을 보냈다.[34]

6월 15일 각하의 친서를 통하여, 1971년 말까지 주한미군 중 2만 명을 철수시키겠다는 결정에 대하여 코멘트하신 내용을 신중하게 숙고해 보았습니다. 한·미상호방위조약에 구현된 미국의 대한(對韓) 방위공약은 우리가 1969년 8월 캘리포니아에서 회동했을 때 재확인된 바 있습니다. 가장 중요한 것은 미국이 상호방위조약에 입각하여 한국에 대한 무력공격에 맞설 것이라는 결의를 재확인했다는 점입니다.

감축 후 남게 될 주한미군 전력은 각하께서 추구하는 강력하고 실질적인 억지력을 제공할 뿐 아니라, 미군의 지속적 주둔 또한 우방국과 적대국에게 한국의 방위 및 안보에 대한 미국의 공약을 과시하는 최선의 방책이 될 것입니다. 의회의 승인에 달려 있으나, 미국은 한국군의 현대화라는 목표를 실현하기 위해 한국에 대한 군사지원을 증가시키는 보상조치를 취할 것입니다.

박정희 대통령 각하, 우리가 함께 앞으로 나아가야 한다는 것이 저의 진솔한 소망입니다. 저는 이제 양국 대표들이 머리를 마주하고, 미국이 제시한 프로그램과 한국군 현대화에 필요한 방안을 협의해야 할 때라고 생각합니다. 각하께서 서한에 언급한 바대로 한국 정부의 현대화 5개년 종합계획을 받아볼 수 있기를 고대합니다.

---

34 64. Letter From President Nixon to Korean President Park (Secret), July 7, 1970, *FRUS 3*.

NSC 직원 홀드리지의 '재조정' 아이디어

NSC의 홀드리지는 키신저 안보보좌관에게, 메모를 통해 박정희 대통령이 직면한 정치적 문제를 해결할 수 있는 방안을 보고했다.[35] 홀드리지에 의하면, 포터 대사와 마이클리스 사령관은 주한미군 감축과 관련된 박 대통령의 정치적 곤경을 해소할 수 있는 한 가지 방안은, 미군 여단이 철수한 공백을 한국군 여단으로 대체하는 '재조정(re-aligned)'을 추진하되, 사단 지휘권을 미군이 보유토록 한다는 것이다.

이론적으로 포터와 마이클리스가 제안한 재조정이 시행되지 못할 이유는 없는 것처럼 보인다. 한국전 이래 오랫동안 한국군은 미군 지휘권 하에 있었다. '카투사(KATUSA)'는 여전히 주한미군의 특징을 이루고 있으며, 미군 사단 중에서 2개 여단을 한국군 2개 여단으로 대체하는 것은 이러한 패턴에서 크게 달라지지 않는다. 홀드리지에 의하면, 만일 그것이 미군 '2개 사단'으로 표현되는 박 대통령의 정치적 필요(political desiderata)를 충족시킬 수 있다면, 이런 건의를 실행에 옮기는 방안도 고려해 보아야 한다.

그러나, 국방부가 주한미군 감축안에 대하여 제공한 첩보에 의하면, 1개 사단 전체를 육군 및 군단지원부대와 함께 철수시키고, 나머지 1개 사단을 8개 기동대대(maneuver battalions)로 구성한다는 것이다. 여기서 문제는 미군의 지휘를 받는 한・미 혼성사단을 구성할 만큼의

35 65. Memorandum From John H. Holdridge of the National Security Council Staff to the President's Assistant for National Security Affairs (Kissinger) (Top Secret), ""Re-aligned Configuration" of Two U.S. Divisions in Korea," July 9, 1970, *FRUS 3*.

골격(framework)이 남게 될 것인지의 여부이다. 미군 대대를 2개 사단의 중핵(nucleus)을 형성하도록 할당하고, 한국군이 나머지를 채우는 방식도 가능하지만, 펜타곤은 한국군의 지휘 하에 들어가도록 미군에게 소수(minority)의 지위를 부여하는 방안에 주저할 것이다.

다른 대안은 1개 사단을 혼성부대로 구성하여 미군 사단의 병력 숫자를 대폭 낮추는 것이다. 포터 대사와 마이클리스 사령관은 분명히 미 2사단에서 2개 여단을 철수시키되, 1개 사단은 잔류시켜 한국군 2개 여단을 배속시킨다는 전제 하에서 여러 방안을 강구하고 있다.

상기 제안이 펜타곤의 구상과 호환성(compatible)을 이룬다고 가정할 경우, 또 다른 문제점은 DMZ 인근에 미군부대를 남기는 문제이다. 현재의 철수계획이 갖고 있는 특징 중 하나는 잔류하는 미군 사단으로부터 판문점 경비를 위해 교대되는 1개 중대를 제외하고, 한국군이 전체 DMZ를 담당한다는 것이다. 포터 대사의 개념에 의하면 미 2사단에 배속될 한국군 2개 여단이 전방지역을 담당토록 함으로써, 명목상으로는 미군 1개 사단 전체가 DMZ를 맡게 된다. 따라서 미군 철수를 통해서 얻을 수 있는 이점, 즉 DMZ를 넘어 북한이 군사공격을 감행하는 '최초의 순간부터(from the very outset)' 미·북 간 직접적 무력충돌에 개입될 가능성을 낮추는 이점을 누릴 수 없게 될 것이다.[36]

36 미국이 한국에 명시적으로 밝히지는 않았으나, 주한미군을 DMZ에서 후방으로 이동시키는 것은 미군을 '인계철선'의 역할에서 해방시킴으로써, 북한 도발로 야기될 수 있는 제2의 한국전쟁에 휘말려 들어갈 위험을 감소시키는 데에도 중요한 목적이 있었음을 알 수 있다.

무거운 분위기 속에서 열린 한 · 미 국방장관 회담

1970년 7월 22~23일 동안, 호놀룰루에서 한 · 미 국방장관 회담이 열렸다. 한국 측에서는 정래혁 국방장관, 미국 측에서는 패커드(David Packard) 국방부 부장관이 참석했다.[37] 한국 측은 한국군을 '진정한 현대화(genuine modernization)'가 시작될 수 있는 수준으로 끌어올리려면, 향후 5년간 매년 1억 달러의 군사지원이 요구된다고 말했다. 1개 S-2 비행대대가 포함된 해안 감시 능력의 확보가 최우선적 과제이다. 아울러 한국 측은 한국에 방위산업을 설립하기 위해 미국의 대대적인 도움을 요청하면서, 한국 측의 관점에 의하면 최신형 군사장비를 갖추는 것이 현대화가 아니라고 했다.

패커드 부장관은 철수하는 미군이 M-48 전차 286대 같은 잉여 무기들과 함께 약 2만 점의 장비를 남기게 될 것이며, 정규 MAP 할당액 1억 4천만 달러에 추가하여, 상세한 내역을 밝힐 수 없는 막대한 액수의 추가 배정을 요청했다고 설명했지만, 정래혁 장관은 묵묵부답이었다. 정 장관에 의하면, 상기 무기 · 장비들은 이미 한국에 있는 것이므로, 미군이 철수하면서 그곳에 남긴다고 해도 한국의 방위능력 향상에 추가적으로 기여하지 못한다는 것이다.

정래혁은 미국이 한국군의 현대화를 위해 정확하게 어떤 품목의 장비들을 제공해 줄 준비가 되어 있는지 빨리 알려 줄 것을 희망하고, 아울러 현대화 5개년 계획에 투입될 품목의 60%를 최초 2년 이내에

---

37 67. Telegram From the Commander in Chief, Pacific (McCain) to the Department of State (Secret), "For Assistant Secretary Green from Ambassador Brown," July 23, 1970, *FRUS 3*.

인도해 주겠다는 확고한 약속을 원했다. 또한 정래혁은 의회가 MAP 할당액을 줄이는 어떠한 삭감 효과로부터도 현재의 한국 MAP 프로그램을 보호(insulate)할 수 있는, 예컨대 한국을 위한 별도의 MAP 할당 같은 방식을 강구해 주기를 바랐다.

한국 측에 의하면 한국의 국방비 부담은 이미 23%에 이른다. 정래혁 장관은 미국이 한국의 방위제조산업(defense industry manufacturing)에 자금을 지원하고, 방위산업을 위한 원료를 제공해 줄 것을 희망한다고 말했다. 그는 KIST와 '동격(co-equal)'이자 동일한 성격을 갖는, 한국 국방부 산하에 '국방과학연구소(defense science research institute)'를 설립하는 데 지원해 달라고 말했다. 정래혁은 신설되는 연구소에, 미국이 KIST 설립에 지원해 준 것과 동일한 원조를 제공해 주기를 바란다고 언급했다.

정래혁 국방장관은 한국 정부가 주한미군 철수 문제를 협의하기 이전에 이러한 보장을 제공해 주기를 희망한다고 말하면서, 국방・외교 및 경제 분야에서 충분한 보장을 받지 못하는 한, 한국 정부가 어떠한 미군 철수에도 동의할 수 없다고 못 박았다. 그는 일방적 미군 철수가 '대단히 부적절한' 조치일 것이라고 특별히 강조했다. 정래혁 장관은 이미 미국이 2만 명의 주한미군 감축을 확고히 결정했다는 사실을 전해 듣고도, 이 모든 것을 국방장관 회의가 시작되기 이전의 사석에서부터 '정색을 하며(with a straight face)' 말했다. 태평양 사령부의 보고에 의하면, 당시 "한국 측의 태도는 의리 없는 친구로부터 자신의 권리를 박탈당하여 비탄에 잠긴 사람의 분위기를 강하게 풍겼다."[38]

---

38 원문: "The posture of the Korean delegation today had a strong flavor of an aggrieved party who was being deprived of his rights by a faithless friend."

포터 · 마이클리스, 박정희 대통령에게 주한미군 감축 통보

1970년 8월 4일, 포터 대사와 마이클리스 유엔사령관은 오후 4시 30분부터 2시간 동안 박정희 대통령을 접견한 결과를 국무부로 보고했다.[39]

포터와 마이클리스는 한 · 미 공동 미군 철수계획 수립에 대한 박 대통령의 입장이, 최초의 단호한 거부로부터, 미군 철수에 대한 용인으로, 또 당시 추진 중인 한국군 현대화 관련 협의가 '만족할 만한 수준'에 도달하지 않는 한, 공동 철수계획 수립은 불가하다고 국방장관에게 지시했던 발언으로 조금씩 변화한 것을 알고, 대통령에게 서서히 압력을 가하기 시작했다.

두 사람이 상기 문제를 제기하자, 대통령은 그가 협조하건 협조하지 않건 관계없이 미국이 미군 철수를 강행할 것이라는 점이 점점 뚜렷해짐에 따라, 더욱 공격적(truculent)이면서도 한결 우물쭈물하는(indecisive) 듯한 모습을 보였다. 그는 미국이 조치해야 할 모든 '의무사항들(musts)'을 거론하면서 빈번하게 자신의 '불쾌감'을 드러냈다.

포터 금일 저희가 각하를 뵈려는 목적은 미국의 입장을 검토해 보고, 어떻게 하면 양국이 앞으로 협조할 수 있는지를 알아보기 위해서입니다. 현재 양국 간 (미군 철수에 관해) 공동계획이 이루어지지 않고 있어 문제가 됩니다. 저희는 (양국 간) 이견과 갈등이

---

39 68. Telegram From the Embassy in Korea to the Department of State (Secret), "4044. For Ambassador Brown. Pass DOD and CINCPAC for POLAD," August 4, 1970, *FRUS 3*.

외부에 공개되지 않기를 원합니다. 이는 단지 현대화 문제에 대한 미 의회의 호의적인 고려를 복잡하고 위태롭게 만들 뿐이기 때문입니다. 이제 양측이 미군 철수를 위한 공동계획에 착수할 수 있겠습니까?

대통령 내 태도에는 변함이 없소. 이미 호놀룰루에서 내 입장을 밝혔소. 한·미 현대화와 관련된 회의에서 가시적 성과를 달성하기 전에, 그리고 한국 국민들에게 안보에 관한 '확약(assurances)'이 주어지기 전에는, 주한미군 철수계획 수립에 대해서 아무것도 바뀔 것이 없어요. 이런 것들이 달성되고 나면 협의가 시작될 수 있을 겁니다. 나도 미국의 문제를 이해해요. 그러나 한국에는 그와 비슷하거나 더 큰 어려움이 있어요. 저는 한국 사람들 100%가 미군 철수에 반대한다는 편지를 받았어요. 주한미군 감축이 이루어지려면, '한국에 절대로 전쟁이 벌어지지 않을 것이라는 확약'이 있어야 돼요. 이런 종류의 합의가 없다면, 나는 미군 감축에 동의하지 않을 것이오. 나도 현재 한국군 현대화에 관한 한·미 간 대화가 진지하고 성의 있게 추진되고 있다는 것을 알고 있고, 또 양측이 한국 국민들로 하여금 안전하게 느낄 수 있는 결론을 도출해 주기를 바라고 있어요. 오직 그 후에라야 미군 감축 회의를 시작할 수 있고, 오직 그 후에라야 미군 철수의 규모, 시점 및 합의 이후의 후속조치 같은 것을 논의할 수 있어요. 현 시점에서 한국 정부는 이러한 보장이 주어지기 전까지 미군 철수 회담에 참여하지 않을 것임을 분명히 밝히고 싶소.

포터 한국 측이 여전히 저희와 대화할 용의가 없다니 유감입니다. 저희도 주한미군 감축 숫자와 관련하여 문제가 있었습니다. 한국 정부가 참여할 수 없다고 하여, 불행하게도 어쩔 수 없이 단독으로 감축계획을 수립하고 있습니다. 계획에 의하면, 1970년까지 5천 명을 줄이고, 1971년 3월까지 8,500명, 그리고 1971년 6월 말까지 4,900명을 줄일 계획입니다. (통역이 진행되는 동안 박정희 대통령은 눈을 감고, 스트레스를 받고 있다는 듯이 무릎을 떨면서[jiggle] 커피를 시켰다.)[40]

대통령 만일 미국이 미군 감축을 강행하면 반대하지는 않겠지만, 협조하지도 않을 거요. 아마도 한국 정부가 비협조적이고 비타협적(intransigent)이라고 말할 수 있겠지만, 그건 미국도 마찬가지요. 왜냐하면 한국 정부는 이런 결정에 대해 사전 협의를 요청받지 않았기 때문이요. 그러니 우리는 미국의 보장을 받아야 합니다.

포터 저희가 한국 정부에게 공동으로 미군 철수계획을 수립하자고 요청했을 당시에는 철수계획이 승인되지 않은 상태였습니다. 한국 정부도 좋은 아이디어가 있었겠지만, 계획수립 단계에 그것을 제시하지 않았습니다.

대통령 (이제 언성을 높이기보다 생각에 잠긴 모습으로) 철수목록에 군단 무기·장비도 포함되어 있어요.

포터 저희는 한국 측 입장을 알 수 없었기 때문에 일방적으로 계획수립에 착수할 수밖에 없었습니다.

---

40 한국의 대통령이나 총리, 장관을 포함한 주요 인사들은 미국 사람들과 접촉할 경우, 각별히 행동거지에 신경을 쓰고 언행에 신중을 기해야 할 것이다. 상대방은 모든 일거수일투족을 관찰하고, 문서로 남겨 후임자들에게 인계하고, 본국에 보고하여 영구히 기록으로 보관하게 될 것이기 때문이다. 한국말 통역을 들으면서 '눈을 지그시 감고, 무릎을 떨면서 커피를 마시는 모습'을 미국 사람들이 보고하는 것은 비단 박정희 대통령의 모습을 표현하는 데만 국한되지 않았을 것이기 때문이다.

대통령 (화가 난 표정으로) 우리 의사를 알려달라고 공식 요청한 것이 3월 27일이었잖아요. 내가 몇 년간 시간을 달라고 부탁했는데도 미국이 호응하지 않아 유감이었소. 나는 향후 몇 년 동안이 결정적으로 중요하기 때문에, 몇 번씩이나 거듭해서 한국의 안보문제를 고려해 달라고 부탁했지 않소. 그러나 만일 국내 사정 때문에 미국 정부가 기다리기 어렵다면, 한국군이 침략을 억지할 수 있을 정도로 강화되고, 안보공약이 군사력 강화와 더불어 단호한(forthcoming) 방식으로 이루어진다는 전제 하에서, 미군 철수에 굳이 반대하지 않을 것이오. 한·미 간 한국군 현대화 협상에서 어떤 결과가 나올지 모르겠소. 만일 협상이 진실성(sincerity)을 결여하고, 만일 한국의 요구가 도저히 받아들일 수 없는 미국의 태도에 직면한다면, 주한미군 철수에 단호히 반대할 생각이오. 그러나 미군이 미국의 통제를 받고 있으니, 설령 계획대로 주한미군을 철수한들, 내가 뭘 어떻게 할 수 있겠소?

포터 모든 것을 요약하면 '신뢰(confidence)'의 문제입니다. 우리(미국)는 기회가 있을 때마다 최고위층에서 한국군 현대화에 대한 의지를 확약했고, 우리는 한국에 대한 안보공약을 재확인했습니다. 법적으로 볼 때, 우리가 할 수 있는 것 이상으로 (한국에게) 해줄 수는 없습니다. 미국의 관점에서 보면, 한국 정부가 미국의 의도에 신뢰를 갖고 있지 않다는 것인데, 왜 그런지 저는 이유를 모르겠습니다.

(대통령은 '불가능(impossible)'이라는 단어를 언급했는데, 그는 미국이 추가적 안보확약에 대한 요구를 받아들이는 것이 '불가능'하다고 내가 말한 것인지의 여부를 판단하려는 것처럼 보였다.)

만일 한국 정부가 상호방위조약에 명시된 것 이상으로 모종의 공약을 바란다면, 미국이 조약의 한계를 넘어서는 것은 불가능합니다. 만일 한국 정부가 조약을 재협상하여 추가적 확약을 제공받기를 요청한다면, 현재 상황에서 그런 재협상이 현실적으로 불가능하다는 것이 미국 정부의 입장입니다.

대통령 난 그런 요청을 한 적이 없소. 그건 국회가 요구한 거예요. 양국 간 신뢰가 없다는 것이 사실인지도 몰라요. 한국은 미국을 믿지 못하고, 미국은 한국을 믿지 못하고 말이죠. 나는 상호방위조약에 크게 의존하지 않아요. 한국전쟁이 터졌을 때, 방위조약이 없는데도 미국이 귀중하고 적시적인 도움을 주었지요.

(그는 이 대목에서 다소 흥분한[worked up] 모습을 보였다.[41] 양국 간 신뢰의 문제를 거론하면서, 그는 1년 전 닉슨 대통령과의 회담을 회상했다.)

닉슨 대통령께서는 독트린을 설명하면서 해외주둔 미군을 줄이겠다는 의도를 내비치셨지요. 설명이 끝난 후, 각하께서는 나에게 닉슨독트린이 한국에 적용되지 않을 것이고, 반대로 주한미군은 더욱 강해질 것이며, 이것이 공동성명에 발표될 것이라고 말씀하셨어요. 그리고 한국군을 월남에 파병할 당시, 주한미군사령관이 내게 서한을 보내 한국군이 월남에 주둔하는 한, 주한미군 감축은 없을 것이라고 선언했어요.

포터 (이 대목에서 내가 호기심에 가득 차서 박 대통령을 쳐다보려 했지만, 그는 내 시선을 피했다. 그는 흥분상태에 있었다. 잠시 생각한 후, 나는 대통령에게 따지는 일을 다음 기회로 미루기로 했다. 왜냐하면 이후락 비서실장과 통역이 있는 자리에서 대

41 박 대통령의 미세한 표정 변화도 놓치지 않았던 이유는 포터 대사의 관찰력이 유달리 뛰어나기 때문이 아닐 것이다. 아마 거의 모든 미국 외교관은 자신이 상대하는 한국인 또는 다른 국가의 인사들에 대해 이처럼 '생동감과 현장감'이 넘치는 보고서를 작성하고 있다고 보는 것이 옳지 않을까 생각된다.

통령에게 따지고 들어봐야 소용이 없을 것이기 때문이다. 박 대통령은 어떤 경우에도 내가 끼어들어 자신의 발언을 교정할 틈을 주지 않았다. 그는 빠르게 말을 이어갔다.)

대통령 마침내 한국이 스스로 경제를 개발하고, 국방의 자립(self-reliance)을 이루어야 할 때가 다가온 것 같소. 나는 우리 국민들에게 스스로의 힘으로 일어서자고 말하고 싶은 생각이 굴뚝 같지만, 오직 한 가지 미국이 이해해야 할 것은 이것이 하루이틀 사이에 이루어질 수 없다는 거예요.

주한미군 감축이 결코 없을 것이라고 확약을 한 지 1년도 지나지 않아, 미국이 내게 미군 철수계획을 내민 거요. 한국 국민들은 미군 철수와 장비의 처리문제, 그것이 어떻게 한국군에 넘겨질 것인지에 대단히 관심이 높아요. 국민들은 우리가 어떤 의도를 갖고 있는지 모르고 있어요. 내년에 주한미군을 더 줄일 건가요?

한국 정부는 현대화 협상에서 만족스러운 결론이 도출되면 공동계획에 참여할 겁니다. 나는 국방장관에게 지시를 해두었어요. 현대화 협상에서 '만족스러운 수준'의 확약이 도출되지 않는 한, 절대로 미군 감축계획은 없을 것이라고 말이죠. 정말이지, 미국이 일방적으로 미군 철수계획을 수립하고 있는 것이 불쾌해요.

포터 한국이 계획수립에 참여할 수 없다고 해서 부득이 그렇게 된 겁니다. (박 대통령은 미국의 행동에 '유감과 불쾌함'을 몇 번이고 반복했으며, 현대화 협상에서 '만족스런 결론'이 도출되기 전까지 계획수립에 참여하지 않을 것이라고 거듭 말했다.)

대통령 만일 철수되는 주한미군이 세계 다른 곳의 긴급한 목적에 투입된다면 이처럼 성급한 철수를 이해할 수 있어요. 그런데 이것이 그런 경우도 아니고, 오로지 미국의 국내 정치적인 문제에 기초한 것이에요. 그러니 한국에 시간을 더 주어야 해요. 지금까지 모든 것이 미국의 일방적인 결정으로 이루어졌고, 미국은 한국 사람들의 희망을 존중하거나 경청하려 들지 않았어요. 미국은 그저 부대를 본국으로 철수시키는 것뿐이고, 그렇다고 긴급한 목적 때문에 그러는 것도 아니에요. NATO는 어때요? 왜 거기서는 미군이 철수하지 않는 거요?

포터 대사는 전문의 말미에 2시간에 걸친 접견을 마무리하면서 자신이 느낀 소감을 몇 줄 남겼다. 포터 대사와 마이클리스 사령관은 시종일관 곤혹스런 입장에 있었다. 박 대통령이 일방적으로 자신의 문제, 즉 현대화 문제만 거론했기 때문인데, 사실은 한국군 현대화와 주한미군 철수가 병행하여 거론되었어야 옳았다는 것이다. 그렇지 않으면 현대화 프로그램이 의회에서 난관에 처할 것이기 때문이다. 마지막으로 포터 대사는 박정희 대통령에게 미국의 입장이 담긴 '비공식 문서(informal paper)'를 전달해 주었다.

포터 대사는 "박 대통령의 태도가 우리(미국)에게 미치는 장기적 의미에 대해서 차후에 거론할 예정"이라고 언급하면서, 박 대통령과 작별할 당시의 의미심장한 순간에 대해 이렇게 기록했다.

> "우리가 그의 사무실을 떠날 때, 작별인사를 마친 후, 나는 뒤를 돌아 그의 뒷모습을 보았다. 박 대통령은 서류(비공식 문서)의 개요를 들여다보면서 어떤 이유에서인지 웃고 있었다. 나는 이것이 이상하게 생각되었다.

우리가 회견을 하는 동안 한 번도 미소를 보인 적이 없었기 때문이다."[42]

1970년 8월 말, 키신저 안보보좌관은 닉슨 대통령에게 한국군 현대화 계획에 소요되는 예산과 관련된 건의사항을 메모로 보고했다.[43] 키신저에 의하면, '차관위원회(Under Secretaries' Committee)'는 한국군 현대화에 필요한 소요를 정밀 검토한 끝에, 5개년 프로그램에 10억 달러 한도 내에서, 주로 지상군 현대화에 국한하여 지원해 주기로 결론을 내렸다. 차관위원회는 한국 해·공군을 위한 합리적 수준의 현대화에, 5년간 추가로 5억 달러가 필요할 것으로 판단했다.

향후 5년 이내에 한국군의 자급자족(self-sufficiency)이라는 궁극적 목표를 달성하기 위한 '균형 잡힌 군 현대화(balanced force modernization)'에는 엄청난 규모의 예산이 소요될 것은 분명한 사실이다. 한국군의 해·공군력을 증강하는 데 필요한 비용은 이에 상응하는 미국 군사력을 해당 지역에 제공하는 것보다 덜 소요될 것이다. 결론적으로 키신저는 닉슨 대통령에게, FY 1971~1975년 기간 동안 보조금, MAP, 잉여 장비·물자 등의 형태로 15억 달러를 '균형 잡힌 군 현대화' 프로그램에 집행토록 승인하여 줄 것을 건의했다.

---

42 포터 대사는 박정희 대통령이 서류를 들여다보며 미소를 보인 장면이 마음에 걸렸던 모양이다. 2시간의 회견 동안 내내 괴롭히더니 막상 자신들이 떠날 무렵에 회심의 미소 같은 것을 보였다고 생각했기 때문일 것이다. 그는 전문의 주석에 이렇게 기록했다. "나는 당분간 사태가 가라앉기를 기다리면서, 박 대통령과 보좌관들에게 자신들의 '강경전술(tough stance)'이 먹혀들어 가고 있다는 인상을 주지 않는 것이 상책이라고 믿는다."

43 70. Memorandum From the President's Assistant for National Security Affairs (Kissinger) to President Nixon (Secret), "Military Assistance for Korea," August 22, 1970, *FRUS 3*.

9월 중순, 로저스 국무장관은 닉슨 대통령에게 메모를 보고하면서, 주한미군 2만 명 감축으로 빚어지는 긴장 상황을 강도 높은 표현으로 묘사했다.[44] 그의 보고에 의하면, 주한미군 2만 명 감축 결정을 둘러싼 긴장과 갈등이 너무도 극심한 나머지, '향후 1~2년간은 추가적인 대폭 감축을 엄두도 내지 못할 지경'이 되었다. 로저스 장관은 주한미군을 추가로 감축해야 한다는 입장이었으나, 지역 내 우방국 또는 적대국에 잘못된 신호를 보내는 방식으로 추진되는 데 대해 우려를 나타냈다. 이러한 우려는 비단 한국뿐 아니라 일본에 대해서도 마찬가지로 중요한 것이었다. 일본이 주한미군 철수에 어느 정도의 우려를 갖는 것은 '건전(healthy)'하지만, 일본으로 하여금 일본과 지역 내 다른 국가들에 대한 미국의 억지 능력 및 의도에 의심을 일으킬 만큼 선을 넘지 않도록 신중해야 할 필요가 있다는 것이 로저스의 생각이었다. 그는 자칫 이 문제를 잘못 다루었다가는 눈 깜짝할 사이에 '대단히 실존적인 위험'으로 비화될 수 있다고 걱정했다.

한 · 미 양국, 주한미군 2만 명 철수 공식 발표

1971년 2월 5일, 마침내 한 · 미는 주한미군 2만 명 철수에 관해 공식 합의에 도달했다. 1970년 3월 22일부터 포터 주한 미국대사와 박정희 대통령 사이에 시작된 미군 철수와 한국군 현대화 관련 협의가 2월

44 72. Memorandum From Secretary of State Rogers to President Nixon (Secret), September 22, 1970, *FRUS 3*.

5일 오후 10시에 유종의 미를 거두었다. 한・미 양국이 발표한 공동성명의 요지는 다음과 같다.[45]

- 한 · 미 양국 정부는 한국군 현대화 및 주한미군 감축에 관한 협상을 종료했다.
- 미국 정부는 한국군의 장기적 현대화 프로그램을 지원하는 데 동의했다.
- 양국 간 협의 결과, 주한미군을 2만 명 감축시키기로 결론지었다. 이러한 감축은 1954년 상호방위조약에 따라 무력침략에 대응한다는 미국의 결의에 아무런 영향도 미치지 않을 것이다.
- 한국을 군사적 위협으로부터 방위하기 위한 전반적 군사역량은 양국 정부 간 연례 고위급 안보협의회의에서 논의될 것이다.

※ 한국 정부는 향후 어떠한 미군 철수서도 비토권 행사의 대상이 되어야 한다는 점에 미국이 약속을 하도록 요구했으나, 공동성명에서는 이러한 점이 누락되었다.

45 88. Memorandum From John H. Holdridge of the National Security Council Staff to the President's Assistant for National Security Affairs (Kissinger) (Secret), "Agreement with the ROKG on U.S. Troop Withdrawal and Korean Military Modernization," February 5, 1971, *FRUS 3*.

6. 닉슨 행정부의 주한미군 추가감축 시도

주한 미국대사 · 유엔사령관, 주한미군 추가감축에 강력 반대

NSC의 홀드리지는 1971년 3월 2~5일까지 한국 방문을 마친 후 귀국보고서에서, 주한미군 추가감축을 비롯한 다양한 주제에 관해, 아래와 같은 흥미로운 기록을 남겼다.[46]

첫째, 주한미군 추가감축 관련, 포터 대사와 마이클리스 주한미군 사령관은 향후 2년 이내에 추가적인 감축을 '강력히 반대(strongly against)' 했다. 포터는 FY 1973년부터 추가철수에 대한 논의를 시작하여 FY 1974년에 시행하자는 입장이고, 마이클리스는 FY 1974년에 논의를 시작하고 FY 1975년에 철수하자는 입장이었다. 두 사람이 추가적 조기철수를 반대하는 근본적 이유는 '한국에 미치는 부정적인 정치적 파급효과(adverse repercussions) 때문'이다. 추가로, 주한미군사령부는 한국이 추가감축을 받아들일 수 있도록 하려면, 그 이전에 현대화 프로그램이 결과를 보이기 시작해야 한다는 것이다. 두 사람은 한국이 정치적 문제들을 해결할 수 있는 충분한 시간적 여유를 가질 수 있도록, 어떠한 추가감축도 추진하지 말아야 한다는 '도덕적 의무(moral obligation)' 같은 것을 미국이 갖고 있다고 믿고 있다. 흥미롭게도, 주한 미국대사관과 주한미군사는 충분한 규모의 미 지상군이 없더라도, 미국이 해 · 공군

46 90. Report by John H. Holdridge of the National Security Council Staff (Secret), "Report on Visit to Korea and Japan, March 2-5, 1971," April 16, 1971, *FRUS 3*.

력만으로 한반도 방위공약을 뒷받침할 수 있는 것으로 판단하고 있었다.

둘째, 주한미군 철수에 대한 한국의 태도이다. 청와대 관계자는 한국이 국방에 대한 모든 부담을 기꺼이 짊어질 용의가 있으나, 한국군 현대화는 이를 위한 전제조건이며, 한국군 현대화가 완료되기 이전에 주한미군이 감축되는 것은 북한으로 하여금 한반도의 군사적 균형이 자신에게 유리하게 변한 것으로 오판하게 하여 남침을 감행하도록 유혹하는 처사라고 주장했다.

셋째, 주월한국군의 철수 문제이다. 월남으로부터의 병력 철수문제에 관하여, 박 대통령은 정치적 이유로 여타 병력공여국(TCC: Troop Contributing Countries)의 선례를 따를 수밖에 없으나, 한국군 해병 1개 여단을 감축하되, 나머지 2개 사단을 무기한(indefinitely) 월남에 주둔시킨다는 입장이다. 한편 미 합참은 주월한국군의 철수를 주장하지 않으나, 레어드 국방장관은 주월한국군에 지원되는 예산규모를 줄이려고 생각하는 것으로 보인다.

넷째, 박정희의 대통령 재선 가능성이다. 박 대통령의 참석 하에 열린 공수부대 낙하시범이 끝난 후 오산 공군기지 식당에서 개최된 리셉션 석상에서, 포터 대사는 홀드리지에게 박정희 대통령의 당선 가능성은 "대단히 안 좋은 것 같다(looked very bad)."라고 말했다. 박 대통령은 창백하고, 기진맥진한(drained) 모습이고, 육체적으로 양호한 상태가 아니라고 한다. 리셉션 도중 대사관 직원 한 명이 홀드리지를 박 대통령에게 데리고 가서 '백악관 옵서버'라고 소개했지만, 박 대통령은 포터 대사와 대화하려는 제스처를 보이지 않았다. 심각한 상태인지는 알 수 없지만, 분명히 포터 대사와 박 대통령의 관계에는 뭔가 긴장관계가 형성된 것같이 보였다.

당시 박 대통령에게 가장 중요한 사안은 임박한 선거운동이었을 것이다. 비록 본격적으로 시작되지 않았지만, 야당 후보인 김대중은 이미 대단히 활발하게 유세를 벌이고, 박 대통령을 궁지에 몰아넣는 이슈들로 신문의 헤드라인을 장식하고 있었다. 예컨대, 김대중은 전라남·북도 경제개발에 박 대통령보다 더 많은 관심을 기울일 것을 약속했으며, 북한과의 접촉에 돌파구를 마련하여 선거유세를 통해 박정희 후보에 앞서 이런 이슈에서 주도권을 장악하려는 모습을 보였다.

김대중은 한국 사람들이 보기에 박정희 대통령보다 더 카리스마가 넘치는 유형의 후보로 보였으며, 박정희 후보는 그런 면에서 김대중과의 경쟁에서 불리한 입장에 있었다. 결국은 박 대통령이 승리할 것이나, 예상되는 것보다 대단히 좁은 격차로 당선될 것으로 보인다. 박 대통령은 불과 100만 표차를 보였던 지난 선거보다 더 큰 격차를 바라고 있으나, 그보다 더 많은 격차를 보일 가능성은 없어 보인다. 이렇게 되면 그 자체가 박 대통령에게 체면손상(a loss of face)이 될 것이다.

다섯째, 포터 대사와 주한 미국대사관에 대한 평가이다. 홀드리지는 포터 대사가 대단히 우수한 외교관이라고 확신했다. 포터는 한국의 모든 지도자들과 친밀했고, 이들의 장점과 단점(foibles)을 꿰뚫고 있었으며, 매우 탁월한 식견으로 한국의 정치 현실에 정통해 있었다. 그는 긴장감 리더십으로 대사관을 이끌었으며, 군사문제에 해박했다. 또한 그는 자신이 임명된 국가인 한국에서 미국 대통령과 미국 국민을 대표한다는 사명감에 충만했다. 의심할 나위 없이, 이처럼 투철한 사명감으로 인해 박정희 대통령과 모종의 긴장감이 조성된 것이지만, 때때로 포터 대사와 같은 확고한 신념이 요구되는 경우도 있는 법이다. 대사가 말했듯, "한국 사람들의 울부짖음도 견딜 수 있는(You gotta be able to listen to 'em cry)" 배짱을 가져야 한다. 기본적으로 한국인들은 그를 '동정적(being sympathetic)' 인물로 평가하며, 부여된 임무를 수행하는 능력에 경의를 표한다.

레어드 국방장관, 주한미군 1만 4천 명 추가감축 주장

1971년 7월 중순경, 레어드 국방장관은 7월 11~14일 동안 한·미 연례안보회의(SCM: Security Consultation Meeting) 참석을 위한 한국 방문을 마치고, '장문의' 메모를 통하여 닉슨 대통령에게 귀국결과를 보고했다.[47]

먼저, 박정희 대통령의 예방 결과이다. 박 대통령은 레어드 장관에게 다음과 같은 사항을 언급했다.

- 한국군의 안정과 현대화 성공은 2차대전 이래 미국이 제공하고 있는 원조·지원과 '직접적 함수관계(direct functions)'에 있다. "한국은 미군이 대한민국에 무한정 주둔해 달라고 요청할 의도가 전혀 없다(The ROKs have no intent of asking US troops to stay in the ROK indefinitely)." 다만 한국군이 자급자족(self-sufficiency) 능력을 갖출 때까지 한국에서 군사력을 유지해 달라는 것이다.
- 한국은 장래 무기한으로(for the indefinite future) 60만 명의 현역군대를 유지할 것이다.
- 북한이 중공·소련의 도움 없이 한국을 침공하지 않을 것이라는 견해가 일

47 101. Memorandum From Secretary of Defense Laird to President Nixon (Top Secret), "Trip to Republic of Korea," July 19, 1971, *FRUS 3*.

부 타당하기도 하지만, 대규모(sizable) 북한군이 존재하고 있고, 비이성적인 김일성은 현실적이고 실질적인 위협이다.

- 한국은 1971년 12월부터 1972년 6월 사이에 1개 여단(1만 명)을 월남에서 철수할 계획이다.

한편, 레어드 장관이 정래혁 국방장관과 회동에 대하여 보고한 내용 가운데 특기할 만한 사항은 대략 세 가지이다.

- 한국은 방위산업 육성과 관련하여, M-16 제조공장 유치를 위한 FMS 추가 신용을 희망했다. 아울러 한국은 독자적 연구개발 수행을 위한 'ADD(Agency for Defense Development, 국방과학연구소)'의 설립에 열의를 보였다.
- 정래혁 정관은 북한의 남한 침공에 관한 미국의 정책에 관해 질문했다. 이에 대해, 미국은 기존의 방위조약을 준수할 것이나, 조약은 미국 군대가 명시적으로(overtly) 투입되기 이전에 의회의 승인이 필요하다. 레어드는 한국 장교들에게 상호방위조약에 NATO 같은 '자동(automatic)' 조항이 없다는 점을 경고했다.
- 한국은 연간 GNP의 5% 이상을 국방비에 투입하지 않는다는 분명한(explicit) 정책을 택하고 있다.

레어드 국방장관은 방한 소감에 대해 몇 가지를 기술했다.

- 현재 한국은 충분한 군사적 억지력을 보유하고 있다. 더욱이 한국군의 군사능력은 증가일로에 있으며, 현대화 프로그램이 원활하게 진행 중이다. 북한에 대한 억지력은 가까운 장래에 '충분하고도 남을 정도(more than sufficient)'가 될 것이다.

- 한편으로 한국은 북한의 위협이 대규모적이고 임박했다고 확신한다. 반면, 한국은 국방비에 투입할 수 있는 규모에 대해, 노골적으로(blatantly) GNP의 5%라는 인위적 상한선을 설정했다. 한국은 확실히 명시적으로 또는 묵시적으로, 특히 적절한 억지력 유지의 필수조건인 운영유지 예산 및 하드웨어에 면에서 미국이 대부분의 기본적 자원(fundamental resources)을 제공해 줄 것을 희망한다.
- 주한미군 규모는 추가적인 감축이 가능하다. FY 1973년을 시작으로 한국군 현대화 프로그램이 성과를 낼 경우, 미국은 추가로 최소한 1만 4천 명의 지상군을 감축할 계획을 수립해야 한다.

10월 유신 이후, 주한미군 추가감축 논의 중단

주한미군 감축과 관련된 마지막 고비는 1972년 10년 17일에 선언된 소위 '10월 유신(October Revitalization)' 이후에 찾아왔다. 1971년 9월 말 부임한 하비브(Philip C. Habib) 주한 미국대사가 포함된 "KCT(Korea Country Team)"는 10월 유신 선포 이후 미국의 대(對)한반도 정책방향을 제시한 보고서를 국무부에 발송했다.[48]

하비브 대사에 의하면, 한국은 국내 정치와 관련하여, "국내 정치적 플랜을 긍정적으로 지지하는 모습을 보이도록 미국을 유인"할 수 있다는 기대를 갖고 있다. 최소한 한국은 미국이 자신들의 사태 장악력에 거슬리는(jar) 어떠한 발언이나 조치도 하지 않고, 각종 미국의 정

48 170. Airgram From the Embassy in Korea to the Department of State (Secret), "U.S. Policy in Korea - Country Team Message," December 10, 1972, *FRUS 3*.

책(MAP, AID, 식량원조, 주한미군 등)도 단기적으로는 심각한 영향을 받지 않기를 기대한다. 그러나 미국이 사적으로나 공개적으로나 압제적인 박 대통령의 국내 정치행위를 지지하거나 연관되는 모습을 보이지 말아야 한다. 그와 주변 인물들은 가혹하게 통제된 정권을 수립하려고 작심하고 있다. 미국이 이를 막을 수 있는 유일한 방법은 오로지 박정희 대통령의 권력 장악력을 위협하고, 정권 불안정을 조성하고, 한국 내정에 좀 더 깊숙한 개입을 심화시킬 있도록, 직접적이고 노골적(drastic)으로 간섭하는 길뿐이다.

하비브는 유신선포 이후, 상호방위조약을 유지하는 동시에, 한·미 군사관계의 골간을 획기적으로 변혁시키는 방안을 모색했다. 첫째, FY 1974년부터 주한미군 중에서 지상군 감축을 시작한다는 것으로, 이를 위해 1973년 봄에 한국 정부 및 국회에 감축규모를 통보하기로 계획했다. 내부적으로는 FY 1975~1976년 사이에 주한미군 지상군을 완전히 철수하는 방안이 가능한지의 여부를 연구해 보기로 했다. 둘째, 한국 방위에 소요되는 비용을 한국 스스로가 부담하도록 떠넘긴다는 것이다. 이를 위해 FY 1975년까지 MAP 중에서 '운영유지(Operations and Maintenance)' 비용을 삭감하고, 나아가 FY 1976~1977년 기간 중에는 모든 무상원조(grant) 지원을 중단하는 방안을 심각히 고민해 볼 예정이었다. 셋째, 당시 한국적 상황에서 유엔사의 유용성(utility), 특히 유엔사와 작전통제권, 정전협정 및 유엔 내부사정 간의 관계를 재검토하기로 했다. 남·북관계 진전으로 인해 '사실상의 방식(de facto fashion)'으로 2개의 정권이 한반도 평화유지 문제를 직접 다루고 있는 현실을 고려하여, KCT는 미국이 한국 정부에 유엔사의 정전협정 책임을 전환할 수 있는 방안에 관해 한국 정부와 대화를 시작하도록 요구했다.

KCT의 건의사항을 요약하면, 단기적으로 유엔의 한국에 대한 정책 수정, FY 1974년부터 주한미군 지상군 수준 축소, MAP 중 운영유지 비용 삭감 및 무상원조 중단 등이다. 아울러 장기적으로는 당시의 안보상황 평가, 한국군 역량, 증가된 국방비를 감당할 수 있는 한국 경제의 능력 등을 고려해 볼 때, FY 1973~1974년부터 시작하여 신중하게 계산된 방식으로 추진할 경우, 주한미군 가운데 '지상군의 완전 철수도 가능'할 것이라고 판단했다. 상기 건의안들은 유신선언 이후 한·미 간 긴장관계가 심각하게 증대되는 사태를 회피하고, 한반도와 동북아에 대한 미국의 다른 중요한 목표들이 훼손되는 상황을 예방하는 데 그 목적이 있었다.

상기 건의안 이외에 KCT가 고려한 대안은 두 가지였다. 첫 번째 대안은 기존의 대한(對韓) 지원 프로그램, 각종 원조계획, 주한미군 현재수준 유지 등을 골자로 하는 '현상유지(maintenance of status quo)' 방안이다. 그러나 KCT는 이것이 부적절할 뿐 아니라, 한국 및 동북아 정세가 변화하는 상황에서 미국의 국익에 부응하지 못한다는 단점이 있다고 보았다. 두 번째 대안은 박정희 정권이 권위주의적 정치 플랜을 포기하고(back down), 대의민주적 정부를 복원(reinstitute)시키도록 강요하기 위하여, '적극적 내정간섭 정책(a policy of active intervention)'을 택하는 것이다. 그러나 박정희 정권을 억제(deter)하는 유일한 방안은 앞서 언급한 바와 같이, 미국이 중대한 국내 불안정을 조성하고, 한국의 국내문제에 더욱 깊숙이 개입하는 길뿐이다. 계엄령이 선포되고 유신헌법이 발표되는 시점에 있음을 고려하여 주한 미국대사관과 국무부는 이런 대안을 포기했다. 만일 미국이 갖고 있는 지렛대(leverage)를 사용하여 한국 정부가 민주주의로 복귀하도록 강요하지 않는다면, 한국이나 다른 나라의 사람들은 미국에 실망감을 보일 것이다. 그렇다고 해서 박정희 정권을 강압적으로 눌러 후퇴하도록 강요하는 것은 미국의 목표와 한국에 대한 미국의 국익의 관점에서 그 비용이 너무도 클 뿐 아니라, 실패할 위험도 있다.

KCT 보고서에는 한국의 반응을 예측한 부분도 들어 있다. KCT가 보기에, 명확한 전술적 이유에서 한국 정부는 적어도 FY 1975년까지 주한미군 감축이 이루어지지 말아야 하고, 그때까지 한국군 현대화 계획이 완료되어야 하며, 유엔사 존속 등 유엔의 전략에 변화가 없어야 한다고 강조하고 있다. 한국 정부는 미국이 어떤 조치를 취하더라도, 이를 박정희 대통령의 국내정책에 대한 정치적 불쾌감의 표현이라고 해석할 것이다. 아울러, 한국인들은 "터프하고 시니컬한 현실주의자들(tough and cynical realists)"이다. 이들은 이미 정세평가를 마친 상태로서, 한 · 미관계에 변화가 벌어질 것을 예견하고 있다. 한국 총리가 1975년까지 주한미군이 철수할 것으로 예견한 발언은 한 · 미관계의 근본적 변화가 불가피하며, 만일 한국이 관리할 수만 있다면 궁극적으로는 이런 변화가 바람직하다는 개인적 소신을 반영한 것이다. 한국 정부는 미국이 물질적 지원을 대폭 축소시킨다고 해도 놀라지 않을 것이다. 그러나 이들은 가능하면 오랫동안 미국의 행동을 지연시키기를 바랄 것이다. 결론적으로 KCT 보고서는 1972년을 한국에 '분수령이 되는 해(a watershed year)'이며, 미국의 정책은 새로운 현실과 변화하는 미국의 역할을 반영해야 한다고 기술했다.

상기 보고서의 주석에는 한 가지 대단히 흥미로우면서 의미심장한 에피소드가 담겨 있다. 보고서를 키신저에게 전송한 NSC 직원은 케네디(Richard Kennedy)였다. 케네디는 1973년 1월 16일부로 키신저에게 송부한 메모의 겉장에 이렇게 기록했다. "기절초풍할 노릇이지만(Much to out amazement), 하비브는 우리가 FY 1974년까지 주한미군을 철수하도록 계획을 수립하고, FY 1975~1976년 기간 동안 완전히 철수하는 방안을 내부적으로 연구할 것을 제안하는 정책보고서를 제출했다." 케네디는 계속해서 "우리는 이런 발언이 외부로 누설(leaks out)되기 전에 확실하게 틀어막아야 한다고 생각한다. 그렇지 않으면, 이처럼 결정적인 시점에 우리와 한국과의 관계가 재앙을 향해 치닫게 될 것"이라고 우려했다. 키신저는 케네디가 하비브 대사의 주장에 반론의 메시지를 보내야 한다는 제안에 이니셜 서명으로 승인했다.

찾아보기

ㅈ

ㅊ

ㅋ

송승종

학 력

- 육군사관학교 졸업 (문학사)
- 국방대학원 석사과정 졸업 (국방관리 석사)
- 美 미주리주립대(University of Missouri – Columbia) 국제정치학 박사과정 졸업 (국제정치학 박사)

경 력

- 현, 대전대학교 군사학과 교수
- 현, 한국전략문제연구소(KRIS) 선임연구위원 겸 『국가안보전략』 편집위원
- 駐제네바 군축담당관 겸 스위스 국방무관
- 국방부 정책실 미국정책과장
- 이라크 다국적군사령부 한국군 협조단장
- 駐유엔대표부 군사담당관
- 국방부 미국정책과 총괄장교
- 국방참모대(現 합참대) 전략학처 교수
- 충남대학교 초빙교수

저서, 번역서 및 주요 논문

- 『유엔 평화유지활동의 이해』 (연경문화사, 2006)
- 『북한의 협상전략(번역)』 (*Over the Line: North Korea's Negotiation Strategy*, 한울출판사, 1999)
- 『장진호 전투와 흥남철수작전(번역)』 (*A Christmas Far from Home*, 북코리아, 2015)
- "유럽에서의 재래식 군비통제에 관한 연구: 협상전략을 중심으로" (『한국정치학회』 제31집 1호, 1997.6)
- "인도 · 파키스탄의 핵실험과 북한의 핵문제" (『북한』, 1998.9)
- "에볼라 바이러스로 인한 글로벌 위기" (『국가안보전략』, 2014.11)
- "부상하는 ISIS(Islamic State in Syria/Levant) 위협과 미국의 대응전략" (『전략연구』, 2014.12)
- "오바마 행정부의 아 · 태 재균형전략 중간평가" (『국방연구』, 2014.12)
- "The Shale Revolution, Its Geopolitical Implications, and a Window of Opportunity for Northeast Asia" (*The Korean Journal of Defense Analysis*, Vol. 27, No. 1, March 2015, SSCI급 논문)
- "American Exceptionalism at a Crossroads" (*The Korean Journal of International Studies*, Vol. 13, No. 1, April 2015)